전쟁과 학살을 통해 세계 정복을 꿈꾸었던 극우들의 초상

히틀러의 뜻대로

귀도 크놉 지음
신철식 옮김

● 히틀러의 조력자들

올력

Hitlers Helfer by Guido Knopp
All rights reserved by the proprietor throughout the world
in the case of brief quotations embodied in critical articles or reviews.

Korean Translation edition ⓒ 2003 by Ulyuck Publishing House.
Copyright ⓒ 1996 by C. Bertelsmann Verlag, München,
a division of Verlagsgruppe Random House GmbH.

This Korean edition was published by arrangement with
C. Bertelsmann Verlag, München through Bestun Korea Agency Co., Seoul.

이 책의 한국어 판권은 저작권자와 독점 계약한 도서출판 울력에 있습니다.
저작권법에 의해 한국 내에서 보호를 받는 저작물이므로
어떤 형태로든 무단 전재와 무단 복제를 금합니다.

히틀러의 뜻대로: 히틀러의 조력자들

지은이 | 귀도 크놉
옮긴이 | 신철식
펴낸이 | 강동호
펴낸곳 | 도서출판 울력
1판 1쇄 | 2003년 8월 1일
1판 2쇄 | 2003년 8월 20일
등록번호 | 제10-1949호(2000. 4. 10)
주소 | 152-894 서울시 구로구 오류1동 63-11
전화 | (02) 2614-4054
FAX | (02) 2614-4055
E-mail | ulyuck@hanafos.com
값 | 17,000원

ISBN | 89-89485-24-X 03920

· 잘못된 책은 바꾸어 드립니다.
· 옮긴이와 협의하여 인지는 생략합니다

차례

5 　　아주 평범한 독일인들인가?

33 　　전쟁 교사자: **괴벨스**

93 　　2인자: **괴링**

175 　　집행인: **히믈러**

249 　　대리인: **헤쓰**

323 　　건축가: **슈페어**

373 　　후계자: **되니츠**

447 　　옮긴이의 글
449 　　참고 문헌

일러두기

1. 이 책의 원제는 Hitlers Helfer(Guido Knopp, C. Bertelsmann, 1996)이다.
2. 이 책의 편집은 원서의 체제를 그대로 따랐으며, 원서에서 이탤릭체로 표시된 부분은 중고딕체로 표시하였다. 그리고 책과 신문 등은 『 』으로 표시하였고, 영화나 오페라 등은 〈 〉으로 표시하였다.
3. 옮긴이의 주는 본문 중에 ( )로 처리하였으며, "— 옮긴이"로 표시하였다.

아주 평범한 독일인들인가?

히틀러 없는 "제3제국"은 생각할 수 없을 것이다. 모든 악한 감정의 근원이었던 그가 없었다면 제3제국은 허깨비처럼 사라져 갔을 것이다. 제3제국의 흉악한 성격은 바로 그에 의해 규정되었다. 그가 없었다면 제3제국은 실체 없는 유령선에 불과했을 것이다.

그러나 이 독재자도 그를 위해 헌신한 조력자들의 도움이 없었다면 하찮은 존재에 불과했을 것이다. 충복이었던 그들은 히틀러의 하수인들이었으며, 또한 그의 권력을 보장해 주는 자들이었다. 또한 기꺼이 히틀러에게 헌신한 집행자들이었다. 그들은 군주가 명령한 바를 수행했으며, 때로는 그 이상을 해냈다.

히틀러 제국은 일하기 싫어하는 우두머리를 둔 연약한 독재 체제가 결코 아니었다. 그냥 일이 되어 가는 대로 놔두고, 어쩌다가 통치에 개입하며 흉악한 짓을 저지르도록 강요받거나 하는 뜨내기를 우두머리로 둔 체제가 아니었다. 히틀러는 그의 조력자들 중 어느 누구도 감히 자신의 목적과 위배되는 일을 꾀하지 않으리라는 것을 분명히 알고 있었다.

괴벨스, 괴링, 히믈러, 헤쓰, 슈페어, 되니츠. 이 여섯 명의 인물들은 히틀러 정권하에서 서로 다른 영향력을 행사하고 있었다. 이들 모두의 심리적인 측면을 고찰해 봄으로써, "어떻게 '그렇게' 될 수 있었지"라는 질문에 대한 답을 얻어낼 수 있을 것이다. 즉 다음과 같은 질문을 해봄으로써 그 해답을 찾을 수 있을 것이다. 그들은 아주 특별한 범죄자들인가? 비슷한 범죄적 역량을 갖추고 보스에게 혼을 불어넣은 자들인가? 아니면 특별한 조건과 우연에 의해 출세가도를 달리게 되었고, 자신이 처한 위치로 인해 매우 특별한 범죄를 저지를 수밖에 없었던 "아주 평범한 독일인들"인가?

괴벨스*Joseph Goebbels*는 히틀러의 조력자 중 가장 광신적인 사람이었다. 그에 의해 비로소 숭배의 대상으로 치켜세워진 바로 그 우상에게 혼을 내맡긴 그는 "제3제국"이 불을 밝히도록 불씨를 당긴 방화범이었으며, 우직한 갈색 추종자들이 책과 유태인의 교회당 그리고 결국에는 인간을 불태우도록 사주한 선동가였다. 그는 언술로 살인을 저질렀다. 만약 히틀러 정권을 인간을 오도하고 인간에게 폭력을 휘두른 권력의 복합체로 볼 수 있다면, 이 작달막한 박사 양반은 "인간을 오도하는" 임무를 맡고 있었다. 그는 자신의 동시대인들에게 반감을 불러일으키기도 했지만 또한 그들의 마음을 사로잡기도 하였다. 신뢰감을 불러일으키고 증오심에 불을 지르며 그가 추구하는 목적에 헌신하도록 자극하는 탁월한 재능, 강력한 언어적 수사법 그리고 냉소적인 태도를 지닌 그는 나치 정권 하에서 대단한 위치를 점하고 있었다.

그는 극단적인 것에 치우치는 경향이 있었다. 연약한 면이 있었지만 강인한 면도 보여 주었고, 자기 연민에 빠지기도 했지만 스스로에게 엄청난 것을 요구하기도 했다. 호전적인 기질을 가지고 있었지만 세상일에 완전히 냉담하기도 했고, 열등감에 빠져 있기도 했지만 과도한 자의식을 보이기도 했고, 구원을 동경하기도 했지만 모든 것을 절멸시키려는 의도를 내보이기도 했다. 부모에 대한 깊은 존경심은 흔들리지 않는 그의 믿음의 토대였다. 가난했던 과거는 그의 끝없는 야망의 동인이었다. 불구인 그의 발은 인간에 대한 무자비한 증오심의 근원이었다. 하지만 그는 아웃사이더로서 받은 상처를 씻어내지 못했고 심지어 국가사회주의 운동을 하면서도 그랬다. 그는 히틀러에게 일편단심이었다. 믿음이 깊은 이 도제는 마이스터에게 헌신했다. 그는 자신의 존재 자체를 지도자와 연결시켰다. 지도자는 괴벨스의 충성심, 날카로운 지성 그리고 세련된 수사를 높이 평가했다. 하지만 그는 괴벨스와 개인적으로 거리를 두었고 중요한 결정을 내릴 때에도 그를 배제했다.

알코올 중독자가 술에 의지하듯 그는 자신의 우상이 보여 주는 호의와 총애에 매달렸다. 그는 가슴속에 공공의 우상 히틀러를 만들어 갔다. 그는 히틀러를 민족을 구원할 수 있는 메시아로 연출했다. 그가 만든 "총통" 신화(괴벨스 외에 이 신화를 가장 열정적으로 신봉했던 사람은 바로 히틀러 자신이었다)는 다음의 문장에서 그 절정을 이룬다. "총통께서는 언제나 옳으시다."

"제3제국"의 선전 업무를 담당했던 그는 항상 모든 사람들의 감정과 의지 그리고 생각을 지배하려고 하였다. 그의 선전에 나타나는 통제와 획일화 양상은 공모자가 되어 버린 민중들에게 파고들어 그 효과를 나타냈다.

분위기를 잡으려는 논쟁에서 그가 사용한 무기는 언제나 같은 것이었다. 간단하게 내용을 전달했고 감명을 주는 형식을 이용했다. 그는 매우 영악해서, 대놓고 거짓을 말함으로써 사람들의 생각을 흐리게 만드는 것보다 반쯤 진실을 얘기하는 것이 더 효과적이라는 것을 알고 있었다.

그러나 종말이 다가올수록, 더욱더 진실을 은폐하게 되었고 그런 거짓을 통해서 현상을 유지하려 하였다. 이런 현상 유지 노력도 별 효과를 내지 못하자, 그는 그 대신 "기적의 무기"가 있다는 거짓 약속을 하며 소년 병사들을 죽음의 전장으로 내몰았고 자신의 자식들도 무덤까지 끌고 갔다. "모든 것을 다 쏟아 넣는 것, 바로 그것이 완전한 것이다."

히틀러를 섬긴 충복들 중에서 그는 가장 광적으로 유태인을 증오한 사람이었다. 그의 반유대주의는 비뚤어진 인종 이론의 발로가 아니라 자기 자신에 대한 증오의 결과였다. 회의가 들 때에도 그는 봉사할 것을 선동한 사람이었다. 히믈러는 그를 "최종 해결책"을 주창한 사람이라고 했다.

요제프 괴벨스는 광기에 생명을 불어넣었다. 이 광기에 불을 지른 그 자신 제국의 범죄성을 일찍부터 인식하고 있었고 이 범죄성을 "불가피한 것"이라고 옹호했기 때문에, 그를 매우 특별하고 대단한 범죄자라고 볼 수 있다.

한편으로는 주전론자, 다른 한편으로는 위선자. 히틀러의 조력자들 중에서 헤르만 괴링 *Hermann Göring*처럼 이중적인 정권의 모습을 구체적으로 보여준 사람은 없다. 그는 국민을 가까이 한 전사임과 동시에 야비한 권력형 인간이었다. 히틀러의 가장 오래된 동지 중의 하나였던 괴링은 히틀러를 사교계와 연결시켜 주었고 이 선동 정치가가 무제한의 권력을 가질 수 있는 위치에 오르도록 도와 주었다. 1차 세계대전에서 고급 훈장을 받은 영웅이었던 그는 히틀러의 출세가도를 보장해 준 사람이었고 종전 바로 직전까지 "총통" 다음의 "제2인자"로 여겨진 사람이었다. 그가 지휘한 공군이 실패를 거듭함으로써 오래 전부터 불신을 받고 있었음에도 불구하고, "타락한 모르핀 중독자"를 해임시키는 것은 히틀러의 관점에서 보면 정권이 끝났다고 말하는 것이나 다름없는 행위였을 것이다. 이렇듯 헤르만 괴링의 부침은 "제3제국"의 정치적 상황을 반영하고 있었다. 그를 자극한 원동력은 괴벨스에게서 볼 수 있는 헌신적인 추종심이 아니라, 권력에 대한 탐욕이었다. 그는 다른 사람들이 가지지 못한 관직과 타이틀 그리고 재물을 차지하기 위해 이를 악물고 싸웠다. 그는 오만했고 탐욕스러웠으며, 허영심도 많았지만 다른 충복들보다는 더 서민적인 사람이었다. 사람들은 그가 괴벨스 식의 냉소주의적 성향을 보이지 않고 히틀러 식의 자아 도취적 성향도 나타내지 않았기 때문에 이 붙임성 있는 제국 원수를 좋아했다. 그에게서는 인격 파탄과 같은 모습은 보이지 않았는데, 국가사회주의 정권하의 다른 수하들에게서는 그와 같은 인격 파탄의 모습을 많이 찾아볼 수 있다.

그의 어머니는 일찍이 형성된 그의 자기 중심적인 성격을 보고 "헤르만은 위대한 사람이 되거나 아니면 범죄자가 될 것이다"라고 예언했다. 괴링이 국가사회주의 독일노동당NSDAP에 입당한 것은 "주정꾼과 떠돌이들"(바이에른 출신의 당 동료들 — 옮긴이)이 매력적이었기 때문은 아니었다. "난 이데올로기적인 이유 때문이 아니라 나 자신 혁명가였기 때문에 당에 가입했다." 그에게 당이란 히틀러를 의미하는 것이었다.

그는 히믈러처럼 학교 선생도 아니었고, 룀처럼 용병도 아니었으며, 괴벨스처럼 정치적 자폭 행위를 하는 모험가도 아니었다. 그는 이 운동의 "난폭한 행동 대원"들에게 부족한 점을 보완할 수 있었다. 좋은 집안 배경, 세련된 매너, 사람들을 끌어들이는 재능이 그것이었다. 그는 특히 결정적인 순간에는 "얼음처럼 냉정"했다. 사치욕과 허영심 뒤로 폭력 성향의 인간이 숨어 있었다. 그는 타고

난 국가적 범죄자였다. 1934년에 연출된 룀 사건 이후의 일련의 살인 사건들은, 프로이센에서 벌어진 정권 반대자들에 대한 국가적 테러와 그에 의해 건립된 첫번째 강제 수용소처럼, 그가 만들어낸 작품이었다. 그는 강제 노동을 위해 외국인들을 이주시킨 일과 유태인 학살에 책임이 있었다. 그는 조금도 주저함 없이 공공연하게 자신이 비양심적인 사람이라고 말했다. "나는 양심의 가책을 느끼지 않는다. 아돌프 히틀러가 나의 양심이다."

그럼에도 불구하고 이 2인자는 도박사도 아니었다. 그는 히틀러 제국을 전쟁을 통해 늘려 나가는 것에는 위험이 따른다고 보고 오스트리아와 주데텐 지역을 차지하기 위해 협상을 통한 압박을 계속 가했다. 괴링은 "우리는 큰 모험을 하는 것입니다"라고 말했다. 그에 대해 히틀러는 "내 인생은 항상 그런 큰 모험의 한가운데에 놓여 있었다"라고 말했다. 이 2인자가 가진 다소 반역적인 생각은 평화에 대한 애호심에서 비롯된 것이 아니라, 공격적인 팽창 정책이 결국 그가 이득을 취하고 있던 이 "제3제국"을 쓰러트릴 수 있다는 당연한 염려에서 나온 것이었다. "두렵다. 히틀러는 미쳐 버렸다." 하지만 괴링은 충성심이라는 덫에 걸려 있었다. 반역을 꾀하는 것은 전혀 생각하지 않았다. 그래서 그는 원죄를 걸머진 양 충복들 중 가장 열정적이고 공격적인 태도를 보였다. 스웨덴 의사들은 이미 20년대 중반에 그를 도발적인 꼭두각시라고 진단을 내렸는데, 그 진단이 틀린 것은 아니었다.

그의 작품이었던 공군력이 와해됨으로써 그도 끝이 났다. 향수를 바른 네로, 권력 남용과 부패의 화신은 병적 욕망과 열정의 구렁텅이로 떨어졌다. 그가 1938년에 히틀러를 제지할 용기를 보여주었다면, 1938년 뮌헨 협정이 체결되기 전 장군들의 쿠데타가 성공했다면, 괴링이 히틀러 대신 정권을 인수했다면 그리고 후에 루스벨트 대통령이 말한 것처럼 그가 "유태인 박해"를 "중지"시켰다면, 아마 2차 대전이나 대학살은 일어나지 않았을 것이다. 아마도 괴링적인 국가사회주의 국가가 프랑코의 스페인이나 무솔리니의 이탈리아에서 발전할 수도 있었을 것이다. 하지만 그렇게 되기 위해서는 괴링이 괴링답지 않았어야 했을 것이다.

그는 결국 자신의 죽음을 "나치 1인자"의 죽음으로 여겼다. 하지만 이미 오래 전부터 그는 1인자가 아니었다. 그리고 그는 후세가 그를 정당하게 다루어줄 것이라는 환상에 사로잡혀 있었다. "그대들이 언젠가 대리석관 속에 우리의 뼈를 담아줄 것이다." 그러나 뼈는 불타 버렸고 대리석관은 있지도 않았다.

루돌프 헤쓰Rudolf Heß는 최초의 "히틀러 신봉자"였고, 사망한 1987년까지 히틀러에 대한 믿음을 간직하고 있었다.

그는 마지막까지 정권의 "좋은 측면"만을 보려 했다. 그는 괴벨스처럼 "총통" 숭배자가 되었다. 그러나 히틀러의 조력자들 중 그의 위치는 미미했다. 그는 모든 것을 바치는 전체주의 신하의 전형이었다. 헤쓰는 지도자의 인도를 받고 싶어했다.

엄한 아버지 아래서 자란 그는 아버지를 두려워하며 청소년기를 보냈다. 규율과 의무의 완수, 충성심과 복종심이 아버지 프리츠 헤쓰가 아들에게 제시한 원칙들이었다. 이는 그 시대가 요구하는 이상이었는데, 히틀러는 그 이상의 덕을 톡톡히 봤다. 그의 삶은 두 얼굴을 가진 "대리인"의 모습으로 특징지워진다. 당 내부의 부패와 직권 남용에 강하게 반대했던 도덕의 전도사가 다음 순간 점령지 폴란드에서는 몽둥이 형벌을 도입하자고 주장한 가혹한 사냥꾼으로 등장한다. 1차 대전에 참전했던 용감하고 결단력 있는 장교였던 그는 히틀러(히틀러는 그를 친근하게 "나의 헤쓸러"라고 불렀다)에게 헌신적으로 복종하는 부하로 변해 갔다. 다른 신봉자들로부터 세상물정 모른다고 비웃음을 당하던 정치적으로 무능한 이 "대리인"은 놀랍게도 전쟁중에 협상을 위해 적국으로 날아가는 무모한 결단을 내리기도 했다.

헤쓰는 국가사회주의 독일노동당의 우두머리가 된 적은 없었다. 그러나 그는 당 초창기부터 얼굴을 보이고 있었다. "총통"이라는 칭호는 헤쓰의 작품이었다. 여러모로 오해받고 있는 그에게 붙여진 "총통의 대리인"이라는 칭호는 국가사회주의 독일노동당에서만 유효한 호칭이었는데, 이 칭호가 결코 권력을 의미하지는 않았다. 히틀러는 자기 생각을 가지고 있는 다른 관리인이 필요 없었고, 다만 번거로운 당의 사무에서 벗어나게 만들어줄 비서가 필요했을 뿐이다. 그리하여 헤쓰는 독재자를 모시는 최초의 시종이 되었다.

그는 이 정권의 테러를 차가운 관료 독일어로 포장했을 뿐만 아니라, 확신을 가지고 그 일에 참여했다. 1935년의 뉘른베르크 인종법은 헤쓰에 의해 만들어진 것이다. 유태인 변호사와 의사들이 직업을 갖지 못하도록 그가 서명했다. 헤쓰가 히틀러를 알기 전부터 이미 그는 광신적인 반유대주의자였다. 이는 그가 스스로 밝힌 사실인데, 그는 유태인의 "세계 음모"를 믿고 있었다.

전설적인 그의 영국으로의 비행을 성공시키기 위해 그는 연막을 쳤다. 분명한 것은 히틀러도 자신의 "대리인"의 무모한 모험에 대해 몰랐다는 것이다. 그러나 헤쓰는 히틀러가 소련을 기습할 준비를 하고 있다는 것을 알고 있었다. 그는 두 개의 전선을 유지하며 전쟁을 치르는 위험에서 벗어나려 했다. 이 파르치팔은 영국인들의 성향을 완전히 오인한 채 영국의 양해를 구하기 위해 비행기에 몸을 실었다. 그는 자신의 충성심의 징표로 영국과의 평화를 히틀러 앞에 내놓고자 하였다. 헤쓰는 히틀러가 나중에 이 건을 승인해 줄 것이라고 확신하고 있었다.

그러나 그의 꿈과는 달리 히틀러는 그를 미쳤다고 했다. 헤쓰는 절망하며 고통스러워했는데, 이 고통은 그가 죽을 때까지 지속되었다. 1987년 "세상에서 가장 중요한 죄수"는 슈판다우 감옥에서 자살로 생을 마감했다. 1941년 영국에 구금되어 있을 때도 그는 다섯 번이나 목숨을 끊으려 했다. 이 늙은이는 전선에 목을 매달았는데, 분명 자살이었다.

하인리히 히믈러 Heinrich Himmler의 좌우명은 "보이는 것 이상의 것이 존재한다"이다. 어느 누구도 이 색깔 없는 남자가 히틀러 아래에서 가장 힘있는 사령관이 되리라고는 생각하지 못했을 것이다. 그는 "히틀러의 쓰레기 청소 작업"(슈베린 폰 크로직 Schwerin von Krosigk 백작)을 효과적으로 그리고 무자비하게 수행했다. 그는 냉정하게 처형을 지켜보았고 히틀러의 홀로코스트를 기계적이고 체계적으로 그리고 철저하게 수행해 나갔다. 저지른 범죄는 이루 형언할 수 없이 잔인했고, 범죄자는 자신의 범죄에 대해 대수롭지 않게 생각했다. 그는 결코 뛰어나지도 위대하지도 않았다. 이미 자신의 동시대인들도 하인리히 히믈러를 "아주 보잘것없는 사람"(알베르트 슈페어), "특별한 개성이 없는 사람"(발터 도른베르거 Walter Dornberger 장군), "구두쇠 교사"(친위대원 오스발트 폴 Oswald Pohl)로 묘사하고 있다.

다른 시대였으면 교사로서 그의 재능을 마음껏 펼칠 수도 있었을 것이다. 그가 교사가 되었다면, 일반적인 미덕들을 교육시켰을 것이다. 질서와 복종, 유능함과 절약 정신 같은 것들을 말이다. 그는 공무원이 될 수도 있었고 독일 세무 관리로서 분명 두각을 나타낼 수도 있었을 것이다. 꼼꼼하고 청렴하고 법에 충실했으니까 말이다.

세무 공무원들이 수많은 소득세 신고를 처리하듯, 히믈러는 자신의 임무를 수행했다. 그에게 민족 말살은 어떻게 조직하느냐의 문제였다. 그는 희생자들이 느끼는 고통은 염두에 두지 않았고, 살해자들이 느끼는 심리적 고통에 대해서만 우려를 했다. 인문적 교양의 토대에 서 있는 독일에서 그의 나치 전력처럼 문제가 된 것은 없었다.

이 정권에 깊이 연루된 그는 프롤레타리아 하층 계급 출신도, 브라우나우 출신도 아니었다. 그는 반듯한 집안 출신이었다. 가톨릭 교도였고 황제에 충실했으며, 윤리적이고 교양을 갖추고 있던 바이어른 토박이었다. 그의 아버지는 란츠후트 김나지움의 교감이었다. 루드비히 토마Ludwig Thoma가 이 학교 학생이었고, 나중에 독일 연방 대통령이 된 로만 헤어초크Roman Herzog도, 시인 한스 카로사Hans Carossa도 이 학교에서 라틴어 공부를 하며 학창 시절을 보냈다. 만약 교육이 아니라면, 그 무엇이 하인리히 히믈러가 빠져들어간 영혼의 심연에 사람들이 떨어지는 것을 막을 수 있단 말인가?

그가 가진 이상적 인간상은 냉정하고 희생할 각오가 되어 있는 폭력형 인간이었다. 그의 목적은 그런 인간을 길러내는 것이었다. 그는 부하들에게 순수함과 윤리를 설파했다. 그러면서 그는 동시에 폭력과 집단 학살을 명령했다.

그는 이지적인 사람이 아니었다. 졸렬했으며 겁이 많았고, 결단력이 부족했다. 그가 권력의 일원이 될 수 있었던 것은 그의 인품이 훌륭해서가 아니라 그의 권력을 향한 의지가 강했기 때문이다. 히믈러는 공무원이 아닌 지배자가 되고자 했다. 히믈러는 국가를 통제하려고 하지 않았다. 그의 기관들이 바로 국가였던 것이다.

　냉정함과 냉철한 이성은 단지 모순된 그의 성격의 한 측면일 뿐이었다. 다른 한편으로 그는 인종론, 자연요법 그리고 민중 신비주의로부터 얻은 비이성적인 사고에 경도되었다. 그는 불가해한 축제를 거행했고, 예배 의식을 연출하고, 자신의 신비로운 제의를 위한 성지를 건립했다. 이런 일을 두고 히틀러의 다른 충복들은 조소를 보냈다.

　이런 것은 잊혀진다. 하인리히 히믈러라는 이름에서 생각나는 것은 그가 수백만 명에 대한 집단 학살의 책임자라는 것이다. 물론 그도 "명령받은 사람"이고 또한 이 사실을 항상 강조했다("그것은 총통이 원하는 것이었다…"). 히틀러가 그보다 더 나은 간부를 찾을 수 없었을 수도 있으리라(다른 사람의 이름은 거론도 안 되었는데, 라인하르트 하이드리히Reinhard Heydrich는 예외였다). 그는 아무런 내적 관심도 없이 폭력적인 "최종 해결책"을 연출했다. 광기의 현장에서도 집행자들은 희생자들에 대해 어떤 동요도 일으키지 않았다. 히믈러에게 친위대는 신화였다. "자신을 강하게 다루는 자는 다른 사람을 강하게 다루어도 된다."

　기꺼이 집행할 준비가 되어 있는 바로 이 "충성스런 하인리히"가 전쟁 막바지의 몇 달 동안 독일의 자포자기 정치를 수행했다. 그는 한편으로 폴크스슈투름Volkssturm과 베오볼프Werwolf라는 나치스 돌격대를 조직했고, 다른 한편으로는 서방 국가들에게 항복을 위한 비밀 협상을 제의했다 — 그의 이름이 오랫동안 집단 학살의 동의어로 쓰일 줄 꿈에도 생각하지 못하고서 말이다. 11년 전에 자신을 밀어준 에른스트 룀Ernst Röhm과 그레고르 슈트라써Gregor Strasser를 아무 거리낌 없이 배신한 것처럼 결국 그는 "총통"도 배반했다.

"충성심은 그대의 명예이다." 히틀러가 널리 선전한 친위대의 이 구호가 결국 가치 있다는 것을 그 자신이 증명한 셈이다.

알베르트 슈페어Albert Speer는 살아 있는 동안 자신이 대학살에 대해 알고 있었다는 사실을 부정했다. 히틀러가 총애한 건축가이자 군수장관이었던 그는 뉘른베르크 재판에서 이 정권이 저지른 범죄에 대한 "지도부의 연대 책임"을 인정한 유일한 사람이었지만, 개인적으로 자신은 "무죄"라고 말했다. 수많은 강제 노역자들을 노예처럼 부리고 학살한 책임과 수많은 유태인들을 고향에서 추방한 데 대해 책임이 있으면서도 그는 유태인 학살에 대해서는 끝까지 몰랐다고 주장했다 — 자신의 삶을 거짓으로 꾸민 것이다.

좋은 집안 출신의 아들로서 국가사회주의 독일노동당에 뒤늦게 합류한 그는 높은 자리를 얻으려고 정쟁에 뛰어들지는 않았다. 감수성이 뛰어난 건축가인 그는 수천 년 동안 히틀러가 지배하게 될 것을 상징하는 건축물을 완성하는 데 심혈을 기울였다.

슈페어는 갈색 이데올로기를 돌의 형태로 표현했다. 건축가로서 좌절한 히틀러는 자신이 후원하는 슈페어의 작업에 열광했다. 몇십 년 뒤에 슈페어는 다음과 같은 글을 남겼다. "만약 히틀러에게 친구가 있었다면, 아마도 그것은 내 몫이었을 것이다." 사십만 명을 수용하는 경기장, 새 제국 수상의 청사, 세계 수도의 심장부 "게르마니아" — 자아 현시욕이 낳은 시멘트 건물들과 비견할 수 있는 건축물은 바빌론의 건축물뿐이었다.

히틀러와 슈페어는 마치 연인 사이처럼 보였고, 건축에 대한 열정으로 서로 연결되어 있었다. 이 연인 관계에서 히틀러는 수태시키는 역할을 하고 슈페어는 생산을 담당하는 여성의 역할을 맡고 있었다. "총통의 아이디어에 따라" 슈페어의 도면이 그려졌다.

가장 내밀한 감정을 그는 자기 가족에게 쏟아 넣은 것이 아니라 히틀러에게 바쳤다. "위대한 건물을 얻기 위해서 난 파우스트처럼 내 영혼을 팔 수도 있었을 것"이라고 수십 년이 지난 뒤에 슈페어는 회상하고 있다. "이제 나는 나의 메피스토를 찾았다."

사랑받는 건축가가 "군수장관"이 될 수 있었던 이유는 바로 이런 특이한 관계 때문이었다. 정력적이었던 슈페어는 경이적인 군비를 갖출 것이라고 약속했다. 그의 약속은 수많은 강제 노역자와 강제 수용소 수감자들의 값비싼 희생으로 달성되었다. 효율성과 높은 생산성을 얻어내기 위한 부단한 그의 투쟁은 비록 전쟁을 몇 년간 연장시키지는 못했어도 적어도 몇 개월은 연장시키는 효과를 냈다.

여기서 그는 자신을 결코 확신범이라고 생각하지는 않았다. 그는 목적을 위해 봉사하는 예술가로 자신을 이해하고 있었다. 반전론자로부터 기술 관료 취급을 받는 그도 물론 권력욕에 빠져 들었다. 사람과 재물을 거머쥐려는 끝없는 욕심이 그를 사로잡았다. 이런 고귀한(!) 목적에 빠진 인간에게 도덕이란 내면적 계율을 떠올릴 시간은 없었다. 이런 인간에게는 자신에게 필요한 윤리와 이상을 요구하는 것으로 충분했다.

"윤리와 예의범절에 대한 존경심이 우리 안에 깊이 자리잡고 있었다"라고 슈페어는 정권이 끝장난 뒤에도 주장했다. 그러나 적어도 1943년 10월부터 그는 유태인에 대한 대량 학살에 대해 분명 알고 있었다. 그는 학살에 관한 한 정신장애자였는데 "노동을 통한 말살"을 생각하고 있었다. 그가 비록 적극적인 반유대주의자는 아니었다 하더라도, 그도 다른 모든 사람들처럼 엄청난 진실 앞에서 무관심하게 눈을 감아 버리고 말았다.

희생자들에 대해 연민도 느끼지 않았고, 모른체함으로써 이를 인정했다. 슈페어의 태도는 독일이 지닌 "도덕을 상실한 인간"이라는 상처를 예증적으로 보여 주고 있다. 이러한 삶은 견뎌낼 수 없는 진리를 무시하고 배제함으로써만 영위될 수 있다. 또한 무관심하고, 심지어 직접적으로 부인함으로써 책임에서 벗어나게 된다. 이로써 개개인은 마음속 깊은 곳의 내면적 갈등으로부터 벗어나게 된다. 슈페어처럼 범죄에 관여하지 않았다고 생각하는 사람은 자신에게 죄과를 묻는 것이 부당하다고 느낀다. 심지어 그는 자신의 증언을 통해 부당함에 대해 맞서기도 했다.

1944-45년 겨울, 전쟁이 금방 끝날 것이라는 것을 분명하게 알게 되었을 때, 살아남고자 하는 욕망이 그를 사로잡았다. 그는 아직 마흔 살을 넘지 않았고, "천년 제국"이 전부는 아니라고 여기고 있었다. 그래서 그는 "다 불태우라는" 미친 히틀러의 명령을 "국민들의 상황을 더 악화시키지 않기 위해서" 무시했다. 실제로 그에게 있어 온전하게 남은 산업 시설과 공장들은 서방의 승리자들에게 자신의 선의를 증명하는 보증 수표나 다름없었다. 마음속으로 그는 자신을 전후 독일의 "재건장관"으로 생각하고 있었다.

슈페어는 드러내 놓고 히틀러에 반대하는 입장을 취했다. 그럼에도 불구하고 그는 벙커에 있는 자신의 후원자를 마지막으로 찾아뵙기 위해, 아니 낭만적인 감정으로 충만해서 이 예술의 후원자와 작별을 고하기 위해 다시 한번 수상 청사로 돌아갔다. 하지만 그를 몰아세운 다른 진짜 이유는 자신이 후계자로 지명되거나 적어도 히틀러 이후 정부의 장관 명단에 오르게 됨으로써 연합군과 협력하려는 자신의 구제 계획이 의심받을까 두려웠기 때문이었다.

연합군에 포위된 베를린으로 날아간 그의 무모한 시도는 소득이 있었다. 두 사람만의 대화가 있은 뒤에 히틀러의 유언장에 되니츠가 후계자로 지명되었고, 그의 이름은 거기서 전혀 언급되지 않았다. 슈판다우에서의 이십 년은 그가 벗어날 수 없는 시간이었다. 하지만 뉘른베르크 재판에서 증언되지 않았지만 오늘날 우리가 알고 있는 사실들이 그 당시에 알려졌더라면 더 비참한 종말이 그를 기다리고 있었으리라.

이 책에서 다루고 있는 여섯 명의 충복들 중에 하필이면 왜 군인인 카를 되니츠Karl Dönitz를 포함시키게 되었을까? 그는 시종일관 변함없이 자신의 일을 행했고 전쟁 후반기에 발생한 수많은 희생자들에 대해 책임이 있는 정치 군인의 상징이었다. 또한 이런 면으로 인해 되니츠는 자신의 의무를 다하고 다른 것은 안중에도 두지 않은 비정치적인 군인의 원형으로도 간주되기도 했다. 많은 이들은 그가 비정치적이었다고 믿고 싶어했다. 특히 그들은 되니츠를 수백만 피난민들의 구원자로 여기기도 했다. 그러나 승자는 물론 그를 "전범"으로 다루었다. 나중에 그들은 되니츠를 희화적으로 "악마 제독"이라 불렀다. 냉정한 확신범 되니츠의 열정을 이보다 더 알맞게 표현하는 말은 없을 것이다.

히틀러의 후계자인 그는 국가사회주의 독일노동당의 당원이었던 적은 없었으나, 확신에 찬 국가사회주의자였다. "강한 남자"를 동경해 온 되니츠는 히틀러를 무조건 따라야 하는 "구원자"의 화신으로 여겼다. "총통에 비하면 우리는 보잘것없는 가련한 존재들이다."

U보트 함대 사령관인 이 해군 제독은 적으로부터 "바다의 롬멜"로 불렸다. "내가 두려워한 유일한 것은 바로 되니츠의 U보트였다"라고 전쟁이 끝난 뒤에 처칠은 말했다. 그러나 연합군이 레이더 탐지 장치를 개발하고 영국군이 독일군의 암호 교신을 해독하게 되자, 상황은 반전되었다. 공중전, 해전 그리고 지상전 등 모

든 전투에서 나온 결과는 참담했다. U보트 네 대 중 세 대는 다시 돌아오지 않았다.

이런 재난에도 제독은 신경 쓰지 않았다. 그는 어느 선전 영화에서 "전쟁에는 희생이 따르는 법이다"라고 말하고, 그 슬로건을 잔인하게 실행에 옮겼다. 그는 난파선 구조를 금지시켰다. 그는 냉혹하게 군법을 적용했고, 마지막으로 아직 어리고 훈련도 제대로 받지 않은 해병들을 소집해 전장에 투입했다. 무의미한 명령으로 그들을 희생시킨 것이다.

이런 범죄의 끝은 어디인가? 어디서 죄가 시작되었는가? 총통의 행위가 아니라면 이런 행위의 책임자는 누구인가? 카를 되니츠는 자신에게 이런 질문을 한 적이 한번도 없었다. 그는 끝까지 과거의 일을 교묘하게 회피했다. 그는 정권이 저지른 범죄에 대해서는 침묵했고, 자신에게 내려진 뉘른베르크의 "부당한" 평결에 대해 항소했을 때 유일하게 침묵을 깨뜨렸다.

되니츠는 유태인 학살에 대해 알고 있었다. 하지만 그는 그 사실을 모른다고 주장했다. 이런 범죄에 반대할 것을 요청하자 그는 거절했다. "난 히틀러와의 관계를 엉망으로 만들고 싶지 않다." 국가사회주의 국가의 권력 구조에서 자신의 위치를 보전하는 것이 그에게는 더 중요했다.

독재 정권하에서 도덕적인 요청을 거절함으로써 카를 되니츠의 삶은 파멸의 길로 접어들었다.

괴벨스, 괴링, 히믈러, 헤쓰, 슈페어, 되니츠 — 이 여섯 명의 히틀러 조력자들은 히틀러의 권력을 집행했던 자들이었다. 그들과 다른 사람들의 도움이 없었더라면 히틀러 정권은 유지되기 어려웠을 것이다.

히틀러 독재 정권에서 느낄 수 있는 불길한 조짐, 바로 20세기가 빠진 그 원죄의 실상은 익히 그 잔혹상을 알고 있는 전쟁에서 비롯된 것이 아니라 그 전쟁에서 은폐된 범죄에서 비롯됐다는 점이 오늘날에야 비로소 밝혀지고 있다. 아우슈비츠는 계획에 의한 집단학살의 동의어다. 동시대인들에게 두려움의 대상이기도 했던 그 전쟁은 시간이 흐름에 따라 냉철한 역사적 고찰의 대상에서 제외되었다. 전쟁은 50년 이상의 시간이 지났음에도 다만 껍데기에 불과한 것처럼 느껴지는데, 그 전쟁이란 허울 아래 대학살이 은폐되고 자행될 수 있었던 것이다.

물론 대학살에 동참한 사람들 중에는 히틀러의 조력자들뿐만 아니라 그 조력자들을 도운 사람들도 있다. 대략 50만 명의 독일인들이 직접적으로 이 대학살에 참여했다.

그러나 한 미국 사회학자에게 이 숫자는 충분치 않아 보이는 것 같다. "전체 독일인들이 '히틀러의 조력자들'이었다"라고 대니얼 골드하겐Daniel Goldhagen 교수는 말하고 있다. 그의 도발적인 주장은 다음과 같다. 히틀러와 그의 충복들만이, 아니 일군의 새디스트적인 "나치 당원"들만이 "최종 해결책"을 자발적으로 실행했던 것은 아니다. 학살자들은 "아주 평범한 독일인들"이었다. 즉 수많은 다정다감한 가장들이었다.

그의 주장을 계속 살펴보자. "전염성 증오심"에 휩쓸리고 "무엇인가에 홀려 유태인들을 악의 화신으로 여기게 되면서" "독일인들"은, "유태인들"은 죽어도 싸다고 확신하기에 이르렀다. 맹목적으로 복종하지 않고, 처벌받을지 모른다는 두려움에 빠지지만 않았더라도, 그들이 그와 같은 학살을 저지르지 않았을 수도 있을 것이다. 하지만 그들은 자발적으로, 잔인하게, 심지어 즐거워하며 학살을 저질렀다. 이 미국 학자가 생각하기에, "독일인들"은 적어도

150년 전부터 유대 민족을 말살시키려 했고 이것을 당연하다고 생각했다. 말살 정책의 기반은 히틀러가 권력을 잡기 오래 전부터 준비되어 있었던 것이다. 전체주의 정권은 피에 굶주린 국민들에게 정당성을 부여해 주었을 뿐이다. "독일인들이 느끼는 이런 당연한 감정이 그들을 미친 범죄자의 광기 어린 계획에 참여하도록 했던 것은 결코 아니었다. 그보다 그들은 그와 같은 급진적인 행동을 해야 할 필요성을 느끼게 되었던 것이다. 즉 민족의 생존을 보장하기 위해 유태인을 말살하는 것이 국가적으로 필요하다고 생각하게 된 것이었다."

또다시 집단적 범죄가 문제되는가?

전염병과 같은 반유대주의가 원래 독일에만 있었던 특수한 생각이 아니라 1차 세계대전 이전부터 오스트리아-헝가리 제국, 러시아와 루마니아에 그 뿌리를 두고 있던 생각이었다는 점은 별개의 얘기라고 치자. 골드하겐의 주장이 1933년 이전에 있었던 독일 유태인들의 광범위한 동화 과정을 무시하고 있다는 점도 별개의 얘기로 간주하자. 다른 미국의 연구 결과가 보여 주듯 독일에서의 반유대주의가 바이마르 공화국 말기에는 이미 쇠퇴하고 있었다는 점도 별개로 치자. 새로운 유권자의 표를 얻기 위해 1932년 선거에서 히틀러가 자신의 반유대주의적인 선전술을 취소했다는 점도 별개의 것으로 치자. 또 독일인이 아닌 수많은 사람들, 즉 룩셈부르크인, 폴란드인, 라트비아인, 리투아니아인, 루마니아인들이 히믈러의 학살 명령에 관여했다는 점도 별개의 것으로 치자. 유태인에 대한 증오가 독일인들의 살인 욕망의 원동력이라고 한다면, 왜 신티Sinti와 로마Roma(독일에 살고 있는 소수 민족의 총칭, 일반인들은 보통 이들을 집시라 부른다 — 옮긴이), 장애인들과 성직자들, 공산주의자들과 여호와의 증인들이 살해되었는가?

"독일인 모두"가 죄인들인가? 아니면 실제로 범죄를 저지른 자들만 죄인들인가? "독일인들"이 대학살에 대해 열광하고 성원을 보냈다면, 독일인들 모두 대학살의 전모에 대해 알고 있었어야 할 것이다. 그들이 전모를 다 알고 있었는가? "독일인들"이 얼마나 알고 있었나 질문하기에 앞서 그들이 "무엇"을 알게 되었고 "언제" 알게 되었는지 알아야 할 것이다.

나치 당원들이 모두 반유대주의자들이었다는 사실은 알고 있었다. 독일에서 유태인들이 1933년 이후 박해받기 시작했다는 사실도 알고 있었다. 1941년 9월 노란 별 표식이 붙은 유태인들을 거리에서 볼 수 있었다. 1941년 10월 이후 유태인에 대한 추방이 공공연하게 이루어졌다.

이 모든 일이 "공공연한 제국의 비밀"이었다. 하지만 이를 발설하면 사형에 처해졌다. 특히 이 규정은 동부 전선 후방에서 벌어진 대량 총살과 아우슈비츠, 벨체크, 첼므노, 마쟈네크, 쇠보르와 트레블링카 집단 학살 수용소에서 벌어진 "진짜 홀로코스트"에 대해서 적용되었다. 이 "인간 도살장"은 의도적으로 독일 내에 세워지지 않았다. 골드하겐이 주장한 것처럼 모든 독일인들이 유태인 학살에 가담했다면, 왜 독일 이외 지역에 수용소를 지었을까?

1943년 보어만 지침이 나치스 대관구 지도자들에게 내려졌다. 유태인과 관련된 문제에 있어 "향후의 최종 해결에 대한 어떤 논의도 중지한다"는 내용이었다. 1943년에야 비로소 히믈러는 대관구 지도자들에게 "총통"이 유태인들을 말살시키겠다고 결심했다는 내용을 전했다. 거기에다 덧붙여 "아마 한참 지난 뒤에야 독일 민족에게 이에 관해 더 많은 것을 알려줘야 할지 고려해 보게 될 것이다"라고 말했다.

국민들은 추방된 유태인들이 아직 동부 지역 어느 곳에선가 살아 있을 것이라고 생각했을 것이다. 그러나 전선에 투입되거나 고향에 남아 있는 수많은 독일인들은 그에 관해 충분히 알지 못했고 보지 못했으며 상상조차 못하지 않았을까? 그러나 학살 행위에 투입된 부대에 관한 얘기들이 새어 나왔다. 동부 전선에는 3백만 명의 병사들이 항상 투입 대기중이었다. 학살 목격자들이 여기저기서 많이 나왔다. 그것에 대해 입을 다물라는 명령을 내린 사람은 아무도 없었다. 하지만 병사들이 보낸 군사 우편에는 그것에 관한 내용이 거의 없었다. 이는 검열이 있었음을 증명한다. 그러나 병사들이 휴가 가서 그것에 관한 얘기를 하게 되었다. 물론 쉬쉬하며 아내와 부모 형제들에게 그에 관한 얘기를 했다.

  히틀러의 독일에서 누가 무엇을 알고 있었고 언제 알게 되었는지 오늘날에는 알 수가 없다. "제3제국"에서는 여론 조사가 없었다. 우리는 50년이란 세월이 지나 여기에 대해 여론 조사를 하게 되었다. 대표적인 여론 조사 중의 하나가 여론 조사 기관 발렌이 1996년 여름 ZDF 방송사의 현대사 편집진의 위탁을 받아 실시한 것인데, 어떤 사실을 알았고 언제 그 사실을 알게 되었는지를 질문한 이 여론 조사("추후 실시한 여론 조사"라는 점 때문에 매우 신중하게 진행되었다)는 놀랄 만한 결과를 보여 주었다. 65세 이상인 질문 대상자 중 6퍼센트가 소련에 대한 공격이 시작된 뒤에 유태인에 대한 대량 학살을 직접 체험했다고 고백하고 있다. 15퍼센트가 그 당시 이미 그에 관한 얘기를 들었다고 밝혔다. 이 여론 조사 결과의 비율을 그 당시 독일 전체 국민 수로 환산하면, 독일인의 21퍼센트, 즉 약 1,700만 명이 대학살에 관해 알고 있었거나 얘기를 들었던 것이다. 그러나 질문 대상자의 76퍼센트는 대량 학살에 관한 얘기를 종전 후에야 비로소 듣게 되었다고 밝히고 있다.

  유태인 집단 학살 수용소에서 자행된 일에 대해서 알고 있었느냐는 질문에 답한 결과를 보면 무척이나 놀랍다. 여기서 집단 수용소가 매우 고립된 장소에 자리잡고 있었고 끔찍한 사건에 관한 소식이 거의 밖으로 유출되지 않았다는 추측을 해볼 수 있다. 그러나 65세 이상의 질문 대상자 중 8퍼센트 이상이 강제 수용소에서 자행된 말살 행위를 "직접 체험했다"고 고백하고 있다. 8퍼센트라! 이를 환산하면 6백만 명의 독일인에 해당한다! 질문 대상자 중 19퍼센트는 그 당시 이미 유태인 학살과 강제 수용소에 관한 얘기를 들었다고 밝히고 있다. 질문 대상자의 70퍼센트는 1945년 이후에야 그에 관한 얘기를 들었다고 밝히고 있다. 이 여론 조사 결과의 비율을 다시 그 당시 독일 전체 국민 수로 환산하면, 추가적으로 놀랄 만한 결과가 나오게 된다. 2,200만 명의 독일인들이 강제 수용소에서 자행된 유태인 말살 행위에 관해 알고 있었거나 얘기를 들었다는 점이 그것이다. "범죄자인 국민"이 오늘날까지도 침묵하고 그 사실을 애써 무시하고 있다고는 말하지 말라. 하지만 어떤 유보 조건을 달더라도 이 수치는 쟁점이 될 것이다.

그러나 안다는 것이 원한다는 것과 같은 의미는 아니다. 골드하겐은 독일인 중 어느 누구도 양심의 가책을 받은 적이 없다고 주장한다. 그러나 1941년 9월 "유태인 별 표시"를 도입할 당시 빅토르 클램퍼러Victor Klemperer가 자신의 일기장에 적은 것과 같은 동시대인들의 얘기를 어떻게 설명해야 할까? 클램퍼러는 사주를 받은 젊은이들이 자신에게 욕설을 퍼부었다고 적고 있다. 그러나 그는 악의적인 대접보다 호의적인 대접을 더 많이 받았다고 적고 있다. 몇몇 드레스덴 사람들은 그에게 그와 그의 동료들에게 저지르는 행위에 동감하지 않는다고 말했다고 한다. 그들은 이러한 인간적인 연대감을 표시함으로써 고발되지 않을까 두려워하고 있었다고 한다. "유태인을 말살하려는 반유대주의"에 사로잡힌 국민들이 그와 같은 행동을 보일 수 있는가? 괴벨스조차 군수장관인 슈페어에게 유태인 별 표시를 도입한 것이 원하는 효과를 거두지 못했다고 인정했다. "도처에서 사람들이 유태인들을 동정하고 있다. 이 민족은 아직 철이 덜 들었다. 아직도 바보 같은 감상주의에 빠져 있다니."

국가사회주의 정권은 국민들의 여론 형성에 대단한 관심을 보였다. 보안대, 경찰, 행정부와 법무부를 포함한 수많은 관청들이 매주 국민들의 여론을 조사해서 보고서를 작성했다. 지방에서 보고서가 올라오면 그 다음에 각 지역 단위로 보고서가 취합되고 마지막으로 보안대의 최종 보고서가 작성되었다. 이 최종 보고서는 인쇄되었지만 그 전단계의 지방 단위, 지역 단위의 보고서는 그렇지 않았다. 에버하르트 예켈Eberhard Jäckel과 오토 도브-쿨카Otto Dov-Kulka의 지휘 아래 진행된 슈투트가르트 대학과 예루살렘 대학의 연구 프로젝트는 그 보고서를 곧 간추려 펴낼 것이다. 수많은 개별 보고서들은 독일인들이 어떤 것을 알았고 얼마나 알았으며 그 사실을 어떻게 평가했는지 판단할 수 있는, 학문적으로 신뢰할 수 있는 유일한 일차 문헌들이다. 우리는 그 보고서들을 다음에서 인용할 것이다.

우선 그 보고서들에 따르면 뉘른베르크 법을 국민들이 폭넓게 받아들이고 있다는 사실을 알 수 있다. 독일인들이 거부감을 보인 것은 유태인들에 대한 박해 방법이 거칠었기 때문이었다. 1938년의 "유리의 밤"(나치 독일이 유태인과 유태인 재산에 폭력을 휘두른 사건이 일어난 밤. 사건 후 깨진 유리 조각이 흩어져 있었던 데서 이런 이름이 붙여짐 — 옮긴이) 사건에 관한 보고서에 따르면 독일인들은 범법 행위를 불쾌하게 여기고 있었다는 것을 알 수 있다. 베스트팔렌 주州 민덴 출신의 주지사는 다음과 같이 적고 있다. "당의 명령에 따른 행동에 대해 사람들은 당황하며 침묵하고 있다. 드물게 부끄러운 일이라고 견해를 밝히는 사람도 있다."

다른 부분에서는 "민중들의 목소리와 광범위한 당원들의 목소리가 억눌리고 있다"고 적고 있다. 11월에 있었던 유태인 박해에 관한 슈투트가르트 시의 보고서에 따르면, "유태인들에 대한 행동이 계속적인 비판의 빌미가 되었다. 유태인 상점과 교회당의 파괴는 결코 4개년 계획이 의도했던 바가 아니라는 점이 지적되고 있다." 이 사건은 도덕적인 관점이 아니라 경제적인 관점에서 논의되고 있었다. 개별적인 사건들에 있어서 동정심을 표한 경우도 있었다. 국가사회주의 독일노동당 당원인 81살의 연대장 얘기가 화제가 되었다. 그는 1938년 11월 9일의 사건 뒤에 어느 유태인에게 자신이 심정적으로 같은 입장에 있다는 점을 알리기 위해 꽃다발을 보냈다고 한다.

도처에서 이런 일이 있었던 것도 아니고 모든 독일인이 이렇게 반응한 것도 분명 아니었다. 그러나 부끄럽다는 감정이 전반적으로 퍼져 있었다.

1941년 10월 이후에 벌어진 유태인 동료 시민들에 대한 추방에 대해서는 국민들이 어떻게 반응했는가?

보고서에 따르면, 유태인들에게 노란 별 낙인을 찍는 조치가 이미 전달부터 종종 비난의 대상이 되고 있다고 적혀 있다. "유태인 표식이 거부되고 있다"는 것이다. 그리고 신문 지상에서는 찾아볼 수 없었던, 유태인들에 대한 행위에 비판적인 의견들이 늘어갔다. 베스트팔렌의 한 보고서에는 다음과 같이 적혀 있다. "러시아에서는 유태인들을 공장의 노역자로 징발하고 늙은이와 노약자들은 총살했다는 얘기가 들리고 있다. 유태인이든 아리안이든 간에 인간이 인간에게 그렇게 잔인하게 할 수 있는가. 다같이 신이 창조한 사람들인데." 다른 보고서에는 다음과 같이 적혀 있다. "나이 많은 국민들 대부분이 유태인들을 독일 밖으로 추방한 조치에 대해 부정적으로 생각하고 있음을 관찰할 수 있다. 교회 내부에서는 독일 민족이 언젠가 신의 징벌을 받는 날이 올 것이라는 목소리도 들린다."

얼마나 많은 잔인한 일들이 독일의 지방에서 벌어졌는지 에어푸르트의 보안대가 낸 보고서에서 읽어볼 수 있다. "점령한 동쪽 지역에 보안 경찰을 투입한 것에 대해 아주 나쁜 소문이 돌고 있다. 주민들 사이에서는 보안 경찰들이 점령 지역의 유태인 말살 임무를 부여받았다는 소문이 돌고 있다. 수많은 유태인들이 먼저 구덩이를 파고 그 앞에 끌려 나가 총살을 당한다는 소문이다. 때때로 총살 명령을 받은 대원들조차 신경쇠약에 걸릴 정도였다고 한다." 여기서 처형 상황이 매우 구체적으로 묘사되고 있다. 독일인들이 느꼈던 두려움과 불안감은 "독일인들"이 무관심하거나 냉담했다는 주장이 잘못임을 증명한다. 홀로코스트가 열광적인 환영을 받았다는 가정도 무색하게 만든다. "미국에 사는 독일인들은 독일의 유태인들이 달고 있는 표식처럼 자신이 독일인임을 드러내는 나치스 기장 하켄크로이츠를 왼쪽 가슴에 달고 다녀야 한다는 얘기를 주민들이 많이 하고 있다. 미국의 독일인들은 독일의 유태인들이 당한 가혹 행위에 대한 대가를 톡톡히 치르고 있다는 얘기도 돌고 있다"고 민덴에서 나온 보고서는 적고 있다.

1943년 카틴 근교에서 폴란드 장교들과 소련 비밀 경찰에 의해 만들어진 대규모 집단 매장지가 발견되자 나치는 이것을 소련에 반대하는 선동 캠페인에 이용했다. 게슈타포는 "이미 독일 측에서 수많은 폴란드인과 유태인을 제거했기 때문에, 국민들 대다수가 이 선전책을 이상하고 위선적이라고 생각했다"는 점을 인지하고 있었다. "최종 해결책"을 국가 프로젝트로 이해하고 있는 국민들의 반응이 정녕 이렇단 말인가?

출판 안된 문헌들의 내용과 여론 조사의 결과는 일치한다. 많은 독일인들이 많은 사실을 알고 있었다. 그들은 이 사실을 애써 외면하며 참아내고 있었다. 그러나 계속 그럴 생각은 없었다. 우리가 질문한 대상자 1,285명 중 압도적 다수가 이런 의견을 나타냈다.

1996년을 사는 독일인들 중 30퍼센트가 그 당시 사람들이 유태인 학살에 대해 알고 있었을 것이라고 확신하고 있다. 62퍼센트는 반대 의견을 냈다. 1.5퍼센트만이 대부분의 독일인들이 유태인 학살을 지지했을 것이라고 생각하고 있으며, 약 22퍼센트가 "그냥 참고" 있었을 것이라고 생각하고 있다. 그리고 1996년을 사는 독일인들 중 6퍼센트만이 유태인 학살에 대해 대부분의 독일인들이 "오히려 비난"했다고 생각하고 있다. 민중들은 역사가들이 생각하는 것보다 어떤 때는 더 영리하다.

"비난"한 사람이 더 많았던들 이런 비극을 막을 수도 있었을 텐데! 파울하버와 갈렌 추기경이 설교를 통해 공식적으로는 "안락사"로 가장한 학살 행위 T4는 명백한 살인이라고 밝혔을 때, 히틀러는 그들을 구금시켰다. 1943년 초 학살 수용소로 이송될 예정이던 유태인들의 비유태인 남편들이 집결 장소에서 공공연하게 저항(소위 "장미 거리 사건")을 했을 때, 이송 명단에 들어 있던 많은 수가 풀려났다. 히틀러 정권은 적어도 독일 내에서는 세인의 주목을 받는 일을 피하려 했다. 모든 일이 정상적으로 조용히 진행되어야 했다 — 가스실로 들어갈 때까지는 말이다. 국내외에서 유사한 저항들이 조직적으로 강력하게 일어났다면 홀로코스트를 막거나 혹은 조기에 종식시킬 수 있지 않았을까? 하지만 그러한 시도들은 전혀 없었다.

누가 유럽의 유태인 학살, 즉 세기적인 범죄에 대한 책임을 져야 하는가? 이 질문도 1996년 독일인들에게 해보았다. 질문 대상자의 약 70퍼센트가 히틀러라고 답했다. 그 다음이 그의 충복들(37퍼센트)과 친위대(32퍼센트)였다. 유태인 학살에 대한 책임을 "전체 독일인"에게 돌린 사람은 20퍼센트뿐이었다. 여기서 눈에 띄는 대목은 30세 이하의 젊은 사람들이 "전체 독일인"이 책임의 일부를 져야 한다(35퍼센트)는 견해를 보이고 있다는 점이다. 반면 65세 이상의 나이 많은 독일인들 중 이런 견해를 가진 사람은 단 5퍼센트뿐이었다.

"독일인들" 모두가 유죄라고 치자. 그렇다면 히틀러 없는 히틀러 제국을 생각할 수 있는가. 그렇다고 이 말이 일개인에게 책임을 전가한다는 뜻은 아니다. 그러나 그의 범죄적 역량이 다른 사람들의 범죄적 역량을 발휘하도록 하는 자극제가 되었다. 히틀러는 그의 조력자들을 확실하게 다루고 있었다. 그들은 히틀러가 제시한 것 — 또는 그들 생각에 "총통"이 원하는 것이라 생각되는 것 — 을 수행했다. 유태인 학살은 독재 정권의 구조가 혼란스럽게 돌아간 결과로 생긴 것이 아니라, 히틀러에 의해 의도적으로 연출된 국가적 범죄였다. 히틀러가 학살을 준비했을 뿐만 아니라, 그가 전권을 위임한 히믈러를 통해서 주재했다. 히틀러가 없었다면 소련에 대한 기습 공격은 없었을 테고, 홀로코스트도 없었을 것이다.

이 말은 결코 히틀러의 조력자와 조력자를 도운 사람들에게 주는 면죄부가 아니다. 왜냐하면 히틀러의 홀로코스트는 기꺼이 이에 동참한 수많은 사람들에 의해 수행되었기 때문이다. 그들은 나중에 긴급 명령권을 발휘한 것이라고 주장했는데, 그들은 결코 정신병자가 아니었으며 매우 평범한 독일인들이었다.

독일 현대사에서 그들의 학살 행위는, 히틀러에게서 볼 수 있듯이, 미리 정해진 대로 가는 논리의 산물은 아니었다. 로이텐에서 시작해 랑에마르크를 거친 길이 바로 아우슈비츠로 이어지지는 않는다. 루터에서 시작해 비스마르크를 경유해 곧바로 히틀러로 연결되는 길은 없다. 역사적 선례가 없는 일이기 때문이다. 이 점은 또한 실제로는 정권 탈취였던 이른바 히틀러의 집권에도 적용된다. 비록 그럴 가능성이 존재한다 하더라도 그렇게 되어서는 안 되는 것이었다.

치욕은 남았다. 수백만의 독일인들이 방관하고 무시했다. 수백만의 독일인들은 자신들이 더 이상 알고 싶어하지 않아 했다는 점을 잘 알고 있었다. 수많은 독일인들이 히틀러의 자발적 집행자들이었다는 점이 증명되었다.

그러나 그들을 자극한 것은 살인적인 반유대주의만은 아니었으며 대개 반유대주의는 별다른 역할을 하지 못했다. 악마적인 정권이 그들 내면의 가장 더럽고 비열한 충동심을 풀어낼 — 유태인에게만 해당하는 것은 아니다 — 기회를 제공했기 때문에 그런 일이 발생하게 된 것이다.

그런 일이 독일에서 가능했으면, 다른 곳에서도 아니 세상 어디에서도 가능하다. 역사는 20세기에 벌어진 민족 학살이 결코 독일의 특수한 현상이 아니었음을 증명해 주고 있다. 스탈린 치하의 굴락에서 그리고 터키에서, 중국과 캄보디아에서 그보다 더한 집단 학살이 자행되었다. 유태인 대학살이 특이하게 여겨지는 이유는 계획에 의해 기계적으로 수행된 그 방식 때문이다.

우리 전후 세대들은 아우슈비츠에 대해 책임이 없다. 하지만 우리에겐 망각하지 않고 외면하지 않으며 그 사실을 기억해야 하는 책임이 있다. 이것은 집단적 범죄를 저질렀다는 뜻이 아니라 그에 대한 집단적 책임이 중요하다는 것을 의미한다.

범죄 국가가 범죄를 조장하는 경우, 아무리 특수한 조건 아래 놓여 있다 하더라도, 평범한 사람들이 어떻게 범죄자가 될 수 있는지 생각해 보는 것도 중요하다. 무엇이 인간을 비인간적으로 만드는가? 그에 대해 생각해 보는 것은 인간이 인간 늑대가 되는 것을 막아 보려 함이다. 보스니아와 루안다의 일이 바로 엊그제의 일이다. 독일인의 대학살로부터 얻을 수 있는 모든 교훈들, 모든 사진들과 보고서들이 인간의 천성을 바꿀 수는 없다. 그러나 그것들이, 우리 나라에서 두 번 다시 그런 일이 일어나지 않도록, 막을 수는 있다. 그럼으로써 충분한 것이 아닌가 생각한다.

전쟁교사자
Joseph Goebbels

포기란 걸 난 이제 알게 되었다. 협잡꾼들의
끊임없는 경멸.

나와 내 아내에게 저주가 내려진다.

길을 알고 있는 한 사람이 있다.
난 그를 인정한다.

히틀러는 호의적이고 나를 믿고 있다.
개인적으로도 그가 내게 얼마나 친절한지.

민주주의가 철천지원수에게
자신을 파멸시킬 방법을 손수 알려 주었다는 이야기는
아마도 민주주의를 비꼬는 풍자 중 가장 뛰어난 것이 될 것이다.

공산당원들로부터 많은 것을,
특히 선전술에서 많은 것을 배울 수 있다.

적어도 유태인들 중의 일부가
그렇게 최악의 상황은 안 일어날 거라고 생각했다는 점은
그 선전술이 매우 뛰어났고 목적에 맞는 것이었다는 사실을 입증한다.

이 유태인 역병은 근절되어야만 한다. 철저하게.
아무것도 남지 않아야 한다.

이제, 국민이여 궐기하여 폭풍처럼 나아가라.

우리는 모든 시대를 통틀어 가장 위대한 정치인으로 역사에
이름을 남길 것이다. 아니면 가장 악랄한 범죄자로.

괴벨스

너는 내가 이 과도한 반유대주의에 특별히 공감하지 않는다는 점을 물론 알고 있겠지. 유태인이 나의 특별한 친구가 될 수도 있었을 것이라는 얘기를 하는 것도 아냐. 내 말은 욕을 하며 인신 공격을 가하고 심지어 박해를 가한다해도 유태인들을 세상에서 사라지게 만들 수는 없다는 것이다. 만약 유태인 박해가 비인간적으로 잔인하게 이루어진다면 가능할 수도 있을 거야.

괴벨스가 앙카 슈탈헤름에게 보낸 편지, 1919년

그는 우리들에게 오랜 전통의 독일적 충성심에 대해 다시 일깨워 주었습니다. 우리는 승리할 때까지 혹은 패배할 때까지 그에게 충성하고자 합니다. 우리의 운명에 감사하라. 우리에게 난국을 헤쳐갈 사람, 진리의 사도, 자유의 인도자, 사랑에 대한 열렬한 신봉자, 전투에서 앞장서는 자, 충성심에 불타는 영웅, 독일 양심의 상징인 이 사람을 우리에게 준 운명에 감사하라.

괴벨스가 히틀러에 관해 한 말, 1924년

독일은 단 이 한 사람을 갈망한다. 여름의 대지가 비를 갈망하듯. 주여, 독일 민족에게 기적을 보여 주소서! 기적을! 한 사람을!!!

괴벨스, 1924년

이제 그는 장군들의 말만 들으려 한다. 내게는 매우 고통스런 일이다.

괴벨스, 1938년

왜 여자들은 우리처럼 모든 것을 다 걸지 못할까? 여자들을 가르칠 수 있을까? 아니면 그들은 도대체가 하찮은 존재에 불과한가? 여자들은 예외적인 경우에만 영웅이 될 수 있다!

괴벨스, 1925년

괴벨스 박사란 인물 유형은 내게 항상 낯설게 다가왔다. 그래서 판단을 주저했던 것이다. 그는 오늘날 독일에서 가장 증오의 대상이 되는 인물이다. 이전에 우리들은 자신의 부하를 성적으로 희롱한 유태인 지배인을 욕한 적이 있다. 이제 그 짓을 괴벨스 박사가 하고 있다.

히믈러, 1939년

우리 독일인들은 삶이란 걸 잘 이해 못한다. 하지만 죽음이란 건 아주 잘 이해하고 있지!

괴벨스, 1932년

우리가 사람들 보고 4층에서 뛰어내리라고 하면, 그들은 그렇게 했을 것이다!

스포츠 궁전에서 행한 "전면전"에 관한 괴벨스의 연설, 1943년

자신이 선전 이념에 흠뻑 빠져 있음에도 그 사실을 전혀 눈치 채지 못하게 사람을 사로잡는 것, 이것이 선전의 비결입니다. 물론 선전에는 의도하는 바가 있습니다. 하지만 그 의도하는 바가 아주 교묘하게 위장되어 있어 선전 대상이 되는 사람들이 이를 전혀 눈치 채지 못하게 되죠.

라디오방송협회 국장 및 부장들에게 괴벨스가 행한 연설, 1933년

이 사람이 연설을 행하고 조직을 만드는 데서 보여준 재능은 출중했습니다. 그를 덜 된 사람이라고 볼 만한 어떠한 증거도 없었죠. 동료 당원들은 그에게 대단한 애정을 가지고 있었습니다. 아마 그는 돌격대도 자신을 위해 몸을 바치게 만들 수 있었을 겁니다. 괴벨스는 우리의 괴벨스였습니다.

호르스트 베셀, 1926년

괴벨스라 불리는, 지옥에서 온, 엄청난 입을 가진 이 선전장관은 꼴도 보기 싫다. 육신과 영혼이 병든 이 자는 세상의 유일한 지배자인 신에게 비열한 거짓말을 하려는 자다!

토마스 만, 1933년

오늘날 언론은 더 이상 적이 아니다. 언론은 정부의 협력자다. 정부와 언론은 오늘날 동일한 목표를 가지고 있다.

괴벨스, 1934년

그는 의심할 바 없이 그 사람들 중에서 가장 머리가 좋은 사람이었다. 어휘와 어투로 그라는 것을 분명하게 알 수 있는 지식인이었다. 괴링, 힘믈러 그리고 보어만과는 달리 그는 일상사와 일정한 거리를 둘줄 아는 능력을 갖춘 사람이었다. 또한 그는 결코 이기주의자도, 겁쟁이도 아니었다. 그는 자신이 생각하던 바를 히틀러에게 말했는데, 그는 전쟁이 끝날 것이라고 생각하고 있었다. 히틀러는 그의 말에 항상 귀를 기울였다. 내가 보기에 괴벨스는 선전의 천재였다. 난 히틀러가 그를 만들었듯이 그가 히틀러를 만들었다고 믿고 있다. 사람들도 그렇게 말할 수 있을 것이다. 그는 매우 복잡한 성격의 소유자였고, 매우 차디찬 사람이었다. 국가사회주의가 가장 나쁜 상황에 처해 있을 때, 즉 독일 내의 유태인들에 대해 어떤 조치를 취해야 했을 때, 그는 밀어붙였다.

슈페어, 1979년

작달막한 키의 박사에게는 무척이나 커 보이는 기차역이었다. 1926년 4월 8일 문헌학 박사 학위 소유자인 29살의 파울 요제프 괴벨스가 뮌헨 중앙역 광장에 나타났을 때, 이미 크롬 빛깔의 메르세데스 자동차가 운전사와 함께 그를 기다리고 있었다. 다음날 "괴벨스 박사"가 "시민 양조장"에 등장한다는 사실을 알리는, 길거리에 걸린 "엄청나게 큰" 현수막들 때문에 호텔까지 이르는 그의 행렬은 개선 행진과 같았다.

"이 얼마나 엄청난 환대인가."라고 그는 그날의 들뜬 기분을 일기장에 적고 있다. 방문객들의 애를 태우던 아버지 같은 초대자가 저녁에 실제로 모습을 드러냈을 때, 괴벨스는 행복한 감정의 절정을 맛보았다. 그는 "히틀러가 전화를 해서 우리를 환영한다는 말을 전했다"며 기쁜 마음을 일기에 적었다. "15분 내에 그가 도착할 것이다. 위대하고 왕성하며 삶으로 충만한 그가 온다. 난 그를 좋아한다. 그는 우리에게 호의적이다."

히틀러는 다음날 저녁 "시민 양조장"이라는 시험대에 서게 되는 이 초대 연설자를 위해 슈타른베르크 호수를 둘러보라며 자신의 리무진을 마음대로 쓰도록 조치했다. "나는 나의 모든 것을 다 쏟아 부었다. 사람들은 날뛰고 소란을 피웠다. 끝에는 히틀러가 나와 포옹했다. 그의 눈가에 눈물이 글썽이고 있었다. 나는 무척이나 행복했다." 괴벨스의 황홀한 기분이 그의 일기장 곳곳에 넘쳐흐른다. "나는 위대한 천재 정치가에게 머리를 조아린다!" 그 이후 그는 한 구절의 찬가를 더 덧붙였다. "그는 천재이다. 분명 신이 그 운명을 만들어낸 것이다. 그의 앞에 서면 온몸이 떨린다. 그는 아이처럼 사랑스럽고 선량하다. 고양이처럼 영리하고 기민하며 사자처럼 육중하고 포효한다. 사나이자 남자이다."

이 젊은 숭배자에게 있어 히틀러는 아버지 또는 본보기가 되는 인물 그 이상이었다. 열정에 가득 찬 괴벨스는 골방에서 목소리를 높이던 선동 정치가를 메시아로 치켜올렸다. 믿음의 대상을 갈구하던 그에게 히틀러는 그 해답이었다. 그는 문체가 지나치게 화려한 소설 습작을 쓴 적이 있는데, 그 습작의 주인공 미하엘 포어만의 입을 빌려 말하기를, "무엇을 믿느냐는 중요치 않다. 중요한 것은 믿는다는 것이다." 가톨릭의 경건함과 급진 좌경주의의 열광적인 열정을 멀리한 뒤, 그는 이 지상에서 자신의 신심을 불태울 숭배의 대상을 발견했다. 그것이 그가 살아갈 동기를 부여하고 실패한 그의 삶을 새로운 내용으로 채워줄 것이다.

"나는 이제 지옥처럼 여겨지는 이 세상과 결별하고 싶다." 22살이었던 괴벨스가 유언처럼 울부짖은 말이다. 그러나 연극 같은 결말은 훗날로 미뤄졌고, 비참한 대학 생활은 연장되었다. 얼마 되지 않는 가톨릭 계열의 알베르투스-마그누스 협회 장학금, 이따금 있는 과외 수업료, 끊임없이 친구들로부터 돈을 빌리는 처지, 전당포 차입금 그리고 아버지가 쥐꼬리만한 월급에서 쪼개 보내오는 돈 등은 이 독문학도의 생활을 어렵게 만들었다. 심지어는 며칠 동안 끼니를 거를 때도 있었다. 그의 학문 편력이 있던 곳마다 — 본, 뷔르츠부르크, 프라이부르크, 뮌헨 그리고 하이델베르크 — 항상 굶주림의 고통이 숙명처럼 그를 따라다녔다.

1차 대전 이후 독일에서의 물질적 궁핍함에 대한 체험과 함께 그가 겪었던 개인적인 불행으로 인하여 그에게는 하나의 세계상이 형성되었다. 세계가 유능한 사람들을 음흉한 간계의 희생물로 만든다는 것이다. 1920년 절망한 그가 어렸을 때 좋아했던 앙카 슈탈

헤름에게 보낸 편지에는 다음과 같은 구절이 있다. "뛰어난 정신적 재능을 가진 사람들이 비참해지고 타락해 가는데, 다른 사람들은 그들을 도울 수 있는 돈으로 흥청망청 지내며 그 돈을 탕진하고 있다는 사실이 웃기지 않니?"

동시에 괴벨스는 자신의 자화상도 머리 속에 그리고 있었다. 그 자신 무척이나 큰일에 부름을 받게 될 것이라고 생각하고 있었고, 미래에 작가, 이상주의자 그리고 세상을 변혁시키는 사람으로서 대단히 높은 평판을 얻게 될 것이라고 확신하고 있었다. 실제로 그는 인생 역정의 첫 목표를 사회에서 높은 지위를 얻는 것에 두었다. 그는 1897년 10월 29일 니더라인의 작은 도시 라이트에서 일당을 벌기 위해 "빳빳한 와이셔츠를 다려 입은 노동자"가 되어 뼈빠지게 일하는 경리 직원의 셋째 아들로 태어났다. 재능이 많던 이 아이는 시립 실업 학교를 다닐 때부터 이미 그 당시 확고하게 정해져 있던 학교의 틀을 뛰어넘었다. 그는 피아노 시간과 인문 교양 시간에 특권을 누렸다. 동년배 중에서 가장 뛰어난 그에게 대학의 문은 열려 있었다. 소시민 가계 출신의 이 아이에게 성공은 내적 만족감을 주는 동시에 보상을 의미하는 것이었다. 그러나 그의 출신 성분으로 인해 그에게는 항상 국외자라는 낙인이 따라다녔다. 그는 소설 속의 인물 미하엘 포어만을 통해 "왜 신은 그를 그렇게 만들었는가, 왜 사람들이 그를 조롱하고 비웃게 만들었는가?"라는 한탄을 내뱉고 있다. "왜 그에게는 다른 사람들처럼 자신과 삶을 사랑할 수 있도록 해주지 않았는가?" 이는 생의 마지막 순간까지 계속되었던 자기 증오와 자기 연민으로 가득 찬 절규였다. 유년기부터 요제프 괴벨스에게는 근심 걱정 없고 온전한 사람들의 세계로 들어가는 문이 막혀 있었다. 네 살 때 유약했던 이 아이는 오른쪽 대퇴부에 골수염을 앓았다. 의사들의 갖은 노력에도 불구하고 다리에 지장이 생겨서 성장이 지체되었다. 평생을 그는 발육 부진인 발을 볼품없는 정형외과용 특수 의복 아래 감추어야만 했다. 다른 애들이 놀이를 하고 춤을 추고 운동을 하는 동안, 걷기에 지장이 있는 이 아이는 항상 주위를 맴돌 뿐이었다. 1914년 그가 전쟁에 낙관적인 일반적인 분위기에 휩쓸려 징병 검사를 받았을 때, 의사는 피곤하다는 듯이 손짓으로 불가 판정을 내렸다. 괴벨스는 『미하엘Michael』에서 밝히기를, "다른 사람들이 달리고 펄쩍펄쩍 뛰는 것을 보았을 때, 그는 자신에게 […] 이런 일이 생기게 한 신을 향해 불만을 터트렸다. 그리고 나서 다른 사람들이 자신과 같지 않다며 그들을 증오했고, 병신임에도 기꺼이 품안의 자식으로 거두려는 어머니를 비웃었다."

외로운 다락방에서 그는 격정적으로 증오하는 법을 배웠다. 아주 초라한 모습의 자신과 자신을 진지하게 받아 주지 않고 조롱하거나 연민의 눈으로 바라보는 다른 사람들 그리고 결국에는 인류 전체를 증오하게 되었다. "포기라는 것을 이제 알게 되었다"라고 그는 자신의 일기장에 털어놓고 있다. "협잡꾼들의 끊임없는 경멸!"

후에 남들의 약점을 잡아 난도질했던 악의, 친한 사람들과 적대자들을 박해했던 복수욕, 그의 주위에 모반과 술책이 도사리고 있다는 생각이 들게 만들던 불신감 그리고 남을 동정하지 않는 성격들은 굴욕적인 어린 시절에 이미 그 싹을 틔우고 있었다. 그는 자신의 신체적인 약점을 무모한 행동으로 커버했던 경험을 통해 세상에 대처해 갔다. 무대에서 주목받는 역할을 맡았던 것은 우연한 일이 아니다. 그에게는 강한 어조와 커다란 제스처로 사람들을 끌어들이는 재주가 있었다. 명민한 사고와 기지로 그는 자신의 외적 결점에 쏠린 주위의 시선을 다른 곳으로 돌렸다. 운동 경기에 참여하고 (전쟁에) 참전하는 것이 원천적으로 불가능했던 그는 그 분야에서 성공할 수가 없었다. 하지만 그는 강인한 의지로 학업에서 성공을 쟁취하였다. 1921년 11월 괴벨스는 야심찬 신분 상승 욕구를 실현시켜 줄 발판을 마련했다. 하이델베르크 철학 학부에서 박사 학위가 통과됨으로써 그는 "박사님"이 되었다. 그는 박사라는 호칭이 추가된 서명을 박력 있게 쓰기 위해 몇 시간 동안 연습하기도 하였다. 그로부터 그는 이 박사라는 호칭을 빼고 자신의 이름을 사용한 적은 없었다. 고향 라이트의 이웃들은 길거리에서 그를 만나면 존경의 눈길로 인사를 보냈다. 성공적으로 대학을 마친 스물네 살의 그를 사회가 인정해 주었는데, 이는 개인적인 승리이기도 했다. 그러나 관직 대신 그는 부모 집의 다락방에 주저앉아 있었다. 박사 타이틀이 그를 물질적 궁핍함에서 벗어나도록 도와 주지는 못했다. 상승 욕구를 가진 이 젊은이는 박사도 밥벌이를 위해 직업을 구하고 이곳저곳에 지원서를 넣어야 한다는 사실을 다음 2년 반 동안 뼈저리게 경험하게 된다. 서가에서 인정받지 못한 이 젊은이는 시와 논문을 종이에 옮기며 소일하고 있었다. 하지만 바깥 세계는 매몰찼다. 『베스트도이체 란데스차이퉁』에 여섯 편의 논문이 실린 것 외에 책상에 눌러앉은 고독한 학자에게 대중은 전혀 주목하지 않았다.

    그가 드레스덴 은행 쾰른 지사에 자리를 얻으려고 했을 때, 그 자신 실패자가 아닌가 하는 기분에 빠져 들었다. 고상한 강의실에 서 있는 대신 그는 건조한 목소리로 주식 거래소에서 시세를 외치며 서 있었다. "자본주의의 본산"에서의 이 증오스런 업무는 "황금에 눈먼 추한 몸부림"에 대한 그의 혐오감을 더욱 강화시켰다. 인플레이션이 심했던 1923년 그는 일기장에다 투기성 사업에 대한 분노 어린 심정을 적어 놓았다. "너희들은 투자에 대해 말한다. 그

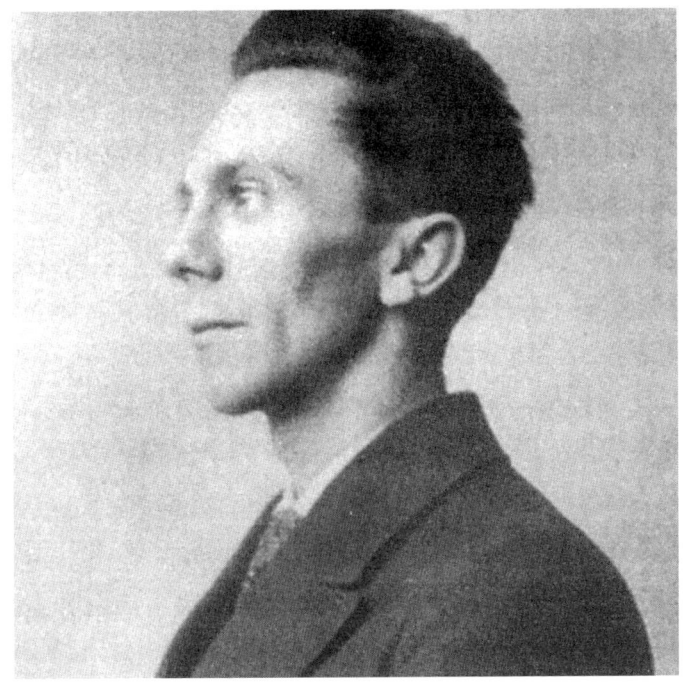

전혀 주목을 받지
못하고 있다…
박사 실업자 괴벨스
(1923)

그는 결코 성급하지 않았다. 주도면밀했으며 냉철했다. 얼음처럼 차가웠고 악마적이었다.

오토 야콥스, 속기사

선전은 본질상 — 난 확실하게 말할 수 있다 — 일종의 예술이다. 그리고 선전원은 엄밀한 단어상 의미에 있어 민중 심리의 예술가라고 볼 수 있다. 선전원의 가장 중요한 임무는 매일 매시간 민중의 맥박 소리에 귀기울이고 어떻게 맥박이 뛰는지 듣는 것이다. 그리고 그 맥박의 박자에 맞추어 조치를 취하는 것이다.

괴벨스, 1935년

선전장관은 항상 "박사 괴벨스"로 서명한다. 그는 정부 사람들 중에서 교육을 제대로 받은 사람 중 하나다. 무학자들이 많은 정부 사람들 중에는 4분의 1만이 교육을 받은 사람들이다. 그의 정신적 역량을 평가하는 견해가 정부에 넓게 퍼져 있는데, 그를 종종 정부의 "두뇌"라 부르는 것이 그것이다. 얼마나 점잖은 호칭인가.

빅토르 클렘퍼러의 일기, 1934년

러나 이 아름다운 말 뒤에는 굶주린 동물에서 느낄 수 있는 것과 같은 위험이 도사리고 있다. 내가 동물이라고 그랬는데, 이는 동물을 모욕하는 말이다. 왜냐하면 동물은 배가 부르면 더 이상 먹이를 찾지 않기 때문이다." 반자본주의 토양에서 바로 반유대주의 성향이 자라났다. 가톨릭을 믿는 소시민들이 간혹 심한 선입견을 가지고 있었는데, 그와 같은 선입견들이 음흉스런 모반 이론으로 구체화되었다. "국제적인 네트워크를 가진 유태인 금융"을 괴벨스는 자기 시대의 경제적 곤궁과 개인적 비참을 일으킨 원흉으로 지목했다. 서구의 물질주의 ― "악의 산물" 바로 그 자체 ― 뿐만 아니라 마르크스주의도 그는 유태인의 작품으로 간주했다. 모든 국가의 지배력을 제거하기 위해 끊임없이 노력하는 것은 배후 조종자들이 공통으로 가지고 있는 점이다. 그 당시의 관계 서적을 참조하여 괴벨스는 "냉혹한 논리"를 만들어 냈다. "전세계 유태인"들에 대한 "생존 투쟁"만이 "더 나은 세상"을 만들 수 있는 유일한 길이라는 논리였다.

이러한 그의 생각이 유대 혈통의 주위 사람들과의 교제에서는 그대로 적용되지 않았다. 괴벨스가 무척 존경했던 하이델베르크의 문학사가 프리드리히 군돌프, 지도 교수 막스 폰 발트베르크, 가족과 절친했고 후배 작가에게 문학적인 조언을 해주었던 변호사도 유태인이었다. 교사인 약혼자 엘제 양케Else Janke가 자기 어머니가 유태인이라고 고백했을 때, 놀라기는 했지만, 그 고백이 그들을 갈라놓지는 않았다. 그러나 괴벨스가 이후에 당 대표가 되었을 때, 그는 자신의 신부를 청년기의 성가신 유물이라며 쫓아냈다.

그는 직장을 잃고 다시 거리로 내몰렸다. 은행원으로서 그의 경력은 9개월만에 갑작스럽게 끝나게 되었다. 가족들에게 수치스런 감정을 들키지 않으려고 그는 몇 주일 동안 쾰른으로 출근하는 척하기도 했다. 그러나 물질적인 어려움이 닥치자 직장을 그만두었다는 사실을 더 이상 숨길 수 없었다.

"과도한 업무와 불운으로 인해 발생한 가벼운 신경 장애 때문에 쾰른의 직장을 그만둘 수밖에 없었습니다." 베를린의 출판사 모세에 편집부 자리를 얻기 위해 보낸 글에서 그의 실패에 관한 내용을 읽어볼 수 있다. 자신의 실패를 이렇게 미화해도 자리를 얻을 수는 없었다. 그는 전통 깊은 『포쓰 신문』과 진보적 성향의 『베를리너 타게스블라트 신문』에서도 퇴짜를 맞았다. 베를린에서 당한 거절은 그의 세계상에 그대로 투영되었다. 그 출판사의 소유주와 주요 기자들은 유태인 출신이었다. 그에게 직장을 가지지 못하게 만드는 이 세상은 "유대화된" 것처럼 보였다.

"나는 계속 신경질적인 불안 상태에 빠져 있다"며 그는 일기장에서 한숨짓고 있다. "빌어먹고 사는 사람의 이 비참함. 내게 어울리지 않는 이 상황에서 어떻게 하면 벗어날 수 있을 지에 대해 난 골머리를 썩이고 있다. 아무것도 하고 싶지 않다. 분명 아무것도 이루어지지 않을 것이기 때문이다. 연고를 따지고 경력을 중시하는 세상에서 그 일원이 되기 위해서는 우선 자신의 견해, 시민의 용기, 인성, 성격이라 불리는 모든 것들을 증명해야만 한다. 나는 아무것도 아니다. 전혀 주목을 받지 못하고 있다." 그때 순회 정치 연설가인 히틀러는 뮌헨에서 주목을 받고 있었다. 히틀러의 실패한 쿠데타에 관한 소식이 이 실패한 박사가 무기력증에서 벗어나는 원동력이 되었다. 괴벨스는 뮌헨의 국가 반역 소송에서 연극의 주연 배우처럼 모습을 드러낸 히틀러를 열심히 쫓아다녔다. 후에 그는 자신의 새 예언자 앞에서 예를 갖추며 말했다. "그때 당신이 말하던 것은 신이 사라지고 붕괴되어 가는 절망적인 세상에 새로운 정치 신념을 설파하는 교리와 같았습니다. 당신은 침묵하지 않았습니다. 신은 당신을 빌어 우리의 고통을 말하게 했습니다. 당신은 구원의 말로 우리의 고통을 감싸고 확실한 말로 다가올 기적을 언급했습니다."

기적에 대한 믿음에 그는 열병처럼 빠져 들었다. 그는 이따금 옛 학교 친구들을 자신의 고향에서 거행된 "민중사회연대" 모임과 토론회에 데리고 오기도 했다. 거기서 보여준 "소심함, 평범함, 과대망상증과 출세 지향 성향이 혼재"된, 감을 잡을 수 없는 그의 성격이 그의 암담한 삶에 한 줄기 빛을 던져 주는 역할을 했다. 그의 글의 출판이 허용된 것이다! 엘버펠트에서 발행되는 소수 분파당의 선전지인 『민중의 자유』는 "박사 G"의 논쟁적인 글을 실으려 하였다. 처음에는 원고료도 없었다. 그러나 곧 신문 기사의 거의 전부가 괴벨스의 펜 끝에서 나왔고 그는 머지않아 편집부를 맡게 되었다. 보수는 "형편없었으나" 그래도 자리에 대해서는 무척 만족하고 있었다. 이 편집장은 일기장에 다음과 같은 글을 적었다. "나는 아주 쬐금만 행복하다. 하지만 내 노력의 첫번째 가시적인 성과물을 얻었다. 나는 이제 다시 출세의 길에 들어섰다."

연단에서 행한 그의 연설은 이 새 당원에게 또 다른 성공을 맛보게 해주었다. 처음에는 지나치게 큰 머리와 덜 자라고 비쩍 마른 연설자의 모습에 청중들은 웃음을 감추지 않았다. 그는 이 비웃음을 강철 같은 인내력으로 참아냈고 곧 청중들을 사로잡았다. 아주 독특한 그의 매혹적인 목소리는 어떠한 소란스런 상황에서도 청중에게 들렸고, 정확하고 뚜렷한 그의 표현법은 모든 당원들이 이해할 수 있었다. 거침없는 공격 성향과 신랄한 풍자는 좌중들을 압도하였다. 그가 가진 내적 정열이 믿을 만하게 보였기 때문에 그는 청중들을 열광시킬 수가 있었다. 그러나 그 자신은 모든 반응들을 주의 깊게 관찰하며 냉정함을 유지하고 있었다. 제때에 청중들의

결혼은 내게 고통이 될 수도 있으리라. 하지만 사랑이 내 안에서 꿈틀거린다!
괴벨스, 1926년

부유한 집안 딸과 결혼하다…
괴벨스와 막다 크반트의 결혼식 (1931)

괴벨스는 항상 인민 대중이란 본래 여성과 같은 것이라고 강조했다. 또한 대부분의 사람들은 금발의 푸른 눈을 가진 거구의 사람들보다 신체적인 약점을 가진 사람들에게 모성애적 성향을 보인다고도 말했다.
빈프리트 폰 오벤, 괴벨스의 개인 보좌관

"민중들의 목소리"에 따라, 예를 들어 수다스런 내 이발사를 평가하는 말을 듣고 나면 우리의 분위기는 확 가라앉았다. 이는 대놓고 당의 고위 간부를 싹잡아 욕하는 것이었기 때문이다. 내가 "도대체 비난의 대상이 무언가?"라고 질문을 한 적이 있는데, 답은 "모든 것이 대상이다!"였다. 특히 "요제프"(괴벨스)는 화근 덩어리이다. 당과 국가의 평행 관계도 그리 오래가지는 않을 것이다. 높은 양반들이 나타나고, 그들 중에서도 괴벨스가 또 앞장을 설 것이다.
울리히 폰 하쎌의 일기, 1939년

마음을 움직일 수 있는 표현법을 그는 본능적으로 찾아냈다. 때로는 아첨성 어조로, 때로는 신랄한 어조로, 때로는 환한 어조로, 때로는 침울한 어조로. 그는 홀 안의 분위기에 가장 잘 어울리는 어조를 자신의 레퍼토리에서 끄집어냈다. 그가 상대방에 대해 빈정대는 투로 험담을 해대면 청중들은 환호하기 시작했다. 그가 자신에게 쏟아지는 비난과 야유를 결정적인 역공으로 받아쳤을 때 그는 성공을 확신하게 되었다. 모든 연설이 그에게는 아주 어려운 작업이었다. 목이 쉬고 기진맥진했으며 땀을 너무 흘려 연단에서 비틀대기도 했다. 제스처 하나하나도 연구를 했으며 암시를 집어 넣을 곳에 대해서도 심사숙고를 거듭했다. 원고는 앞뒤 문맥에 맞추어 꼼꼼하게 다듬어졌는데, 원고의 내용은 사무실에서 떠오른 것이었다. 그가 의도하는 바는 결코 진실의 의미, 정직함 또는 대중의 이성을 언급하는 것이 아니었다. 그의 의도는 언제나 대중의 판단력에 있었다. 그는 유머, 위트 그리고 마음을 놓게 만드는 말로 대중에게 영향을 미쳤다. 그는 이러한 말솜씨로 청중들을 선동하고 감동시키고 어리둥절하게 만들 수 있었다. 그는 청중들을 열광의 도가니로 이끌지는 않았다. 히틀러의 등장이 그의 추종자들을 감각적인 무아지경으로 몰았던 반면, 괴벨스는 심리학을 응용해 고안해 낸 설득 기술로 그들을 유혹했다. "나는 가장 나쁜 종류의 선동 정치가가 될 것입니다"라고 그는 자랑스럽게 포부를 밝혔다.

뛰어난 연설자가 충분치 않았던 정치 집단에서 이 축복받은 연사는 재빠르게 자신의 목소리를 낼 수 있었다. 소관구에서는 그를 초대하려고 혈안이 되었다. 그사이 대관구 지도자로 승진한 그는 제국 곳곳의 집회 장소에서 매일 밤 연설을 하고 다녔다. 이 왜소한 박사의 인기는 요새에 감금되었다 석방된 히틀러에게 금세 알려졌다. 괴벨스의 후원자이자 국가사회주의 독일노동당의 조직 책임자인 그레고르 슈트라써가 이 재능 있는 선동가에게 주목하도록 주의를 환기시켰는데, 히틀러는 9살 어린 이 추종자를 호감을 가지고 지켜보고 있었다. "그때 그가 내 앞에 섰다. 내게 손을 내밀었다. 마치 오래된 친구처럼. 이 커다랗고 푸른 눈동자. 마치 별과 같다. 그는 나를 만나서 기뻐했다"라고 1925년 말 괴벨스는 감격에 겨워 일기장에 기록했다. 누가 그에게 다가왔는지 그의 눈에는 분명하게 보였다. "장차의 독재자"였다. 또한 괴벨스가 사회주의적이고 "좌파적"인 파벌의 대표자로 간주되었다는 점으로 인해 이 남자들간의 우정에 금이 가지는 않았다.

1926년 밤베르크에서 벌어진 전당 대회에서 남쪽 관구와 북쪽 관구 사이의 당 내부 논쟁에 마침표를 찍기 위한 결정의 순간, "개혁 성향파" 사람들은 언어 구사력이 뛰어난 이 박사에게 모든 희망을 걸고 있었다. 그러나 그는 여러 시간에 걸쳐 계속된 히틀러의 독백에 넋을 잃고 "마치 머리를 한방 얻어맞은 것처럼" 조용히 입을 다물고 있었다. 모든 논쟁에 "총통 전권주의"가 그 자취를 남겼다. 뮌헨 중앙당의 "무질서와 방만함"에 대한 모든 의구심은 그의 새로운 이상 히틀러라는 뛰어난 인물 덕택에 완전히 무시되었다. "아돌프 히틀러. 난 그대를 사랑합니다. 그대는 위대하고 동시에 소박하기 때문입니다."

그러나 히틀러가 소박한 것은 아니었다. 외적 화려함과 웅장함이 빈궁한 소시민의 아들을 돋보이게 만들었고, 그래서 이런 화려함에 더욱 그의 마음이 쏠리게 되었다. 뮌헨에서 그의 후견인은 성대하게 그를 맞이하곤 했다.

히틀러에게는 다른 속셈이 있었다. 그는 기지가 많은 괴벨스와 함께 보다 큰 일을 해내려고 했다. 베를린-브란덴부르크 대관구의 새로운 지도자로서 괴벨스가, 국가사회주의 독일노동당으로서는 매우 손대기 어려운, "붉은"(그 당시 베를린은 공산주의가 큰 영향력을 행사하고 있었다 — 옮긴이) 제국의 수도 베를린을 수중에 넣는다는 것이었다. 선택받은 괴벨스는 처음에는 주저했다. 그렇지만 그는 이것이 일생일대의 기회임을 금방 알아차렸다. 미래가 보장된 지위와 자신의 투쟁욕에 맞는 임무라는 것도 알았다. 1926년 11월 7일 그는 엘버펠트를 떠나 베를린으로 향했다. 그것은 돌아올 차표가 준비되지 않은 여행이었다.

대도시에서 새로운 이 대관구 지도자는 300명밖에 안 되는 일단의 파벌을 장악했다. 이 파벌은 어떤 종류의 정치적 위임도 받지 못했고, 극단적 자기 비판에 빠져 있었다. 히틀러의 전권을 위임받은 괴벨스는 논쟁을 좋아하는 사람들을 단호하게 분리시켰고 자신의 지도권을 관철시켰다. 그는 기부금을 모으기 위해 "희생자 단체"를 만들고 후진 양성을 위해 웅변 학교도 세웠다. 하지만 대중의 주목을 받지는 못했다.

"베를린은 물고기가 물을 원하듯 센세이셔널한 사건을 필요로 한다"라고 이 정치 독학자가 밝혔다. "이 도시는 그런 사건들로 살아가고, 이를 인식하지 못하는 모든 정치 선전은 그 목적을 상실한 것이다."

따라서 그는 신문 머릿기사로 나올 만한 사건을 생각해 냈다. 시가 행진과 집회 장소로 그는 의식적으로 노동자 구역의 공산당 관할 지역을 택했고 이를 통해 홀과 거리에서 충돌이 일어나도록 만들었다. 이런 목적을 달성하기 위해 그는 독특한 성격의 기동 타격대를 편성했다. 그가 의도하는 바는 물론 커다란 혼란과 폭동이었다. "소요시 400마르크 이상의 대물 피해가 발생하면 소요 피해법이 발효됩니다. 이 점은 물론 부차적인 문제죠"라고 얘기하며, 이 소요 주동자는 출동하는 사람들을 독려했다.

이 선동가가 인종주의적인 내용의 연설을 하고 있을 때 야유를 받은 적이 있었다. 그때 화가 머리끝까지 치민 그는 "당신은 전혀 독일 젊은이처럼 보이지 않는군요!"라고 말하며, 방해꾼에게 확실한 교훈을 주기 위해 자신이 들고 있는 곤봉을 힐끗 쳐다보았다. 구타당한 사람이 나중에 기독교 목사로 밝혀졌을 때 이 선동 교사자는 곤경에 빠지게 되었다. 베를린 경찰국장에게 이 사건은 괴벨스의 갈색 무리들을 와해시킬 절호의 기회였다.

그러나 그는 금지령을 오히려 좋은 기회로 활용했다. 돌격대를 "스트라이크" 볼링클럽, "높은 파고" 수영협회 또는 "옛 베를린" 트레킹연맹처럼 무해하게 보이는 단체로 변신시키고 당의 집결 장소를 베를린 성문 앞으로 바꾸었다. 금지령에 따라 연설을 못하게 된 그는 새로운 매체를 이용했다. 강령적인 공격이라는 제목을 가진 전단지가 그것이다. 그들의 공격은 언제나 한 사람, 베를린 경찰 부국장 베른하르트 바이쓰Bernhard Weiß를 향했다. 확고한 민주주의 시스템의 옹호자이자 법의 수호자인 그는 괴벨스의 처단 리스트 제일 꼭대기 자리를 차지하고 있었다. 이 갈색 인종차별주의자는 베른하르트 바이쓰를 적의 원형이라고 했다. 바이쓰를 비방하는 "이시도르"란 이름으로 그에게 모욕을 주고 중상모략을 가하는 캠페인을 펼쳤는데, 이는 널리 퍼진 반유대적인 선입견에 의해 조장된 것이었다. 베를린 사람들은 대부분 허위로 만들어진 그의 악행과 뚱뚱하게 그려진 그의 캐리커처를 보고 웃었다. "이시도르"와 함께 괴벨스는 유명해졌다. 오래 지속된 명예 훼손 과정에서 이 일을 꾸며낸 장본인이 염두에 두고 있었던 것은, 바로 이를 통해 자신에게 이목이 집중되도록 하는 것이었다.

물론 이 유명세가 선거에서 이점으로 작용하지는 않았다. 1925년 2월 27일 당이 다시 승인 받고 나서 치러진 1928년 베를린 선거에서 국가사회주의 독일노동당은 단지 2.6퍼센트의 지지를 얻었을 뿐이었다. 그렇지만 괴벨스에게 이 선거는 높은 위치로의 도약을 의미하는 것이었다. 이전에 빈털터리였던 그가 처음으로 독일 제국 의회 의사당의 계단을 오를 수 있게 된 것이다. 민주주의의 의회 의원직이라는 제도가 괴벨스로 하여금 공개적인 장소에서 민주주의를 공격할 기회를 제공한 것이었다. "나는 제국 의회의 일원이 아닙니다"라고 그는 『공격』지에서 비웃었다. "나는 면책 특권을 가진 사람이고, 무임 승차권을 가진 사람입니다. 제국 의회가 우리와 무슨 상관이 있습니까? […] 우리는 제국 의회에 반대하기 위해 선출되었고, 우리는 유권자의 뜻에 따라 의원직을 수행해 나갈 것입니다. […] 우리는 민주주의의 병기고에서 민주주의만이 가지고 있는 무기를 공급받고자 제국 의회에 들어가는 것입니다. […] 우리는 친구도 아니며 중립자도 아닙니다. 우리는 적으로서 들어가는 것입니다! 늑대가 양의 우리에 뛰어드는 식으로 우리가 들어가는 것입니다."

새로 얻은 면책 특권은 이 반의회주의적인 의원을 사법부의 추적으로부터 보호해 주었다. 그는 의회 연단을 공화국에 반대하는 연설을 하는 데 이용하였다. 그의 봉급은 대관구의 구좌를 넉넉하게 만들었다. 그러나 정치 투쟁은 길거리에서 벌어졌다. 경제 위기로 인해 실업자와 삶의 근거를 박탈당한 사람들의 숫자가 급속도로 늘어날수록, 정적간의 다툼은 더욱 첨예화되었다.

피비린내 나는 싸움이 계속 언론의 반향을 불러일으켰을 뿐만 아니라, 선전을 위한 새로운 구실을 제공하는 역할도 했다. 괴벨스는 머리에 부상을 입어 붕대를 감은 돌격대 대원을 의회 연단 제일 앞 열에 앉혀 놓곤 했는데, 이는 상당히 효과적이었다. 그에게 자기 진영에서 나온 "진짜 순교자"는 선전을 위한 아주 매력적인 대

우리는 적으로서 들어가는 것입니다…
대관구 지도자 괴벨스가 "붉은 베를린"을 점령하다.

이 얼마나 이상한 민족입니까! 극단적인 자기 비판의 결과 나머지 국민들의 생존마저 위태롭게 만들고 있습니다. 다른 민족이라면 저항하기 위해 대중들이 봉기했을 겁니다. 가련한 독일! 상놈의 나라! 불량한 나라! 유태인들이 누구보다도 정확하게 우리를 평가했습니다!

비밀 재판을 통한 정치적 암살에 대해 괴벨스가 한 말, 1928년

유태인들을 절멸시키는 것이 바로 우리의 목표입니다. 우리가 승전하든 패전하든 간에 이 목표는 달성되어야 하고 달성될 것입니다. 독일군이 퇴각할 상황에 몰린다면, 그 퇴로에 남아 있는 나머지 유태인들을 모두 없앨 것입니다.

괴벨스, 1944년

그는 사람들을 열광의 도가니에 빠지게 만드는 법을 알고 있었습니다. 그는 거짓말의 대가이고 냉소주의자였죠. 그리고 그는 나치의 거물들 중에서 확실히 가장 지적인 인물이고 달변을 자랑하는 인물이었습니다.

베르트 내겔레, 종군 기자

상이었다. 괴벨스는 돌격대원들이 실제로 죽을 수 있는 상황에 있었지만 이를 무시했고, 삶을 달리한 대원들에게 엄숙한 표정을 지으며 영웅의 화관을 씌워 주었다. 그는 모든 장례식을 선전을 위한 커다란 행사로 꾸몄다. 죽은 자에 대한 의식은 23살의 돌격대원 호르스트 베쎌Horst Wessel이 사창가에서 있었던 총격전에서 사망했을 때 그 절정에 달했다. 괴벨스에게 젊은 대원의 죽음과 함께 하나의 영웅 신화가 만들어졌다. 그는 "누군가가 본보기가 되어 자기 자신을 희생해야 합니다"라는 내용의 조사를 무덤 앞에서 낭독했다. "자 나갑시다. 나는 준비가 되어 있습니다!" 그는 호르스트 베쎌이 설명을 붙인 팸플릿을 재빠르게 활기찬 찬가로 만들게 했다. 이 찬가는 훗날 "제3제국"이 거행하는 의식에서 기본 요소가 되었다.

괴벨스가 공산주의 진영의 적수 발터 울브리히트Walter Ulbricht와 연단에서 직접 연설 대결을 펼쳤을 때, 투쟁가歌도 사용되었다. 처음에는 "호르스트 베쎌의 노래"와 "인터내셔널가歌"가 서로 불협화음을 내더니, 나중에는 주먹이 오갔다. 백 명 이상의 부상자가 발생한 이 싸움은 논쟁을 난장판으로 만들어 버렸다. 이 대관구 지도자에게 그런 일이 주어질 때마다, "붉은 불량배"와 공동으로 공화국에 반대하는 임무가 주어졌을 때에도, 그는 전혀 주저하지 않았다. 실상 시위 구호, 군악대, 대규모 시위, 야한 색의 현수막, 세포 조직의 운용과 문앞에서의 선전 활동 등 그가 사용하는 수단의 대부분은 정적의 수법을 모방한 것이었다.

이 수척한 민중의 대변자는 검은 가죽 재킷을 입고 떨리는 목소리로 노동자들이 모이는 선술집에서 연설을 함으로써 이들을 "작은 남자"의 후원자가 되게 만들었다. 대중의 궁핍함은 격정적인 그의 연설의 기폭제로 사용되었다. 그는 경제 위기를 "체제"와 "공약 이행"의 실패로 규정했다. 그는 단순하고 계속 반복되는 형태로, "올바른 독일인"들의 목을 옥죄고 있는 자본주의자와 유태인이 이 위기의 주범이라고 주장했다. 설교자처럼 그는 자신의 신도들에게 나라가 다시 일어설 것이고 그들의 구원자는 바로 히틀러라는 믿음을 굳게 가지도록 만들었다. 그러나 그의 말을 따르는 추종자들에게는 정치적 예언자에 다름없는 그였지만 그에게 돌아온 대중의 반응은 언제나 차가운 것이었다. "대중들은 항상 예전 그대로 머물러 있다. 어리석고 탐욕적이며 건망증이 심하다."

당 동료들과 사귀면서 그는 곧 권력과 음모라는 수단에 친숙하게 되었다. 남의 생각을 흉내 내기만 하고 그것을 결코 자기 것으로 만들지 못하는 기회주의자들은, 다수의 입장에서는, 적시에 처단해야 된다고 생각했다. 발터 슈테네스Walter Stennes의 지휘를 받으며 그에게 충성하는 베를린 돌격대가 뮌헨 중앙당에 정면으로 반발해서 반란을 일으켰을 때, 그는 처음에는 유화적으로 나왔지만 나중에는 히틀러의 지시에 따라 역습을 가했다. "배신자들을 총으로 쏴죽이겠다"고 그의 일기장에서 전의를 불살랐다. 그리고 나서 그는 당을 반대하는 자들을 가차없이 "숙청해" 버렸다. 그에게 히틀러의 보호를 받지 못할지도 모른다는 두려움이 가까웠던 사람들에 대한 의리보다 더 중요했다. 예전 동지였던 그레고르 슈트라써와 오토 슈트라써 형제를 배척했던 것처럼 그는 비타협적으로 작업에 착수했다. 히틀러는 그에게 "근본 없는 문학가나 혼란스런 사교계의 공산당원들"을 "가차없이 제거"하라는 허가 편지를 써주었다.

확고하고 충성스런 복종심과 뛰어난 선전 선동 능력 덕택에 괴벨스는 국가사회주의 독일노동당의 제국 선전 책임자로 승진했다. 바이마르 공화국이 무너질 즈음에 있었던 장기 선거전에서 괴벨스에게는 자신이 가지고 있는 조직 구성 능력과 선전 선동 능력 그리고 연설 능력을 발휘할 기회가 주어졌다. 이 선거전 기획자는 대단한 활동력을 발휘하며 선거 캠페인을 제국의 전 지역으로 확대시켰다. 이 캠페인은 비행기를 타고 전 독일 지역을 날아다닌 히틀러를 어느 곳에나 존재하는 구세주로 부각시켰는데, 캠페인 기간 동안 히틀러에게조차 휴식할 짬이 없었을 만큼 강행군이었다.

"거의 정신을 못 차리고 있다"고 지칠대로 지친 괴벨스가 일기장에서 밝히고 있다. "기차, 자동차, 비행기를 이용해 독일 전국을 종횡으로 누비고 있다. 집회 시작 30분 전에 도시에 도착하기도 했는데, 대부분은 늦게 도착했다. 그리고 나선 연단에 뛰어올라가 연설을 시작한다. [⋯] 연설이 끝나면, 마치 옷을 두껍게 껴입고 사우나에서 나온 기분이 들었다. 그리고 나서 다시 차에 몸을 싣고 두 시간을 더 달렸다."

빠듯한 재정 상태와 고난의 연속이었던 선거전은 그럼에도 불구하고 이 선동가에겐 그의 인생에서 가장 행복한 순간이었다. 선전이 중요한 자리를 차지하고 있는 당에서 그는 고정 멤버로 간주되었다. 그는 연단에 서면 자신을 표현하기 위해 온 열정을 다 바쳤다. 현수막, 전단지를 이용하고 레코드판, 영화 필름, 신문을 선전에 도입했고 시위, 행진 그리고 대규모 집회와 같은 가능한 모든 현대적인 대중 조종 수단들을 이용했다. 무엇보다도 그는 이제 히틀러의 동반자와 조언자로서 항상 그와 가까운 자리에 있었다. 당에서 필요한 인물이었던 그는 유명해졌으며 보상도 받게 되었다. 대단히 성공적이었던 선거 결과와 고무적인 "총통"의 칭찬이 그것이었다.

그러나 그가 성취한 이러한 성공도 갈색단의 일원으로서 느끼는 안락감을 주지는 못했다. 정신적인 역량이 아니라 근육의 힘,

1세기에 한번 나올까 말까 한 위대한 사람… 신화를 만들어낸 괴벨스 자신도 그 신화에 예속되었다.

히틀러가 도착했다. 그가 나에게 손을 내밀었다. 그는 중요한 연설을 하느라 완전히 지쳐 있었다. 그러고도 그는 여기서 30분 더 연설을 했다. 위트와 반어, 유머와 빈정거림을 적절히 이용해서. 그리고 근엄하고 격정적인 톤으로. 이 사람은 왕이 될 모든 자질을 가지고 있다. 타고난 민중의 보호자. 미래의 독재자.

괴벨스, 1925년

괴벨스와 히틀러의 관계가 한결같지는 않았다. 체코 위기 때 괴벨스는 아무런 역할도 하지 못했다. 그 당시에는 분명 그가 첨예한 군사적 대치 상황을 거부했던 것으로 보인다. 1939년 그가 나를 식사에 초대했다. 그가 폴란드에 관해 말을 할 때, 갑자기 소리를 낮추면서 내게 이런 말을 했다. "사태가 잘못된 방향으로 진행될까봐 걱정이네. 신이 우리를 보살펴 주기를 바랄 뿐이네."

하인리히 훙케, 선전부 내 해외 담당 부서장

반듯한 외형과 금발을 상징으로 선택한 당에서 그는 이중의 핸디캡을 가지고 있는 꼴사나운 지식인에 불과했다. 지적이고 불구라는 두 가지 핸디캡은 그를 일생 동안 불신에 가득 찬 별난 사람으로 낙인찍게 만들었다. "당 내에서 나는 친구가 별로 없다. 거의 히틀러가 유일하다"라고 일기장에 털어놓고 있다. "그는 나를 온당하게 대해 주고 있다. 그는 나를 밀어 주려 한다."

괴벨스가 1931년 말 처녀 때 성이 리첼Ritschel인 막다 크반트와 결혼식장에 들어섰을 때, "보스"는 그에 대한 믿음을 다시 한번 보여 주었다. 히틀러는 결혼의 증인으로 참석함으로써 결혼을 축복해 주었다. 이 결혼은 국가사회주의적으로도 올바른 것이었고 모든 면에서 이 출세한 친구에게 특권을 부여하는 의식이었다. 괴벨스는 양가 출신의 이 신부와 잘 어울렸던 것으로 보인다. 그녀는 독일에서 가장 부유한 기업가 중의 한 사람과 이혼하고 그와 결혼을 했으며, 히틀러 당에 대단히 열성적이기까지 했으니 말이다. 지위의 변화는 집을 옮김으로써 확연히 드러났다. 상류층인 크반트 가문의 저택은 제국 수상 광장 근처에 자리잡고 있었는데, 그곳은 갈색당 사람들의 회합 장소였다. 그리고 그곳을 제2의 거처로 삼았던 히틀러는 크반트 가문을 가족이나 다름없이 생각했다.

크반트 가문 저택과 멀지 않은 곳에 자리잡고 있던 "카이저호프" 호텔은 당의 선거 본부였는데, 1933년 1월 30일 괴벨스는 그곳에서 자신의 쉼없는 정진의 대가를 받게 되었다. 독일로 귀화한 오스트리아인 아돌프 히틀러가 제국 수상에 임명되고, 공화국이 문을 닫았다. 괴벨스는 환호했다. "말로 형언할 수 없이 기쁘다. 기쁨에 겨워 울고도 싶고 웃고도 싶다."

실제로 그는 울고 싶은 기분이었다. 왜냐하면 갈색 군대가 불을 환히 밝힌 횃불을 들고 "집권"을 축하하고 있는 동안, 그는 심한 우울증에 빠져 있었다. 히틀러의 "엄숙한" 약속과는 달리 "국민을 단합시킨" 이 정부 내에서 이 난폭한 선동가를 위한 자리는 없었다. 그는 마지막까지 선거전을 이끌고 자신의 목적을 위해 국영 라디오 방송을 끌어들인 것으로 만족해야만 했다. 다른 동시대 정치인들과는 달리 괴벨스는 라디오라는 매체의 영향력이 얼마나 대단한지 알고 있었다. 그는 히틀러를 중계 시설을 갖춘 도시에만 등장하도록 했다. 그리고 라디오에서는 히틀러의 연설에 앞서 항상 라디오 리포터 괴벨스의 격정적인 여론 동향 보고가 있었다. 그는 사명감을 가지고 전국에서 주의를 환기시키는 일들을 벌였다. 특히 의회 의사당 방화 사건 이후의 공개적인 폭력과 국가에 의해 은폐된 테러는 히틀러의 독재 정치를 공고히 하는 나머지 조치들이었다. 새로운 집권자가 보수적인 연정 파트너를 제거한 뒤에, 고수鼓手 역할을 한 괴벨스도 활동을 개시할 수 있었다. 라이트 출신의 이 키 작은 남자가 권력 경쟁에 참여하게 된 것이다. 1933년 3월 14일 괴벨스는 국민 계몽 및 선전부 장관으로서 취임 선서를 했다.

물론 그가 개인적으로 다짐한 것은 독일 민족의 재앙을 막는 것이었다. 그는 "우리 분노의 칼날이 악의 무리를 무릎 꿇리고 오만방자한 그들을 쳐내게 될 날이 언젠가 올 것이다"라고 일기장에 어렴풋한 예감을 적어 놓았다. 악명 높은 인류의 적인 그에게 "국민 혁명"의 완성이란 항상 요직의 사람들을 교체하는 것을 의미하였다. 승리의 순간은 또한 그에게 복수의 순간을 의미하기도 했다.

그러나 처음에 그는 다른 일정을 잡았다. 이미 오래 전에 완성해 책상 서랍 속에 넣어 두었던 계획에 따라 괴벨스는 불과 수일만에 한 정부 부처를 독일 역사상 전혀 선례가 없는 완전히 새로운 부처로 만들어 냈다. 인간의 의식을 그와 같이 직접적인 파상 공격의 대상으로 정한 일도 유례가 없었다.

빌헬름 광장에 고상한 쉥켈 궁전이 있었는데, 괴벨스가 후에 그 궁전에 아주 기능적인 새 부속 건물을 짓도록 만들었다. 그는 그곳에 교양 수준은 높지만, 행정 경험은 전혀 없는 젊은 당원 동지들을 모았다. 괴벨스는 그들을 선전, 영화, 라디오, 연극, 예술, 음악과 언론 파트로 나누었다. 중심부로부터 그들은 유례가 없는 선전 활동을 펼치면서 전 국토를 유린하기 시작했다. 선전장관이 제시한 목표는 "그들이 우리에게 예속될 때까지 그들을 설득하는 것이다."

국가 권력을 획득한 뒤에 사람들의 생각을 제어할 수 있는 힘을 얻는 것이 중요해졌다. 메시지는 단순하고 머리에 확 들어오는 것이었다. "너희들은 아무것도 아니다. 너희들 민족이 그 모든 것이다." "민족, 제국, 총통." "유태인은 우리에게 불행의 씨앗이다." 그들의 광신주의는 중세 암흑기의 것이었으나, 그들이 선전에 사용하는 수단은 매우 현대적인 것이었다. 영화관의 스크린은 그들의 희망과 고조된 감정을 투영하는 곳이 되었다. 이 새로운 유형의 친구들은 공공 장소에서 울리는 스피커와 적당한 가격의 라디오, "폴크스엠팽어Volksempfänger"(국민 라디오라는 뜻 — 옮긴이)라는 상표 — 사람들은 "괴벨스의 주둥이"란 이름을 붙여 주었다 — 를 통해 어느 곳에나 존재하는 미디어의 효과를 맛보았다. 대규모 집회의 대중 영향력, 불꽃, 색깔 그리고 깃발이 주는 신비스런 마법, 국민들에게 대체 종교와 같은 역할을 하는 이 정치적 이념의 찬양 등은 "국민 동지"들로 하여금 더 이상 제정신을 유지하도록 놔두질 않았다.

자신의 이성을 아직 믿고 있던 사람들은 밀려드는 말을 돌려 진실처럼 보이게 하는 이 거짓 정보의 홍수 속에서 현실의 모습을 냉정히 걸러내려는 노력을 기울였다. 괴벨스는 약삭빠른 사람이어서

뻔히 드러나는 거짓말보다 조작된 진실이 더 효과적으로 사람들의 판단력을 흐리게 만들 수 있다는 사실을 알아채고 있었다. 그리고 그는 대중을 자신이 의도하는 대로 이끌어갈 수 있다고 확신하고 있었다. "자신이 선전 이념에 흠뻑 빠져 있음에도 그 사실을 전혀 눈치 채지 못하게 사람을 사로잡는 것, 이것이 선전의 비결입니다. 물론 선전에는 의도하는 바가 있습니다. 하지만 그 의도하는 바가 아주 교묘하게 위장되어 있어 선전 대상이 되는 사람들이 이를 전혀 눈치 채지 못하게 되죠"라고 말하며 당 동료들에게 선전에 관해 한 수 가르쳐 주었다.

여론 형성자에게는 이를 성취하기 위한 도움이 필요했다. 처음부터 악용의 대상이 되었던 영화, 라디오 그리고 통신사와는 달리 이제 정부 입장에서 언론 상황을 전반적으로 변화시킬 필요가 있었다. 신문사들 중에서 단 5퍼센트만이 하켄크로이츠(나치스의 갈고리 십자가 — 옮긴이)를 실어 주고 있었기 때문이다. 나머지 신문사들에 대한 국유화는 종전될 때까지 계속되었다. 물론 이 신문사들은 겉으로는 민간인이 소유한 것처럼 위장되었다. 이 새로운 언론 관리자는 효과적인 수단으로 신문사들을 확실하게 장악했다. 즉 언론인들을 국가에 소속시켰다. 법률에 의해 "편집부원"들은 국가에 대한 의무를 져야 했다. 그들은 자격증을 따야 했고 관청의 지시를 따라야 했다. 공개적인 사전 검열 대신 상세한 언어 규정이 정해졌고, 그 결과 알아서 의도된 논조에 맞는 언론 보도를 하게 되었다. 괴벨스가 언론을 서로 다른 음역을 가진 악기들이 하나의 멜로디를 만들어 내는 오케스트라와 자주 비교를 했듯이, 곧 모든 신문은 아무 특색 없는 내용의 기사들로 채워지게 되었다. 이전에 독자적인 목소리를 내며 독보적인 위치를 차지하고 있던 대도시 언론들의 솔리스트 자리는 공석이 되었다. "이곳도 철저하게 정리되어야 한다"라고 이 지휘자가 지휘봉을 잡자마자 덧붙였다. "여론을 형성하기 위해 여기 앉아 있는 사람들 중의 다수는 이 일에 매우 부적합하다. 난 그들을 곧 쳐낼 것이다."

수년간 멸시당하며 사회로의 진입이 차단되었던 이 문학가는, 정신적으로 뛰어난 엘리트들을 망명의 길로 내몬 유태인 지식인들에 대한 직업 금지 조치를 통해 그의 복수욕을 만족시켰다. 그는 격정적인 어조로 자신은 결코 쓸 수 없는 문학 작품들을 불태우라고 명령했다. 폭력 행위를 조장함으로써 예전에 무일푼이었던 그는 유태인 상인들에게 복수하고자 하였다. 예전에 그는 물질적인 성공에서 배제되어 있었기에 이런 생각이 든 것이다. 기꺼이 로베스피에르가 되고자 한 이 사람은 "나는 가장 과격한 사람이다"라고 선언했다. "새로운 유형의 사람. 혁명가인 사람." 그러나 하루 뒤에 이 정권은 과격한 조치를 중단시켰다. 그리고 유태인들을 제외시키는 일은 이제 합법을 가장하는 수순을 밟게 되었다.

악마적일 만큼 예민한 감각을 소유한 이 선동가는 기만책을 자신의 주된 전략으로 사용하였다. 그는 1935년 선전부장들을 상대로 다음과 같은 교육을 한 적이 있다. "만약 내가 선전 연설을 하면서 '유태인들은 더 이상 아무것도 잃을 것이 없습니다!'라고 말한다면, 그 뒤에 유태인들이 덤벼든다 하더라도 그대들은 의아스럽게 생각하지 않을 것입니다." "이런 식이 되어서는 안 됩니다. 일은 항상 결말을 정하지 않은 채 진행되어야 합니다. 어제 총통께서 아주 능숙하게 자신의 연설에서 한 예를 보여 주셨습니다. 그것은 '에, 그러니까 독일인과 유태인들 간에 괜찮은 관계를 유지시켜 줄 가능성이 이 유태인법 속에 있다고 본다'라는 부분입니다. 바로 이것이 숙련된 솜씨에서 나온 것입니다! 그것이 가능합니다! 그러한 발언 뒤에 숨겨진 본심은 다음과 같을 것입니다. '오늘날에 적용되는 유태인법이 있다. 하지만 너희들은 그것이 끝이라고 믿어서는 안 된다. 다음 달에는 […] 다른 법이 생길 것이다. 그대들이 가련하게도 게토에 서 있는 그때까지 일은 그렇게 진행될 것이다.' 그런 뒤에 유태인들이 우리에 맞서 전세계에 동원령을 내린다 하더라도 그대들은 놀라지 않을 겁니다. 만약 그대들이 유태인들에게 아주 적지만 생존할 기회를 준다면, 유태인들은 다음과 같이 말할 것입니다. '얘들아, 좀 잠자코 있어봐. 아마 잘될 거야!'" 선전 부장들은 상관의 설명에 아주 흡족해했다.

인종 정책의 그림자는 눈에 띄는 다른 사건들에 파묻혀 대중들 사이에는 잘 드러나지 않았다. 영화관과 라디오에서, 그리고 엽서를 통해 독일인들은 보수 엘리트를 대표하는 백발의 폰 힌덴부르크 원수가 오스트리아 출신 상병 히틀러와 악수하는 모습을 볼 수 있었다. 독일인들은, 수백만 노동자들이 "그들의" 경축일인 노동절에 널리 유포된 "국민적 화합"이라는 환상을 축하하는 모습을 볼 수 있었다. 그리고 그들은 이전에는 실업자들이었던 사람들이 삽을 짊어지고 국토를 가로질러 끝도 없이 이어지는 아스팔트길을 닦기 위해 "노동 전선"에 뛰어드는 모습을 보았다. 그들은, 종교적인 믿음처럼, 모양이 비슷한 이 인간 집단 위에 군림하는 고독한 남자가 히틀러나 수상이 아닌, 더 이상 세속적인 인간의 모습을 보이지 않는 "총통"이라고 믿고 있었다. 지도자 숭배는 괴벨스가 만들어낸 가장 효과가 큰 선전 작품이었다. 그의 주인처럼 자신이 만들어낸 신화에 경도된 이 추종자에게 지도자 숭배가 예술 작품만은 아니었다.

이 의식儀式의 대가大家는 일이 없다고 불평할 겨를이 없었다. 1933년 그는 제네바에서 거행된 국제연맹 회의에서, 즉 국내가 아닌 외국에서도 대표단의 일원으로 자신의 선전 재능을 펼칠 수 있

자랑스런 가족…
여섯 명의 자녀들과 함께한 괴벨스 부부(1942). 맨 위는 괴벨스의 의붓아들 하랄트 크반트.

막다와 얘기를 오래 나누었다. 그녀는 매우 사랑스럽고 상냥하다. 난 그녀를 매우 사랑한다. 온전히 한 사람에게 속한 사람을 가지고 있다는 사실이 이렇게 좋을 수가.

리다 바로바와의 스캔들이 발생하기 직전 괴벨스가 한 말, 1938년

저녁에도 막다와 긴 대화를 나누었다. 그녀는 내게 유일하게 치욕을 안겨준 여인이다. 난 그녀를 결코 잊을 수 없을 것이다. 그녀는 강하고 잔인하다.

리다 바로바와의 스캔들 와중에 괴벨스가 한 말, 1938년

그에게는 모든 여자들이 그의 뒤를 좇게 만드는 매력이 있다. 그것은 말로 표현할 수 없을 정도이다.

바바라 폰 칼크로이트, 조각가, 괴벨스 가족의 친구

단종斷種법을 만들기 위해 정신 병원에서 찍은 필름 하나를 살펴본 적이 있다. 끔찍스런 소재이다. 하지만 아주 촬영이 잘 되었다. 보기만 해도 피가 얼어붙는 것 같다. 단종은 하나의 축복이다.

괴벨스, 1936년

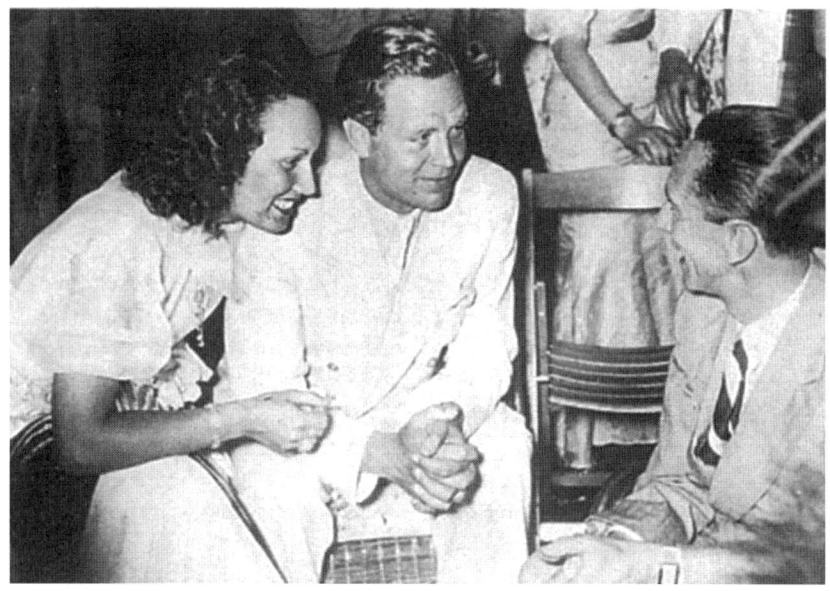

우리는 분명 르네상스인들이다…
리다 바로바와 연극배우 구스타프 프뢰리히와 담소하는 괴벨스(1936)

히틀러와 슈페어의 관계와 달리 히틀러와 괴벨스의 관계에는 개인적인 감정이 많이 개입되지 않았다. 히틀러는 괴벨스에게 매우 감탄했고, 그를 높이 평가했다. 그러나 거기에는 친구 사이에 느끼는 감정은 없었다. 히틀러는 괴벨스의 약점을 알고 있었다. 여자 배우에게 접근하기 위해 그가 자신의 지위를 남용하고 있다는 사실을 알고 있었던 것이다. 그 점은 히틀러의 천성과는 전혀 어울리지 않는 것이었다.

트라우들 융에, 히틀러의 비서

내가 출연한 영화 〈창공의 목소리〉가 대단한 성공을 거두었다. 나는 선전부의 부름을 받았다. 괴벨스는 매력적이었다. 우리는 잠시 대화를 나누었다. 그리고 마지막에는 그가 나를 산책에 초대했다. 산책에 초대할 수는 있다. 하지만 그는 그럼으로써 내게 접근하려 하였다. 나는 말도 안 된다는 생각이 들어 히스테리컬한 반응을 보였다. 그래서 그가 포기하게 되었다. 집으로 가기 전, 그가 한마디 덧붙였다. "이런 식으로 성공할 수 있겠어!" 얼마 뒤에 우리는 영화 촬영이 중단되었다는 얘기를 들었다.

아넬리제 울리히, 영화배우

는 기회를 얻었다. 그는 열과 성을 다해 히틀러의 정책을 찬양했을 뿐 아니라 자기가 조언자와 외무부 장관이라도 되는 양 정책 결정에 참여하려 했던 것으로 보인다. 이 대가는 자기 동료들의 열성적인 조언에 귀를 기울였지만 나아갈 노선은 그 혼자 결정했다. 이러한 식으로 선전부 장관은 노선 결정과 관할권을 둘러싸고 지속되는 외교부와 다른 부처와의 눈에 보이지 않는 전쟁에 임해야 했다. 당 내부의 경쟁자 중 어느 누구라도 이 키 작은 박사를 자제시키고 싶다면, 화가 나서 "총통"에게 직접 청원하러 가는 도리밖에 없었다. 왜냐하면 모든 경쟁자들에게 동등한 기회를 주려 했던 총통은 그런 청원을 들어주곤 했기 때문이다.

괴벨스는 히틀러의 총애만이 자신이 이 늑대 소굴에서 살아남을 수 있는 유일한 보장 수단이라는 것을 알고 있었다. 1934년 6월 30일 히틀러가 에른스트 룀Ernst Röhm을 비롯한 돌격대 지도부들과 그 주위의 사람들을 쳐냈을 때, 그는 가슴을 쓸어내리며 히틀러의 편에 서지 않을래야 않을 수가 없었다. 그는 이 과정에서 약 이백여 명의 정적에 대한 자의적 살인 행위를 정부 전복 음모를 사전에 봉쇄한 것이라는 구실을 붙여 여론을 호도하는 임무를 맡았다.

그럼에도 불구하고 나머지 룀 일당과 외국의 "선동성이 강한 유태인 언론들"은 이 열성적인 "공격자"에게 별로 관심을 두지 않았다. "정쟁 시기"는 괴벨스의 전성기였다. 정적들의 입을 다물게 만들고 "하일"(나치의 경례 구호 — 옮긴이) 외침 소리가 비판적인 목소리들을 잠재우게 되면서 서서히 그의 공격적인 연설도 무대에서 사라지게 되었다. 교회를 둘러싼 싸움은 부차적인 것이었다. 하지만 전에 미사를 돕던 복사였던 그는 나치란 국가적 대체 종교에 모든 것을 빼앗긴 성직자들에 대한 공격을 끈질기게 전개하였다. 그는 항상 히틀러의 동의를 받아 잔인하게 교회에 대한 도덕적 비난을 가했으며 성직자들과 수도사들에 대한 일련의 소송을 제기하였다. 하지만 이를 통해 대중적 인기를 얻을 수는 없었다. 이 선동가에게 캠페인의 성과를 알려 주는 지진계와 같은 역할을 하는 국민들의 반응은 냉담했다. 따라서 교회에 대한 지나친 공격은 중지되어야만 했다.

여러 해가 지난 뒤 공격 성향이 강한 이 선동가는 대형 영화 회사의 관리자로 변해 있었는데, 거기서 그는 아름다운 가상 현실을 만들어 내는 일을 하고 있었다. 국민 투표 결과는 이 정권에 압도적 지지를 보내고 있었다. 이 선동가는 이제 무대 뒷면으로 사라졌다.

지도부에서 중요성이 떨어지는 그의 위상은 하루이틀의 일이 아니었는데, 괴벨스 개인은 이 상황을 자신의 신분을 강조할 수 있는 상징물들을 통해 억지로라도 보상받으려 했다. 1936년 그는 가족과 함께 예전에는 유태인 소유였던 박슈타인 대저택으로 집을 옮겼다. 이 고상한 저택은 베를린의 반 호수에 위치한 그림 같은 반도半島 슈반넨베르더에 자리잡고 있었다. 그는 약 삼십오만 제국마르크에 달하는 구입 비용을 조달하는 데 히틀러의 도움과 함께 나치의 출판 업무를 총괄하는 막스 아만Max Amann의 도움을 받았다. 즉 그가 죽고 나서 20년 뒤에 그의 일기를 출판하기로 하고 미리 "선불"을 받았던 것이다. 이후에 그는 인근 부동산을 소유한 유태인이 자신의 부동산을 늘리려고 할 때 이 저택을 헐값에 넘겼다. 출세한 사람을 돋보이게 하기 위한 수단으로 괴벨스는 2인승 메르세데스 스포츠카를 구입했고 "발두어"(스칸디나비아의 빛의 신의 이름 — 옮긴이)란 모터보트 외에 큰 요트를 마련했다. 여기에 소요된 구입액은 그가 밝힌 것보다 "더 많았다."

대중에게 영향을 미치는 지도적 인물로서 궁핍한 생활을 감내

해야만 하는 처지를 고려해 볼 때 의무감에 투철한 이 사람에게 어느 정도의 겉치레는 괜찮은 것이라 여겨졌다. 그는 자신의 행위를 정당화하며 다음과 같은 말을 했다. "바로 나이기 때문에 인생에서 포기해야 하는 모든 것을 계산해 보면, 다른 사람들이 할 수 있는 것의 80퍼센트를 나 자신은 할 수 없다는 결론이 나온다. 나는 레스토랑에도 갈 수 없고 호텔에도 갈 수 없다. 나는 바에도 갈 수 없고 버라이어티 쇼를 보러갈 수도 없다. 나는 자동차를 타고 바람 쐬러 나갈 수도 없고 산보를 갈 수도 없다. 나는 가족에게 봉사할 시간도 없고 양복을 한 벌 사더라도 유태인 제품이 아닌지 먼저 살펴봐야 한다."

이런 점에서 보면 괴벨스는 그 동안 별로 걱정할 필요가 없었다. 이 선전부 장관이 선호하는 하얀색 옷은 맞춤복이었고 재단사는 물론 당 소속이었다. 손은 항상 꼼꼼하게 다듬었고 귀족 출신인 그의 부관은 그에게 사교적인 에티켓을 가르쳐 주었다. 이러저러한 준비를 마친 이 베를린 지도자는 1936년 베를린 올림픽을 즈음하여 전세계에서 삼천 명이 넘는 손님들을 화려하게 꾸민 하벨 강의 공작孔雀 섬으로 초대했다. 이 시끌벅적한 최상급의 파티를 통해 그는 엄청난 스포츠 행사에 쏠린 관심을 이 행사를 유치하는 데 결정적인 역할을 한 그에게로 돌리려 했다. 하지만 그 자리에 함께 초대받은 "정쟁 시기"의 경쟁자들의 과도한 음주와 일탈 행위로 말미암아 이 화려한 무도회의 밤은 결국 사교계의 스캔들로 변질되고 말았다.

괴벨스는 "세상에서 주목받는 사람"이 되고자 끊임없이 노력했는데, 그것은 자신이 꿈꾸던 것이었다. 그는 자신의 우상인 무솔리니 "총통"이 다스리는, 형제국 이탈리아에서 거행된 영화제에 제국의 사절로 모습을 나타내곤 했다. 국내에서 그는 베를린 시장으로부터 북쪽 보겐 호수에 있는 통나무 집을 기부 받았는데, 그는 곧 이 집이 "너무 작고 비실용적"이라고 여겼다. 그래서 그는 그 집을 철거하고 내부 공간이 넓은, 다섯 채의 별장식 건물이 들어선 일종의 작은 거주 단지로 만들었다. 주 건물에만 21개의 방이 있었다. 거기에는 영화홀, 냉난방 시설, 다섯 개의 욕실, 이만 오천 제국 마르크나 하는 값비싼 벽걸이 카펫, 자동 창문과 하우스 바가 구비되어 있었다. 이웃에 살던 괴링은 제국의 산림국장이었는데, 그는 자연보호 지역에서의 건축을 금지하고 있었음에도 불구하고 이러한 괴벨스의 위법 행위를 관대하게 봐주었다. 그러나 이 개축 공사에 들어간 226만 제국 마르크란 비용은 그렇게 간단하게 해결될 일이 아니었다. 그러나 다행히도 건축주인 괴벨스는 그 당시 국영화된 영화 산업을 총괄하는 임무를 수행하고 있었다. 그래서 우파(국립 영화사의 이름 — 옮긴이)가 그 비용을 부담하게 되었다.

괴벨스는 세 번째 저택 구입 자금을 국가에 아무렇지도 않게 떠넘길 수 있었다. 왜냐하면 정부 청사 구역 안에 있는 장관 공관을, 그가 재정 담당 심의 위원들에게 말한 것처럼, "계속 증대하는 품위 유지 의무"를 수행하기 위해 이용했기 때문이다. 그는 이러한 고상한 목적을 위해서는 320만 제국 마르크에 달하는 비용이 결코 많다고 생각하지 않았다. 하지만 일 층과 개인 방을 꾸미는 데만 50만 제국 마르크가 들어가야 했다. 그러나 집주인은 첫번째 작업이 끝났을 때 그 결과에 전혀 만족하지 않았다. 그는 다섯 쪽에 달하는 이의 리스트를 제출하기도 했다. 자기 부처의 예산을 재편성하여 예술 및 연극 기금에서 비용을 지출함으로써 장관은 구조 변경 소망을 이룰 수 있었다.

지도자층은 대중들에게 모범적인 가정의 모습을 보이기 위해서 적당한 가족 규모를 유지하고 있었다. 괴벨스 부인은 국가사회주의 국민 행동 원칙에 따른 출산 할당량을 채웠고 여섯 명의 아이를 "총통에게 선사했다." 헬가(1932년 출생), 힐데(1934년 출생), 헬무트(1935년 출생), 홀데(1937년 출생), 헤다(1938년 출생) 그리고 하이데(1940년 출생)는 말을 잘 듣고, 금발이었으며 믿음이 강했는데, 이는 제국의 첫 선전장관이 바라던 것이었다. 히틀러가 좋아하는 모임에서 이 아이들은 흰 옷을 입고 "총통 삼촌"의 어린 친구로 등장하는 조연 역할을 했다. 그리고 이 아이들은 행렬 사이에서 귀엽게 "하일"을 외치면서 손님을 맞았다. 언론에서는 괴벨스 가족을 "제3제국"을 홍보하는 가족으로 소개했다.

화목한 모습의 가족 사진을 찍을 기회는 그다지 많지 않았다. 매사에 열심인 선전장관은 보통 아침 일찍부터 저녁 늦게까지 사무실을 지켰고, 주말에 일하는 경우도 드물지 않았다. 영화 시사회, 접견, 스튜디오 방문과 출장 등이 그의 일정표를 채우고 있었다. 그리고 그사이에 시간이 남아도 그는 자기 가족을 돌보기보다 다른 여인들을 쫓아다니기에 바빴다. "모든 여자들이 나의 피를 끓게 만든다"라고 이미 1926년의 일기장에 밝히고 있다. "나는 굶주린 늑대처럼 이리저리 쫓아다닌다. 그러나 나는 여자들 곁에 있으면 어린아이처럼 수줍음을 탄다."

후에 이 난봉꾼은, 그의 사냥 목표가 된 여인들 대부분이 그에게 예속되면서, 굳이 여자를 쫓아다닐 필요가 없게 되었다. 괴벨스가 영화 배역을 정하는 사람이었기 때문이었다. 그가 그들의 출세를 좌지우지하게 된 것이다. 그러나 그 때문에 그가 일으킨 스캔들이 모두 "권력을 가진 이 에로스"의 탓으로 전가될 가능성도 있었다. 하지만 이 명민한 바람둥이 사나이는 재치 있는 말솜씨와 유머 그리고 칭찬을 통해 그들을 충분히 현혹할 수 있었다.

그에게 여자 사냥을 성공시키는 것보다 중요했던 것은 사냥꾼으로서의 명성이었다. 그 당시 프랑스『마탱』지 베를린 특파원이었던 스테판 루셀Stéphane Roussel의 기억에 따르면 "그 당시 베를린은 풍문의 도시였다." "우리가 하는 일은 언제나 쉽지 않았다. 정보에 접근하고 전달하는 일, 둘 다 모두 위험한 일이었다. 그러나 사건에 접근하는 것이 쉬웠던 적도 있었다. 괴벨스는 사람들이 자신을 여성들의 영웅이라고 불러 주기를 바랐기 때문이다. 여자 배우들, 주로 영화계의 스타들과 일으킨 스캔들에 관한 크고 작은 기사 내용들이 그 당시 쉽게 얻을 수 있었던 정보들이다. 그 당시 사람들은 이런 저런 여자들이 이 위대한 작은 괴벨스와 하룻밤을 보냈다는 사실을 알고 있었다."

그가 여자들을 자신의 별장으로 초대하여 부드러운 대화만을 나누었는지 아니면 실제로 일을 벌였는지는 중요치 않았다. 여자들을 유혹하는 이 사람이 카사노바로 소문나 있다는 것이 매우 중요했다. 이는 자신의 일에 관해 스스로 퍼트린 유언비어였다. 안짱다리 메피스토펠레스보다 "바벨스베르크 성의 황소"로 불리기를 그는 얼마나 원했던가! 그는 돈 후안이 됨으로써 자신의 콤플렉스를 극복할 수 있었고, 뻔뻔스럽게도 자신을 세계사에서 유명한 선조들의 반열에 올렸다. 그가 염치없이 말하기를, "프랑스의 루이 14세, 영국의 찰스와 나폴레옹은 수많은 여자들을 취했다. 그럼에도 불구하고 국민들은 그들을 공경한다." 스캔들도 그에게는 신분을 나타내는 상징 수단이었다. 거기서 여자들은 단지 장식품에 불과했다. 그가 보이는 여자들에 대한 과소평가 성향은 히틀러에 뒤지지 않았다. "여자들은 자신을 아름답게 꾸미고 애들을 낳을 임무를 갖고 있다"라고 그는 적고 있다. "들리는 것처럼 이 임무가 결코 쓸데없고 전근대적인 것은 아니다. 새의 암컷도 수컷을 위해 몸을 다듬고 알을 부화시킨다. 수컷은 먹이를 공급한다. 그리고 망을 보거나 적을 물리친다."

 그러나 방어적인 그도 감정 앞에선 어쩔 수가 없었다. 탈선에서 시작된 운명적인 연애 스캔들이 그에게 일어났다. 〈유혹의 시간〉이라는 영화가 이 스캔들과 관계가 많은데, 괴벨스는 이 영화를 통해 체코 여배우인 리다 바로바를 주목하게 된다. 그리고는 연애할 때 하는 통상적인 일들이 벌어졌다. 꽃, 초대, 감미로운 말로 유혹하기. 그 당시 구스타프 프뢰리히라는 배우와 약혼한 사이였던 22살 처녀는 처음에는 망설이다가 그녀의 비위를 맞춰 주는, 막강한 권력을 가진 이 장관에게 호감을 가지게 되었다. 괴벨스는 제2의 청춘을 맞이했다. 그는 시간이 있을 때마다 보겐 호수에 있는 그의 별장으로 그녀를 데리고 갔다. 거기서 그들은 아무 방해도 받지 않았다. 그는 잘 하지도 못하는 요리를 하기도 했고, 피아노를 치기도 했다. 그는 청춘의 로맨스에 빠져 들었다. 영화계를 주름잡던 그는 한 걸음 더 나아가 그녀를 주연으로 하는 영화를 발표했다. 그 영화는 자신의 연애담을 숨김없이 드러낸 작품인데, 곧 흥행 리스트에 올랐다. 이 두 사람은 전혀 거리낌없이 다정한 모습으로 영화관에 나타나기 시작했다. 이 사건은 도시 전체뿐만 아니라 전국적으로 화젯거리가 되었다. 그의 아내가 낌새를 채게 된 것은 당연한 일이었는데, 그녀는 결혼 생활에서의 정조를 최고의 가치로 여기지 않는 여성이었기 때문에 우선은 그럭저럭 "삼각 관계"로 결혼 생활을 이어갈 수는 있었다. 하지만 젊은 연적을 사이에 둔 삼각 관계가 잘될 수는 없었다. 결혼 생활에 충실하겠다는 괴벨스의 다짐은 기만책으로 판명되었고 지쳐버린 그의 아내는 결국 이혼을 고려하게 되었다.

 그러나 "제3제국"에서 그러한 일을 결정하는 것은 지도자의 몫이었다. 그의 경쟁자들은 이 독특한 연애 사건의 상세한 부분까지 재판정에 고자질했다. 히틀러는 그의 추종자들의 경솔한 처신들을 관대하게 봐주곤 했다. 하지만 히틀러는 다음과 같은 생각을 해보았다. 베르너 폰 블롬베르크Werner von Blomberg가 예전에 창녀였던 여인과 한 결혼이 센세이션을 불러일으킨 바 있기에 이 이혼 사건은 어떻게 처리할까? 체코 정복을 계획하고 있던 시점에 벌어진 이 체코 여성과의 연애 사건은 어떻게 할까? 외국에 나가 자신의 힘을 과시하려는 계획을 가지고 있던, 그리고 사임까지 고려하던 이 선전장관을 어떻게 할까? 하지만 히틀러는 이런 것들을 전혀 고려하지 않았다. 그는 이 바람둥이가 정신이 번쩍 들도록 엄명을 내렸다. 그는 괴벨스 부부가 다시 합치도록 지시를 내렸고 괴벨스에게는 리다 바로바와 접촉하지 말도록 지시했다. 이로써 떠오르던 스타 여배우의 영화 경력은 갑작스레 끝이 나버렸다. 게슈타포와 도청 기관들은 계속해서 그녀의 일거수 일투족을 감시했다. 이렇게 갈라진 두 사람은 자살을 생각하기도 했다. 괴벨스의 일기장은 애처로운 자기 연민으로 가득 차 있었다. "나는 꿈속에 사는 것 같다. 삶은 너무 고단하고 잔인하다."

그의 사랑은 시샘을 받았고, 영도자의 총애를 잃을 위험에 처하게 되었다. 경쟁자들은 기쁨을 감추지 못했다. 대파국이었다. 괴벨스는 자신이 권력의 심장부에서 밀려나고 있다는 것을 눈치 챘다. 이 당시에는 그 없이 접견이 이루어지고 논의가 진행되었다.

키 작은 박사는 깜짝 놀랐는데, 동시에 히틀러의 냉혹한 조치에 감명을 받기도 했다. 그러나 그는 판결에 굴복해야만 했다. 그 점은 그 자신이 더 잘 알고 있었다. 그는 심적으로 동요하고 있었지만, 그에게는 히틀러의 총애가 더 중요했다. 그가 일기장에 스스로 다짐하기를, "심장이 터질 것 같아도 의연해야 한다. 이제 새로운 삶이 시작된다. 고단하고 잔인한 삶이. 오직 의무에 충실해야 한다.

청춘은 이제 끝났다."

 짧은 유예 기간이 지난 뒤, 리다 바로바는 괴벨스의 동의하에 프라하로 추방되었다. 그녀의 불행은 거기서 그치지 않았다. 얼마 지나지 않아 프라하로 독일군이 진격해 들어간 것이다. 사이가 틀어진 괴벨스 부부는 베르크호프(히틀러의 별장 — 옮긴이)에서 히틀러가 지켜보는 가운데 새로운 혼인 계약을 맺었다. 떠들썩했던 스캔들은 이로써 처리가 되었으며 괴벨스의 명성은 바닥으로 곤두박질쳤다.

 다른 사람들이 그에 대한 대가를 치러야 했다. 열성적이고 열광적인 조력자로 다시 능력을 발휘할 기회가 그에게 주어졌는데, 1923년에 히틀러가 어설프게 시도했던 봉기를 매년 기념하는 자리가 그 기회였다. 1938년 11월 9일 뮌헨의 "노전사들"에게 파리로부터 다음과 같은 보고가 들어왔다. 부모의 추방에 항의하던 한 유태인이 쏜 총에 독일 대사관 서기관이 쓰러졌다는 소식이었다. 이 교사자에게 이 사건은 알맞은 정치적 기폭제가 되었다. "유태인 범죄자들"에 대한 자신의 증오를 마음껏 풀어내고 "전시戰時"에서처럼 과격한 선동자로서 두각을 나타낼 수 있는 절호의 기회였던 것이다. 대중들의 분노가 갑자기 폭발한 것처럼 위장한 계획된 소동, 그것은 예전에 베를린에서 자신의 목적을 이루기 위해 "유태인처럼 보이는" 행인을 공격하고 영화 〈서부 전선 이상 없다〉의 상연을 경찰관과 최루탄을 동원해 막은 이래 그의 전매 특허가 된 수단이었다.

 이번의 선동 행위는 엄청난 결과를 가져왔다. 괴벨스는 "경찰과 당에 동일한 지침을 하달했다. 그리고 그에 대해 짧게 당 수뇌들 앞에서 보고했다"라고 일기장에다 자신의 야비한 선동 연설에 대해 간결하게 기록했다. "우레 같은 박수 소리." 갈색 특별 기동대

어느 정도 거리를 두고…
괴벨스와 그의 의붓아들 하랄트 크반트.

괴벨스의 내심을 읽는다는 것은 불가능했다. 그는 언제나 포커 페이스를 유지하고 있었다. 그런 그 때문에 우리는 도대체 약삭빠른 행동을 할 수가 없었다. 나는 그가 자신이 한 말과 최후에는 승리한다는 믿음을 정말로 갖고 있었다고 생각한다. 그는 자신이 한 말에 대가를 치른 것이다.

디트리히 에버스, 국방부 선전부의 영상 검사관

러시아인은 원시적인 민족이고 더럽고 문화도 없는 나라라는 선전에 우리는 세뇌되었다. 1945년에 참전했을 때, 나는 러시아인들을 그들이 우리를 먼저 죽이기 전에 우리가 그들을 먼저 죽여 없애야 하는 짐승처럼 여겼다.

칼-하인츠 비알디가

괴벨스에 대해 내 머리에 처음 떠오르는 것은 그가 꼭두각시 같다는 것이다. 그의 활동이 그렇다는 것이 아니다. 그의 활동은 민족을 대변하는 사람의 그것이다. 하지만 그가 입을 열어젖히면, 그것이 그의 전문 분야인데, 꼭두각시 인형을 떠올리게 만든다.

스테판 루셀, 베를린 주재 프랑스 특파원

는 자신들이 무엇을 해야 하는지 알고 있었다. 사복을 입은 돌격대 대원들은 도처에서 유태인 교회당에 불을 지르고 다녔고, 유태인 소유의 가게들을 부수고 약탈했다. 그리고 법의 보호를 받지 못하는 소수 민족의 가족들에게 가혹 행위를 하고 살해했다. 이만 명이 넘는 사람들이 가축처럼 화물차에 실려 나갔고 강제 수용소로 이송되었다. "제국의 선전 책임자에 의해 구두로 내려진 지시가 무엇을 의미하는지 아마도 참석한 모든 당 수뇌부들은 잘 이해하고 있었던 것 같다. 실제로 이 모든 것을 조직하고 수행하는 것은 당이지만, 당은 겉으로 선동을 주동한 것으로 보이지 않아야 한다는 것이 그가 지시한 내용이었다"고 나중에 당 내부 보고서에 기록되었다.

배후 주동자 괴벨스는 자신의 착상이 가져온 이 엄청난 결과에 대해 기뻐하고 있었다. "나는 호텔로 가서 하늘이 핏빛으로 타오르는 광경을 볼 것이다. 유태인 교회들이 불타오를 것이다"라고, 그는 매우 만족스럽다는 듯이 일기장에다 기록했다. "주위 건물에 해가 되지 않는 이상 불타게 내버려둘 것이다. 돌격대가 이 끔찍한 작업을 수행하고 있다. [⋯] 호텔로 향할 때, 창문이 덜커덩거리는 소리가 내 귀에 들린다. 브라보, 브라보. 커다란 낡은 용광로처럼 유태인 교회가 불타오른다. 독일인 재산에는 아무 해도 끼치지 않았다."

그러나 정권에 대한 평판에는 좋지 않은 영향을 끼쳤다. 그래서 괴벨스는 열성적인 노력에 대해 칭찬을 받기는커녕 통제하기 어려운 폭력 행위를 유발했다는 신랄한 비판을 받게 되었다. 히믈러와 하이드리히는 그가 자신들의 권한을 무시했다고 생각했고, 괴링은 국민 경제에 해를 끼쳤다고 불평했다. 그리고 히틀러는 이때까지 해외에서 쌓아온 제국의 명성에 누가 되지 않을까 걱정했다. 공공

생활에서 유태인을 분리시키는 일은 "아무 소란 없이" 진행되어야만 했고, 관료들의 지시에 따라 집행되어야만 했는데, 그렇지 않았던 것이다. 그래서 그 이후에는 소리 소문 없이 정권 차원에서 그런 일을 벌이게 되었다.

전세계적인 반발이 빠른 속도로 가라앉자, 괴벨스는 다시 유리한 위치를 점하게 되었다. 히틀러가 그를 정부 업무에서 멀리 떼어 놓았지만, 다가올 전쟁을 대비해 국민들의 정신 상태를 무장하기 위해서는 그가 필요했다.

히틀러의 50세 생일을 맞이하여 괴벨스의 선전 담당자들은 그들의 국가 원수를 전쟁을 결심한 대원수처럼 보이게 만들었다. 히틀러는, 새로 정비한 베를린의 동서를 연결하는 주축 도로에서, 독일 역사상 가장 대규모의 군사 퍼레이드를 거행했다. 열병식은 전쟁을 선언하는 것과 마찬가지인 느낌을 주었다. 괴벨스는 미래가 낙관적이라고 확신했다. "작열하는 태양 아래 승리의 여신이 미소 짓고 있다. 의미 있는 징조가 아닌가."

실제로 괴벨스는 서방과의 전쟁이 다 이루어진 전체 구도를 망가뜨릴 수도 있다는 생각을 전혀 하지 않았다. 그는 전쟁에 있어 히틀러에게 나쁜 영향을 미치는 자로 외무장관 요하임 폰 리벤트로프Jochaim von Ribbentrop를 의심하고 있었다. 그는 당황해하며 어떻게 자신의 적수인 폰 리벤트로프가 모스크바에서 철천지원수인 히틀러와 스탈린 간에 동맹을 체결하도록 만들었는지를 추적했다. 그가 협정을 "선전이란 교묘한 술수"에 의한 것이 아니라 "총통의 위대한 천재성"이 이끌어낸 작품이라고 확고하게 믿고 있었음에도 불구하고, 그에게 "주적"과 맺은 이 동맹은 "엄청난" 일이었다.

그는 히틀러가 단호하게 전쟁을 결정하는 것을 보고도 그와 같이 놀랐다. 일전에 개인적으로 폴란드에 히틀러의 평화 의지를 전달한 적이 있었던 선전장관은 지시대로 폴란드에서 발생한 참상을 구실로 하여 동쪽에 이웃한 폴란드를 정복할 근거를 마련했다. 하지만 속으로 그는 서방 강대국들이 이에 신중하게 대처하고 독일의 공격을 전쟁 상황으로 받아들이지 않기를 바라였다. 또한 이 허약한 민간인 괴벨스는 군복을 입은 군인들에 의해 히틀러의 시야에서 자신이 사라지는 일이 없기를 바라였다. 그러나 뜻대로 되지 않았다. 런던과 파리는 독일에 선전 포고를 했고, 괴벨스는 한순간 "총통"의 "무오류성"을 의심하기도 했다. 괴벨스를 지켜본 사람들은 괴벨스가 이때 "고개를 떨구고 생각에 잠겨 있었다"라고 말하고 있다.

"전격적인 승리"와 영국과 프랑스의 무기력한 모습으로 인해 곧 그러한 의심은 사라져 버렸다. 그리고 이미 아홉 달 전부터 준비한 폭탄도 터졌다. 슈바벤 사람으로 배짱이 두둑한 가구 공예사 게오르크 엘저가 단독으로 그 일을 준비했으며, 그가 준비한 폭탄은 1939년 11월 8일 뮌헨의 "시민 양조장"을 날려 버렸다. 히틀러가 예정보다 일찍 홀을 떠난 바로 몇 분 뒤에 일어난 일이었다. 이 돌발적 사고를 접한 괴벨스는 이를 하늘의 뜻이라고 보았다. 괴벨스는 그의 일기장에 "그는 아직 전능한 신의 보호를 받고 있다"고 의미 있는 글을 적어 놓았다. "임무가 완수되는 날에야 그의 운명도 다할 것이다."

대원수 히틀러의 "임무"는 폴란드의 엘리트들을 제거하고, 노동력을 착취하며, 유태인들을 게토로 추방하는 것이었다. 괴벨스는 이 일에 동참하고자 했다. 점령된 폴란드 시찰 여행을 통해 그는 자신이 가진 인종에 대한 증오심을 더욱 강화시켰다. 독일의 강제점령 와중에 로지 시에서 자행된 만행을 둘러본 그는 마치 동물원을 구경한 것처럼 경멸조로 그 일을 일기장에 기록했는데, 그는 항상 자신의 적개심이 올바른 것이라는 것을 염두에 두고 있었다. "게토를 가로질러 차를 몰았다. 우리는 차에서 내려 모든 것을 상세하게 둘러보았다. 무엇이라 형용할 수가 없다. 인간은 하나도 없으며, 짐승들뿐이다. 때문에 이것은 인도적인 차원의 문제가 아니라, 단지 외과적인 차원의 문제이다. 칼로 절단을 하되, 아주 사정없이 잘라내야 한다."

그래서 다음날 "총통"에게 자신이 "열정적인 반유대주의자"로서 훗날 이 일에 매우 유용하게 쓰일 인물이라고 스스로를 천거하는 것보다 더 급한 일은 없었다. "나는 총통에게 이번 폴란드 여행에 관해 보고했다. 그는 이 여행에 대해 매우 흥미를 보였다. 무엇보다도 유태인 문제에 대한 나의 설명에 그는 완전히 동감하고 있다. 유태인은 쓰레기 같은 인간들이다. 사회적으로 다룰 문제가 아니라 임상학적으로 다루어야 할 문제이다." 처음에는 히틀러를 납득시키지 못했던 것으로 보인다. 유태인에 대한 투쟁 선언을 정치적 행위로 전환하는 것, 이를 통해 그는 군인들이 득세하는 시대에도 점수를 딸 수 있다고 생각했다. 그리고 배후 조정자인 그는 이 정치적 행위를 자신의 복수욕을 푸는 데 철저하게 이용했다. "나는 총통에게 유태인들에게도 독일인과 마찬가지로 생필품을 분배하는 것은 잘못된 것이라고 말했다. 유태인에게 생필품을 분배하는 일은 바로 중단되었다"고 그때의 상황을 그는 후세를 위해 기록으로 남겨 두었다. "나는 총통에게 유태인을 다룬 영화에 관해 설명했다. 그는 거기에 대해 이런 저런 아이디어를 주었다. 지금 시점에서 영화는 우리에게 매우 가치 있는 선전 수단이다."

영화 제목은 〈영원한 유태인〉이었는데, 이 작품은 선전 선동의 산실에서 만들어낸 가장 악의적인 작품이었다. 인간이 쥐와 동일시되었다. 육체에 대한 절멸 행위에 앞서 말과 영상에 의한 절멸 행위가 이루어졌다. "반유대적인 영화. 그것은 우리가 원하는 바로 그것이었다"라고 괴벨스는 기뻐했다. 이때까지 영화 산업은 오락이나 기분 전환용 영화를 만들어 왔기 때문이었다.

히틀러가 출정할 때에도 괴벨스는 선동 음악을 동반시켰다. 모든 공격에는 보도 매체를 통한 집중 포화가 선행되었다. 선전장관은 영국의 "금권 정치가들"과 프랑스의 "전쟁 교사자들"에 대한 보복심을 부추겼다. 그는 필요에 따라 정신적으로 군과 같이하라는 정신적 동원령을 내렸고, 진군 계획에 쏠리는 관심을 다른 곳으로 유도하기도 했다. 여론 조종자의 목표물이 된 것은 자국민만이 아니었다. 잘 포장된 전단지, 외국어로 송출한 라디오 방송과 적국에 설치한 비밀 방송국은 적국의 전투 의지를 꺾기 위한 목적에 이용되었다. 특히 영국과 관계된 심리전은 격렬했다. 영국 수상 윈스턴 처칠은 "유태인 금권 정치가 일당"과 확고한 관계를 맺고 있는 망가진 주정꾼으로 묘사되었다.

괴벨스는 활기가 넘쳤다. 이제 그는 다시 적수를 만나게 되었다. 행복했던 "전시"처럼 공격도 할 수 있었고 반격도 할 수 있었고, 승리를 선언할 수도 있었다.

프랑스 콩피에뉴에서, 1918년 독일군이 항복했던 바로 그 장소에서 히틀러가 프랑스와 휴전 협정을 체결하고 베를린으로 돌아왔을 때, 그의 종 괴벨스는 그를 위해 유례가 없는 환영식을 준비하고 있었다. 꽃의 홍수와 엄청난 환호 인파 사이로 총사령관이 지나갔다. 이미 많은 사람들은 그를 신성한 인물로 간주하고 있었다. 1차 대전에서의 굴욕적인 항복이란 빚은 이러한 승리의 행진으로 청산된 것처럼 보였다. "이제 치욕은 사라졌다. 마치 새로 태어난 것 같다"고 괴벨스는 일기장에 그날의 환희를 적고 있다. 전쟁 초

유태인은 **뿌리째 뽑아버려야 돼**…
두 사람의 반유대주의자들이 의기투합하다. 요제프 괴벨스와 "독일노동전선"의 지도자 로베르트 라이.

괴벨스는 종전 몇 달 전부터 이 전쟁은 승산이 없음을 명확하게 인식하고 있었다. 그럼에도 불구하고 그와 히틀러는 서방 강대국들과 소련 사이의 동맹 관계가 오래 지속되리라고는 결코 생각하지 않았다. 두 사람은 더 이상 승리를 생각하지 못했지만, 적어도 수용할 만한 강화 조건은 얻어낼 수 있으리라고 생각하고 있었다.

빈프리트 폰 오벤, 괴벨스의 개인 보좌관

히틀러의 생일날이었다! 내가 자발적으로 괴벨스의 연설을 듣기는 이번이 처음이었는데, 여기서 나는 이런 의문이 생겼다. 이 연설은 말도 안 되는 황당한 얘기를 늘어놓은 것인가. 단순히 기만책에 불과한 연설인가. 그는 냉정하게 1인 2역을 수행하고 있는 것인가? 독일의 절반 이상이 점령당하고 동부 전선에서 계속 밀리게 되자 당의 주요 인물들이 자살하기 시작했다. 그러나 괴벨스는 승리가 우리 눈앞에 있는 것처럼 말하고 있다.

우르줄라 폰 카르도르프의 일기, 1945년 4월 20일기 그를 괴롭혔던 걱정과 근심도 사라졌다. "이것은 신이 내린 뜻이다. 원대한 역사의 운명을 우리를 통해 성취하려는 신의 뜻인 것이다. 총통은 매우 인간적이시다. 매우 감정이 풍부하시고 사랑스러우시다. 그는 우리가 알고 있는 역사적 인물 중 가장 위대한 천재이시다. 그에게 봉사할 수 있다는 것은 얼마나 명예로운 일인가."

그러나 히틀러의 원대한 계획에 헌신할 수 있는 명예는 그에게 계속 주어지지 않았다. 히틀러는 오래 전부터 소련에 대한 공격 계획을 짜고 있었던 반면, 괴벨스는 "인간 같지 않은 공산당원들"과 체결한 협정이 잘못된 것이라고 애통해하고 있었다. 소련 외무장관 뱌체슬라프 몰로토프가 1940년 말경 베를린을 방문했을 때, "강한 사람" 콤플렉스에 걸린 괴벨스는 모스크바에서 온 손님들의 인상을 보고는 혐오스럽다고 비웃었다. "뛰어난 인물이 하나도 없다. 그들은 공산당의 대중 이데올로기에 대한 우리의 이론적 인식을 절대 이해하려고 들지도 않을 것이다." 그는 신문 기사에 러시아 문화와 생활 방식을 인정하는 듯한 어떤 언급도 하지 못하도록 했다. 그리고 그는 언론 담당자들에게 "공산주의적 경향이나 생각에 관계되는 어떠한 것도 독일로 들여와서는 안 된다"는 엄한 지시를 내렸다. 동유럽을 비난할 때도 그는 노선을 충실하게 따르는 "총통"의 종이었다. 총통처럼 그도 초조하게 이데올로기의 십자군 원정을 기다리고 있었다. "언젠가 우리는 러시아와 담판을 지어야 할 것이다. 언제인지는 모르지만 담판을 지어야 한다는 그 사실은 알고 있다."

1941년 3월에 괴벨스는 히틀러로부터 통지를 받았다. 역사상 가장 대규모의 진군을 준비하기 위해 히틀러는 선전술의 도움과 전술적인 기만 작전을 더 많이 이용하라는 지시를 내렸다. "중요한 작전은 후에 시행될 것이다. 러시아에 대한 작전 말이다"라고, 하겠다는 의지와 자부심으로 가득 찬 괴벨스는 기록하고 있다. "아주 주도면밀하게 위장을 해서 극소수만이 이 사실을 알고 있다. 서쪽으로 병력을 대규모로 이동시키면서 작전은 시작되었다. 우리는 동부 전선 외에 다른 쪽으로 군이 움직인다는 생각이 들게 공작을 했다. 영국에 대한 거짓 공격을 준비했다. 그리고는 군을 번개처럼 돌려서 돌진했다."

선전장관은 이 위장 공작에서 특별한 역할을 맡았다. 그는 『순수 민족 관찰자』지에다 크레타섬 점령을 강력히 시사하는 글을 기고했는데, 그 행간을 들여다보면 영국에 대한 상륙 작전이 있을 것이라는 것을 알 수 있었다. 그리고 그는 큰 소란을 피우며 신문을 배포하기 전에 도로 압수해 버리도록 지시했다. 외국의 관찰자들은 이런 소란을 보고 괴벨스가 독일의 전쟁 계획에 대한 비밀을 실수로 누설한 것이 아닌가 하는 생각을 갖게 되었을 것이다. 침략이 임박해 있는 것처럼 꾸미고 모순적인 거짓 정보들을 흘리는 선전 공작은 성공한 것처럼 보였다. 실제로 모스크바 사람들은 1941년 6월 22일 먼동이 틀 무렵 소련에 대한 기습 공격이 시작되었을 때 깜짝 놀랄 수밖에 없었다.

"역사의 숨소리가 들린다"라고 괴벨스는 일기장에 시 한 수를 적어 넣었다. "위대하고 놀라운 시대, 그 시대에 새로운 제국이 탄생한다. 고통스럽겠지만 제국은 세상에 그 모습을 나타낼 것이다." 제국의 탄생을 돕는 자로서 괴벨스는 철저하게 사전 정지 작업을 해나갔다. 프란츠 리스트가 작곡한 〈서곡〉의 팡파르 소리를 그는 "바바로사 작전"을 알리기 위한 특별 방송에 사용될 음악의 주 모티프로 만들게 하였다. 극비를 유지하면서 그는 아직 눈치 채지 못한 국민들에게 보내는 히틀러의 성명문을 팔십만 부 복사시켰다.

독일인들에게 전쟁의 명분을 납득하도록 설명하는 것은 이번에 그의 몫이었다. "전반적으로 이 작전에는 심리적으로 몇 가지 어려움이 수반된다. 양쪽에 나폴레옹과 같은 적을 둔 것 등등"이라며 그는 전부터 가지고 있던 불만을 터트렸다. 이전까지 동맹국이었던 러시아와 두 번째 전선을 구축하는, 이 위험천만인 전선 확대에 대한 그의 불만은 타당한 것이었다. "그러나 우리는 반공산주의 이념으로 극복할 것이다."

이 분야에서 그는 히틀러로부터 가르침을 받았다. 회의적인 국민들에게 그는 이 기습 공격을 "공산주의에 대한 유럽의 십자군 원정"이라고 선전했다. "세계사적인 사건"에서 "총통"은 "모든 것을 파괴했던 몽고인의 침입"을 능가했다고 말이다. 히틀러의 선제공격에 대한 이런 선전들은 이 세계사적인 섬멸전의 진정한 성격을 알아채지 못하게 만드는 데 효과적이었다. 괴벨스가 자신의 일기장에 털어놓기를, "공산주의에 대항해 우리의 삶 전체를 바쳤고, 이제 우리는 그것을 철저히 파괴할 것이다." 그는 확고한 신념으로 의구심을 물리쳤다. "공산주의는 모래성처럼 무너질 것이다. 우리 앞에는 승리만이 있을 뿐이다"라고 자신을 설득시켰다. "나는 러시아의 전투력을 매우 낮게 평가한다. 총통에 비하면 아무것도 아니다. 이전 조치가 확실한 것이었다면 이번 것도 확실할 것이다."

분명한 것은 이러한 예상이, 승승장구한 몇 주가 지난 뒤에는, 자기 기만에 불과했음이 드러났다는 점이다. 공격을 개시한 지 한 달이 지난 뒤에 정신을 차린 이 총사령관은 자기 휘하의 부하들에게 자신이 치명적인 판단 실수를 했음을 고백하지 않을 수 없었다. "총통은 내게 군의 상황을 자세하게 설명해 주었다. 우리는 소련의 공격력, 특히 소련군이 가진 장비에 대해 너무나 과소평가를 했다. 그리고 우리는 공산주의자들이 어떤 조치를 취할 것인지에 대해서도 전혀 감을 못 잡고 있었다." 이런 토로를 통해 "역사상 가장 위대한 총사령관"이 가진 무오류성이라는 명성에 처음으로 어두운 그림자가 드리워졌다. "총통은 소련에서 들어오는 보고들을 듣고 공산주의자들의 잠재적 능력에 대해 오판한 자기 자신에 대해 속으로 대단히 화가 나 있었다. […] 그는 그 때문에 매우 괴로워하고 있다. 심각한 위기 상황이다"라고 선전장관은 적고 있다. 그 사이 주간 뉴스는 독일군이 승리했다는 소식들로 가득 채워져 있었다. 행군은 진흙탕 속에 빠져 지체되었고 눈 때문에 교착 상태에 빠졌다. 한겨울 모스크바 앞에서 독일군은 잘 무장된 시베리아 부대에 맞서 가망 없는 전투를 벌이고 있었다. 과도한 자신감에 사로잡힌 독일 수뇌부는 병사들에게 겨울에 대비한 충분한 장비를 공급하지 않았다.

위기 상황이었지만, 이 왜소한 박사에게는 호기였다. 무척이나 커 보이는 제복을 입고 마치 총사령관이나 되는 양 떠들고 다니는 이 병역 미필자 괴벨스의 모습은 코미디에 나오는 인물과 같아 보였다. 하지만 국민의 군목으로서 그는 명성을 얻을 수 있었다. 전장에서 실패한 것을 그는 수사를 동원해 어느 정도 보충할 수 있다고 믿었다. 마침내 그는 서로 무관심한 공동체 사람들을 통합된 "운명 공동체의 일원"으로 바꿀 시간이 도래했음을 알았다. 대규모 캠페인을 통해 그는 "전선의 병사들에게 보내는 고향의 선물"로 엄청난 양의 털가죽과 겨울 옷가지를 모을 수 있었다. 승리자의 기분을 느끼는 대신 희생을 치를 각오를 다질 것을 요구했다. 이것은 그가 남몰래 존경하고 있던 처칠의 "피와 땀 그리고 눈물"이라는 구호와 유사했다. 전선에 나가 싸우지 않는 사람은 후방에서 계속 군수품과 병참 물품을 공급하기 위해 일하라고 요구했다.

이런 요구는 특히 그가 관장하는 대관구의 유태인들에게 해당되는 것이었다. "나는 그들에게 작업 과정에 신속하게 동참하든지 아니면 칠만팔천 명의 유태인들에게 노동에 투입 가능한 이만삼천 명분만의 생필품을 배급하는 것을 수용하든지 양자택일을 하라고 최후 통첩을 했다. 굶주리게 만들면, 유태인들은 곧 작업에 참가하게 될 것이다."

실제로 그에게는 유태인의 노동력을 착취하는 것보다 그들에게 공개적으로 굴욕감을 주는 것이 더 중요했다. "매우 감상적인 저항들"로 인해 "베를린을 유태인이 없는 도시로 만들려는" 그의 계획이 지연되었기 때문에, 유태인들은 죽음을 기다리며 불안해하고 있었을 것이다. 다른 반유대주의자들보다 아이디어가 많고 더 비열했던 괴벨스는 쉴새없이 새로운 차별 조치를 생각해 냈다. 점차 그는 유태인이 자전거, 타자기, 서적, 축음기, 냉장고, 오븐, 라디오를 소유하는 것을 금지시켰고, 대중 교통 수단의 이용을 금지시켰으며, 영화관, 오페라 극장, 수영장과 공원에 가는 것도 금지시켰다. 그리고 마침내 그들은 자기 집에서 쫓겨나게 되었다. 증오로 가득 찬 그의 머리에서 유태인들에게 "유태인을 나타내는 별"을 찍자는 발상도 나왔다. 의기양양하게 그는 일기장에다 어떻게 히틀러가 자신이 원하는 바를 들어주게 되었는지에 대해 기록했다. 괴벨스는 광신적 인종 차별주의자라는 평판을 유지하고자 했다. 왜냐하면 후방에서 유태인에 대한 말살 계획이 진행되고 있다는 사실을 이제는 숨길 필요가 없게 되었기 때문이다. "유태인 문제에 대한 최종 해결책"이 수백만 명의 질식사를 동반하리라는 점을 그는 누구보다도 잘 알고 있었다. "루블린을 시작으로 해서 광역 행정 구역에서 유태인을 동쪽으로 추방하는 조치가 취해졌다"고, 그는 1942년 3월 27일자 일기에 적고 있다. "여기에는 매우 야만적이고 말로 표현할 수 없는 끔찍한 방법이 동원되었다. 유태인이 남아나지를 않았다. 대체적으로 유태인들 중 60퍼센트는 제거되었고 나머지 40퍼센트는 노역에 동원되었다고 볼 수 있었다. 이 조치를 수행한 빈의 전직 대관구 지도자는 매우 신중하게 일을 진행시키면서 눈에 잘 안 띄도록 하는 조치도 취했다. 유태인들에게 형벌이 가해졌다. 그 형벌이 야만적이기는 했으나 그들은 그런 벌을 받아도 마땅하다."

선전장관은 자신이 아는 바를 대중들에게 전파했다. 1941년 11월 16일에 있었던 인종 말살 행위를 정당화하려는 파렴치한 글이 주간지 『제국』지에 실렸다. 칼럼니스트 괴벨스는 전쟁 초기에 있었던 히틀러의 말살 선고와 연관시켜서 글을 써내려갔다. "방금 우리는 이 예언이 이루어지는 것을 보았다. 유태인들에게 그것은 운명이다. 가혹하지만 당연한 것이다. 여기에 대해 동정이나 연민을 느끼는 것은 전혀 어울리지 않는 짓이다."

괴벨스는 이 세기적 범죄로 인해 향후 국민들과의 모든 연결고리가 끊기게 되리라는 점을 잘 알고 있었다. 그에게 후퇴라는 것은 생각조차 할 수 없는 것이었다. 그에게 전쟁이란 — 그의 스승인 히틀러가 생각하는 바에 따르면 — 결판의 날을 조금 늦추는 의미 밖에 가지고 있지 않았다. "총통께서 말씀하시기를, 우리가 옳든 옳지 않든 우리는 무조건 승리해야 한다. 그것이 우리가 살 수 있는 유일한 방법이다"라고, 그는 일기장에 적었다. 그리고 덧붙이기를, "우리는 어쨌든 수많은 잘못을 저질렀다. 그래서 우리는 이겨야만 한다. 아니면 우리가 좋아하는 모든 것과 더불어 수뇌부를 포함한 우리 민족 전체가 사라지게 될 테니까."

괴벨스는 그런 사태가 벌어질 경우 자살할 생각이라고 동료들에게 털어놓았다. 그가 잃을 것은 아무것도 없다는 사실을 그 자신

잘 알고 있었다. 그래서 그는 이런 인식을 선전의 주요 모티프로 사용하였다. 전부가 아니면 아무것도 아니고, 승리 아니면 패배가 있을 따름이라는 것이다. 스탈린그라드에서 분명하게 드러난 패배에 대해 그가 내놓은 해답은 "총력전"이었다. 어느 누구도 전쟁에서 자유로울 수 없고 "전쟁 수행 능력"이 없는 사람은 무기라도 만들어야 한다는 것이다. 그는 이런 식으로 추가 징집된 수백만의 군인들이 "결정적인 전투"에서 전기를 마련하는 역할을 할 수 있다고 보았다. 하지만 아마추어 전략가인 그의 세련되지 않은 생각을 지지하는 사람은 없었다. 그의 주무기는 여전히 언어였다.

그래서 괴벨스는 1943년 2월 18일 스포츠 궁전에서 행한 유명한 동시에 악명 높은 연설을 통해 자신의 확고한 생각인 "총력전"에 대해 국민적 선택을 요구했다. 그는 관중들을 자신이 원하는 방향으로 따라오도록 만드는 심리적 술수를 썼다. 웅변술에 나오는 모든 규칙을 이용해 그는 듣기 좋은 소리도 하고 저주를 내리기도 했고, 윽박지르기도 하고 약속을 하기도 했으며, 비웃기도 하고 증오하기도 했다. 그리고 자부심과 시기심 그리고 불안감을 연설에 이용하였다. 그리고는 드라마 기법을 이용해 말 그대로 청중들의 혼을 빼놓았다. 마지막에는 열 가지 유도성 질문을 통해 동의를 얻어냈을 뿐만 아니라, 관중들을 열광의 도가니에 빠져 들게 만들었다. 등장할 때부터 세세한 부분을 미리 구상하고 연구한 이 연사는 냉정한 계산에 따라 작은 그룹의 청중들에게 다음과 같은 말을 했다. "내가 그대들에게 건물 꼭대기에서 뛰어내리라는 명령을 내려도, 그대들은 그 명령을 따를 사람들 같군요."

그는 연설을 통해 제국에서 가장 뛰어난 국민의 보호자로서의 자신의 입지를 확고히 했다. 이 정권의 다른 지도적 인물들이 몸을 사리고 히틀러도 거의 침묵하고 있었던 반면, 이 민첩한 선동가는

모든 것이 끝났다.
노래는…

반쯤 불탄 괴벨스
의 시체(1945)

히틀러의 유언을 치고 있을 때, 갑자기 괴벨스가 뛰어들어왔다. 그의 모습을 보고 나는 깜짝 놀랐다. 그는 시체처럼 창백했고, 눈물을 뚝뚝 흘리면서 내게 말했다. "융에 부인, 총통께서는 내가 베를린을 떠나 장차 다시 구성될 정부에서 그가 맡고 있던 직책을 내가 이어받기를 원하고 있어요. 그러나 나는 그것을 받아들일 수 없어요. 나는 아직 베를린 대관구의 지도자인 걸요. 나의 자리는 총통의 옆입니다. 나는 그를 떠날 수 없어요."

트라우들 융에, 히틀러의 비서

"아이들은 여기 남아라"는 말이 나왔을 때, 총통 벙커에서는 극적인 장면이 연출되었다. 여자들, 주방 요원들과 사무실 사람들 모두가 달려와 아이들 주위에 무릎을 꿇고 있던 괴벨스 부인에게 애원했다. 조종사 한나 라이치도 그 자리에 있었다. 이 여성 조종사는 아이들을 베를린 밖으로 데려 나가려 했다. 괴벨스 부인은 거절했다. 그리고 괴벨스 부인은 내 방에서 아이들과 죽음을 준비했다. 그녀는 아이들에게 하얀 옷을 입히고 머리를 빗어 주었다. 그리고는 아이들과 작별 인사를 했다. 괴벨스는 그 자리에 없었다. 슈툼페커 박사가 그들에게로 갔다. 나우만 박사가 내게 말하기를, "그들은 자신들이 마실 설탕물을 받았다. 그리고는 끝이었다." 슈툼페커 박사가 아이들에게 건네준 것은 독약이었다.

로쿠스 미쉬, "총통" 벙커의 무전병

쉬지 않고 움직였다. 방공망을 구축하는 데 도움을 준 사람들에게 훈장을 수여하고 폭격으로 모든 것을 잃은 사람들에게 특별 배급을 실시하기도 했으며, 군수 물자를 만드는 노동자들을 격려하고 라디오 방송을 통해 희생할 준비를 하라는 연설을 하기도 했다.

스스로 모범을 보이기 위해 괴벨스는 형편없는 식사지만 식량 배급표를 내는 사람만 집으로 초대했다. 그와 다시 화해를 한 부인은 짬짬이 전철을 타고 텔레풍켄 공장에 일하러 가기도 했는데, 이런 행동은 대중들에게 좋은 영향을 끼쳤다.

폭격이 계속되는 밤이 이어지면서 이 나라에서 평화로운 모습은 찾아볼 수 없게 되었다. 총력전을 꿈꾸는 괴벨스의 광기 어린 생각은 현실과 완전히 동떨어진 것이었다. 1944년 7월 20일에 있었던 암살 기도 사건 이후에 히틀러는 자기 주변에서 벌어지는 모반의 징후를 많이 발견하게 되었는데, 이런 까닭으로 인해 베를린에서 발생한 쿠데타 기도를 무산시킨 이 충성스런 종은 권력의 중심부로 복귀하게 되었다. 신분 상승 욕구가 강한 괴벨스는 자신의 목적을 이루게 되었다. "총력전을 시작하기 위한 제국의 전권을 위임받은 사람"으로서 그는 이제 광범위한 권한을 행사하게 되었다. 일반적인 사회적 삶을 영위할 수 없게 만들고 전선에 보낼 예비군과 군수 장비를 모으기 위해 모든 공장을 샅샅이 뒤질 수 있는 권한이 그에게 주어진 것이다. 괴벨스 자신은 이런 임무를 일컬어 "전쟁 독재"라 하였다.

관료주의적인 업무 처리와 내부 문제로 인해 징병 캠페인의 규모가 줄어들긴 했지만, 독일 사람들은 이제 "총력전"이 눈앞에 다가왔다는 생각을 가지게 되었다. 급히 조직된 지원 부대들은 그러나 동부 전선의 붕괴와 서부 전선에서의 연합군의 진군을 막을 수가 없었다. 지원 부대들은 단지 패전을 잠시 늦추었을 뿐이었다.

괴벨스도 개인적으로는 더 이상 "최종 승리"에 대한 환상을 갖지 않았다. "동부 전선의 상황은 계속 심각해지고 있다"고, 그는 1944년 중반에 일기장에다 그 당시의 상황을 적어 놓았다. "적을 전선에서 저지해야만 한다. 이런 식으로 계속 나가다가는 소련군이 곧 우리의 동프로이센 국경을 넘을 것이다. 이를 저지하기 위해 총통이 무엇을 할 수 있을까 생각하면 절망스럽다."

그러나 그는 대중들에게 곧 전세가 바뀔 것이라는 믿음이 확산되도록 노력했다. 그는 여러 가지 표현을 써서 전쟁을 열병에 비유하기도 하고 마라톤 경기나 변덕스런 날씨와 비교하기도 했다. 이런 표현들은 "최종 승리"에 대한 희망을 은유적으로 나타낸 것들이다. 아무리 미화를 한다 해도 전선에서 들어오는 보고들은 이런 희망을 가지기에는 절망적이었기 때문에, 괴벨스는 어떤 현실에 의해서도 무력화되지 않는 선전 무기를 들고 나왔다. 그는 기적을 믿으라고 했다. 처음에 그는 신비로운 "기적의 무기"를 선보이겠다고 약속했는데, 이 무기는 아직 실전에 투입된 적이 없기 때문에 사람들이 기적적인 효과를 기대하게 만드는 장점이 있었다. 그리고 나서 그는 연합군의 동맹 관계가 곧 끝날 것이라고 예견했다. 이런 동맹 관계의 해체는 옛날 "7년 전쟁"에서도 비슷한 예가 있었는데, 그로 인해 상황이 반전되었다고 한다. 소련군이 폐허더미인 베를린에 입성했을 때에도 그는 전설적인 벵크 군대가 이 도시를 해방시켜 줄 것이라고 약속했다. 하지만 그 군대는 작전 지도상에나 존재하는 군대였다.

패배의 시간이 가까워지면 질수록, 그러한 약속을 믿는 사람들도 줄어들었다. 많은 사람들은 우선 자신이 살아남기 위한 싸움을 하고 있었다. 이 유혹자 괴벨스의 말을 철석같이 믿은 희생자는 소년 단원들이었다. 그들은 살아오면서 그와 같이 좋은 얘기를 들어

보지 못했다. 아이들은 그의 말을 신뢰했고 그의 망상에 푹 빠져 있었으며, 그의 투쟁적인 주장에 열광했다.

히틀러의 대전차 로켓포로 무장한 소년 단원들과 노인네들이 앞으로 손을 번쩍 치켜 올려 인사를 하고 있는 그의 곁을 지나 행군해 가면, 괴벨스는 마침내 자신도 군인이 된 듯한 느낌을 가졌다. "향토 방위대"의 투입은 그가 대관구 지도자로서 마지막으로 한 일이었다. 그는 향토 방위대를 투입하여 "베를린 요새"를 방어하게 함으로써 자신이 주장한 "총력전"의 영웅적인 피날레를 장식하고자 하였다. 이 가망 없는 싸움으로 인해 종전 바로 직전에 수만 명의 목숨이 희생되었다. 대량 학살을 주도한 괴벨스는 오래 전부터 현실과는 동떨어진 삶을 살고 있었다. 그의 마지막 선전 작품의 소재는 바로 자기 자신의 이야기였다. 자신의 중요성을 후세에 전하기 위해 그는 자신의 일기를 마이크로 필름에 담아서 베를린 밖으로 옮기도록 하였다. 히틀러의 다른 충복들이 베를린을 떠난 뒤에 그는 "총통"의 곁을 끝까지 지킴으로써 자신의 마지막 충성심을 과시하고자 했다. 히틀러 바로 가까이에 있기 위해 그는 자신의 온 가족과 함께 제국 수상의 청사 밑에 있는 어두컴컴한 총통 벙커로 거처를 옮겼다. 마침내 그는 자신이 평생 원하던 바를 이루게 되었다. 자신의 스승 히틀러를 다른 누구도 아닌 자기 자신만을 위한 사람으로 모실 수 있게 된 것이었다. 그는 히틀러와 함께 자신이 추구한 광기의 "순교자"로서 역사 속에 자리잡고자 했다.

그러나 히틀러는 괴벨스의 이런 계획을 방해했다. 히틀러가 그의 유언장에 괴벨스를 그의 후계자로, 즉 몰락한 제국의 수상으로 임명한 것이다. 후계자로 지명된 그는 자살이란 방법을 통해 책임을 회피할 수가 없게 된 것이다! 그는 독일 역사상 가장 암울한 시기를 책임지기 위해 목숨을 보존하고 있어야 하는 것이다! 한순간에 괴벨스의 계획이 무산된 것이다. 그러나 4월 30일 히틀러가 죽고 나서는 히틀러의 지시가 더 이상 소용없게 되었는데, 죽은 자가 자신의 지시가 제대로 이행되는지 감독할 수는 없기 때문이다.

"비관적인 전황 속에서 총통 주위를 에워싸고 있는 배반의 징후에 맞서 죽을 때까지 조건 없이 그를 보좌할 사람이 몇이라도 있어야 한다. 그것이 비록 총통의 유언장에 적어 놓은 명령 내용과 모순될 지라도 말이다"라는 내용을 유언장에 추가함으로써 괴벨스는 자신의 비참한 자살을 정당화시켰다. "내 생애 처음으로 총통의 명령을 완전히 무시해야만 한다. 아내와 아이들은 이러한 결정에 찬성했다."

아이들은 이런 얘기를 듣지 못했다. 그들은 아버지가 완전히 파멸한 뒤에 자신들도 죽음으로 내몰 것이라고는 전혀 생각하지 못했다. 그들은 그가 내뿜는 앞뒤 가리지 않는 광기의 마지막 희생자가 되었다.

2인자

Hermann Göring

내가 그의 연설을 듣고 그를 처음 본 그 순간부터,
난 그에게 홀딱 빠져 버렸다

나는 양심의 가책을 느끼지 않는다!
아돌프 히틀러가 나의 양심이다

경찰의 총구에서 나가는 총알은
모두 나의 것이다

히틀러와 마주 서 있을 때마다
내 가슴은 떨린다

나는 르네상스인이다,
난 화려함을 사랑한다

누가 유태인인지 내가 결정한다

동물들을 괴롭히는 자는 독일 국민들의 감정을 상하게 만드는 자이다

나는 독일에 유태인이 존재하지 못하도록 하고 싶다

히틀러가 미쳤다는 사실이 두렵다

적어도 12년 동안은 정신이 온전했는데

그대들이 언젠가 대리석관 속에 우리의 뼈를 담아줄 것이다

괴 링

헤르만은 위대한 사람이 되거나 아니면 범죄자가 될 것이다.

프란치스카 괴링이 그의 아들에 관해 한 말, 1903년경

8월 30일 월요일, 많은 양의 오이코달(모르핀의 일종)을 요구하는 괴링 대위의 요구는 도를 더해 갔다. 그는 자신이 정하는 양만큼 약을 달라고 고집을 부렸다. 오후 5시경 그는 약장을 힘으로 열어젖히고 2퍼센트의 오이코달이 함유된 두 개의 앰풀을 꺼냈다. 여섯 명의 간호사들은 그의 행동을 저지할 수가 없었는데, 그가 위협적인 태도를 취했기 때문이다. 괴링 대위의 부인이 그 자리에 있었는데, 간호사들 보고 그가 원하는 대로 놔두라고 강력하게 요구했다. 그녀는 분노로 가득 찬 그가 누군가를 죽일 수도 있다고 걱정했다.

괴링이 1925년 환자로 입원했던 아스푸덴 요양소의 간호사 안나 퇴른크비스트

당신은 강인한 정신의 소유자입니다. 당신은 결코 정복당하지 않을 겁니다. 당신을 무척 사랑합니다, 몸과 마음을 다 바쳐. 그래서 당신을 잃는다면 나는 견딜 수 없을 겁니다. 모르핀 중독은 자살 행위나 마찬가지입니다. 매일 당신의 영혼과 육체의 작은 부분이 사라져 가고 있습니다. 당신은 나쁜 정신과 힘의 지배를 받고 있어요. 당신의 육체는 점점 더 병들어 가고 있습니다. 당신 자신을 구해 내고 그와 아울러 저도 구해 주세요.

카린 괴링, 1927년 1월 26일자 편지

괴링 "장군"은 꼴도 보기 싫다. 이 자는 삼백 벌의 제복을 가지고 있을 정도로 치장하기를 좋아하는 사형 집행인이다. 칼을 휘두르는 임무를 그는 동물적으로 즐기며, 입맛을 다시기도 한다. 그러면서 매일 무시무시한 자신의 이름으로 젊은 사람들에 대한 사형 판결을 내린다. 이런 꼴을 보노라면 미칠 지경이다. 잘못된 정치적 구원론 때문에 필사적으로 저항하도록 내몰린 병사들이 그보다 백배천배 더 낫다.

토마스 만, 1933년

돌격대는 악랄한 악당 무리가 아닙니까! 내가 그들을 제거한 일은 아주 잘한 일입니다. 아니면 그들이 나를 죽였겠죠.

괴링, 1934년

언젠가 복수의 합창처럼 장엄한 소리를 내며 적을 공격하는 공군을 소유할 날이 눈에 아른거린다. 적들은 싸우기도 전에 졌다는 생각을 가질 것이다.

괴링이 공군 소위들 앞에서 한 연설 중에서, 1935년

나는 전쟁은 끝났다고 아주 냉정하게 말할 수 있다. 제국 원수는 계속 모르핀에 의지하고 있었다. 회의가 길어지고 모르핀 기운이 떨어지자 그가 회의 도중에 잠이 드는 장면을 본 적이 있다. 그게 바로 공군 총사령관의 모습이었다!

공군 대장 헬무트 푀르스터, 1945년 5월

괴링이 왔다. 늙어 처먹은 놈. 그는 장군이 되려고 한다. 왜 원수가 되려 하지 않고. 괴링은 터무니없는 야망을 가지고 있다. 그는 과대망상증에 사로잡혀 모든 사람들을 매정하게 대한다. 이 뚱보가 빨리 떠나기를 바란다.

괴벨스, 1933년 일기 중에서

우리는 사활을 건 모험을 감행하려 하고 있습니다.

괴링이 히틀러에게, 1938년

내 인생은 항상 그런 큰 모험의 한가운데에 놓여 있었다.

히틀러의 대답

이 전쟁이 끝난 뒤에 독일이 1933년의 국경선을 그대로 유지할 수만 있어도, 우리는 만족해야 할 것이다.

괴링, 1942년

총통 각하! 스탈린그라드에 있는 6군단에 대한 보급품의 공수를 제가 보장해 드리겠습니다. 제 말을 믿으셔도 됩니다.

괴링, 1942년

유럽 내 독일의 영향권 아래 있는 지역에서, 유태인 문제를 최종적으로 해결하기 위해 조직적인 면에서 요구되는 모든 준비 조치를 취할 것을 그대에게 위임하는 바이다. 다른 중앙 기관의 관할권과 저촉되는 경우, 그 기관은 협력해야 한다.

아울러 이때까지 추구해 온 유태인 문제의 최종 해결책을 집행하기 위해 필요한 사전 조치들, 즉 조직적인 면과 물질적인 면에서 필요한 사전 조치에 관한 전체 복안을 짧은 시간 내에 내게 제출해 줄 것을 그대에게 위임하는 바이다.

괴링이 하이드리히에게, 1941년 7월 31일

한 종족이 다른 종족의 주인으로 불리는 데 대해 나는 결코 동의한 바가 없으며, 오히려 종족간의 다양성을 강조했다.

뉘른베르크 전범 재판정에서 괴링이 한 말 중에서, 1946년

충성 맹세를 한 이상, 나는 그 맹세를 깨고 싶지 않았습니다. 그 맹세를 지키는 것 또한 내게는 무척 힘든 일이었다는 걸 당신들에게 말하고 싶군요! 왕의 수많은 정치적 행위에 동의하지 않으면서도 항상 왕에게 충성하고, 그러나 왕에 반대하는 어떤 행동도 할 능력은 없고, 그래서 그 상황에서 최선이 무엇인지도 모른 채, 12년 동안 황태자 노릇을 한번 해 보십시오.

뉘른베르크 재판정에서 법심리학자 구스타브 길버트의 질문에 대해 괴링이 한 말, 1946년

헤르만 괴링은 자신이 피고인석에 앉아 있다는 사실을 받아들일 수 없었지만, 내색은 하지 않았다. 그는 피고인석 앞 열 의자에 몸을 깊이 파묻고 손으로 눈을 가리고 있어서 잠자고 있는 것처럼 보였다. 그는 가끔 머리를 들어 잠시 왼쪽을 쳐다보곤 하였다. 뉘른베르크 법원 건물 내에 위치한 600호 법정의 전면 벽에는 스크린이 걸려 있었다. 법정 안은 상당히 어두웠는데, 피고인석과 재판석만 조명을 받고 있어 마치 무대처럼 보였다. 그리고 정적이 법정 안에 자리잡고 있었다. 사람들은 놀라서 할말을 잃고 있었는데, 흐느껴 우는 소리와 한숨 짓는 소리만이 가끔 이 정적을 깨고 있었다. 법정 안에 있는 모든 사람들이 마치 악몽을 꾸고 있는 듯이 보였다. 그러나 괴링의 얼굴 표정은 그대로였다. 영상 증거물 2430-PS가 보여 주고 있는 장면을 그는 쳐다보지 않았다. 그러나 그는 미국인 해설자가 하는 말을 독일어로 통역한 것을 헤드폰을 통해 듣고 있었다. "여기 라이프치히 근방의 강제 수용소에는 200명이 넘는 정치범들이 거의 산채로 화장을 당했습니다. 원래 수감자 수가 350명이었는데, 남아 있던 다른 죄수들은 바라크 건물을 나오는 순간 총살당했습니다…." 1945년 11월 29일 미국측 원고가 제시한, 공식적으로 제작된 논픽션 필름은 한 시간 동안에 걸쳐 강제 수용소에서 벌어진 죄상을 낱낱이 보여 주였다. 이 살인 행위에 "제3제국"의 2인자였던 헤르만 괴링도 책임이 있었다. 그는 무뚝뚝하게 자신의 범죄 사실을 부인하고 뻔뻔스럽게도 자신은 죄가 없다는 표정을 지었다. 저녁에 감방으로 돌아올 때마다 그는 "유쾌한 오후였어"라고 말하며, 불편한 심기를 드러냈다. "그들은 오스트리아 건에 관해 내가 한 전화 통화 내용을 법정에서 큰 소리로 읽었는데, 모두가 나를 보고 웃었다. 그리고 기분 나쁜 필름을 돌리고, 모든 것을 완전히 엉망으로 만들어 버렸어."

눈뜨고는 볼 수 없는 장면들을 촬영한 그 필름은 괴링의 기분만 상하게 만든 것은 아니었다. 그 필름에 나오는 장면들로 인해 기만적인 말로 유례가 없는 범죄를 은폐하거나 심지어 부인할 수 있다는 뻔뻔스런 환상은 여지없이 깨지고 말았다. 반대 심문에서 뛰어난 언변과 자신의 카리스마를 이용해 뻔뻔스럽게 대응할 수 있는 발언 시간으로 괴링에게 58시간이 주어졌다. 이 장면에 대해서는 아무 말도 할 수 없었다. 그는 어떤 말도 해서는 안 된다는 것을 잘 알고 있었다. 그는 그 사실에 대해 알지 못했다고 오리발을 내밀었다. 그는 자신은 죄가 없다는 듯이 굴었다. 그가 인간을 경시하는 모든 폭력적 행위에 연루되어 있고 유태인을 적대시하는 거의 모든 법률, 지침 그리고 살인 명령이 그의 사인 하에 이루어졌음에도 불구하고, 그가 국가보안본부의 수장인 라인하르트 하이드리히에게 "유태인 문제의 전체적인 해결"을 위한 사전 준비에 관한 전권을 위임했음에도 불구하고, 권력의 심장부에 있었던 이 사람은 집단 학살에 대해서는 전혀 모른다고 주장했다. 괴링이 어떤 식으로 1,150만 명의 사람들을 노예처럼 부리고 살해하는 데 기여했는지에 대한 증거를 댔을 때, 그는 헤드폰을 벗었다. 그는 아무것도 기억나지 않는다고 부인했다. "지위가 높으면 높을수록, 아래에서 일어나는 일은 잘 알 수가 없습니다"라고 말하며, 변호인에게 자신의 말을 믿으라고 했다.

"온 세상이 다 알고 있는 잔혹 행위에 대해 당신은 전혀 들은 바가 없습니까?"라고 법심리학자 구스타브 길버트가 질문했다.

"오, 수많은 소문을 들었죠. 하지만 그런 종류의 소문을 믿지는 않았습니다."

"아, 이 잔인한 집단 학살!"이라고 말함으로써 그는 자신에게 시선을 집중시켰다. "이 모든 것이 우리에게는 엄청난 치욕거리입니다. 그래서 나는 그것에 관해 말하거나 생각하기도 싫습니다.

피고인석에서 그의 옆자리에 앉아 있거나 증인석에서 민족 학살에 대한 심문을 받고 있던 다른 사람들에게도 그는 그들 자신이 저지른 일에 대해 침묵할 것을 요구했다. 괴링은 아직도 다른 사람들을 자기 마음대로 다룰 수 있다고 생각하고 있었다. 친위대장 에리히 폰 뎀 바흐-첼레브스키Erich von dem Bach-Zelewski가 집단 학살에 대한 진상을 다 밝혀 버렸을 때, 괴링은 억제하기 힘든 분노에 사로잡혔다. 잠시 그는 자제심을 잃은 듯이 보였는데, 그 순간 그가 갑자기 벌떡 일어났다. 경비병들이 달려들어 억지로 그를 제자리에 앉힐 수 있었다. "이런 더러운 배신자 새끼!"라고 괴링이 욕을 내질렀다. "이 비열한 악당놈! 신이시여, 저주를 내리소서! 빌어먹을 놈의 더러운 병신 새끼! 그는 전체 친위대원들 중에서도 가장 악명 높은 살인자였다. 역겨운 냄새가 나는 개돼지만도 못한 놈! 더러운 목숨을 유지하려고 영혼을 팔아먹은 놈!"

그때 괴링은 그답지 않은 낯선 모습을 보여 주었다. 아주 폭이 넓은 승마 바지와 훈장이나 계급장이 전혀 달리지 않은 청회색 재킷이 그의 몸에 비해 무척 커 보였는데, 그 옷 모양이 마치 바람이 없을 때 헐렁거리는 돛 같았다. 예전에는 몸무게가 150킬로그램에 달했는데, 수감 생활을 하면서 40킬로그램이 빠졌다. 이제 그는 모르핀 중독에서 벗어났으며, 강제 요양을 마친 뒤에는 정상적인 모습을 되찾은 것 같았다. 이제 괴링은, 수감 초기에 미군 교도소 사령관 버튼 앤드류스가 말했던 것처럼, "멍청하게 웃고 있는 연체동물"이 더 이상 아니었다. 뉘른베르크 법정에서 그는 다시 냉철한 결단력을 보여 주고 있었다. 그의 이런 결단력은 히틀러가 권력을 잡는 데 지대한 영향을 끼쳤으며, 그는 이런 결단력으로 정적을 가차없이 제거하기도 했다. 그는 자신의 머리 위에 단두대가 놓여 있다는 것을 알고 있었음에도 불구하고 마치 승자인 양 자만을 부렸다. 이 재판은 그가 등장하는 마지막 무대가 될 것임을 알았다. 그래서 그는 여기서 자기 자신과 국가사회주의에 기념비가 될 만한 일을 하기로 작심하고 있었다. 히틀러 다음의 제2인자가 아니라, 미국 신문들이 기사에 쓴 것처럼 "나치 1인자"의 모습을 보여주고자 한 것이다.

히틀러가 지명한 후계자로서 그는 피고인석에서 테러 정권을 상징하는 역할을 떠맡았는데, 그에게 딱 맞는 역할이었다. 히틀러가 죽음으로써 책임과 무관하게 된 이후, "가장 충성스런 신하"였던 그에게 모든 죄과에 대한 책임이 부과되었다. 반평화 공모, 침략 전쟁 모의, 반인륜적 범죄가 그 죄목이었다. 괴링은 태연하게 고발 내용을 받아들였다. 기소장에 그는 다음과 같은 글을 적었다. "승자는 항상 심판자가 되고 패배자는 항상 피고인이 된다." 그는 판사들에게 침착하고 명석하며 사려 깊다는 인상을 심어주려 했다. 하지만 그는 연극배우처럼 청중들 앞에 서는 것을 두려워했다. 재판 시작 전에 길버트는 괴링을 관찰했다. "가볍게 떨리는 그의 손과 일그러진 그의 얼굴 표정은 그가 과도하게 긴장하고 있다는 증거였다. 그의 모습은 마치 마지막 막이 올라가기 전에 무대에 나갈 준비를 하고 있는 고통 받는 귀족의 모습과 같았다." 감방에서 한 달 동안 기다린 끝에, 재판 둘째 날 드디어 괴링의 차례가 돌아왔다. "내가 무죄인지 유죄인지 밝히라는 고등법원의 요구에 응하기에 앞서…"라고 말하며 괴링은 성큼성큼 앞으로 나아갔다. 그러나 재판장은 단도직입적으로 자신의 유무죄에 대한 생각을 밝히라고 그에게 요구했다. 그런 제지를 받고 나서야 겨우 괴링의 답을 들을 수 있었다. "기소 내용에 따르면 나는 무죄입니다."

피고인은 무고한 사람으로서 박해받고 있다는 점을 보여줄 기회가 충분히 남아 있었다. 자기 과시욕과 물욕 그리고 사치품, 권력에 대한 억제할 수 없는 갈망과 인정받으려는 욕망으로 점철된 그의 인생에 대해 해명할 기회도 충분히 남아 있었다. 1차 세계대전에 전투 비행사로 참전한 그는 공군의 총사령관으로, 경제에 관한 전권을 위임받은 관리와 "엄청난 권한을 가진 자"로 출세했다. 그는 우표 수집하듯이 훈장과 예술품 그리고 관직을 수집했다. 그는 다양한 성격을 보여 주었다. 교만하고 자만심이 강한 꼭두각시의 모습을 보이다가 객관적이고 사려 깊은 모습을 보이기도 했다. 그리고 모르핀에 중독된, 잘못된 길로 빠진 장교의 모습도 보였다. 화술과 교제에 능숙한 그는 "제3제국"의 얼굴 마담 역할을 했다. 인기가 좋았고, 뚱뚱했으며 잔인했다. 인류의 친구라는 가면을 쓴 냉정한 권력형 인간이었다. 그는 히틀러에 의해 처음에는 "친구"라 불렸지만, 나중에는 "기대를 저버린 사람"이라는 악평을 들은 "향수를 바른" 네로였다. 왜냐하면 현실과는 등을 돌리고 마약에 빠져 환상의 세계에서 살찐 돼지처럼 향락에 빠져 있는 동안, 그의 공군은 지원을 하겠다는 약속을 이행할 수 없었고 전쟁은 파국으로 치닫고 있었기 때문이었다. 프랑스 대사 앙드레 프랑수아-퐁세 André François-Poncet는 "그는 재치있고 영리했으며 냉철하고 용감했다. 그리고 강인한 의지를 가지고 있었다"고 괴링의 성격을 표현했다. "그리고 그는 냉소주의자였다. 그는 아량과 기사도 정신을 잘 알고 있었음에도 불구하고, 무자비하게 잔인하기도 했다." 괴링은 자신을 매우 친절한 사람이라고 생각했다. "나는 항상 예전 그대로이다. 나는 마지막 르네상스인이다."

나는 히틀러와 자비로우신 신의 지휘만 따르겠다!

괴링, 1933년

1925년 9월 2일부터 10월 7일까지: 환자는 산만했다. 우울증 증세가 있었고 신음 소리를 내며 울고 있었다. 불안해했으며 계속 소원을 말했다. 신경질적이었고 쉽게 감동했다. 침울해 보이고 수다스러우며 자신을 "유태인 음모"의 희생자라고 생각하고 있다. 자살을 생각하고 있고 금단 현상이 지나치다. 히스테리 증상을 보이고 자기 중심적인 성격이다. 과도한 자의식을 가지고 있다. 유태인을 증오하고 자신의 삶을 유태인에 대한 싸움에 바쳤다. 그는 히틀러의 오른팔이었다. 환각 증상을 보였으며 자살을 기도하기도 했다(목을 매달기도 했고 스스로 목을 조르기도 했다). 위협을 가하기도 한다. 그리고 무기로 사용하려고 아령을 몰래 구했다. 환상에 빠져 있고 자책감에 소리를 내질렀다.

스웨덴의 랑브뢰 신경정신과 병원에서 작성한 괴링에 관한 보고서, 1925년

국민 동지 여러분, 나의 판단은 어떠한 법률적 고려에 의해서도 침해받지 않을 것입니다. 내가 취하는 조치는 어떠한 관료주의적인 행위에 의해서도 침해받지 않을 것입니다. 여기서 나는 정당한 조치를 실현할 필요는 없습니다. 나는 단지 파괴하고 섬멸시킬 뿐입니다. 그 이상도 그 이하도 아닙니다!

권력을 장악한 뒤에 괴링이 한 말, 1933년

좌측: 열성적인 생도…
베를린-리히터펠데 소년사관후보학교에 다니던 헤르만 괴링
우측: 독일제국 최고 훈장, 블루 맥스로 가는 길목에서…
1차 세계대전에 참전한 공군 장교 헤르만 괴링

화려함을 추구하는 성향은 그가 어린 시절부터, 즉 그의 대부이며 반은 유태계인 부유한 헤르만 리터 폰 에펜슈타인Hermann Ritter von Epenstein 박사 소유의 마우터른도르프 성과 벨덴슈타인 성에서 지냈던 시절부터 가지고 있던 특징이었다. 에펜슈타인 박사는 괴링 가족을 자신의 집에 묵도록 했는데, 이는 괴링의 어머니 프란치스카가 그의 연인이었기 때문에 그의 개인적인 이해 관계가 작용한 것이었다. 낭만적이고 바로크적인 몸가짐을 유지하려고 애썼던 에펜슈타인 박사로부터 괴링은 중세 가장 무도회를 즐기는 방법을 전수받았다. "그의" 성벽 위에서 그는 기사와 공주에 관한 꿈을 꾸었다. 부르인人 장군과 로빈 훗 흉내를 내기도 했다. 그는 안스바흐 기숙사의 무미건조한 생활과 이러저러한 구속에 시달리는 것보다 모험을 벌이는 것에 더 관심을 보였다. 그는 땡땡이를 치기도 했고, 반항을 하며 여러 번 도망가기도 했다. 그의 어머니는, "헤르만은 위대한 사람이 되거나 아니면 범죄자가 될 것이다"라고 평가했다.

베를린-리히터펠데 소년사관후보학교의 교관들이 비로소 괴링의 무절제한 성격을 프로이센적인 규율과 군사 훈련을 통해 제어할 수 있게 되었다. 이 반항적인 고집쟁이가 군사 학교에서 아주 성실한 사관 후보생으로 탈바꿈한 것이다. 대부와의 삼각 관계로 인한 그의 부모의 이혼은 그를 더 자유롭게 만들어준 것 같았다. 1911년 그는 "우수"한 성적으로 시험에 합격했다. 19살에 소위로 임관한 그는 자랑스럽게 제국의 제복을 입고 고상한 베를린 사교계를 출입했다. 그사이 이 젊은 장교는 새로운 모험을 지상이 아닌 공중에서 하려고 어렴풋이 생각하고 있었다. 1차 세계대전이 발발했을 때, 그는 제국 비행단에 지원했다. 그는 비행사 시험에 합격하고 1916년 처음으로 공중전에 투입되었다. 그의 이런 행동을 사람들은 무모하다고 생각했다. 이러한 과감한 출격 덕분에 그는 곧 전투기 편대의 지휘자가 되었다. 하지만 동료들은 괴링이 가끔 격추 대수를 부풀려서 보고한다고 수군거렸다. 그럼에도 불구하고 빌헬름 황제는 1918년 6월 2일 18번의 공중전 승리를 인정해 주고, 탁월한 용맹을 보인 자들에게 수여하는 독일 최고의 훈장, 푸르 르 메리트Pour le mérite를 이 전투기 에이스에게 주었다. 이 훈장으로 인해 그는 오랫동안 덕을 볼 수 있었다. 영웅의 반열에 오른 그는 "블루 맥스"라 불리우는 이 최고 훈장을, 다른 사람들의 신분 상징처럼, 즉 전설적인 "붉은 남작" 만프레트 프라이헤어 폰 리히트호펜Manfred Freiherr von Richthofen이 들고 다녔던 산책용 지팡이처럼, 세인들의 이목을 집중시키기 위해 자랑스럽게 달고 다녔다. 괴링은 리히트호펜이 전사한 뒤에 이 전설적인 "나는 서커스단인 리히트호펜 편대"의 지휘권을 넘겨받았다. 독일 전투 비행단의 이 정예 부대는 상당한 손실을 입으면서도 수적인 우세에 있던 적군과 맞서 끝까지 싸웠다. 그러나 적기를 격추시키기는 어려웠으며 갑자기 휴전 소식을 듣게 되었다. 모든 희생이 헛된 것이 되었다. 괴링은 결코 이런 일을 순순히 받아들일 수가 없었다. 그의 편대가 아샤펜부르크의 시청 지하 식당에서 해단식을 할 때, 그는 휘하 장교들에게 다음과 같은 다짐을 했다. "우리의 시간이 다시 올 것이다!"

그러나 베르사이유 조약은 우선적으로 독일 내에서의 군사 비행을 금지시켰다. 괴링은 치욕을 당하기 전에 스웨덴으로 도망쳤다. 그는 에어 쇼 비행사로서 일했으며 소형 비행기 조종사와 낙하산 중개상으로 밥벌이를 했다. 그는 스웨덴 귀족의 영지에서 매력적인 카린 폰 칸초우Carin von Kantzow와 사랑에 빠지기도 했다. 스웨덴 장교의 딸인 그녀는 몽상가적인 기질이 있었고 유부녀였

당신은 나쁜
힘의 지배를
받고 있어요…
카린과 헤르만
괴링 부부(1924)

프로이센 내무부(독일 제국으로 넘어가기 전 괴링은 프로이센 주의 내무부 장관과 수상을 역임했다 — 옮긴이)의 수장으로 부름을 받았을 때, 이제 내가 가장 막중한 직책을 맡게 되었다는 사실을 누구보다 잘 인식하고 있었다. 왜냐하면 이 직책이 권력을 쥐는 데 있어 아주 결정적인 역할을 하는 위치이기 때문이다. 나는 규칙을 엄격하게 적용할 것이다. 공산주의를 믿거나 보수주의적 성향을 가진 사람들과 국가적인 노력을 훼방하기 위해 관직에 있는 모든 사람들을 싹 쓸어 치울 것이다.

괴링, 1934년

보르자 가문(카탈로니아 출신의 부유하고 권력 지향적인 귀족 가문. 그중 로마냐 공작이자 교황군 총사령관인 체사르 보르자는 권모술수에 능했는데, 마키아벨리는 『군주론』에서 그를 새로운 군주의 본보기로 인용했다 — 옮긴이)이 행한 것처럼 히틀러의 총애를 얻기 위한 싸움이 벌어졌다. 이 싸움은 매우 특이했다. 왜냐하면 이 싸움의 주인공들인 히믈러, 보어만 그리고 람머스는 역사 속의 그런 인물들과 연관 지을 만한 "자질"을 전혀 가지고 있지 않았기 때문이다. 이 점을 어떻게 설명해야 될까? 이 세 사람은 — 유산자 계급이란 말은 정확한 표현이 아니고 — 정말 세련되지 못한 사람들이다. 모사꾼인 괴벨스와 괴링은 매우 똑똑한 사람이었다. 괴링은 부패한 정치가였다. 하지만 그의 부패는 아마도 그가 가진 병, 모르핀 중독증에서 기인한 것이 아닌가 싶다. 우리는 어떻게 괴링이 모르핀 중독 때문에 부패하게 되었다고 판단하게 되었을까? 괴벨스는 절대 부패한 적이 없었다. 단지 소름 끼칠 정도로 위험했을 뿐이다.

슈페어, 1979년

딱 어울리는 아내…
비스바덴에서 신혼여행 중인 괴링과 그의 두 번째 부인 에미 (처녀적 성은 존네만)(1935)

"괴링은 흰 제복을 입고 긴 의자에 누워 있었다. 그는 그 당시 벌써 살이 많이 쪄 있었다. 바지가 무릎까지 말려 올라간 그의 왼쪽 다리는 베개에 올려져 있었다. 그는 마치 추기경처럼 붉은 비단으로 만든 양말을 신고 있었다. 옆모습만 보면 그는 바그너 오페라에 나오는 영웅적인 테너와 같아 보였다. 그는 험악한 구조의 아래턱에 힘을 주고 있었다. 괴링의 입은 함몰되어 있어서 늙은이의 입처럼 보였고 꽉 다물어져 있었다.

카를 야콥 부르크하르트, 1937년

히틀러처럼 나도 괴링에 비하면 약점을 가지고 있는 사람이었다는 점을 말해야겠다. 나는 그를 매력적이고 매우 지적인 인간으로 알고 지냈다. 나는 그를 개인주의자 또는 기인으로 보기는 했지만 병든 사람이나 나쁜 인간으로는 보지 않았다.

슈페어, 1979년

그가 죽었어, 에미. 끝까지 그에게 충성을 다하겠다는 말을 이제 다시는 할 수 없게 됐어.

괴링이 히틀러의 죽음을 그의 부인에게 알리며 한 말, 1945년다. 하지만 독일 조종사가 가진 매력에 푹 빠진 그녀는 남편과 아들을 버리고 연인을 따라 독일로 갔다. 그리고 독일에서 1922년에 결혼식을 올렸다.

바이마르 공화국에서 서른 살 먹은 이 공군 퇴역 대위의 미래는 불확실했다. 괴링은 관심이 있어서라기보다는 곤경에서 벗어나기 위해 뮌헨에서 역사학과 경제학을 공부했다. 전투력이 인정된 이 조종사가 갈망한 것은 학문적 지식이 아니었다. 그가 바란 것은 바로 동료애와 영웅적 행위 그리고 독일의 옛 영광을 재현할 수 있도록 만들어줄 "강한 남자"였다. 괴링은 1922년 어느 가을날 뮌헨의 쾨니힉스플라츠 광장에서 거행된 시위 현장에서 이 새로운 "황제"를 만났다. 처음부터 이 사람은 그를 사로잡았다. 괴링은 그 뒤 얼마 지나지 않아 "면담 시간"에 그와 대면할 기회를 가졌다. 이 사람은 괴링의 삶에 새로운 이정표를 던져줄 것으로 보였다. 베르사이유 조약은 일종의 치욕이며, 유태인과 공산주의자들이 이 모든 일에 책임이 있다. 그래서 조국을 구해야만 한다는 말 등이 괴링이 듣고 싶어하던 바로 그 말이었다. 괴링은 이 히틀러가 독일을 패전의 멍에에서 해방시킬 수 있는 사람이라고 믿었다. 2년이 지난 뒤에 그가 적기를, "내가 그의 연설을 듣고 그를 처음 본 그 순간부터 난 그에게 홀딱 빠져 버렸다." 히틀러 또한 치장을 많이 한 이 투사에 대해 호감을 보였다. "훌륭해! 최고 훈장을 받은 전쟁 영웅을 한번 상상해 보라! 뛰어난 선전 가치가 있는 인물이다! 그밖에도 그는 돈이 많아서 내가 한푼도 내지 않게 해주었다." 괴링의 명성은 이 신생 정당에 보탬이 되었다. 훈장을 받은 호남아와 광적인 선동가 — 이는 일종의 악마적인 타협이었다. 히틀러는 그의 새로운 추종자에게 돌격대의 지휘를 맡기면서 감동적인 어조로 다음과 같은 약속을 했다. "호의에서건 악의에서건 간에 나의 운명을 그대에게 맡깁니다. 설사 내 목숨을 잃게 된다 할지라도."

괴링은 히틀러의 당과 강령에는 별 관심을 두지 않았고, 영양가 없는 돌격대 대장으로서의 일상을 달갑게 여기지도 않았다. 그가 엉망인 돌격대 조직을 짧은 기간 내에 강력한 전투력을 가진 사병 조직으로 만들어 냈지만, 그는 조직에 관심을 두기보다 오히려 자신의 직책을 이용해 누릴 수 있는 편안함만을 추구했다. 그는 환상적인 자신의 첫번째 제복을 지어 입었다. 그리고 그는 국가사회주의 독일노동당 내의 "바이어른 출신의 주정꾼과 떠돌이들"을 업신여겼다. 그는 루돌프 헤쓰나 알프레트 로젠베르크 같은 "당 동료"들에게 깔보는 투로 얘기를 건넸다. 그래서 당 내에 괴링의 세력이 없었다는 점은 별로 놀라운 사실이 아니다. 이데올로기는 그에게 "쓸모 없는 것"이었다. 그에게 당이란 히틀러를 의미하는 것이었다. 그는 히틀러를 위해 자신의 목숨을 내놓을 각오가 되어 있었다. 그는 히틀러와 함께 제국의 권력을 얻으려 했다.

1923년 11월 9일, 그 흐리고 추운 날, 뮌헨의 거리에서 권력을 잡느냐 무기력하게 있느냐에 대한 결정이 내려졌다. 정오경에 돌격대 사람들이 대오를 지어 오데온 광장으로 행진해 갔다. 히틀러, 루덴도르프 장군 그리고 괴링이 선두에 섰다. 연도의 시민들이 외치는 환호 소리와 "하일" 구호 소리는 그들이 권력을 잡을 수도 있다는 희망을 가지게 만들었다. 그러나 펠트헤른할레 몇 미터 전방에서 한 발의 총성이 울렸고, 그리고 나서 거리에 총성이 난무했다. 바이어른 주 경찰은 제일 앞에서 행진하고 있던 사람들을 목표로 하고 있었다. 1분 동안 총격전이 벌어졌다. 14명의 쿠데타군과 3명의 경찰이 죽었다. 히틀러도 바닥에 쓰러졌다. 괴링은 허벅지에 총을 맞아 중상을 입었고, 거리에 쓰러져서 움직이질 못했다. 의식을 잃고 몇 초가 흐른 뒤에, 그는 피를 많이 흘려 비틀거리면서 사선에서 빠져 나왔다. 돌격대 사람들이 그를 차안으로 집어 넣고 유태인 가구상인 발린의 집에서 응급 처치를 받도록 했다. 그리고 사람들은 경찰로부터 도주하기 시작했다. 카린과 함께 괴링은 오스트리아 국경을 넘었다. 오스트리아에 도착한 그에게 인스부르크 병원 의사들이 처음으로 모르핀을 투여하였다. 이 약물 투여로 인해 그는 중독자가 되었지만, 그 때문에 잠시 통증을 잊을 수도 있었다. 뮌헨에서의 실패로 그의 정치적인 상승 곡선은 급작스럽게 꺾이게 되었다. 바이어른 정부는 그를 지명 수배했다. 히틀러와 달리 그는 자유의 몸이었지만, 총상으로 인한 상처는 모르핀 투여에도 불구하고 그에게 참을 수 없는 통증을 가져다주었다. 그의 주치의였던 라몬 폰 온다르차Ramon von Ondarza 박사와 그를 오랫동안 돌본 간호사는 전쟁이 끝난 뒤에 그가 고환에 심한 상처를 입었다는 사실을 밝혔다. 총상을 입은 이후로 괴링은 자신이 번식 능력이 없다고 생각했다.

란츠베르크에 구금된 히틀러는 오스트리아로 도주한 괴링에게 즉시 이탈리아로 가서 무솔리니와 접촉하라는 지시를 내렸다. 그의 상냥한 성격과 반짝이는 훈장은 두체(수상이라는 의미. 특히 무솔리니를 가리키는 명칭임 — 옮긴이)가 알프스 저편의 실패한 쿠데타에 20억 리라를 지원해 주도록 고무시키는 데 충분할 것이라 생각했는데, 그것은 환상이었다. 무솔리니는 도움을 청하러 온 히틀러의 사절을 한번도 만나 주지 않았다. 제국에서 자리를 빼앗기고 에른스트 룀이 돌격대의 지휘를 맡게 된 사이에, 실망한 괴링 부부는 빈털터리가 되어 카린의 부모가 사는 스웨덴으로 돌아갔다. 물론 괴링은 자신이 입은 상처의 통증에서 벗어날 수가 없었다. 거의 매일 모르핀을 맞았다. 한때 날렵하고 외모가 뛰어났던 그의 몸은 금방 부어올라 뚱뚱해졌다. 기억 상실에 시달렸으며 약물 없이는 더 이상 살 수 없을 정도가 되었다. 금단 증상을 나타낼 때 가끔 그는 스스로에 대한 통제력을 상실하기도 했으며, 심지어 목숨을 끊으려고도 했다. 그런 식으로 계속 갈 수는 없었다. 그래서 스톡홀름 근처의 랑브뢰에 있는 중증 환자를 치료하는 신경정신과 병원에서 그는 약물을 끊고 자신의 아내 카린이 심적인 압박에서 벗어날 수 있는 계기를 만들려고 노력했다. 그녀가 간청하며 적기를, "모르핀 중독은 자살 행위나 마찬가지입니다. 매일 당신 육체의 작은 부분이 사라져 가고 있습니다." 약물에 대한 의존을 떨치려는 그의 의지력이 눈에 띄게 사라져 가는 것을 본 그녀는 점점 더 절망했다. "당신은 나쁜 힘의 지배를 받고 있어요. 당신의 육체는 점점 더 병들어 가고 있습니다. 당신 자신을 구해 내고 그와 아울러 저도 구해 주세요."

괴링은 계속 모르핀 주사에 의지했다. 스웨덴 병원 차트에는 "매우 약한 성격에 과격한 히스테리를 부리는 사람"으로 기록되어 있다. 의사들이 판단하기에 그는 의기소침해 있었고 자살의 위험을 가진 사람이었으며, 자기 중심적인 "유태인 증오자"였다. 그럼에도 불구하고 이 환자는 올로브 킨베르크 교수의 진단대로 아무런 정신 이상의 징후 없이 병원을 떠났다. 공식적으로 괴링은 완치된 것으로 간주되었다. 그러나 실제적으로 그는 여전히 병자였다. 매일 50밀리그램의 모르핀을 주사받아야 하는 중독자였다. 카린을 제외하고는 아무도 그가 마약의 그늘에 짓눌려 있다는 사실을 알지 못했다. 그러나 그가 대중의 각광을 받게 되면서, 국가 상층부에 자리하고 있는 이 모르핀 중독자에 대한 소문이 무성해졌다.

하지만 그가 그토록 갈망했던 권력과는 아직 거리가 있었다. 정치범에 대한 사면 조치에 따라 1927년 그가 독일로 돌아왔을 때, 그는 원점에서 다시 시작했다. 그는 대리인으로서 새롭게 정치적

기반을 닦아 나가려 했다. 란츠베르크 감옥에서 오래 전에 풀려난 히틀러에게 괴링과 같은 사람은 그 적임자였다. 이 권력형 인간은 히틀러 주위에서 부족한 부분을 메울 수 있는 사람이었다. 그는 히틀러처럼 소시민도 아니었고, 룀처럼 용병도 아니었으며, 괴벨스처럼 정치적 자폭 행위를 하는 모험가도 아니었다. 그는 "움직일" 때 근본 없는 사람들과는 다른 면모를 보였다. 그는 좋은 집안 출신이었으며, 세련된 매너를 가지고 있었고 사람들을 사로잡는 재주가 있었다. 게다가 그가 받은 독일 최고 훈장은 집권층의 마음을 열고 금융 부호들의 금고문을 열 열쇠 역할을 했다. 베를린 대의원으로서 괴링은 히틀러를 위해 베를린 상류 사회의 호감을 얻으려 했다. 그리고 실제로 그는 히틀러와 힌덴부르크 대통령과의 면담을 성사시켰고 크룹, 티쎈, 도이체방크, BMW, 루프트한자, 하인켈, 메써슈미트 등등의 회사들로부터 후원금을 받아 텅 빈 당의 재정을 넉넉하게 만들었다.

　제국 의회 의원으로서 그는 귀족, 금융계와 산업계의 영향력 있는 인사들과 접촉했다. 유머 있고 히틀러에 비해 매력적이었던 그는 상류 사회에서 자신의 입지를 굳혔다. 괴링은 다이어트 약을 먹고 있었음에도 불구하고 계속 뚱뚱해졌으며, 불면증에 시달렸다. 그리고 1931년 10월 17일 죽은 아내 카린의 빈자리를 견뎌내야 하는 악조건에도 불구하고, 그는 교활하고 간악한 히틀러를 권좌에 올리기 위해 정력적으로 일했다. 제국 의회 의장으로 선출된 그는 선물과 약속 공세로 제국 대통령의 아들인 오스카 폰 힌덴부르크 Oskar von Hindenburg의 환심을 샀다. 그는 군을 히틀러 편으로 끌어들였으며, 늙은 제국 대통령에게 히틀러를 제국 수상에 임명하라고 끈질기게 요구했다. 1933년 1월 29일 "아이 같은 마음의 소유자인 강직한 이 군인"이 히틀러에게 권력 이양에 더 이상 아무런 문제가 없다는 소식을 전했을 때, 괴링이 자신의 일기장에 썼듯이, 그 순간은 그에게 "가장 행복한 순간"이었을 것이다. 이러한 승리에 괴링이 결정적인 역할을 했고, 히틀러는 일련의 관직을 주어 그에 대한 보상을 했다. 처음에는 무임소 장관으로 임명되었고 항공 위원과 프로이센 내무장관 직을 맡았다.

괴링은 비밀리에 공군을 재건해야 할 임무를 부여받았던 일종의 히틀러의 전권 대사 역할만 맡았던 것은 아니었다. 특히 괴링 하면 떠오르는 것은 제국의 강력한 경찰 부대이다. 그렇게도 사교적이었던 괴링은 뜻밖에도 이 권력을 유지하기 위한 수단인 경찰력을 무자비한 용도로 사용하였다. 이 사교계의 사자는 본색을 드러내고 적법성을 방패로 삼아 공산주의자와 사회주의자 같은 정적들에게 테러를 가했다. 제국 대통령이 서명한 긴급 명령으로 그는 공포 정치에 대한 근거를 마련했다. 그는 이제 거침없이 자신의 생각을 드러냈다. "나의 판단은 어떠한 법률적 고려에 의해서도 침해받지 않을 것이다. 내가 취하는 조치는 어떠한 관료주의적 행위에 의해서도 침해받지 않을 것이다. 여기서 나는 정당한 조치를 취할 필요는 없다. 나는 단지 파괴하고 섬멸시킬 뿐이다. 그 이상도 그 이하도 아니다!" 괴링에게 이 약속을 지키는 것은 어렵지 않았다. 독일에서 그는 오만 명의 돌격대, 친위대 그리고 "철모단" 사람들을 "경찰 보조원"으로 임명했고, 관청과 경찰서를 "정화시키고" 1933년 3월 5일에 치러진 마지막 — 그리고 더 이상 자유롭지 않았던 — 의회 선거에서 정적들에 대해 유례없는 박해를 가했다. 경찰은 "반국가 조직들을 몰아내기 위해 강력한 수단을 동원해야 하고 필요하다면 가차없이 총기를 사용해도" 됐다. 권총이 고무 곤봉을 대신했다. 괴링은 "경찰의 총구에서 나가는 총알은 모두 나의 것이다"라는 말을 충실히 이행했다. 갈색 폭도들은 더 이상 제어할 수가 없었다. 이 깡패 무리들은 경찰의 제지를 받지 않고 행패를 부리고 다녔다. 괴벨스는 자신의 일기장에 다음과 같이 적고 있다. "괴링은 발빠르게 독일을 정리해 갔다. 그는 아주 과격한 일들을 행할 수단도 갖추고 있었고 그 힘든 싸움을 이겨낼 배짱도 가지고 있었다."

괴링은 우선 독일공산당KPD을 해치워야 한다고 여러 번 자신의 견해를 피력하였다. 실제로 좌익은 힘이 없었으며 분열돼 있었다. 제거 대상이 된 공산당은 총을 사용하여 저항하였다. 공산당의 이런 상황에도 불구하고 히틀러, 괴벨스 그리고 괴링은 마치 무엇인가에 홀린 듯이 "공산주의자들"이 마지막 순간에 자신들이 권력을 잡는 것을 방해할 수도 있다는 생각에 사로잡혀 있었다. 1933년 2월 27일 밤에 의회 의사당 건물에서 불이 났기 때문에, 이런 헛된 생각이 거의 사실로 증명되는 듯했다. 누가 불을 질렀는가? 현장에서 체포되어, 후에 사형 판결을 받은 공산주의자 마리누스 폰 데어 루베Marinus von der Lubbe가 그랬는가? 공산당이? 아니면 괴링을 포함한 국가사회주의 수뇌부가? 의회와 괴링의 의회 의장 관저는 지하 통로로 연결되어 있었다. 그가 애착을 가지고 있던 몇몇 물건이 불타 없어짐에도 불구하고 괴링이 불을 질렀을까? 누가 범인이었는가에 대한 확실한 증거는 오늘날까지 아무것도 없다. 그러나 중요한 사실은 괴링이 공화국의 상징인 의회가 불타오르는 상황을 공산주의자와 다른 정적들에 대한 박해를 더 강화하는 계기로 삼았다는 점이다. 괴링은 현장에 도착한 첫번째 사람이었다. 그리고 그는 좌익이 쿠데타를 일으켰다는 사실을 세상에 알린 첫번째 사람이었다. 그는 이로써 우익 국가를 합법화시키려 했다. "이는 공산주의자들이 일으킨 봉기의 시작에 불과하다"라고 괴링은 사이렌 소리가 요란한 현장에 있었던, 후에 게슈타포 대장이 된 루돌프

나는 르네상스 사람이다…
자신의 요트 "카린 II" 위에서 포즈를 취하고 있는 괴링

점점 더 당의 골칫거리가 되어 가는 괴링과 격양된 모습을 연출하기도 했다. 그때 그는 볏짚처럼 둔했으며 두꺼비처럼 게을렀다. 그는 다른 사람들을 음해했으며, 어제 나에게도 음해를 가하려 했다.

괴벨스(일기), 1929년

뚱보 괴링은 언젠가 캐비아 먹는 것을 포기해야 할 것이다. 구역질 나는 인간!

괴벨스(일기), 1933년

국민의 자유를 얻어내고 강한 나라를 만들기 위해서, 어느 정도의 편안함을 희생하는 것은 결코 큰 희생이 아니다. 우리가 군비를 더 확충할수록 더 안전하게 되며, 공격의 대상이 될 가능성이 줄어든다. 총통과 여기 있는 우리 모두, 즉 우리 지도부는 그대들이 언제나 동참할 준비가 되어 있기를 바란다. 지방을 많이 먹을수록 배의 둘레는 두꺼워진다. 나 자신 버터를 덜 먹고 20파운드 가량 몸무게를 줄였다.

괴링, 1935년

전쟁이 언제 끝날지 그대들은 아는가? 괴벨스의 바지가 괴링에게 맞게 되는 날일 걸!

은밀하게 떠돌던 정치 조크

딜스Rudolf Diels에게 소리쳤다. "그들은 이제 공격을 시작할 것이다! 한시도 지체해서는 안 된다." 방화 사건이 일어난 그날 밤에만 4천 명이 넘는 공산당 간부들에 대한 체포 명령이 내려졌고, 당 사무실을 폐쇄하고 그들의 언론 활동을 금지하며 카를 폰 오씨츠키Carl von Ossietzky 같은 불순 작가들을 "검속"하라는 명령이 떨어졌다. 제국 내에 방화 소식이 전해지기 전에 이미 괴링의 블랙 리스트에는 제물이 될 사람들의 이름이 올라가 있었다.

"의회 의사당 방화 사건"을 항구적인 비상 사태로 간주한 1933년 2월 28일 이후로 개인의 자유와 같은 기본권은 정지되었다. 공공연한 테러가 이제는 "합법적"이 되었다. 괴링은 모든 장애물을 제거했다. 그의 명령에 의해 정적뿐만 아니라, 동성애자 그리고 여호와의 증인들도 강제 수용소로 끌려갔다. 괴링은 오라니엔부르크와 파펜부르크에 "재교육"을 위해 감옥과 고문실을 지었다. 히틀러 집권 후 반년 뒤인 1933년 6월 말, 이 수용소는 이미 2만 7천 명의 정치범으로 미어 터질 지경이었다. 뉘른베르크 증언대에서 괴링은 구금 조치는 "국가 비상 사태에서 취한 국가의 정치적 행위"라고 떠벌려댔다. 분명히 수용소에서는 잔혹한 행위와 구타 그리고 "폭력"이 난무했을 것이라고 그는 말했다. "유용한 일을 하기 위해서는 거기에 따르는 약간의 부작용은 감수해야 한다." 그러나 "나는 그런 행위를 중지하라는 지침을 분명히 내렸다." 그렇지만 상황은 별반 바뀌지 않았다. 공산당 당수인 에른스트 텔만Ernst Thälmann과 같은 죄수들과의 대화에서 그는 심문할 때 육체적인 폭력을 사용한 데 대해 유감을 표명했다. 그러나 그가 모든 곳에서 그런 행위를 감시할 수는 없었으리라. 텔만은 강제 수용소로 돌아갔고 1944년 8월 18일 부헨발트에서 총살당했다. 그때는 강제 수용소가 더 이상 괴링의 지휘를 받지 않고, 히틀러의 명령에 따라,

괴링이 조직한 비밀 경찰(게슈타포)마저 넘겨받은 친위대장 하인리히 히믈러의 지휘를 받고 있던 시기였다. 1934년 7월 이 격정적인 사냥꾼은 두 가지 새로운 관직을 부여받은 것으로 마음의 위안을 삼았다. 그 관직은 제국 산림국장과 제국 수렵국장이었다. 괴링은 동물의 생체 해부를 금지하는 수렵법을 제정했는데, 이 법은 아직까지도 유효하다. 분명 그는 정적들의 생명보다 야생 동물들의 안녕에 더 신경을 썼다. 그의 집무실에 걸려 있던 목판에는, "동물들을 괴롭히는 자는 독일 국민들의 감정을 상하게 만드는 자이다"라고 적혀 있었다.

그는 국민들이, 특히 자신의 정적들이 무슨 생각을 하고 있는지 알고 싶었다. 그래서 그는 정권을 잡은 직후부터 "제국 항공부 연구소"를 통해서 흘러나오는 소식들을 계속 수집했다. 그는 이 소식들로부터 유용한 정보를 생산해 냈으며, 권력을 둘러싼 음모 게임에서 우위를 점하는 데 이용하였다. 3천 명에 달하는 인원들이 수상과 정부 부처, 당 사무실과 대사관의 전화를 감청했다. 정치와 사생활에 대한 정보에 굶주린 보스의 허기를 채우기 위해, 24시간 내내 감청 전문가들이 암호화된 텍스트를 풀어냈다. 요제프 괴벨스와 리다 바로바 사이에 있었던 은밀한 속삭임이건 해외 특파원들 사이에 이루어진 정치적 논쟁이건 간에 괴링의 감청사들은 아주 평범한 것들이라도 말 한마디 한마디를 열심히 기록했다. "이게 뭘까요?"라고 전수상 쿠르트 폰 쉴라이허Kurt von Schleicher의 부인이 전화상으로 농담을 건넸다. "I가 없으면 아무도 그렇게 되길 바라지 않고, I가 있으면 모두가 그렇게 되길 바래요! 자, 이제 포기하시죠?" 답은 "아리쉬Arisch에요!"(Arsch는 바보라는 뜻이고 arisch는 아리아인이라는 뜻임 — 옮긴이) 어깨를 들썩댈 정도로 낄낄거리면서 괴링은 이와 같은 "전화 내용들"을 감청하는 부하들 앞에서 흉내 내곤 했다. 그와 반대로 "갈색 책자"에 수집한 다른 "연구 지식들"은 철저하게 비밀을 유지했다. 그들은 때때로 돌격대 대장인 에른스트 룀의 생명을 앗아갈 수도 있는 정치적 폭발력이 있는 사실들을 숨기곤 했다.

"연구 보고"들을 통해 괴링은 불만이 많은 혁명가 룀이 히틀러에 대해 점점 더 비판적으로 되어 가고 있다는 사실을 알았다. 이미 오래 전부터 그는 당과 돌격대를 "정화할" 것을 주장했다. 이제 히틀러의 절친한 친구이고 당의 2인자가 되고 싶어했던 룀을 제거할 기회가 왔다. 히틀러 본인은 남쪽에서 살인 행위를 지휘하고 있었다. 괴링과 하인리히 히믈러는 베를린과 북독일에서 일을 진행하고 있었다. 의욕적인 사형 집행인인 괴링에게는 히틀러로부터 계속 부름을 받을 수 있는 기회였다. 베를린-리히터펠데에 있는 자신의 옛 사관학교에서 그는 43명을 모반자라는 이름으로 사살했다. 히틀러 정권에서 벌어진 최초의 대량 학살이었다. 그는 뉘른베르크에서도 그에 대해 후회하지 않는다고 했다. "돌격대는 악랄한 악당 무리가 아닙니까! 내가 그들을 제거한 일은 아주 잘한 일입니다. 아니면 그들이 나를 죽였겠죠."

히틀러는 자신의 "충성스런 심복"이 위기 상황에서 아주 "냉정하게" 잘 대처했다고 마음에 들어했다. 노련한 전사로서 괴링은 자신을 잘 증명해 보였다. 그가 이데올로기적으로는 충분하지 않았지만 그것이 일을 하는 데 방해가 되지는 않았다. 괴링은 히틀러의 신임을 받았으며, 그에게 노예처럼 헌신적으로 봉사했다. 히틀러가 자리하고 있다는 자체만으로도 그의 비판 능력을 앗아가기에는 충분했다. 그가 경제장관인 히얄마르 샤흐트Hjalmar Schacht에게 말하기를, "나는 정신을 바짝 차리고 있었지만, 그가 내 앞에 나타나기만 하면 다리에 힘이 풀렸다." 그것은 괴링을 의욕적인 집행자로 만들고 히틀러에게 마음으로부터 복종하며 우상처럼 그를 숭배하게 만든 히틀러의 권력에 대한 경외심의 발로였다. 1934년 그의 저서 『국가의 건설』에서 적기를, "우리들 사이의 관계를 아는 사람은 총통이 주는 만큼의 권력만을 우리가 가지고 있다는 사실을 알 것이다. 총통과 나란히 서 있거나 뒤에 서 있다는 것은 실제로 권력을 가지고 있다는 것을 의미하며 강력한 권력 수단을 수중에 쥐고 있다는 것을 의미한다. 하지만 그의 의지에 반하면, 그 사람은 당장 자신이 가지고 있는 권력을 모두 잃게 된다. 총통의 말 한마디가 모두의 정치 생명을 좌지우지한다…." 헌신적으로 노력한 괴링은 그에 대한 보상을 받았다. 힌덴부르크 대통령이 서거하고 난 뒤 히틀러가 "총통 겸 제국 수상"에 오르고 괴링이 휘하의 공군 장교들에게 히틀러에 대한 충성 맹세를 하도록 했을 때, 그가 속으로 가장 바라던 바가 이루어졌다. 히틀러는 비밀 지시에서 그를 자신의 후계자로 지목했다. 그는 이제 제2인자로, 차기 집권자로 인정받게 되었다. 권력 독점에 대한 꿈은 그의 삶을 지탱한 원동력이었다.

그의 꿈이 얼마나 이루어졌는지 살펴보자. 괴링은 베를린 카이저담에 있는, 그의 몸집만큼 묵직한 가구가 갖추어진 호화 주택에 입주했다. 그는 납세자들이 낸 돈으로 인부들을 동원해 프로이센 수상 관저를 사치스럽게 꾸몄다. 괴링에게 돈은 더 이상 문제가 되지 않았다. 1943년까지 담배 콘체른인 렘츠마가 그에게 송금한 돈만 해도 매년 백만 제국 마르크에 달했다. 독일 자동차 기업들은 그에게 백오십만 마르크의 값어치가 있는 모터 요트 — "카린 II" — 를 뇌물로 주었는데, 이는 군수품 납품을 염두에 둔 것이었다. 이 "뚱보 헤르만"(일반 대중들이 그를 부르는 이름)은 자신의 높아진 위상을 만끽했다. 그의 몸도 호강을 했다. 밤마다 시종 로베르트 크롭이 그의 주인에게 맥주를 곁들인 식사를 대접했으며, 크림을 바른 빵과 케이크를 식탁에 올려놓았다. 1933년 말 괴링의 몸무게는 280파운드에 달했다. "그는 통상적인 독일 테너의 몸집을 하고 있다"고 워싱턴에서 온 대사 윌리엄 벌렛이 조롱조로 말하기도 했다. "그의 엉덩이 둘레는 적어도 1야드(91.44센티미터)는 될 것이다. 몸에 딱 달라붙는 제복이 그로 하여금 살 뺄 생각을 하게 만들었지만 그 효과는 일회적이었다." 괴링은 자신의 마음에 드는 것, 즉 보석, 그림, 제복, 훈장 등과 같은 것을 거리낌없이 취했다. 여류 카바레 예술가 클레어 발도프가 그의 과시욕을 주제로 다루었다. "왼쪽에 훈장, 오른쪽에도 훈장. 그리고 배는 점점 더 빵빵하게." "제3제국"의 태양왕. 숲과 호수로 인해 목가적인 분위기를 자아내는 베를린 북쪽의 쇼르프하이데에 그는 수백만 제국 마르크를 들여 화려한 저택을 마련했으며, 항공부와 수상청 예산으로 러시아제 증기 욕실, 영화관, 실내 체육관과 응접실을 마련했다. 그곳은 옛날 후작들과 프로이센 왕들의 사냥터였는데, 이제 그곳의 주인이 된 괴링은 사업가들과 외교관들을 사냥에 초대했다. 그는 사냥을 하면서 자신이 어릴 적 꿈꾸었던 중세 세계를 회상하곤 했다. 사람들은 가죽 사냥복을 입고 활과 화살로 무장한 그의 모습을 볼 수 있었다. 사냥이 길어지면 밤에 프로이센 국립 극장에서 선물로 준 거대한 전기 기차를 다루는 그의 모습을 볼 수 있었는데, 그는 어린아이처럼 이 선물을 프랑수아 퐁세 프랑스 대사와 다른 대사들에게 자랑스럽게 보여 주곤 했다. 이 장면은 괴링이 생각하고 있던 계략의 일단을 퐁세 대사에게 보여 주는 것이었다. 퐁세 대사가 회상하기를, "그가 내게 장난감을 보여 주면서 조카 한 명을 불렀다. '헤르만 삼촌, 프랑스 기차가 나오게 해줘요!' 기차가 기관차 차고에서 출발했다. 조카는 농장에 쳐진 철조망 위로 작은 비행기를 한 대 띄우고는 비행기에서 뇌관이 있는 폭탄을 떨어트렸다. 이 폭탄으로 어린 조카는 프랑스 기차를 맞추려 했다."

괴링은 자신의 저택을 첫 부인의 이름을 따 "카린 홀"이라 불렀다. 그는 일생 동안 성인같이 존경했던 그녀를 위해 호숫가에 화강암으로 만든 무덤을 만들었다. 1934년 여름 스웨덴에 있는 카린의 무덤을 쇼르프하이데로 이장했는데, 그때는 이미 다른 여인이 괴링의 옆에서 권력이 주는 안락함을 즐기고 있었다. 금발의 여배우 에미 존네만은 연극의 본고장인 베를린에서 〈파우스트〉의 "그레트헨" 역을 맡아 상당한 명성을 얻고 있었다. 1935년 4월 10일 그녀는 — 풍문에 따르면 — 고자인 괴링과 결혼했는데, 그는 결혼식이 끝날 때 "친구들"이 두 마리 황새(황새는 아기를 의미하기도 한다 — 옮긴이)를 하늘로 날리는 것을 겉으로는 태연하게 바라보고 있었다고 한다. 괴링은 공군에 군목을 두는 것을 허용하지 않았으면서도, 당의 관례와는 어긋나게 교회에서의 결혼식을 고집했다. 그러나 교회에서의 결혼식이 오래 진행되지는 않았다. 단 오 분간만 베를린 성당에서 제국 주교 루드비히 뮐러Ludwig Müller가 설교를 했다. 왜냐하면 주교의 설교보다 다른 의식에 더 비중을 두었기 때문이다. 결혼식의 대미는 열 명의 공군 장성들과 삼만 명의 병사들, 여덟 팀의 군악대와 베를린 상공을 장식한 최신예 전투기들이 맡았다. 이로써 결혼식은 일종의 국가 의식처럼 보였다. 영국 대사인 에릭 핍스Eric Phipps 경은 다음과 같은 생각을 전했다. "이제 그에게는 단 한 가지만 남게 되었다. 그것은 왕관이 아니면 단두대이다." 괴링은 솔직히 결혼식을 무력 시위의 장으로 활용하였다. 이미 한 달 전에, 1933년부터 그와 정무차관 에르하르트 밀히 Erhard Milch가 비밀리에 추진해 오던 일의 전말을 밝혔는데, 그것은 기념비적인 것이었다. 독일 공군의 재무장이 그것이었는데, 특

부패한 모르핀
중독자…
괴링의 저택 카린 홀
을 방문한 히틀러

만약 가톨릭 교도들이 교황은 종교나 세속적인 일에서 오류를 범하지 않는다는 점을 확신하고 있다면, 우리 국가사회주의자들도 총통은 오류가 없다는 점을 믿어 의심치 않는다. 논리적으로 냉철한 사상가와 심오한 철학자 그리고 확고한 행동주의자가 히틀러라는 한 인물 속에 기이할 정도로 거의 완벽하게 융합되고 있다는 점은 독일에 있어 하나의 축복이다.

괴링, 1942년

총통의 충복이었던 그는 총통이 가진 세계관의 추종자였다. 그는 또한 과격한 반유대주의자였다. 1938년 "유리의 밤" 사건이 벌어지는 동안 그는 그의 생각대로 수많은 유태인 재산을 파괴시켰다. 더 많은 유태인이 살해되었다면 그는 더 좋아했을 것이다. 그것이 제국에 대한 봉사의 척도가 되었을 테니까. 그것이 바로 그 당시 괴링이 취했던 행동 양식이었다.

윌리엄 잭슨, 뉘른베르크 재판 수석 검사의 아들이자 보좌관

용감한 파일럿…
자신의 첫 단독 비행
직전의 괴링(1916)

나와 내 동료들은 순진했다. 우리는 누군가 거짓말을 했을 수도 있다는 얘기를 믿지 않았다. 괴링은 스탈린그라드에 있는 부대를 구출할 것이라고 말했다. 얼마 지나지 않아서 우리는 그 일이 불가능한 일이었음을 알았다. 괴링은 그 사실을 분명 알고 있었을 것이다. 그것은 비열한 행위였다. 그때부터 우리는 이 사람의 성격을 의심하기 시작했다. 그의 소심한 성격은 점점 더 두드러졌다. 그는 자신의 옷차림 때문에 조롱거리가 되기도 했다. 나는 왜 그가 앵무새처럼 눈처럼 하얀 제복과 붉은 줄이 있는 바지를 입고 수많은 훈장을 달고 나타날까 생각해 보았다. 이 모든 것이 전쟁 중에 일어난 일이었다. 우리는 끼니 걱정을 하고 있는 사이에 말이다.

발터 비트캄프, 폭격 희생자

공군의 최고 지휘자로부터 스탈린그라드에 관한 소식을 거의 또는 전혀 들을 수 없었다. 우리 동료들 사이에서, 괴링에 관한 얘기를 할 때마다, 이런 말이 나왔다. "뚱땡이는 아가리나 닥치고 있어야 한다."

요하임 마티스, 공군의 일원

이한 점은 공군을 더 이상 육군 소속으로 두지 않고 독자적으로 부대를 운용할 수 있게 만든다는 것이었다. 공군의 최고 지휘자로서 괴링은 정치적 명성을 얻었다. 그는 이제 군사 지도층이 되었으며, 실전 투입 가능한 비행기가 천육백 대나 된다고 주장하는 2,800개의 방을 갖춘 항공부를 호령하는 사람이 되었다. 그러나 실제로는 200대의 낡아빠진 항공기만 있었을 뿐이었다.

집권 전에 이미 괴링은 신속한 재무장을 강력하게 주장한 사람으로서 이름을 떨치고 있었다. 공군의 최고 지휘자가 된 그에게 이제 많은 비용이 들고 원료가 중요한 공군의 재무장을 촉진시키고 히틀러에게 강력한 공격 무기를 마련해 주는 임무가 주어졌다. 그는 전투기를 모는 소위들에게 고무적인 훈시를 하였다. "언젠가 복수의 합창처럼 장엄한 소리를 내며 적을 공격하는 공군을 소유할 날이 눈에 아른거린다. 적들은 싸우기도 전에 졌다는 생각을 가질 것이다." 국민 개병제를 선포한 1935년 여름, 괴링은 히틀러에게 당시의 공군력을 배가시키자고 요구했다. 이것은 원료가 턱없이 부족한 현실에서는 환상에 불과한 계획이었다. 원료 상황을 개선하고 "여유 있는 방위력을 확보하기 위해" 히틀러는 1936년 4월 자신의 다목적 무기인 괴링에게 새로운 원료와 외화를 담당하도록 했다. 히틀러가 비밀 각서에서 요구한 바에 따르면, 4년 안에 독일군은 "전투 준비가 되어 있어야 하고" 독일 경제는 "전쟁을 수행할 능력이 있어야 했다." 그는 반대 의견을 허용치 않았다. 경제 문제는 히틀러에게 "의지의 문제"였다. 그는 괴링만이 이러한 강력한 의지를 갖고 있다고 믿었다. "그는 내가 데리고 있는 사람 중에서 가장 뛰어난 사람이다. […] 그는 자신에게 요구되는 바가 무엇인지 알고 그것을 실행할 수 있는 결단력을 가진 사람이다." 비록 괴링이 경제 문제에 있어서는 초보자에 불과했지만, 히틀러는

1936년 10월 오버잘츠베르크(히틀러의 별장이 있는 곳 — 옮긴이)에서 산책을 하면서 그에게 관직을 하나 주었다. 그 관직은 괴링을 제국의 2인자로 만들어 주었다. "4개년 계획의 전권을 위임받은 자"로서 그는 다음과 같은 지시를 받았다. 히틀러의 원칙에 따라 "평화 시에 전쟁"을 준비하기 위해 재무장을 서두르고, "독일 국민들에게 원활한 식량 공급을 보장하고" 특히 원료와 외화를 확보하라는 지시였다. 히틀러처럼 괴링도 독일의 자립 경제를 꿈꾸었다. 하지만 괴링 자신은 최상질의 옷감으로 좋은 제복과 양복을 해 입었던 반면, 국민들에게는 인공 꿀과 인공 섬유와 같은 인공 물품을 제공하였다. 프랑스 외교관인 로베르 쿨롱드르Robert Coulondre는, "괴링은 우스운 존재이기도 했지만 또한 위험한 인물이었다"고 생각하고 있었다. 그의 수집품 목록에 나폴레옹의 지휘봉이 빠져 있는 것을 아쉬워하던 그는 분명 조롱거리에 불과한 인물이다. 하지만 "그가 정력적으로 추진하고 있는 전투기와 대포 생산에 관한 얘기를 할 때는 섬뜩하다."

버터 대신 택한 대포였다. 전투기, 탱크, 전함을 만드는 것이 이제 개인 소모품을 생산하고 견실하게 국가 재정을 운영하는 것보다 중요해졌다. 괴링은 제국의 명망 있는 경제장관이며 제국은행장인 히얄마르 샤흐트 같은 전문가들의 경고를 무시했다. 정권 초창기처럼 그는 모든 저항을 헤치고 히틀러의 정책을 관철시키기 위해 전력을 기울였다. 경제적인 손익을 따지는 사람들은 지나친 군비 확장이 필연적으로 전쟁으로 연결되기 때문에 그로 인한 국가 붕괴는 막아야 한다고 생각하고 있었을 것이다. 1936년 12월 괴링은 산업계 지도자들에게 "재무장을 중지해서는 안 됩니다"라고 분명하게 밝혔다. "우리가 승리한다면, 경제적으로 충분히 보상받을 것입니다. […] 들어갈 비용을 염두에 두어서는 안 됩니다. […]

이제 우리는 모든 것을 쏟아 부어야 합니다. 우리에게 재무장이라는 과제보다 더 가치 있는 것이 있다고 봅니까?" 1936년 12월 2일에는 공군 지휘관들에게 더욱 구체적인 얘기를 하였다. "전반적인 상황이 아주 급박하게 돌아가고 있습니다. 평화가 유지되는 것은 1941년까지입니다. 그러나 그 전에 다른 복잡한 상황이 전개될 지에 대해서는 알지 못합니다. 총소리만 나지 않았지 우리는 벌써 전쟁 상태에 들어간 것입니다." 그러나 전부 믿을 만한 얘기는 아니었다. 같은 시기에 독일은 스페인 내전에 "콘도르 군단"(프랑코를 지원하기 위해 독일 공군 가운데 특별히 선발한 부대 — 옮긴이)을 파견하여 파시스트 지도자 프란시스코 프랑코를 지원하였다. 이는 괴링이 표현한 대로 "전투기가 용도에 맞게 제대로 개발되었는지, 실전에서 실험해 볼 수 있는" 좋은 기회였다.

평화시에 전쟁을 준비하기 위해 많은 비용이 소모되었다. 엄청나게 지출되는 군비는 건축 비용과 생필품 가격에 전가되었다. 원료와 외화가 고갈되었고 곧 노동력도 부족하게 되었다. 전쟁을 시작하기도 전에 이미 "생존 공간이 없는 독일 민족"에게는 정권의 군비 계획을 수행할 사람들이 모자랐다. 특히 철광 문제로 괴링은 골머리를 썩히고 있었다. 1937년 7월 철 부족 문제가 심각하게 되고 사경제가 통제 불능의 위기에 처하게 되자, 괴링은 나치가 기습적으로 루르 공업 지역을 차지하도록 만들었다. 괴링은 "헤르만 괴링 제국 공장"을 잘츠기터 시에 세움으로써 유럽에서 가장 규모가 큰 철강 콘체른(잘츠기터 AG)의 창설에 결정적인 역할을 하였으며, 이 도시에 "헤르만 괴링 시"라는 겸손한 이름을 붙이고 공단을 조성할 구상을 하고 있었다. 괴링의 병적인 자기 과시욕이 그 절정을 이룬 시기였다. 히얄마르 샤흐트는 허영심 많은 비전문가의 이 광적인 재무장 욕구를 더 이상 참을 수가 없었다. 1937년 11

내가 느끼기에 괴링은 다른 저명한 지도자들, 특히 히틀러와 괴벨스와는 다른 부류인 것 같았다. 그는 순진하고 단순했으며, 어쨌든 더 인간적으로 보였다. 왜냐하면 대단히 허영심이 많고 향락을 추구하는 인물이었기 때문이다. 그는, 괴벨스는 가질 수 없는, 순진한 성격을 가지고 있었다. 그래서 처음에는 그를 다른 사람들처럼 위험 인물로 보지 않았다. 그는 부정적인 평가를 받는 히틀러나 괴벨스보다 더 파악하기 힘든 인물이었다.

이자 베어메렌, 1930년대 여류 카바레 예술가

| 권력에 눈이 먼 관직 수집가…
수렵국장 괴링

그의 개인적인 성공의 조건은 동시에 실패의 조건이기도 하다. 성공과 실패는 모든 통제 메커니즘에 개의치 않고, 완전히 자유롭게 행동하는 자기 중심적인 태도에 따라 정해졌다. 자기 중심적으로 행동했던 그는 욕심을 채우기 위해서 어떠한 의무 규정도 의식하지 않았고 어리석은 그의 욕망은 그를 다 큰 아이로 그리고 위험한 아이로 만들었다.

요하임 페스트

월에 샤흐트 장관은 장관직을 사퇴했다. 잠시 동안 샤흐트의 후임을 맡음으로써 괴링은 이 승리를 만끽했다. 그는 조롱조로 장관직을 떠난 경쟁자에게 전화를 걸었다. "내가 이제 당신의 의자에 앉아 있습니다."

그러나 이미 괴링의 탐욕스런 눈길은 다른 중요한 관직으로 향해 있었다. 재무장관 슈베린 폰 크로직 백작의 관찰에 의하면, 그는 "전쟁장관이 됨으로써 자신의 명예를 드높이려 했다." 베르너 폰 블롬베르크 육군 원수가 바로 그가 원하던 자리에 있었는데, 그는 결혼을 두 번했다. 경찰 자료에 의하면, 블롬베르크 원수의 부인은 창녀와 누드 모델이라는 "과거가 있는 여자"였다. 결혼식은 정치적 스캔들이 되었고 괴링은 예상치도 않았던 호기를 잡게 되었다. 괴링은 이 상황을 견뎌내기 어려워 보이는 블롬베르크의 후임자가 될 찬스를 노리고 있었다. 장관직을 노리던 괴링은 전도 유망한 라이벌, 즉 육군 총사령관인 육군 대장 베르너 프라이헤어 폰 프리취Werner Freiherr von Fritsch를 몰락시킬 음흉한 간계의 거미줄을 쳤다. 괴링이 급히 입수한 다른 경찰 자료에 의하면, 프리취는 동성애자 혐의를 받고 있었다. 근거 없는 비난이었지만, 프리취가 물러나도록 압박하기에는 충분했다. 이 모사꾼은 자신이 전쟁장관이 된다고 확신하고 있었던 것 같다. 하지만 이 삼류 코미디는 히틀러가 괴링의 뒤통수를 침으로써 끝이 났다. 히틀러는 자신을 군의 최고 통수권자로 임명하였고, 그 자리에 오르려고 혈안이 되어 있던 괴링에게는 "원수"라는 직함을 주어 무마시켰다. 1938년 3월 1일 유대계 독일인인 라틴 문학자 빅토르 클렘퍼러가 쓴 일기에는 다음과 같은 내용이 적혀 있다. "베를린 사육제 기간 중 참회의 화요일인 오늘, 히틀러는 장엄한 의식을 통해 괴링에게 원수 지휘봉을 건네 주었다. 그들은 자신들이 코미디를 하고 있는 지도 모르나 보다."

히틀러는 괴링의 도움을 받아 블롬베르크와 프리취를 비롯한 영향력 있는 전쟁 회의론자들을 피 한 방울 흘리지 않고 제거하는 데 성공했다. 1937년 11월 5일 개최된 비밀 회의에서 히틀러가 괴링과 군의 고위 간부들에게 "생존 공간 문제"를 가능하면 빨리 그리고 늦어도 1943년에서 1945년까지는 해결하고 싶다는 속마음을 털어놓은 이후로 괴링은 히틀러가 무엇을 원하는지 잘 알고 있었다. 히틀러는 여전히 전쟁을 원하지 않았다. 히틀러는 괴링에게 "정치력을 발휘하여 완력을 사용하는 일이 없도록" 촉구했다. 특히 이 말은 "오스트리아 문제"를 두고 한 말이었다. 히틀러는 자신의 고향을 무력을 사용하지 않고 "제국에 귀속"시키고자 했고 과감한 결단력을 가진 괴링을 그 적임자로 보았다. 괴링은 이탈리아 같은 동맹국들을 의식하지 않고 "합병"을 추진했고, 심지어 불가피한 경우에는 빈을 무력으로 정복하라고 히틀러를 부추기기도 했다. 트레이너가 복싱 선수에게 파이팅을 하라고 격려하듯이, 괴링은 머뭇거리고 있는 히틀러에게 공격을 촉구했고, 오스트리아의 수상 쿠르트 폰 슈쉬닉Kurt von Schuschnigg이 독립에 관한 국민투표를 치르려고 했을 때 결국 괴링 자신이 공세에 나섰다.

오스트리아의 종말을 눈앞에 둔 소란스러웠던 그 며칠 동안, 괴링은 실제로 수상 집무실에서 총사령관이 되어 장거리 통화를 통해 이 문제를 해결해 가고 있었다. 베를린과 빈 간에 이루어진 27번의 전화 통화를 통해 괴링은 1938년 3월 11일 "합병"할 것임을 분명히 밝혔다. 괴링은 마지막으로 쿠르트 폰 슈쉬닉 수상에게 퇴진할 것을 요구했고 아르투어 자이쓰-인크바르트Arthur Seyß-Inquart를 그 후임으로 추천했다. 그러나 연방 대통령 빌헬름 미클라스Wilhelm Miklas는 국가사회주의자를 수상에 임명하는 것을 거부했다. 이탈리아와 영국이 별다른 움직임을 보이지 않는 것이 확실시되자, 괴링은 오후 8시가 조금 지나 "총통의 이름으로" 오스트리아 진주를 명했다. 1시간 반이 지난 뒤에 그는 자이쓰-인크바르트로 하여금 "오스트리아 임시 정부"의 이름으로 베를린에 "가급적 빠른 시일 내에 독일군을 보낼 것"을 청하는 전보를 치도록 했다. 이 시기에 괴링 자신이 소원했던 바도 일찌감치 성취되었다. 그가 뉘른베르크 조서에서 솔직히 밝히기를, "그 당시 총통은 나보다 못했다. 나는 속도를 조절했으며 심지어 총통의 생각을 무시하고 일을 처리해 나가기도 했다." 히틀러와 괴링이 완벽한 조화를 이루지 못하고 있다는 징후가 처음으로 나타났다. 둘 사이의 연대가 처음으로 미묘한 틈을 내보이기 시작한 것이다. 하지만 이 틈은 합병이란 전리품 뒤에 가리워졌다. 히틀러는 자신의 지배력을 괴링에게 빼앗기는 것을 더 이상 참을 수 없게 되었다.

　히틀러처럼 괴링도 열광하는 군중의 환호를 포기하려 하지 않았다. 린츠에서 그는 독일군의 진주와 함께 체계적인 테러가 자행되었음을 공개적으로 밝힐 기회를 가졌다. "빈은 더 이상 독일 도시로 볼 수 없다. 삼십만 명의 유태인이 사는 곳을 독일 도시라고 말할 수 없다. 그러나 빈은 다시 독일 도시가 되어야 한다." 통합에 대한 낙관론이 지배하는 순간에도 괴링은 상점들을 즉시 그리고 주도면밀하게 "아리안화"할 것과 유태인들을 외국으로 강제로 내몰라고 명령했다. 제국 내에서도 "4개년 계획의 전권을 위임받은 자"인 괴링은 유태인들의 대탈출을 유도했다. 괴링이 제국의 의회 의장으로서 1935년 9월 뉘른베르크에서 "인종법"을 공포하고, 하켄크로이츠를 "인종 파괴자인 유태인"과 전쟁을 치르는 데 있어서 "성스러운 상징"으로 선포한 이후로, 유태인은 법률상 2등 시민으로 간주되고 있었다.

케사르야,
배고프니?

자신의 애완용 사자
와 함께 있는 괴링
(1934)

괴링은 나치 시대를 자신의 무대로 활용하였다. 그는 언제나 배우였다. 자신을 돋보이게 만들려고 노력하는 배우 말이다. 그의 제복은 배우 같은 그의 이미지를 더욱 강화하는 역할을 했다. 그는 제스처를 취하고 행동을 보일 때도 항상 대중의 시선을 염두에 두었다. 카린 홀에서 그가 연출한 축제와 퍼레이드 그리고 연설들은 그의 배우적인 재능을 여지없이 보여 주었다. 그리고 법정에서도 그는 다른 역할을 맡아 그의 재능을 보여 주었다. 법정에서 그는 "고상한 인물인 헤르만 괴링"이 전쟁에서 인류에 반하는 죄를 지었을 리 만무하다는 느낌을 주려고 애썼다.

아르노 함부르거, 뉘른베르크 재판 방청객

이 사람은 매우 다정다감하고 매력적이다. 하지만 그는 필요하다고 느끼면 언제라도 다른 사람의 등뒤에서 칼을 들이댈 수 있는 사람이기도 하다.

에곤 한프슈탱글, 나치 공보관의 아들

괴링은 연설을 통해 열광적인 반유대주의자로서의 명성을 쌓아 갔다. 하지만 그와 유태인과의 관계는 끝까지 불명확했으며, 히틀러 가까이에 있었던 사람으로서는 매우 이질적이었다. 그는 때때로 융통성이 있는 사람이었다. 그의 대부가 반#유태인이었던 괴링은 미술품 거래상처럼 그에게 쓸모 있는 유태인들에게 통행증을 발급해 주기도 했다. 이는 "누가 유태인인지는 내가 정한다"라는 구호의 원래 의미에 충실한 행동이었다. 그는 공군의 2인자였고 마찬가지로 반#유태인이었으며 후에 육군 원수가 된 에르하르트 밀히를 밀어 주었고, 친위대와 게슈타포가 유태인 연극 동료를 체포하지 못하도록 그의 아내 에미를 도와 주기도 했다. 괴링의 약점을 알고 있었던 여배우 캐테 도르쉬Käthe Dorsch는 1936년 작가 카를 추크마이어Carl Zuckmayer에게 다음과 같이 안심시키는 말을 해주었다. "만약 그들이 당신을 체포하면, 난 괴링에게 달려가 그들이 당신을 풀어줄 때까지 소란을 떨 거예요."

이처럼 캐테 도르쉬는 눈물로 호소해서 여러 번 수용소 문을 열도록 만들었다. 실제로 괴링의 반유대주의적 성향은 그가 애착을 느끼는 정도와 분위기에 의해 좌우되었다. 그의 유태인에 대한 증오심은 국가사회주의의 지도적인 인물로서 느끼는 "의무감"과 히틀러에 대한 복종심 때문이었다. 그는 히틀러의 인종론을 출세의 기반으로 여겨 자신의 신념으로 삼았다. 그는 히틀러의 유태인 정책을 완화시키도록 영향력을 행사했다고 주장했다. 그리고 조카 클라우스 리겔레Klaus Riegele에게 자신이 유태인들을 정치와 경제적인 삶으로부터 유리시켰지만 어느 누구에게도 해를 끼치지는 않았다고 말했다.

괴링이 요제프 괴벨스처럼 과격하게 유태인 근절 정책을 추구하지는 않았다지만, 그가 보인 관용심의 이면에도 역시 뿌리 깊게 자리한 유태인에 대한 증오심이 자리하고 있었다. 이미 1925년 스웨덴의 랑브뢰 신경정신과 병원에서부터 발견되었던 유태인에 대한 증오심은 그가 "제3제국"에서 유태인 박해를 추진하게 만든 원동력이었다. 오래된 전우들에 대해서도 그는 증오심을 거리낌없이 드러냈다. 한때 자기 휘하의 편대원이었던 유태인 보석상이 협박편지를 받고 불안에 떨며 그를 찾았을 때, 처음에는 따뜻하게 그를 대했다. "아무 걱정하지 마라. 내가 보살펴 주마." 그러나 그에게 도움을 청하러 온 보석상이 자신도 독일인이라고 강조했을 때, 괴링은 그에게 호통을 쳤다. "예전 동료를 위해서라면 전력을 다할 것이다. 하지만 독일인이라고 자신을 나타낼 권리가 너에게는 없다. 네가 독일인이었던 적은 결코 없다. 너는 유태인이다."

괴링의 견해에 따르면, 유태인들은 "모든 수단을 동원해서라도" 경제적 영역에서 제거시켜야 할 대상이었다. 1938년 11월 9일 괴벨스가 사주한 "유리의 밤" 학살 사건에 대해 그가 비판을 했지만, 그것은 유태인에 대한 동정심 때문이 아니라, 순전히 경제적인 이유 때문이었다. "난 200명의 유태인을 때려죽이더라도 경제적 가치가 있는 것들은 파괴하지 않을 것이다." 유태인 교회당이 불탄 이틀 뒤에 괴링은 이 폭력 사태를 종결짓는 "최종" 회의를 열기 위해 제국 항공부로 모든 관계자들을 초대했다. 거기서 그는 히틀러의 뜻을 전달했다. "유태인 문제"는 이제 정리를 해서 "어떻게든" 처리해야 했다. "어제 총통과의 전화 통화를 통해서 이제 결정적인 조치를 취해야 한다는 언질을 다시 한번 받았습니다." 이로써 괴링은 "유태인 문제 해결"을 위한 최고위 조정관 임무를 맡았다. 그의 말을 빌리면 "광범위한 경제 문제"를 그는 경제의 "아리안화"를 통해서 지속적으로 해결하고자 했다. 괴링이 사회를 본 회의에서 "유태인 이주 본부"를 세우고, 돌격대와 친위대가 낸 피해를 "보상"하기 위해 독일계 유태인들로 하여금 십억 마르크를 내도록 하는 결정이 내려졌다. 무척 만족스런 표정을 지으며 괴링이 좌중에게 말하기를, "그것은 그렇고, 이 자리를 빌어 나는 다시 한번 확실히 하고자 합니다. 내가 바라는 것은 독일 내의 유태인을 다 몰아내는 것이라는 점을 말입니다."

이 시기에 괴링은 "유태인 문제"에만 매달린 것은 아니었다. 오스트리아 "합병" 직후에 히틀러의 다음 외교 목표는 괴링이 내심 노리고 있던 주데텐란트(제1차 세계대전 말에 독자적인 한 지구로 확정되었으며, 당시 인구의 대부분을 차지하던 독일인들은 체코슬로바키아로 편입되었다. 그 뒤 이 지역은 독일과 체코슬로바키아 사이의 끊임없는 불화의 진원지로 바뀌었고, 1938년 히틀러에 굴복한 뮌헨 회담 참가자들에 의해 독일 영토가 되었다 — 옮긴이) 문제였다. 베를린, 프라하, 파리 그리고 런던에 주재하고 있던 오스트리아 대사관에서 약탈한 문서와 그가 운영하던 "연구소"의 도청 기록을 통해 그는 영국과 프랑스가 얼마나 전쟁을 두려워하고 있는지 알고 있었다. 그리고 이런 확신을 통해 그는 주데텐란트 문제를 1938년 3월 오스트리아에 대해 행했던 수단과 유사한 강압적인 수단을 동원하여 해결하려고 하였다. 하지만 그의 계획은 실행되지 못했다. 이번에는 히틀러가 속도를 조절했기 때문에, 괴링은 일의 진척 상황을 그저 지켜볼 수밖에 없었다. 괴링은 "유럽의 골칫거리" 체코를 무력을 쓰지 않고 "분할시켜 폴란드와 헝가리 그리고 독일의 관할하에" 두려고 하였다. 그는 "프라하에 손을 대는 것"은 서방 강대국들을 불러들이고 세계대전을 일으킬 수 있다며 꺼려하고 있었다. 그러나 그사이 히틀러는 고위 장교들과 관리들에게 조만간 체코에 대해 "군사 조치"를 취할 것이라는 "확고한 자신의 결정"을 밝혔다. 독일에 대한 공격 위험을 감소시키기 위해서라도 전쟁 준비를 하는 것은 좋은 생각이 아니라는 조심스런 의견을 낸 사람은 괴링이 유일했다. 히틀러는 이 충복의 이의 제기를 무시했다. 그는 전쟁을 원했다. 평화는 단지 전쟁 전의 시기를 의미할 뿐이었다.

괴링은 히틀러의 전쟁 노선과 거리를 두었다. 하지만 히틀러의 생각을 바꿀 수 없다는 점은 분명했다. 다년간의 경험을 통해 완강한 반대는 히틀러의 생각을 더욱 확고하게 만드는 역할밖에 못한다는 사실을 그는 알고 있었다. 히틀러에 반대하는 대신 괴링은 "큰 전쟁"을 막기 위한 대안을 찾으려 노력했다. 그는 런던과 파리에 협상할 준비가 되어 있다는 뜻을 넌지시 전달했고 회유와 협박을 통해서 서방 강대국들이 전쟁에 참가하지 않도록 만들려 했다. 괴링이 주화파는 아니었지만 히틀러에 비하면 온건한 주전론자였는데, 그는 유럽은 독일과 영국이 지배해야 한다는 확고한 이상을 가지고 있었던 사람이었다. 히틀러는 쇼르프하이데의 사냥 클럽에서 괴링을 통해 영국 외교관들에게 평화 메시지를 전달한 바가 있었지만, 거기에 구애 받지는 않았다. 군은 1938년 10월 1일 전투 준비를 완료하라는 지시를 하달 받았다. 전쟁의 기운이 돌기 시작했다. 해결책을 찾으려 했던 괴링은 점점 더 조급해지고 비관적이 되어 갔다.

뉘른베르크 전당 대회 때 제국 수렵국장 괴링은 영국 대사 네빌 헨더슨Neville Henderson에게 만약 영국이 체코 보호 입장을 더 이상 견지하지 않는다면 최상급의 독일산 사슴 네 마리를 선물로 주겠다고 약속했다. 괴링은 히틀러와 영국 수상 체임벌린을 비밀리에 협상 테이블에 마주 앉도록 해야 한다고 외교관들에게 거듭 촉구했다. 평화를 얻기 위해 힘썼던 체임벌린이 괴링의 뜻을 따랐음에도 불구하고 상황은 더 악화되어 갔다. 히틀러는 주데텐란트 지역을 즉각 넘기라는 최후 통첩을 했다. 이로써 영국의 유화 정책은 실패하고 말았다. 괴링의 염려가 현실로 되어 가고 있었다. 최후 통첩 기한 바로 전인 1938년 9월 28일 그는 리벤트로프에게 호통을 쳤다. "만약 전쟁이 시작된다면, 나는 당신이 전쟁을 야기한 장본인이었다고 국민들에게 말할 겁니다." 리벤트로프도 몹시 성을 내며, 그런 일이 없다고 부정했다. 나치 정권을 대표하는 고위직 두 사람이 히틀러 면전에서 마치 최종 리허설을 앞두고 있는 프리마 돈나들처럼 서로 맞서고 있었다. 후에 괴링은, 자신은 전쟁이 무엇을 의미하는지 알기 때문에 전쟁을 원하지 않는다고 "총통"에게 말했다고 주장했다. 그러나 괴링은 만약 "총통"이 진군 명령을 내린다면, "편대 제일 앞에서 진두지휘할 것"이라고 말했다고 주장했다. 실제로 괴링은 그런 말을 했다. 하지만 그것은 수상의 청사에서 한 것도 아니고 더구나 히틀러가 있는 자리에서 한 것도 아니었다. 괴링은 히틀러의 면전에서 그의 견해에 반하는 의견을 피력했던 적이 한번도 없었다. 이 힘깨나 쓰는 영웅은 "총통"에 대해서 비굴한 태도를 보였다. 괴링의 딜레마는 히틀러에서 비롯되었다. 그는 히틀러에게서 벗어날 수가 없었다. 프랑수아 퐁세 대사가 관찰하기를, 그는 "민감했으며 쉽게 상처 받았다. 그리고 나서 그는 상처 입은 아킬레스처럼 그의 처소로 돌아갔다. 그러나 히틀러가 그를 다시 불러 어깨를 두드리면서 말했다. '착한 나의 괴링!' 괴링은 기쁨에 넘쳐 얼굴이 발개졌다. 그리고 다 잊어 버렸다…."

그러나 히틀러는 오래 전부터 자신이 임명한 후계자 괴링에게 더 이상 호의를 보이지 않았다. 무솔리니가 괴링이 작성한 타협안을 다룬 "불행한 뮌헨 회의"에서 짧은 평화 유예 기간을 두기로 합의한 이후로, 히틀러와 이 2인자 사이가 눈에 띄게 소원해졌다. 체코의 종말은 뮌헨 협정에 사인함으로써 확정되었고 괴링은 이 "성공"에 대해 기뻐하고 있었다. 하지만 히틀러는 언짢아했으며 자신의 충복의 "비겁함"을 책망하기까지 했다. 그가 일으키려던 전쟁은 연기되어야만 했다. 당연히 그 책임은 괴링에게 전가되었다. 히틀러는 괴링이 고분고분 말을 잘 듣는 외무장관처럼 자신의 무자비한 공간 확보 계획과 인종 청소 계획을 더 이상 무조건 따르지는 않을 것이라고 의심하기 시작했다. 그 다음달부터 오스트리아 "합병" 시에 괴링이 했던 역할을 외무장관 리벤트로프가 맡았다. 형식적으로는 괴링이 계속 제국의 "2인자" 자리를 차지하고 있었다. 겉으로는 "총통"과 그의 "충복" 간에 "좋은 관계"가 유지되는 것처럼 보였지만, 운명적인 봄과 여름이 지나면서 그의 위치도 서서히 흔들리기 시작했다.

뮌헨 협정의 정신은 빨리 잊혀져 갔다. 이제 바람은 다른 방향에서 불어오기 시작했다. 폭풍 전의 고요와 같은 상황이었다. 히틀러는 체코를 쳐부수려고 했다. 1939년 3월 11일 공격을 알리는 총성이 울렸다. 빌헬름 카이텔 육군 대장은, 체코는 보헤미아와 모라비아만 차지하라는 내용의 최후 통첩 작성 지시를 받았다. 괴링은 이 모든 일에서 배제되었다. 건강에 이상이 온 그는 산레모에서 요양하고 있었다. 산보를 하고 테니스를 치는 그의 모습은 유럽에 드리운 엄청난 위기 상황과 기이한 대조를 이루었다. 히틀러 자신도 체코에 대한 최후의 일격을 방해받지 않고 조용히 준비하기 위해 휴가를 떠났다. 괴링은 "히틀러가 휴가를 떠난 것이 이탈리아에서 마음을 가라앉히는 데 도움이 되었다"라고 말하였다. 이처럼 괴링은 돌아가는 상황을 전혀 모르고 있었는데, 그는 히틀러가 자기 몰래 준비한 계획이 있었다는 것을 진군 당일인 1939년 3월 15일에서야 비로소 알게 되었다. 그가 뉘른베르크에서 회고하기를, "나는 화가 났다. 왜냐하면 모든 일이 나의 의사와는 상관없이 결정되었기 때문이었다. 나는 참으라고 충고했고, 뮌헨 협정을 파기하는 것은 아마도 처칠에게 정권을 넘겨주게 될 체임벌린의 신망을 잃게 된다는 것을 의미한다고 강조했다. 하지만 히틀러는 내 말을 듣지 않았다." 분명 히틀러는 괴링이 뮌헨 협정처럼 평화를 지지하는 것에 대해 달갑지 않게 생각하고 있었다.

그사이 상황은 체코에게 더 불리하게 진행되었다. 헝가리는 카르파티아 산맥 지역과 우크라이나를 요구했고, 슬로바키아는 독립을 선언했으며, 국가사회주의자들은 "하일"을 외치면서 프라하의 벤첼 광장을 누비고 있었다. 이런 절망적인 상황에서 체코의 대통령 에밀 하카Emil Hacha는 용기를 내어 베를린으로 갔다. 심장 질환을 앓고 있던 이 정치가는 히틀러에게 체코를 독립 국가로 존속시켜 줄 것을 요청하려 했다. 하지만 결과는 굴욕적이었는데, 건강을 회복한 괴링이 여기서 주된 역할의 일정 부분을 맡았다. 히틀러는 간청하러 온 하카 대통령에게 그의 조국에 대한 사형 선고를 전달했으며, 그에게 "독일군이 진주할 때 불미스런 일이 없도록" 신경을 써줄 것을 요구했다. 잠깐 졸도하기도 한 하카 대통령은 다민족 국가인 체코의 종말을 확정하는 문서에 서명할 수밖에 없는 처지에 놓이게 되었다. 특히 히틀러의 마음에 든 것은, 괴링과 리벤트로프가 하카 대통령에게 서명을 안 할 경우 어떤 일이 벌어질 지에 대해 노골적으로 언급한 부분이었다. "프라하는 두 시간 안에 잿더미로 변할 것입니다." "수많은 폭격기들이 출격 개시 명령을 기다리고 있습니다. 서명을 안 하시면, 새벽 6시에 출격 명령이 떨어질 겁니다." 괴링의 정신적 압박에 무너진 하카 대통령은 서명을 했다. 이때부터 체코는 "제국 관할의 보헤미아와 모라비아의 보호국"에 불과하게 되었다.

다시 한번 괴링은 "총통의 의지"에 굴복해야만 했다. 적극적인 반대, 심지어 공공연한 비판은, 그의 생각에 따르면, 자신이 정치

생활을 할 수 있도록 모든 것을 돌봐준 주군에 대한 반역을 의미하는 것이었다. 괴링의 충성도가 시험대에 올랐다. 한때는 확고한 "2인자"였던 그가 치고 올라오는 리벤트로프 때문에 히틀러의 하수인 정도로 여겨질 만큼 그 위치가 급락했다. 히틀러와 가까운 사람이었던 그는, 오랜 시간이 흐른 뒤에, 히틀러와 외무장관이 자신을 따돌리고 중요한 계획들을 짰다는 사실을 받아들이지 않을 수 없었다. 허영심 많고 자기 중심적인 이 권력형 인간에게 정치적 영향력을 상실하고 무시당하고 있다는 사실은 더더욱 참기 힘든 일이었다. 그는 히틀러에게 그 책임을 지우지 않았다. 그는 여전히 히틀러에게 충성스런 부하였다. 그의 분노는 라이벌인 외무장관 요하임 폰 리벤트로프에게로 향했다. 괴링은, 히틀러의 적극적인 전쟁 노선을 지지하고 자신을 영향력 있고 명망 있는 자리에서 몰아낸 리벤트로프를 "독일에서 첫째 가는 앵무새," "멍청한 범죄자" 또는 "허영심 강한 공작"이라고 불렀다. 1939년 5월 22일 독일과 이탈리아 간에 군사 동맹을 맺는 "강철 협정"이 괴링 없이 처리되고, 리벤트로프가 그에게 서명식 사진을 찍을 때 자신의 뒤에 서달라고 청했을 때, 괴링은 자신의 무기력함을 인정하지 않을 수 없었다. "나는 정말 미치지 않았다. 여기에 서명된 것이 무엇인지도 모른다는 것을 보면 알지 않느냐."

히틀러는 그럼에도 불구하고 대외적으로는 1922년부터 줄곧 인기 있는 괴링을 동반하고 다녔다. 히틀러는 유고슬라비아의 파울 왕자에게 단언하기를, "나는 외롭지 않습니다. 나는 세상에서 가장 좋은 친구를 가지고 있습니다. 괴링이 그 사람입니다." 그리고 히틀러가 미혼이었기 때문에 제국의 "퍼스트 레이디" 역할을 하고 있던 에미가 괴링의 딸을 가지게 되었을 때, 그는 에다의 대부가 되어 주었는데, 에다라는 이름은 무솔리니 딸의 이름을 본딴 것이었다. 괴링 가족의 새로운 성원에 대한 조롱조의 말들도 그 관계를 변화시키지는 못했다. 항간에 떠도는 우스개 소리에 의하면, 에다 EDDA라는 이름은 "부관에게 영원히 감사하며Ewiger Dank Dem Adjutantesn"라는 말의 약자라고 했다. 카바레 배우 베르너 핑크 Werner Finck는 아이를 햄릿이라 불러야 했다며, 죽느냐 사느냐가 문제라고 조롱했다. 괴링은 그의 말을 불쾌하게 여겨 그를 강제 수용소로 보내 버렸다. 쾌활한 성격의 소유자인 괴링은 민중과 가깝고 유머 있는 사람이었지만, 자신이 비웃음의 대상이 되었을 때는 웃음을 잃어 버렸다. 괴링이 1936년 장갑함 "독일"호에 승선해서 배멀미에 시달렸을 때, 두 명의 소위가 불경스럽게도 그에게 "물고기 밥"이라는 타이틀을 붙여 주었다. 하지만 이런 장난도 그들이 구금됨으로써 끝이 났다.

히틀러의 이 "좋은 친구"는 다른 일에 열성이었다. 그는 최신식 장비로 무장한 세상에서 가장 강력한 공군을 자랑하고 다녔는데, 하지만 기나긴 전쟁 기간 동안 괴링이 말한 바처럼 강력한 공군이 제대로 준비된 적은 없었다. 또 한편으로 그는 적극적으로 영국과 타협하려고 애썼다. 그는 "제2의 뮌헨 협정"을 체결해 평화를 얻어 냄으로써 자신의 부유한 삶을 계속 누릴 수 있을 것이라는 환상을 가지고 있었던 것이다. 카린 홀에서 그는 계속 새로운 접촉을 모색하고 있었다. 일렉트로룩스라는 기업을 가진 스웨덴의 백만장자 악셀 베너-그렌Axel Wenner-Gren이 여러 번 체임벌린을 만나러 갔다. 괴링은 자신의 특사 헬무트 볼타트Helmut Wohltat 국장을 네 번이나 런던으로 파견했다. 그는 귀족들에게 영국에 사는 그들의 친척들을 통해 중재해 줄 것을 요청했다. 그러나 히틀러와 스탈린이 1939년 8월 말 불가침 조약을 체결하고, 베를린 주재 영국 대사 헨더슨이 체임벌린 정부는 폴란드를 지원할 것이라고 발표한 뒤로 독·영 관계는 더욱 악화되었다. 히틀러가 8월 말에 폴란드 침공을 위한 "백색 작전"을 준비하라는 명령을 내렸을 때, 밀히 차관은 자신의 일기에 다음과 같이 기록했다. "G(괴링)는 11시에 자신의 계획을 밝힐 것이다! G는 초조해하고 있다."

결전의 시간은 점점 다가왔다. 하지만 마지막 순간 화약고의 불을 끌 수 있는 확률은 매우 적었다. 괴링은 히틀러가 한번 결정한 일은 절대로 번복하지 않고 무게감이 떨어지는 말은 하지 않는다는 사실을 알고 있었다. 그럼에도 불구하고 그는 독일과 폴란드 사이의 전쟁에 영국의 개입을 막기 위해 마지막 노력을 기울였다. 그에게는 두 가지 가능성이 남아 있었다. 하나는 히틀러의 모험이 허풍으로 끝나는 것이고, 또 하나는 그가 영국에 특파한 스웨덴인 비르거 달레루스Birger Dahlerus가 소기의 성과를 거두는 것이었다.

괴링은 1934년부터 영국과 독일에 있는 사업가들과 각별한 친분 관계를 맺고 있었다. 괴링처럼 달레루스도 영국의 참전을 막기 위해 이 일을 맡게 되었는데, 그는 단지 경제적인 이유에서 "평화를 얻기 위한 이 마지막 시도"에 참여하게 된 것이다. 달레루스는 이 운명적인 여름날 평화의 사도로서 여러 번 런던과 베를린을 오갔다. 괴링은 자신의 이익 때문에 영국의 중립을 원했고 또 자신의 희망을 전달하던 이 사람을 히틀러에게 소개시켜 주기도 했다. 하지만 괴링은 그에게 협상만 하지 말고 담판을 지으라고 다그치기도 했다. 달레루스를 통해 전쟁을 막아 보려던 괴링의 계획은 실패했다. 그사이 괴링은 자신의 "연구소"에서 나오는 첩보를 통해 영국과 프랑스는 폴란드를 지원할 것이고, 이탈리아는 독일 편에 서지 않을 것이라는 것을 알고 있었다. 다시 한번 그는, 히틀러가 자신의 결정을 그만두도록 만들기 위해 힘을 기울였다.

괴링: "우리는 사활을 건 모험을 감행하려 하고 있습니다!"

히틀러: "내 인생은 항상 그런 큰 모험의 한가운데에 놓여 있었다."

전쟁을 막기 위한 노력은 결국 물거품이 된 것처럼 보였다. 하지만 괴링은 마지막으로 한번 더 달레루스를 통해서 런던에서의 중재 회담 일자를 잡기 위해 애썼다. 괴링은 좌불안석이었다. 두 대의 Ju 52기가 발진 준비를 마쳤고, 하인은 야회복을 다렸으며, 경호원들은 제일 좋은 옷을 입으라는 지시를 받았다. 하지만 12시 5분에 전쟁이 시작되는 것을 막을 수 있다는 그의 순진한 소망은 여지없이 부서지고 말았다. 영국과 프랑스가 참전했다. 공군이 폴란드로 출격했을 때, 괴링은 그의 친구인 차관 파울 '필리' 쾨르너Paul 'Philli' Körner에게 한탄을 했다. "끔찍하다. 히틀러는 미쳐 버렸어."

그의 낙담도 그리 오래 가지는 않았다. 히틀러가 그를 신임하고 있다는 새로운 제스처를 취하자, 그는 자신이 얼마나 무시당했던가를 까맣게 잊어 버렸다. 전쟁이 발발한 1939년 9월 1일, 히틀러는 제국 의회에서 다음과 같이 선포했다. "이 전쟁 기간 동안 나에게 무슨 일이 발생한다면, 내 임무를 대행할 첫번째 사람은 괴링 동지가 될 것입니다." 이 "위로의 말"에 괴링은 넘어가고 말았으며, 그의 히틀러에 대한 종속 관계는 확고하게 유지되었다. 히틀러가 살아 있는 동안, 괴링은 그에 대한 충성심을 간직했다. 대행권을 잃고 싶지 않았던 것이다. 1941년 6월 29일 문서상으로 공표된 법령은 그를 더욱 순종적인 사람으로 만들었다. 히틀러에게 있어 후계자를 정한 일은 단순히 형식적인 절차에 지나지 않았다. 그러나 괴링에게는 그것이 다시 히틀러의 최측근으로 부상하는 것을 의미했다. 전쟁 기간 동안 치욕적인 권력 상실을 경험하고 "자신"의 공군이 붕괴되었어도 그가 버틸 수 있었던 것은 "총통"의 뒤를

괴링은 현재 전황을 매우 비관적으로 보고 있다.

괴벨스(일기), 1944년

아이제르너(괴링의 별명, 강철 같은 사람이라는 뜻 — 옮긴이), 당신이 나를 배신하다니…
"항공기 국장" 에른스트 우데트와 함께한 괴링(1938)

전쟁이 끝날 무렵 히틀러 주위에서 괴링에 관한 언급은 더 이상 찾아볼 수 없었다. 베를린이 봉쇄되고 히틀러가 행위 능력을 상실했기 때문에 자신이 대행권을 행사하겠다고 제안한 1945년 4월 22일자 괴링의 전문이 들어오기 전까지 말이다. 보어만은 전문 내용을 말 그대로 전달했는데, 아마 괴링이 의도했던 것보다 더 적나라하게 전달했던 것으로 보인다. 그 결과 보어만과 괴링 사이에 긴장 관계가 조성되었다. 히틀러는 분노에 가득 차 발작을 일으켰다. 히틀러는 이 사실을 괴링이 총통의 권리를 넘겨받으려는 모반으로 간주했다.

트라우들 융에, 히틀러의 비서

되니츠 같은 사람이 당을 대표하지 않고 당과 연관 없는 일로 바빴던 괴링이 대표하게 된 것은 유감이다.

괴벨스(일기), 1945년

잇는다는 기대 때문이었다.

　공군의 무장 상황에 대한 뜬구름 같은 보고에 현혹되고 공군 시험장 레힐린에서 기술자들이 그에게 보여준 거짓 "제작 성과"에 속은 괴링은 자신의 공군에 대해 실행할 수 없는 헛된 기대를 품게 되었다. 그러나 실제로는 괴링도 장거리 공중전에 대비한 전략적 요구를 커버해야 하는 중무장 폭격기에 대해 자신하지 못하고 있었다. 폴란드나 프랑스에 대한 "전격전"을 수행하기 위해 이러한 전투기가 투입되었지만, 영국 공군과의 전투에는 투입되지 못했는데, 왜냐하면 출격 거리가 길지 못했기 때문이었다. 영국과의 공중전을 위해서는 단 네 대의 Ju 88 폭격기만 준비되어 있었다. 장거리 폭격기는 로스톡 마리엔에에Rostock-Marienehe에 있는 하인켈 설계 사무소의 제도판 위에서만 준비되고 있었다. 괴링도 1937년 4월 29일 장거리 폭격기 제작 계획을 중단했다. 이로써 그가 구상하고 있던 전략 폭격기를 통한 파괴력 있는 공격은 이루어지지 않았다. 이런 상황에서 공군은 실전에 투입되었다.

　스무 배나 전력이 떨어진 폴란드 공군을 재빠르게 제압함으로써 이러한 약점이 은폐되었고, 괴링의 기대감도 승전의 낙관적인 분위기 속에서 커져 갔다. 400대의 공군을 투입한 첫번째 대규모 폭격으로 인해 바르샤바 요새 서쪽 부분이 잿더미로 변했다. 괴링은 이 승리가 공군의 덕이라고 자랑을 늘어놓았다. 바르샤바를 공격한 뒤, 1940년 5월 1일 로테르담에 대한 폭격이 이어졌는데, 이 폭격은 항복 협상이 진행되는 와중에 이루어진 것이었다. 이 폭격은 그때까지도 전쟁을 막고자 하는 마음이 있던 괴링이 히틀러에게 잘 보이기 위해 감행한 것이었다. 하지만 괴링은 경제 상황이 전쟁을 준비하기에는 여의치 않다는 것을 알고 있었다. 그래서 그는 다시 한번 사적 채널을 통해서 워싱턴과 런던에 "평화 의사"를 전달하려고 애썼다. 루스벨트 대통령은 미국의 다국적 석유 콘체른 회장 윌리엄 로즈 데이비스William Rhodes Davis를 통해 괴링의 평화 의사를 전달받았다. 그의 제안, 즉 그가 수상으로서 폴란드에서 곧바로 철수하고 유태인 학살을 중지시키겠다는 제안은 바로 센세이션을 불러일으켰다. 미국 대통령은 긍정적인 반응을 보였고, 1914년 이전의 국경선과 식민지를 돌려줄 것을 보장했다. 동시에 히틀러의 동의를 얻어 비르거 달레루스가 다시 런던으로 특파되었다. 그러나 또다시 모든 노력이 수포로 돌아갔다. 평화에 대한 환상은 깨졌다. 이는 히틀러의 발언이 작용한 때문이었다. "타협에 대한 모든 희망은 어리석은 것이다. 승리 아니면 패배가 있을 뿐이다."

 1939년 9월 3일, 괴링은 회의적인 목소리로 말했다. "만약 우리가 이 전쟁에서 진다면, 하늘이 우리에게 은총을 내려 주실까."

 괴링은 다수의 전선에서 벌어지는 장기전을 예상하고 있었다. 1918년 11월에 대한 아픈 기억이 되살아났다. 회의적인 생각을 품고 있었음에도 불구하고 그는 처음부터 이 말살전에 참여했다. 그는 전쟁을 막기 위해 수많은 노력을 기울였다. 하지만 이제 그는 이 전쟁을 이기기 위해 모든 것을 바쳤다. 그는 점령 지역에 대한 "게르만화 법령"에 히틀러와 공동 책임자로서 서명했고, 폴란드에서의 경제적 약탈에 대한 기준을 제시했다. 그는 히틀러를 만류시킬 수 없다면, 그의 충성스런 부하로서 히틀러에게 복종하려 했다. 물론 히틀러는 이러한 그의 노력에 아무런 감명도 받지 않았다. 그는 서부 전선에서 전쟁을 준비하는 "황색 작전"을 세웠다. 1940년 1월 17일 벨기에에서 발생한 돌발 사태로 군대의 진격이 갑자기 중단되었을 때, 프랑스를 공격한다는 것이었다. 그러나 비밀리에 출동하라는 명령을 전달하던 독일 공군의 연락 비행기가 메헬렌 근교에 비상 착륙을 하게 되었다. 이로써 독일군이 서부 전선에서 무엇을 계획하고 있었는 지가 드러났다. 괴링은 비난을 모면하기 어려웠다. 히틀러도 그에게 비난을 가했고, 그의 유능한 공군 지휘관 중 한 명인 헬무트 펠미Hellmuth Felmy 장군을 해임하라고 요구했다. 그사이 히틀러는 공격을 봄으로 연기했다.

괴링은 비현실적 세계에서 도피처를 찾았다. 그는 비를 내리게 하는 마법사에게 수백만 마르크의 보수를 주면 공격하기에 알맞은 날씨를 선사해 줄 거라고 말하기도 했다. 그 전에 그는 예언가에게 왜 영국이 폴란드에 개입하지 않았는지 알아보라고 했다. "황색" 작전이 마침내 개시되었을 때, 그는 전선으로 가기 위해 거대한 사령관용 기차, 즉 8개의 차량에다 특별 화물 차량을 달고, 사진 작업용 차량과 환자용 차량을 단 기차를 제작하라고 지시를 내렸다. 우쭐해진 그는 뒹케르크 근방에서 고립된 영국군과 프랑스군을 공군만으로도 격퇴할 수 있다고 자랑했다. 히틀러는 그런 말 듣기를 좋아했다. 이 시기에 히틀러가 알베르트 슈페어에게 말하기를, "괴링하고 얘기하고 있으면, 마치 휴양소에 있는 것 같은 느낌이 든다네. 그와 얘기를 나누고 나면 상쾌해지네. 그가 열광적으로 얘기를 풀어내니깐 말이지."

하지만 과장된 그의 발언에 실천이 뒤따르지 않았다. 뒹케르크 전투에서 공군은 첫 패배를 맛보았다. 처음으로 전투 지역에서 제공권을 상실한 것이었다. 이로써 괴링이 폭격기와 전투기 편대의 능력에 관해 얼마나 잘못된 정보를 가지고 있었는 지가 드러났다. 그의 옛 동지들을 높은 자리에 기용한 그릇된 그의 인사 정책은 치명적인 결과를 가져왔다. 1939년 1월 31일 그는 한때 전투기 에이스였던 에른스트 우데트를 1차 대전 때 같이 참전했던 개인적 친분 관계 때문에 항공기 국장에 임명했다. 하지만 우데트 국장은 공군의 무장에 관한 높은 기대치를 충족시키지 못했다. 결국 이것은 치명적인 결과를 가져온 괴링의 선택이었다. 우데트의 비호 아래 연이은 치명적인 기계적 결함들과 인사상의 실패들이 은폐되었다. 괴링의 기계에 대한 무지와 적의 전력에 대한 무시가 결합하여 공군의 앞날이 어떻게 될 지는 명약관화해 보였다. 너무나 안일하게 생각하고, 그릇된 조언자들의 말을 쉽사리 믿고, 다른 많은 일들에 정신이 팔려 괴링은 공군의 무장을 강력하게 밀어붙여 제궤도에 올리는 일에 소홀했다. 우데트는 공군 수뇌부가 지닌 약점 중의 하나에 불과했지만, 괴링은 공군 수뇌부의 결정적인 약점이었다.

그러나 이러한 첫번째 경고 신호도 프랑스, 네덜란드, 벨기에를 상대로 거둔 신속한 승리에 대한 환호 속에 파묻혀 버렸다. 자기 비판은 자기 중심적인 괴링에게 아주 드문 일이었다. 그에게 있어 "총통"의 천재성에 열광적인 찬사를 보내고 히틀러를 "그뢰파츠," 즉 "모든 시대를 통틀어 가장 위대한 야전 사령관"으로 찬양하는 것은 당연한 것이었다. 그의 동생 알베르트는 "그뢰바츠," 즉 "모든 시대를 통틀어 가장 악랄한 범죄자"에 대한 찬양이라고 비아냥 거렸다. 괴링이 히틀러에 대한 충성심으로 명성을 얻었던 반면, 그의 동생은 간신히 강제 수용소를 모면할 수 있었다. 혁혁한 서부 전선의 전과를 높이 사 그의 우상 히틀러는 그에게 "철십자 대훈장"을 수여했다. 동시에 히틀러는 복수욕에 불타는 그의 충복을 "제국 원수"로 임명하였다. 이로써 프랑스 원정 뒤에 원수로 진급한 대장들과의 계급차는 그대로 유지되었다. 괴링은 대단히 낙관적으로 미래를 바라보고 있었다.

1940년 6월 4일 영국군이 됭케르크에서 물러난 뒤 히틀러는 영국이 "굴복해서" 바라는 대로 "강화 조약을 체결"하게 될 것이라고 예상했다. 하지만 히틀러가 영국을 파괴하지 않고 강화 조약을 체결할 생각이 있음을 공개적으로 밝혔음에도 불구하고 영국의 새 수상 윈스턴 처칠은 그와 평화를 논하려 하지 않았다. 독일의 독재자는 그와 전혀 다른 생각을 갖고 있었다. 실제로 1940년 6월 25일 프랑스가 항복한 뒤에, 히틀러에게는 자신이 수십 년 전부터 외교 정책의 근간으로 삼고 있던 일이 가능한 것처럼 보였다. 그것은 "세계를 분할한다는 조건하에 영국과 관계를 맺는 것이었다." 괴링처럼 히틀러도 영국이 빨리 경직된 태도를 버리고 독일에 접근해 주기를 바라고 있었다. 하지만 상황이 전혀 다른 방향으로 흘러가자 히틀러는 최후의 수단을 사용하기로 했다. 영국을 힘으로 윽박질러 타협하도록 만든다는 것이었다. 1940년 7월 21일 괴링은 카린 홀에 공군 지휘관을 불러모아놓고 영국에 대한 공격을 강화하고 영국 공군을 전멸시켜야 한다고 밝혔다. "독수리의 날"이라 명명된 1940년 8월 13일에 제2, 3, 5 전투 편대의 1,485대의 전투기가 투입된 공중전이 벌어졌는데, 이 전투는 이 전쟁에서 중요한 의미를 지니는 전투였다. 이 전투는 이때까지 쉬운 적들과만 상대했던 독일 공군에게는 그 실력을 검증받는 시험 무대였다.

며칠 지나지 않아서 보유한 전투기 대수와 전투력으로 볼 때 영국 공군이 독일 공군의 호적수가 되고도 남음이 드러났다. 괴링이 생각한 대로 5주 내에 승리를 거두는 것은 불가능한 것처럼 보였다. 현대화된 영국의 방공 부대는 서툰 전술을 운용하고 있던 독일 공군의 공격에 완강하게 저항했다. 완강한 저항 이상이었다. 영국 공군은 심지어 1940년 8월 25일에는 베를린에 대한 공격을 감행하기도 하였다. 그 피해는 미미했지만, 이 기습 공격은 종전되기 전 마지막 2년 동안 행해졌던 융단 폭격의 시발점이 되는 공격이었다. 이 시기에 괴링이 신경질적이 된 이유는 비단 영국 공군의 강력한 저항 때문만은 아니었다. 히틀러의 명령은 미국과 소련과의

예술품 도적에게 선물된 마카르트의 그림.
이 선물은 괴링의 생일 선물로 히틀러가 선사한 것이다
(1938)

모든 뛰어난 연구 자료와 문화 자산을 확보해서 독일로 옮겨 오는 것이 우리 국가사회주의에 주어진 당면 과제이다.
괴링이 내린 지시 사항, 1941년

내가 항상 약점을 보이고 있던 괴링과 나의 관계가 몬도르프에서 바뀌게 되었다는 점을 나는 잘 알고 있다. 그는 정말 혐오스러울 정도로 오만방자했으며 자기 연민에 빠져 있었다. 어느 날 점심 식사 때, 브란트가 산 언저리에 있던 집을 잃은 것에 대해 슬퍼하는 말을 꺼냈다. 그러자 괴링이 말하기를, "아, 이봐요. 가진 것도 별로 없는 사람이 슬퍼하기는. 나같이 가진 것이 많은 사람에게 잃는다는 것이 무엇을 의미하는지 당신이 알기나 합니까." 되니츠와 등을 마주하고 앉아 있던 나는 그가 옆사람에게 중얼거리는 말을 들을 수 있었다. "그래, 나는 모든 것을 잃었어." 그의 말은 맞는 말이었다. 제국의 통수권을 잃었으니!
슈페어가 뉘른베르크 재판정에서 몬도르프에서의 수감 시절에 관해 한 말

내 기억에 의하면, 괴링은 예술품 도난 혐의로 조사를 받았다. 그 사실이 언급되는 것은 그에게 고통스런 일이었다. 그는 법정에 군의 지휘자로 서고자 했지, 예술품 도난꾼이나 예술품으로 치부한 사람으로 서려고 하지는 않았다.
수잔네 폰 파첸스키. 뉘른베르크 재판 방청객

전쟁을 암시하고 있었던 것이다. 이미 1940년 6월 21일에 히틀러는 육군 총사령관 폰 브라우히치 대장에게 동벌을 위한 작전 계획을 수립하라는 지시를 내렸다. 괴링은 뉘른베르크 재판에서 자신을 맡고 있던 변호인에게 "1940년 8월, 세 시간 동안이나 소련을 공격하려는 총통을 만류하려고 했지만 소용이 없었다"라고 말했다. 이런 대화를 나누었다는 증거는 없다. 하지만 괴링이 히틀러에게 일단 "영국에서의 공중전"이 끝나기를 기다려 보라고 설득했던 것으로는 보인다. 대영제국에 대한 승리를 얻어냄으로써 그는 "히틀러 정권"에서 자신의 위상을 계속 확고히 하기를 바라였다. 영국의 방공망을 초토화시켰다면 이 섬나라를 공격하는 데 장애가 되는 것은 아무것도 없었을 것이다. 여기서 승리했다면 전쟁은 이긴 것이나 다름없었다. 그러나 괴링의 과도한 자신감은 공격 초기에 이미 한숨으로 바뀌었다. 영국의 방공망은 건재했고, 런던의 산업 시설과 항구에 대한 야간 공격도 성과를 거두지 못했다.

영국에서 치른 공중전은 독일 공군을 회복 불능의 상태로 빠지게 만드는 치명적 결과를 가져왔다. 1940년 10월까지 독일 공군기 1,700대가 영국 상공에서 격추되었다. 반면 영국 공군은 "단" 915대만을 잃었을 뿐이었다. 이로써 영국을 공격하려던 "물개 작전"의 가능성은 사라지고 말았다. 1940년 10월 7일 독일 공군 참모총장 호프만 폰 발다우Hoffmann von Waldau는 전황을 간결하게 분석하였다. "영국을 굴복시키는 것은 필요 불가결한 일이다. 하지만 두 개의 전선을 유지한다는 것은 불가능하다." 1941년 5월 11일 괴링의 공군은 500대의 폭격기를 동원하여 런던에 대한 대규모 공습을 감행했는데, 향후 2년 반 동안 이런 대규모 공습은 찾아볼 수가 없었다.

괴링은 전투에서 패배한 것 이상의 것을 잃었다. 히틀러는 더 이상 괴링을 완벽하게 신뢰하지 않았다. 런던 상공에서의 참담한 패배로 인해 히틀러는 불패의 공군이라는 충복 괴링의 말이 공상의 산물이었음을 깨닫게 되었다. 괴링의 명성은 곤두박질쳤다. 이는 특히 그가 "영국에서 공중전이 벌어지는" 와중에도 사냥을 하기 위해 로민터 숲으로 가버렸고 공군 수장으로서의 임무보다 유명 화가의 작품을 구하는 데 더 관심을 두었기 때문이었다.

전투가 절정에 달한 바로 그때 미술품에 대한 괴링의 탐욕은 거의 병적인 소유욕으로 변해 갔다. 수많은 괴링의 대리인들이 카린 홀에 있는 그의 개인 박물관을 장식하기 위해 점령 지역의 예술품들을 이 잡듯이 훑고 다녔다. 이 "암시장의 제왕"(하인리히 히믈러의 말)은 점령 지역인 파리, 암스테르담 그리고 브뤼셀에서 높은 가치가 있지만 명확한 소유자가 없는 그런 예술품들을 약탈하고 다녔다. 파리의 박물관 죄 드 폼므Jeu de Paume를 뻔질나게 드나들었던 그는 프랑스계 유태인에게서 몰수한 소유물들을 보고 만족스러워했다. 괴링은 렘브란트, 반 다이크 또는 루벤스의 걸작들을 좋아했다. 많은 그림들이 공식적으로 "퇴폐적"이란 판정을 받았지만, 그는 외국에서 그 작품들을 다른 예술품들과 교환했기 때문에 그에게는 별 문제가 되지 않았다. 르네상스 시대의 고블랭 그림, 대리석 입상, 젖빛 화병과 해시계들과 동양 무기들. 그는 보다 가치 있고 더욱 이국적일수록 좋은 것이라는 원칙에 따라 물건을 "구입"했다. 그의 소유욕은 끝이 없는 것처럼 보였다. 마우터른도르프와 벨덴슈타인 성은 약탈한 예술품들로 가득 찼고, 진귀한 그림들이 네 줄에 걸쳐 벽에 걸려 있는 카린 홀에는 자리가 모자라 천장에까지 그림이 걸려 있었다. 다락방은 약탈한 예술품들을 보관하는 창고 역할을 했다. 괴링은 이 예술품들을 고위 당 간부들에게 엄청나게 비싼 가격으로 되팔았다. 그래도 가장 좋은 작품들은 카린 홀에 그대로 두었는데, 그는 이 작품들을 카린 홀에 있는 헤르만 괴링 갤러리에서 전시할 계획을 세웠다.

이 예술품 탈취범은 자신의 행위에 합법성을 부여하기 위해서, 1941년 5월 1일에 하나의 법령을 공포했다. 이로써 유럽 박물관에서 행한 그의 약탈 행각에 대한 면죄부가 주어지게 되었다. 그 법령에는 "모든 뛰어난 연구 자료와 문화 자산을 확보해서 독일로 옮겨 오는 것이 우리 국가사회주의에 주어진 당면 과제"라는 조항이 있었다. 이런 트릭을 사용해서 그는 역시 예술품에 관심이 많았던 다른 당 거물들의 공세에서 벗어날 수 있었다. 1944년까지 그가 모은 예술품은 수억 마르크 이상의 가치가 있었다. 그가 모형 기차를 조작하면서 자신의 놀이 욕구를 만족시키는 사이에, 전 유럽에서 약탈한 예술품을 가득 실은 기차가 독일로 향하고 있었다.

그사이 히틀러는 소련에 대한 공격을 준비하고 있었다. 그가 1940년 11월 4일 세 명의 군 총사령관에게 자신의 의도를 털어놓았을 때, 그들은 깜짝 놀라지 않을 수 없었다. 괴링은 다시 히틀러에게 왜 소련과 전쟁을 해서는 안 되는지, 적어도 이 시점에서는 안 되는지에 대한 논거를 들이댔다. 괴링이 뉘른베르크 재판 조서에서 밝히기를, "난 그날 밤 총통에게 다음과 같이 말했다. 절실하게 바라건대, 제발 지금이나 가까운 시기에 소련과 전쟁을 치르는 것은 하지 말아 주십시오. 제가 이런 말을 하는 것은 국제법적인 이유나 다른 여타의 이유 때문이 아니라, 단지 정치적이고 군사적인 이유 때문입니다." 괴링은 두 개의 전선을 두고 전쟁을 치르는 것을 경고했고, 미국과의 전쟁, 광활한 러시아 그리고 독일이 동부 전선에서 힘을 낭비하는 동안 전력을 재정비할 영국과의 전쟁에 대해 경고했다. 그는 러시아의 군비 상황을 볼 때 서두를 필요가 없다고 경고했다. 우선 서부 전선에서 승리를 거두어야 한다고 했다. 그렇지 않으면, "비교적 결과가 확실하게 보이는 일을 그르치게 될" 수도 있다고 그는 말했다. 하지만 그의 경고는 먹히지 않았다. 5주 뒤인 1940년 12월 18일, 히틀러는 소련을 급습하는 "바바로사 작전"을 담은 21호 지침에 사인했다. 괴링은 그때 로민터 하이데에서 사냥을 즐기고 있었는데, 당시 그는 자살 행위나 다름없는 전쟁 계획을 히틀러가 그만둘 것이라고 확신하고 있었다. 그러나 그는 총통에 대한 그의 영향력이 얼마나 미미한 지를 다시 한번 깨닫게 되었다. 무기력하게 된 데 대한 그의 증오심이 아마도 그를 히틀러의 충복에서 반역자로 몰아간 계기가 되었을 것이다. 1941년 6월 9일, 괴링은 비르거 달레루스에게 독일은 "6월 15일경"에 소련을 공격할 것이라고 알려 주었다. 달레루스는 스톡홀름에 있는 영국과 미국 대사에게 전화로 이와 같은 사실을 알려 주었다. 6월 15일에 정보를 제공한 괴링과 달레루스가 다시 자리를 마주했다. 이때 괴링은 더 상세한 얘기를 해주었다. 소련에 대한 공격은 일주일 뒤인 1941년 6월 22일 일요일에 시작될 것이라고 그는 말했다. 결정이 내려진 그 순간 괴링은 더 이상 히틀러를 만류하려고 하지 않았다. 그와 히틀러 사이에 있었던 예전의 친밀한 관계는 심각하게 금이 갔다. 이는 또한 그의 강력한 라이벌이 조장한 것이기도 했다. 히틀러와 직접 접촉할 수 있었던 교활한 당 사무총장 마틴 보어만Martin Bormann은 모든 잘못된 결정들을 꼼꼼하게 기록하고 있었는데, 이는 괴링의 소망인 히틀러의 후계자가 되는 것을 수포로 돌아가게 만들기 위한 것이었다.

이 시기에 히틀러에게 자신의 출동 의지를 증명하기 위해 애쓰는 괴링의 모습이 자주 눈에 띄었다. 갑자기 그는 "공산주의의 위험"을 막기 위한 히틀러의 인종 전쟁의 철저한 옹호자가 되었다. 그의 지침에 따르면, 러시아 포로들은 "아무런 법적 조치를 거치지 말고 총살시켜야 했다." 동부 지역 경제 참모장으로서 그는 동부 지역에 무자비한 착취의 칼을 들이댔다. 강제 노동을 위해 러시아인들을 제국 내로 강제 연행하면서 그는 빌로비츠 숲에 있는 100여 개 마을을 없애라는 명령을 내렸다. 이는 자신의 개인 사냥터를 만들기 위한 조치였다. 괴링은 가혹하게 모든 일을 처리할 적임자가 자신이라며 히틀러 앞에 나섰다. 그것은 독일과 유럽에 사는 유태인들의 어려운 처치를 더욱 가중시킬 모든 서류에 사인할 준비가 되어 있다는 뜻이었다.

승리에 대한 그릇된 확신이 절정에 달한 1941년 7월 31일, 그는 "4개년 계획의 전권을 위임받은 자"로서 히틀러의 지침에 따라 라인하르트 하이드리히에게 문서상으로 다음과 같은 임무를 부여했다. "유럽 내 독일의 영향권 아래 있는 지역에서 유태인 문제를 최종적으로 해결하기 위해 요구되는 가능한 모든 조치를 취하라"는 임무였다. 동부 전선에 투입된 부대의 살인 행위로 시작되었던 홀로코스트는 이제 서부 유럽과 프랑스령 북아프리카로 확산되었다. 괴링은 자신이 가진 전권으로 하이드리히를 전 유럽 담당 최고위 "유대 위원"으로 "승진시켰다." 그에게 히틀러의 최고 관심사인 유럽의 유태인들을 말살시킬 임무가 주어진 것이다. 괴링이 하이드리히에게 무제한의 신임을 보여준 2주 뒤에, 유태인 학살의 배후 조종자인 그는 "독일이 지배하는 지역에서 더 이상 유태인을 찾아볼 수 없을 것이다"라고 천명했다.

괴링은 집단 학살 수용소에서 벌어진 대학살에 대해 무엇을 알고 있었을까? "한번도 학살당한 사람들의 숫자나 어떤 식으로 일이 진행되는 지에 대해 들어본 적이 없다"라고 그는 1946년 3월 21일 뉘른베르크 법정에서 밝혔다. 하지만 괴링이 독일군 전선 후방 벨로루시에서 벌어진 사살 행위에 대한 보고를 받았다는 증거가

권력과 부유한 생활로 인해 타락한 그는 늙은 지배자들에게서 눈에 띄게 찾아볼 수 있는 애착, 무기력과 과대망상증에 빠져 있었다. 전쟁으로 인한 어떠한 재앙도 그의 고상한 취미를 중단시킬 수 없었다. 그는 로마가 화염에 휩싸여 있는 동안 넋을 잃은 사람처럼 칠현금을 타고 있었던 "향수를 바른 네로"나 다름없었다.

요하임 페스트

남자 대 남자로
아이젠하워와의
대화…
체포 뒤 가진
기자 회견시의 괴링

괴링은 자신이 원하는 대로 아주 매력적인 사람이 될 수 있었다. 이는 뉘른베르크에서 그를 감시하던 젊은 미국 장교와 좋은 관계를 맺으면서 가능한 것이었다. 괴링은 그에게 자신이 차던 시계와 금반지 같은 선물도 주었다. 나중에 알게 되었지만, 이 경비 장교는 괴링에게 청산가리 캡슐도 가져다주었는데, 괴링은 이 캡슐을 깨물고 자살했다. 그 청산가리 캡슐은 본명 괴링의 소지품에서 꺼낸 것이었다. 괴링의 소지품은 다른 것들과 함께 한 장소에 쌓여 있었는데, 그는 거기로 들어가는 열쇠를 가지고 있었다.

윌리엄 잭슨, 뉘른베르크 재판 수석 검사의 아들이자 보좌관

아, 그 대학살 말입니까. 이 모든 것이 우리에게는 엄청난 치욕거리입니다. 나는 그것에 관해 말하거나, 생각하기도 싫습니다.

괴링, 1945년

있다. 그리고 요제프 괴벨스가 1943년 3월 2일 괴링과 네 시간 동안 대화를 나눈 뒤에 그의 일기장에 기록한 내용은 그가 학살 사실을 알고 있었음을 증명해 준다. "괴링은 우리가 이 전쟁에서 약한 모습을 보이게 되면, 우리 모두에게 무슨 일이 닥칠 지에 대해서 명확하게 알고 있었다. 그는 완벽하게 현실을 파악하고 있었다. 특히 유태인 문제는 우리가 더 이상 회피할 문제가 아님을 잘 인식하고 있었다." 그러나 뉘른베르크에서 피고는, 수용소에서 일어난 "끔찍한 사고들"에 대해 전혀 아는 바가 없으며 "종족간의 상이성"을 항상 강조했다고 주장했다. 그는 대학살에 대해 완강하게 부인했다. "250만 명의 사람을 죽인다는 것이 실제로 가능하다는 말입니까?"라고, 1946년 4월 그는 자신은 죄가 없다는 표정으로 구스타브 길버트에게 반문했다. 이 심리학자는 아우슈비츠 수용소장 루돌프 회쓰Rudolf Höß가 가스실에 대해 그에게 보고했다는 점과 히틀러가 대학살을 명령했다는 사실을 반복해 주었다. 길버트는 "대학살을 명령한 사람을 죽였다면 어떻게 되었을까요?"라는 질문을 던졌다.

괴링이 답하기를, "그건 쉽게 답할 수 있어요. 그런 일은 일어날 수가 없죠. 명령이 마음에 들지 않는다고 누구나 최고 지휘자를 죽일 수 있다면 그게 무슨 체제라고 말할 수 있겠습니까? 군대라는 체제에서는 복종만이 있을 뿐입니다."

러시아 원정 초기에 복종심이 강했던 괴링은 히틀러에게 계속 늘어가는 "휘하 공군의" 격추 대수에 대해 보고할 수 있었는데, 연말까지 총 8천여 대의 소련 공군기가 격추되었다. 그러나 독일 전투기의 사정권 밖에 있는 우랄 산맥 후방에서 스탈린은 신속하게 붉은 공군의 전력을 재정비했다. 1941년 11월에는 히틀러가 괴링의 공군에 대해 비난하는 모습이 점점 더 눈에 많이 띄었다. 공군의 문제는 점점 더 확대되어 갔다. 모스크바와 레닌그라드를 동시에 점령할 수 없게 되자, 히틀러는 처음으로 공군 지휘에 깊숙하게 개입했다. 히틀러의 계획에 불안한 기운이 싹트기 시작했다. 특히 형편없이 조직된 전투기 생산 라인은 전혀 진전이 없었다. 항공기 총국장 우데트의 지휘하에서는 한 달에 375대 이상의 전투기가 생산된 적이 없었다. 1944년 가을 군비장관 알베르트 슈페어의 지휘하에 한 달에 2,500대 이상의 전투기가 생산되었을 때가 최고로 많이 생산한 시기였는데, 이에 비하면 형편없는 상황이었다.

히틀러는 이제 육군에 가장 우선권을 두었다. 공군의 명성은 이제 땅에 떨어졌다. 이 위기 상황에서 괴링은 일련의 불운한 일들로 인해 충격을 받았다. 1941년 11월 27일 항공기 총국장 에른스트 우데트가 자살했다. 괴링이 전투기 생산 실패에 대한 모든 책임을 그에게 전가한 뒤에 일어난 일이었다. 리볼버 권총으로 자살하기 바로 직전에 우데트는 칠판에다 다음과 같은 글을 남겼다. "아이제르너, 당신이 나를 배신하다니." "아이제르너"는 괴링의 별명이었다. 그 일이 있고 바로 뒤에 전투기 검사관이었던 베르너 묄더스 Werner Mölders가 우데트의 장례가 열리는 곳으로 가다가 사고를 당했다. 히틀러는 괴링과 상의도 하지 않은 채 미국에게 선전 포고를 했다. 1942년 2월 그는 "4개년 계획의 전권을 위임받은" 괴링을 군비장관으로 임명하지 않고 젊은 건축가 알베르트 슈페어를 그 자리에 앉혔다. 슈페어는 이제 전시 경제의 대부분을 담당하는 사람이 되었으며, 이로써 4개년 계획을 실질적으로 꾸려 나가는 사람이 되었다. 계속해서 괴링은 권력에서 멀어져 갔다. 1942년 3월 28일 독일의 고도古都 뤼벡에 대한 영국 공군의 폭격이 있은 뒤에 히틀러는 배쓰, 캔터베리 또는 엑서터와 같은 영국의 역사적인 도시에 대한 "보복" 공격을 명했다. 영국에서는 독일의 이 보복 공격을 여행 안내서에 빗대어 조롱조로 "배데커(여행 안내서 — 옮긴이) 공격"이라고 명하고 있다. 영국인들은 이제 독일의 공격을 더 이상 심각하게 받아들이지 않았다. 괴링은 "자기 휘하" 공군의 공격을 수수방관하며 지켜볼 수밖에 없었다. 히틀러가 이제 공군을 지휘하게 된 것이었다.

권한을 상실하고 버림받은 그는 마약에 탐닉했고, 더욱더 개인적인 삶 속으로 물러났다. "총통" 사령부에서 열린 회의에서 제국 원수 괴링의 이름이 더욱 자주 거론되었다. 괴링은 환상적인 예술의 세계로 도피했으며 카린 홀에서 세잔과 반 고흐의 작품을 바라보며 황홀해했다. 그리고 그는 예술품을 구입하기 위해 파리로 여행을 떠나기도 했으며 기이한 인상을 풍기며 로마에 나타나기도 했다. 이탈리아 외무장관 갈레아초 치아노Galeazzo Ciano 백작은 그를 "거만하고 건방진" 사람으로, "1906년에 만든 자동차 운전수 복장과 오페라에 가는 고급 정부가 입은 모피 사이의 어중간한 복장"으로 보이는 육중한 담비 모피를 걸친 정치 광대라고 묘사했다. 더욱더 그는 나태한 삶의 유혹에 빠져 들었다. 알베르트 슈페어가 회상하기를, "1942년에 그는 전반적으로 무기력하고 일에 관심이 없는 사람처럼 보였다." 예전에 공군의 재건과 4개년 계획에 정력적으로 매진했던 추진력 강한 충복은 의욕을 상실하고 있었다. 그의 무표정한 눈매는 그가 약물에 중독되어 있음을 보여 주었다. 슈페어가 말하기를, "그는 눈에 띄게 불안한 인상을 풍겼고, 이것저것 많은 생각을 하고 있었으며 변덕이 죽 끓듯 했고 비현실적인 생각을 하고 있었다." 그는 심각한 표정으로 철이 부족하기 때문에 시멘트로 기차를 만들자는 제안을 하기도 했다. 남쪽 지역 최고 사령관인 알베르트 케셀링Albert Kesselring은 다음과 같은 결론에 도달했다. "1934년과 35년 사이 그리고 1942년과 43년 사이의 괴

총통을 거스르는 어떤 말도…
뉘른베르크의 포로 괴링(1946)

나는 독일 제국에서 독보적인 권위를 가지고 있던 총통 다음 가는 사람이었다. 국민들은 총통을 사랑했으나, 그는 대중과 너무 멀리 떨어져 있었다. 그래서 나를 따른 것이다.

괴링, 뉘른베르크 재판에서, 1945년

그는 나치에서 2인자 노릇을 했듯이 뉘른베르크에서도 그 역할을 계속하고자 했다. 그는 같이 수감된 포로들을 조종하려고 했다. 그는 그들에게 히틀러의 편을 드는 것이 그들의 의무임을 상기시켜 주었다. 점심 휴식 시간에 그는 그들에게 항상 어떤 태도를 취해야 하는지 또 재판이 진행되는 동안 어떤 말을 해야 하는지에 대해 설명해 주었다. 피고인들 중 몇 사람, 즉 리벤트로프, 자우켈, 슈트라이허에 대해서는 확실히 그가 영향을 미쳤다. 다른 사람들, 샤흐트, 슈페어와 프랑크는 그에게 반대하는 사람이었는데, 그들은 독자적으로 자신들을 변호하려고 했다. 그들은 괴링에 대해 불만을 제기했는데, 그로 인해 괴링은 다른 사람들과 유리되었다.

윌리엄 잭슨, 뉘른베르크 재판 수석 검사의 아들이자 보좌관링은 매우 다른 모습을 보여 주었다. 30년대의 그가 정력적이고 자의식이 강한 투쟁적 성격을 보여 주었다면, 40년대의 그는 조국의 과제를 수행함에 있어 완전히 배제되고 더 이상 아무것도 관철시킬 수 없어서 지치고 골을 잘 내는 모습을 보여 주었다."

그러나 "반지를 낀 손가락이 통통하게 살이 오른"(참모총장 프란츠 할더Franz Halder의 말) 원수 괴링은 자신의 약속을 지킬 수 없었고, 독일 도시들이 "나는 요새"와 "랭카스터" 폭격기의 폭격에 무방비 상태에 놓여 있었음에도 불구하고, 괴링은 교묘하게 다정다감한 모습을 보여준 덕택에 국민들로부터 여전히 놀랄 만한 인기를 누리고 있었다. 제국에 대한 공중 폭격이 계속 늘어나는 상황이었음을 감안하면 그가 인기를 누리고 있다는 것은 기이한 일이었다. 쾰른 시만 하더라도 1940년과 1942년 사이에 104번의 폭격을 당했다. 그러나 1942년 5월 31일 밤에 있었던 "천 대의 폭격기를 동원한 공습"이 있고 난 뒤에야 비로소 독일 공군이 대규모 공습에 얼마나 무방비 상태인지가 명확히 드러났다. 1,500톤의 폭탄이 성당으로 유명한 쾰른 시를 폐허로 만들어 버렸다. 당시 전사상戰史上 가장 대규모의 공습으로 인해 쾰른은 철저히 파괴되었다. 공군만이 이 치명적 재앙을 사실로 받아들이려 하지 않았다. 실제로 공군은 "대승"을 거두었다고 허풍을 떨었으며, 심지어 특별 방송을 통해 승리를 찬양하려고까지 했다. 방송 내용은 다음과 같았다. "격추된 적기는 지금까지 확인된 것만도 37대로 우리 영토 내에 침입한 적기의 약 절반이 격추된 것입니다. 야간 추격기 편대는 […] 이로써 그들의 6백 번째 격추를 달성해 냈습니다." 이 방송 내용은 히틀러에게도 터무니없어 보이는 것이었다. 군 최고사령부의 전쟁 일지에는 다음과 같은 내용이 적혀 있다. "총통은 전투에서 패배하고도 심리전을 이유로 그와 같은 승전 방송을 내보내는 것을 아주 강하게 거부했다. 그리고 총통은 어떤 경우라도 이런 방송은 적합한 것이 아니라는 입장을 표명했다." 히틀러의 인내도 한계에 다다랐다. 괴링의 부관 카를 보덴샤츠가 회상하기를 "괴링이 히틀러와 악수를 하려고 손을 내밀었을 때, 히틀러는 괴링을 거들떠보지도 않았다. 젊은 장교들이 있는 자리에서 그는 제국의 원수를 무시해 버렸다." 기존에는 늘상 있던 둘 사이의 독대도 드물어졌다. 중요한 회의는 이미 오래 전부터 괴링 없이 열렸다. 그럼에도 불구하고 그는 히틀러의 최측근 중에서 아마도 유일하게 현실을 직시하고 있던 사람이었다. 그는 제국이 어떻게 될지 예감하고 있었다. 연합군의 우월한 전력은 최악의 상황을 염려하게 만들었다. 1942년 말 그가 말하기를, "이 전쟁이 끝난 뒤에 독일이 1933년의 국경선을 그대로 유지할 수만 있어도, 우리는 만족해야 할 것이다."

항공부의 비대해진 조직이 특히 히틀러의 노여움을 샀다. 수많은 참모들 외에도 부처의 한 개 층을 전부 사용하고 있던 괴링의 개인 사무실에 속한 사람들만 104명이었다. 2백만 명의 인원이 공군에 종사하고 있었고, 이 때문에 공군은 이미 무엇인가를 보여줄 의무가 있었다. 드디어 괴링은 스탈린그라드 전투에서 자신의 군대가 실제로 무엇을 할 수 있는지 그 역량을 증명해 보이려 했다. 그는 지난 겨울처럼 데미안스크에서의 공수 작전이 볼가강 전선에 전환점을 가져올 수 있다고 생각했다. 땅에 떨어진 그의 위신을 다시 세울 수 있다는 기대감에 부푼 괴링은 히틀러의 마음에 들 약속을 했다. "총통 각하! 스탈린그라드에 있는 6군단에 대한 보급품의 공수를 제가 보장해 드리겠습니다. 제 말을 믿으셔도 됩니다." 무기력과 낙관론 사이에서 왔다갔다하던 이 공군의 수장은 매일 500톤의 급식, 탄약과 연료를 고립 지역에 보급하려 했다. 그러나 수송 능력과 기후 상태를 고려하면 이는 환상에 불과한 계획이었다. 고립 지역의 보급 상황이 "절대 나쁘지 않다"고 안심시키는 괴링의 말에 영향을 받은 히틀러는 어떤 대가를 치르더라도 그 지역을 사수하라는 명령을 내렸다. 눈보라 속에서 탈진한 병사들에게 공군은 마지막 희망이었다. 그러나 이 공군 수장의 마음속에는 호화로운 특별 열차 "아시아"호를 타고 파리로 가서 상자 가득 그림, 벽걸이용 양탄자, 은접시와 대리석 조각상들을 가지고 올 생각이 앞서 있었다. 괴링에게는 공군의 현 상황보다 고블랭 그림이 더 중요했다. 매일 평균 160톤의 보급품만이 고립 지역으로 공수되었는데, 이는 병사들의 생존에 턱없이 부족한 것이었다. 전황이 완전히 가망 없게 되었을 때, 히틀러는 스탈린그라드에 대한 공수 작전 지휘권을 밀히 원수에게 이양했다. 밀히 원수는 히틀러가 그의 조직 능력을 높이 사고 있던 장군이었다. 히틀러는 큰소리만 치는 괴링이 결국 실패하리라는 것을 알고 있었다. 스탈린그라드는 히틀러의 경력에 씻을 수 없는 오명을 남겨준 참패로 끝났다. 그의 개인 일정을 메모한 수첩에는 6군단의 나머지 병력들이 항복하던 날에 다음과 같은 글이 적혀 있다. "하루 종일 침대에 누워 있었다."

요제프 괴벨스도 히틀러의 괴링에 대한 신임에 "상당한 타격"이 있었다고 확인해 주고 있는데, 이런 사실은 괴벨스에게도 놀라운 일이었다. 1943년 3월 9일 괴벨스의 일기장에 쓰인 글을 보면, 히틀러가 "엄청난 비난을" 퍼부었다고 적고 있다. 이런 비난의 이유에 대해 그가 적기를, "괴링은 장군으로서 해야 할 일을 하지 않고 환상에 빠져 있었다. […] 괴링은 자기에게 아첨하는 말만 듣기 좋아해서 주위의 사람들이 그에게 쓴소리를 하지 않았다. […] 총통은 이런 무책임한 괴링의 측근 사람들에게 분노하고 있었다."

3월에 루르 지역이 영국 공군의 융단 폭격을 당하고, 함부르크가 1943년 6월 24일에서 30일 사이 8일간에 걸쳐 수천 발의 소이탄을 투하한 다섯 번의 대규모 공습으로 불바다가 되자, 괴링에 대한 히틀러의 노여움은 점점 더 도를 더해 갔다. 함부르크에 투하된 소이탄으로 인해 온도가 상승하자 아스팔트도 불타 올랐다. 함부르크는 지옥이나 다름없었다. 괴링은 바로 이런 모습을 런던에서 보고자 했었는데, 영국 공군은 레이더 감시 체계를 알루미늄 은박지로 무력화시켰다. 이로써 야간 방공망이 무용지물이 되었고, 제국은 밤마다 영국 공군의 공격에 무방비 상태로 놓이게 되었다. 괴링은 연합군의 공격을 방어할 능력도 없었고, 효과적인 역공을 준비하지도 못했다.

영국 전투기 편대가 밤마다 쉴새없이 독일 도시에 정밀 전술 폭격을 가했다. 만하임, 뉘른베르크, 다름슈타트, 하일브론과 같은 모든 대도시들이 폭격 대상으로 간주되었다. "유럽 요새"의 하늘은 훤하게 뚫려 있었다. 이 시기 모든 희망은 페네뮌데에서 열성적으로 만들고 있던 "보복 무기"에 쏠려 있었다. 대규모 양동 작전에 의해 베를린이 아니라 비밀 로켓 발사 센터가 폭격을 당했을 때, 히틀러의 분노가 폭발했다. 희생양이 필요했다. 원래 그의 분노는 괴링에게로 향했어야 했다. 그러나 히틀러는 괴링의 권위에 상처를 주지는 않으려 했다. 그래서 그는 참모장인 한스 예쇼넥Hans Jeschonnek 대장에게 책임을 지웠다. 예쇼넥 대장은 괴링의 변덕스런 성격, 그의 무지함과 과대망상에 절망하며 자리를 같이하고 있었을 뿐이었다. 이런 책임 전가에 실망한 예쇼넥 대장은 우데트처럼 관자놀이에 권총을 들이댔다. 죽은 자의 책상에 쪽지가 하나 놓여 있었다. "나는 원수와 더 이상 같이 일할 수 없다. 총통이여 만수무강하소서!"

히틀러도 점점 더 괴링과 일을 같이하려 하지 않았다. 괴링에게 유태인 말살에 관한 논의가 있었음을 나는 기억하고 있다. 그 당시 괴링은 중요한 회의에 참석해서 문서에 서명했다. 재판 처음에는 그 자신 유태인 말살에 대한 책임이 있다고 했다. 하지만 나중에는 모든 사실을 부인하고 자신이 말한 의도는 그게 아니고 유태인 모두를 이주시켜야 한다는 의도였다고 말했다. 그리고 유태인 말살 수용소에 관해서는 전혀 아는 바가 없다고 말했다. 그러나 그의 말은 신빙성이 없었다. 그의 당당한 모습도 흐트러지기 시작했다. 마지막 그의 모습은 비참해 보였다.

> 그 자리에서 내가 권총으로 자살하도록 내버려 두었더라면…
>
> 자살 직전 쓴 괴링의 유서(1946)

> 괴링은 뉘른베르크 재판에서 가장 흥미를 끄는 인물이었다. 그는 꼿꼿한 자세로 앉아 있거나 흐트러진 자세로 팔을 아무 데나 걸치고 있었다. 그는 아무것도 말하지 않겠다는 것을 몸으로 보여 주고 있었다. 그리고 그는 표정과 제스처를 통해서 사람들의 이목을 끌려고 했다.
>
> 수잔네 폰 파첸스키. 뉘른베르크 재판 방청객

모욕적인 장면이 눈에 띄게 늘어갔는데, 그것이 두 사람만 있을 때 일어난 것은 아니었다. "쓰레기 같은 공군 같으니라구." 히틀러는 이같이 괴링을 꾸짖었다. 하지만 그도 공군에 부과된 임무가 얼마나 과중한 것이었는지는 인정하려 들지 않았다. "괴링! 공군은 쓸모 없는 군대야. 그건 당신 책임이야. 당신은 게을러 터졌다구!" 이미 오래 전부터 히틀러는 아첨꾼인 괴링의 생활 양식을 카린 홀, 로민터 하이데, 벨덴슈타인 성에서부터 쭉 지켜봐 왔다. 그러면서 그에 대한 불쾌감은 점점 더 커졌다. 공군이 생존을 위해 싸우고 있는 동안 괴링은 신임 스웨덴 공사 한스 톰젠Hans Thomsen을 초대해 사냥을 즐겼으며, 카린 홀에서 패션쇼도 감상했다. 외교관이자 레지스탕스였던 울리히 폰 하셀Ulrich von Hassel은 괴링의 기괴한 모습을 다음과 같이 묘사했다. "아침에는 패드를 넣은 흰 와이셔츠에 '밤스'(허리까지 내려오는 남성복 — 옮긴이)를 입고, 낮에는 여러 차례 옷을 갈아입고, 저녁 식탁에는 모피를 덧댄 침실화를 신고 푸른색이나 보라색 기모노를 걸친 그를 볼 수 있었다. […] 아침에 그는 황금 단도를 곁에 차고 있었고, 목에는 보석으로 만든 넥타이핀을 달고, 많은 보석으로 치장된 넓은 허리띠는 그의 뚱뚱한 몸 주위를 감싸고 있었다. 반지 숫자와 그 화려함에 말문이 막혔다."

 그러나 히틀러는 총사령관 괴링을 놓지 못했다. 그가 하인츠 구데리안Heinz Guderian 대장에게 말한 것처럼 이는 "정책적 고려"의 산물이었다. 후계자로 임명된 괴링이 여전히 국민들로부터 끊임없는 사랑을 받고 있었고 정부도 이로부터 이득을 보고 있었다. 또한 히틀러가 전투 시기에 만들어진 괴링의 "노전사" 이미지를 전혀 없앨 생각이 없었기 때문에 괴링은 결코 무시할 수 없는 권력 인자를 가지고 있었던 셈이었다. 마치 최면에 걸린 사람처럼 히틀러는 1943년 7월 25일 무솔리니의 실각 이후의 상황을 토의하는 자리에서 그에게 찬사를 퍼부었다. "나와 같이 수많은 역경을 헤쳐온 괴링 원수는 위기에서 더욱 냉철한 판단을 내립니다. 위기시에 그보다 뛰어난 조언자를 찾을 수는 없을 것입니다. 원수는 위기시에 냉정하고 가차없이 행동합니다. 어려운 상황에서도 그는 냉철하고 가차없는 태도를 견지하는 사람임을 나는 알고 있습니다. 그러므로 당신들은 더 나은 사람을 얻을 수 없을 겁니다. 결코 더 좋은 사람을 찾을 수 없을 것입니다. 그는 나와 함께 역경을, 가장 어려운 위기 상황을 헤쳐 나왔고, 그때 그는 냉정하게 행동했습니다. 상황이 악화될수록 그는 더 냉철해졌습니다…." 그가 비록 실망감을 주고 실패를 했음에도 불구하고 "총통"과 그의 "첫째가는 충복" 간의 유대 관계가 끊어진 것처럼 보이지는 않았다. 괴링은 슈페어에게 히틀러에게서 벗어날 수 없다고 말했다. 심리학자 길버트에게 한 말에서 이를 유추할 수 있다. "충성 맹세를 한 이상, 나는 그 맹세를 깨고 싶지 않았습니다. 그 맹세를 지키는 것 또한 내게는 무척 힘든 일이었다는 걸 당신들에게 말하고 싶군요! 왕의 수많은 정치적 행위에 동의하지 않으면서도 항상 왕에게 충성하고, 그러나 왕에 반대하는 어떤 행동도 할 능력도 없고, 그래서 그 상황에서 최선이 무엇인지도 모른 채, 12년 동안 황태자 노릇을 한 번 해보십시오." 전후 흔치 않았던 자기 비판을 통해 그는 히틀러와의 관계를 "영적 매춘"이라고 정의했다.

요제프 괴벨스의 부관이었던 루돌프 젤머는 1943년 8월 10일 자신의 일기장에 다음과 같이 적었다. "정치적인 관점에서 보면 괴링은 죽은 것이나 다름없는 상태였다." 벌써 그의 정치적 사망에 대한 소문이 퍼져 있었다. 괴링이 히틀러로부터 아직 높은 신임을 받고 있다는 것은 무척 놀라운 일인데, 그 때문에 히틀러는 괴링이 다시 인기를 얻도록 만들기 위해 대중 앞에 모습을 드러내는 것이 어떻겠냐고 제안을 하기도 했다. 사람들은 이런 상황에서 대중과 함께하는 것은 괴링 같은 사람에게는 위험할 수도 있다고 생각했다. 하지만 괴링이 베를린에서 산책을 할 때 나타난 결과는, 선량한 모습과 자연스러운 매력 덕분에 그가 의외로 많은 호감을 얻을 수도 있다는 것이었다. 행인들 중에서 간혹 그에게 "마이어 씨"라고 인사하는 사람도 있었다. 하지만 "단 몇 대의 적기가 우리 영공에 떠도" 그는 "마이어"라고 불리고 싶어한다는 등의 비꼬는 말과 비난의 말을 괴링은 참을 수 없었을 것이다. 공식적으로는 폭격과 공군 수장으로서의 실패에 대한 책임은 다른 사람에게, 즉 이 "뚱땡이"가 아니라 "지도부"에 대부분 지워졌다. 하지만 절망한 폭격 희생자들에게 괴링은 풍자의 주대상이 되었다. 괴링은 "텡엘만"과 닮았군, 싸우는 도시마다 지기만 하니까 하고 국민들은 그를 비웃었다. 공군도 비웃음의 대상이 되었다. "우리 위에 괴링의 전투기들이 떴으니까, 공습은 없을 거야."

이런 블랙 유머에는 배경이 있는 법이다. 1944년 5월에는 날마다 2천여 대의 연합국 전투기가 제국 상공을 떠다녔다. 수많은 폭탄들이 날마다 수소 공장과 정유 공장, 군수 공장들로 떨어졌다. 1944년 겨울에는 완전히 절망적인 상황에 이르렀다. 독일 공군은 완전히 붕괴되었고, 독일의 도시들은 잿더미로 변했다. 괴링은 군수 산업이 이런 혼돈 상황에 빠진 것은 비겁하고 저주받을 우데트 때문이라며 욕을 했다. 대량 생산이 가능한 세계 최초의 제트 전투기인 메써슈미트 262기를 요격기로 바로 투입하자는 갈란트의 요구를 괴링은 거부했다. 메써슈미트 262기를 말도 안 되게 폭격기로 투입하자던 히틀러와의 관계를 깨기 싫었기 때문이었다.

대량 생산이 가능한 최초의 제트기의 투입을 둘러싼 다툼은 몇 달간 지속되었다. 1944년 늦여름이 되어서야 "전격 폭격기" 메써슈미트 262기와 시속 800킬로미터의 제트 엔진이 둘 달린 아라도 234기가 공군에 인도되었다. 하지만 독일 상공을 휘젓고 있는 연합군 공군기들을 물리치기에는 너무 늦었다. 그리고 기록적인 숫자의 전투기를 생산했지만, 그 전투기들도 연합군의 연이은 폭격으로 인해 거의 무용지물이 되고 말았다. 1944년, 3만 8천 대의 전투기(1941년, 만 천 대)가 병기창에서 생산되었지만, 수소 공장이 폭격당한 이후 연료 부족으로 인해 전투기들이 쓸모 없게 된 것이다. 이제 공장 창고에 무더기로 방치된 전투기들은 무방비 상태로 폭격에 노출되고 말았다. 1944년 6월 괴벨스는 다음과 같은 내용을 일기에 적었다. "공중전의 열세는 곧바로 끔찍한 결과로 이어졌다. 총통은 괴링이 이 일에 직접적으로든 간접적으로든 책임이 있다는 점을 매우 유감스러워했다. 그러나 그는 괴링에 대해 아무런 조치도 취할 수 없었다. 왜냐하면 괴링에게 책임을 묻게 되면 제국과 당의 권위가 심각하게 타격을 받게 되기 때문이었다."

공군 내부에서도 최고 지휘자인 괴링의 신뢰도는 땅에 떨어졌다. 이전에는 젊은 파일롯들의 우상이었고 수많은 훈장을 받았던 전쟁 영웅 괴링은 공군에서 점점 더 소외되어 갔다. 최고 지휘자와 장교들 사이의 관계가 얼마나 심각했는지를 다음과 같은 사실에서 살펴볼 수 있다. 괴링은 1944년 11월 7일 베를린-반제에서 있은 회의에서 참석한 전투기 조종사들을 또다시 비겁하다고 헐뜯고 모든 전투기 편대를 비방하는 발언을 했는데, 이런 조롱조의 험담 때문에 거의 반란이 일어날 뻔했다. 괴링이 곤경에서 벗어나기 위해 30명의 지휘부 장교들이 속한 "공군 의회"를 소집했는데, 이 "대표자"들에게 "공군의 모든 것에 대한 비판은 받아들이지만 자신에 대한 비판은 할 수 없다"는 조건을 내세우는 바람에 분위기는 나아지지 않았다.

괴링은 아무데도 의지할 곳이 없게 되었다. 그는 히틀러의 지원을 받지도 못했고 공군의 뒷받침도 받지 못했다. 그가 뉘른베르크에서 말하기를, "1945년 1월 중순부터 말까지 내겐 아무런 희망도 없었다."

1945년 1월 소련군이 쇼르프하이데의 성지로 접근했을 때, 괴링은 부인 에미와 딸 에다를 바이어른으로 보냈다. 드레스덴이 불바다로 변하고 있는 사이, 그는 자신이 탈취한 예술품의 첫번째 물량을 베르히테스가덴의 지하 갱도에 은닉시키는 데 신경을 곤두세우고 있었다. 이 시기에 평화에 대한 희망의 기운이 마지막으로 싹트고 있었다. 그는 연합군과 평화 협상을 하려고 했고 이 상황을 "원점으로 되돌릴 기회"라고 완전히 잘못 인식하고 있었다. 그러나 속으로는 그도 최악의 상황을 염두에 두고 있었고 그래서 유서도 작성했다.

작별의 시간인 1945년 4월 20일 히틀러의 마지막 생일날, 괴링은 마지막으로 수상과 마주하기 위해 청사로 향했다. 그는 범죄를 저지를 때마다 히틀러를 맹목적으로 따라왔던 사람이었다. 그는 이십여 년 전에 히틀러에게 죽을 때까지 충성하겠다고 맹세했다. 하지만 이제 그는 "총통"과 포위된 제국의 수도를 될 수 있는 대로 빨리 떠나려고 작정했다. 알베르트 슈페어가 이 장면을 자세히 묘사하고 있다. "괴링은 남독일에서 시급히 처리해야 할 일이 생겼다고 말했다. 히틀러는 멍하니 그를 바라보았다. 아무 의미없는 말을 나누며 그는 괴링에게 손을 건넸다."

그리고 나서 그는 카린 홀로 갔다. 그는 자신의 저택을 스스로 폭파시키고 오버잘츠베르크로 몸을 숨겼다. 마약을 하고 있다는 티가 역력했던 그는 마치 퉁퉁 부은 해파리처럼 무기력하게 퍼져 있었다. 그의 모습은 폐인이 된 히틀러와 유사했는데, 하지만 그는 자기 인생의 커다란 목표를 달성할 수 있다는 희망을 버리지 않았다. 그 희망이란 히틀러의 그늘에서 벗어나 그의 후계자가 되는 것이었다. 마침내 유일한 지도자가 되는 것 말이다! 히틀러가 신경쇠약증에 시달린다는 소식은 그를 바쁘게 만들었다. 히틀러가 정말 죽었을까? 1945년 4월 23일 오후 10시에 괴링은 심각한 결과를 초래할 전보를 베를린에 있는 히틀러의 벙커로 날려 보냈다. 첫 줄을 읽자마자 히틀러의 얼굴은 분노로 일그러졌다. 거기에는 다음과 같은 내용이 적혀 있었다. "총통 각하, 1941년 6월 29일 공포한 규정에 따라 제가 당신의 대리인으로서 제국의 전권을 넘겨받고 대내외적으로 자유 재량권을 행사하는 것에 동의하십니까?" 이 질문이 히틀러에게 모욕을 주는 것이었다면, 다음 구절은 괴링과 히틀러의 관계에 결정적인 타격을 주는 것이었다. "만약 오후 10시 30분까지 답이 도착하지 않으면, 나는 당신의 자유 재량권이 박탈당한 것으로 알겠습니다. 나는 당신이 공포한 규정의 전제가 충족된 것으로 간주하고 민족과 국가의 안위를 위해 행동에 들어갈 것입니다."

보어만은 길게 생각하지도 않았을 것이다. 그는 이것이 자신의 숙적을 쓰러트릴 마지막 기회라고 생각했다. "괴링이 반역을 했습니다!"라고 그는 히틀러에게 강조했다. 매우 상기된 표정으로 그는 "나는 오래 전부터 그가 이럴 줄 알았습니다"라고 소리쳤다. "나는 괴링이 게으르다는 사실을 알고 있었습니다. 그는 공군을 못 쓰게 만들었습니다. 그는 썩었습니다. 그로 인해 이 나라는 부패하게 되었습니다. 더구나 그는 수년 전부터 모르핀 중독자였습니다. 나는 이 사실을 오래 전부터 알고 있었습니다."

얼마 지나지 않아 베르히테스가덴의 친위대 중령 베른하르트 프랑크는 보어만이 서둘러 자필로 작성한 명령서를 손에 쥐고 있었다. "즉시 괴링의 집을 포위하고 지금까지 제국 원수였던 헤르만 괴링을 어떤 저항이 있더라도 체포하라. 서명 아돌프 히틀러." 1945년 4월 23일 오후 10시 경 프랑크는 오버잘츠베르크에 있는 궁궐 같은 괴링의 저택에 도착해서 반역 혐의를 받고 있는 괴링에게 다음과 같이 소리쳤다. "원수 각하 당신은 체포되었습니다!" 6일 뒤에 히틀러는 "정치 유언장"에 다음과 같은 내용을 담도록 지시했다. "죽기 전에 나는 전前 제국 원수 헤르만 괴링을 당에서 축출한다." 괴링이 보어만 자신도 모르게 연합군과 협상을 했다는 비난은 근거가 없는 것이었다. 그러나 보어만은 자신의 목적을 달성했다.

괴링은 자신이 히틀러의 오해를 사고 있고 모함의 희생자가 되었다고 생각했다. 그가 아니라 해군 대장 카를 되니츠가 히틀러의 후계자가 되었음에도 불구하고, 그는 여전히 자신이 독일의 운명을 결정지을 유일한 합법적 후계자라고 생각하고 있었다. 터무니없이 자신을 과대평가하고 있던 그는 1945년 5월 6일 되니츠에게 "원수 대 원수"로 독일의 "명예로운 평화"를 가져오기 위해 아이젠하워와 협상하라는 제안을 했다. 되니츠의 대답이 없자 괴링은 "독일군 최고 장교"로서 아이젠하워와 직접 접촉하려 했다. 그는 아이젠하워에게 "절망적인 상황에서 더 이상의 희생을 막기 위해 개인적으로 자신을 맞아줄 것"을 청했다. 1945년 5월 7일 괴링은 부인 에미와 딸 에다와 함께 라트슈타트 근처 산간 도로에서 미 육군을 만나러 가는 도중에 미군의 포로가 되고 말았다. 이것이 헤르만 괴링이 자유롭게 자신의 가족을 볼 수 있었던 마지막 순간이었다. 그의 코멘트는 모든 것을 말해 준다. "적어도 12년 동안은 번듯하게 잘 살았다!"

룩셈부르크 포로 수용소 몬도르프의 통역인 레온 탄손Leon Thanson이 회상하기를, "그는 쇠약해진 듯 보였으며, 약을 달라고 했다. '약이 없으면 살 수가 없다'라고 그가 말했다. 3일째 되던 날 약을 받고 나서 비로소 그는 생기를 되찾았는데, 그는 포로들 중에서 가장 사교성이 뛰어난 사람이었다." 1925년 스웨덴에서 성공하지 못했던 일을 미 육군 의사들이 이루어냈다. 의사들은 "미스터 괴링"(그들은 그를 이렇게 불렀다)이 다이어트를 하도록 만들었다. 그리고 그에게 유사코데인 알약을 조제해 주었는데, 날마다 약의 도수를 낮추어서 조제했다. 이 시기에 괴링은 처음으로 구스타브 길버트를 만났다. 그가 죽을 때까지 17개월 동안 이 유명한 포로에게 미 육군의 심리학자보다 더 가까웠던 사람은 아무도 없었다. 길버트는 괴링을 자세히 관찰했다. 지능 검사에서 그는 평균 이상인 138을 기록했다. 우쭐대는 성격을 전혀 버리지 않았던 괴링의 인성 테스트 결과는 좋지 않았다. 길버트가 괴링에게 말하기를, "솔직히 말하겠는데, 당신은 활동적이고 적극적인 성격을 가지고 있음에도 불구하고 실제로 책임을 짊어질 용기는 없어 보입니다. 이 간단한 테스트에서 당신은 조그만 제스처를 통해서도 당신의 성격을 드러냈습니다. 붉은 얼룩이 묻은 카드가 생각나십니까? 당신은 손가락으로 얼룩을 지우려고 했는데, 당신은 마치 손가락을 조금만 움직여도 피를 지울 수 있다고 생각하는 듯했습니다. 똑같은 행동을 당신은 소송이 진행되는 동안 계속 보여 주었습니다. 당신의 죄를 밝히는 증거들을 듣는 것이 거북해지면 당신은 헤드폰을 벗어 버렸습니다."

괴링이 감당할 수 없는 엄청난 죄를 저질렀다는 것이 뉘른베르크 전범 재판을 통해 분명해졌다. 판결문에는 다음과 같이 적혀 있었다. "죄를 경감시켜 줄 어떤 정황 증거도 언급되지 않았다. 왜냐하면 괴링은 거의 언제나 정력적으로 일을 추진했고, 일을 추진하는 데 있어서 그보다 더 정력적이었던 사람은 총통뿐이었기 때문이다. 그는 이 전쟁을 주도한 인물이었을 뿐만 아니라, 정치적으로나 군사적으로 지도자의 역할을 한 사람이었다. 그는 노예 노동자들의 관리자였을 뿐만 아니라, 국내외의 유태인과 다른 종족에 대한 억압 정책을 주창한 사람이었다. 이 모든 범죄에 대해 그는 솔직히 시인했다. […] 이 범죄는 그 잔인함에 있어 타의 추종을 불허한다. 모든 재판 자료를 살펴보아도 그에게 변명의 여지를 주는 자료는 없다."

판결문이 낭독된 뒤 길버트는 괴링을 관찰했다. "괴링은 맨처음 밑으로 내려와서 천천히 굳은 표정으로 그리고 깜짝 놀라 커다래진 눈을 껌뻑이며 감옥으로 돌아갔다. 침대에 쓰러지면서 그는 '죽음이 다가왔군'이라고 말했다. 별일 아니라는 듯 행동하려 했지만 그의 손은 떨고 있었다. 그의 눈가에는 눈물이 보였고, 마음의 평정을 잃게 되자 호흡도 가빠졌다." 그날 저녁 형무소 의사인 루드비히 플뤼커Ludwig Pflücker는 심장 발작을 일으킨 그를 치료해야 했다. 의사의 진단은 다음과 같았다. "판결로 인해 그가 매우 충격을 받은 것 같다."

괴링은 통역에게 다음과 같은 말을 했다. "모든 사람은 죽는다. 그러나 순교자로서 죽는 것은 영생을 얻는 것을 의미한다. 그대들이 언젠가 대리석관 속에 우리의 뼈를 담아줄 것이다." 그의 의지를 거스르고 변호사는 사면원을 냈다. 괴링은 승자들에게 자비를 구걸하려 하지 않았다. 그 대신 그는 형무소 목사, 그의 부인 에미와 연합군 통제위원회 앞으로 보내는 세 장의 편지를 썼다. 이 편지에서 그는 "그 자리에서 내가 권총으로 자살하도록 내버려 두었더라면! 독일의 원수를 밧줄로 매달 수는 없다! 교수형을 당하는 일

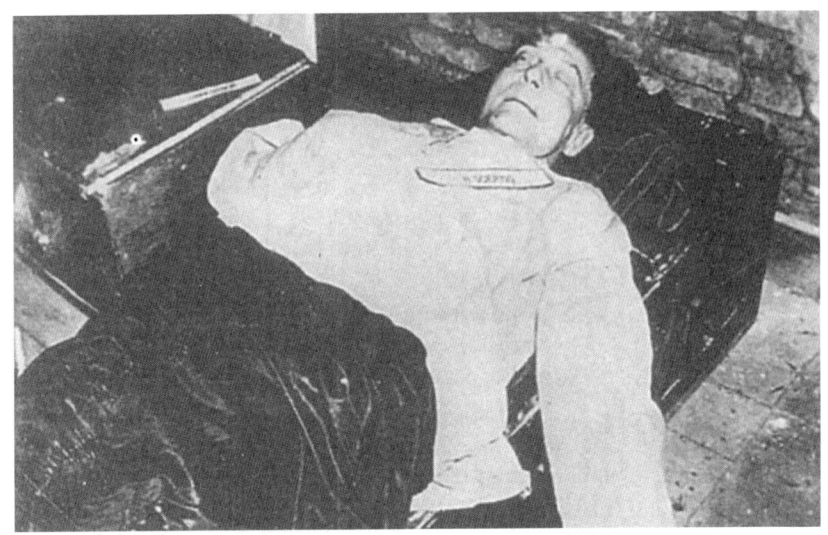

그대들이 언젠가 대리석관 속에 우리의 뼈를 담아 줄 것이다…
1946년 10월 15일 자살 직후의 괴링의 모습.

만일 당신이 정말로 새로운 일을 하려고 하면, 당신 주위에 선의를 가진 사람들은 없을 것이다. 당신은 스스로 모든 일을 해내야 하기 때문에 제대로 일을 처리할 수가 없을 것이고, 다른 사람들의 아집과 충돌하게 될 것이다. 그래서 그들에게 만족하지 못한다. "아주 좋은 사람들이 내 주위에 가득하구나"라는 말은 축복 받은 왕이 나 할 수 있는 말이지, 스스로 모든 일을 처리해야 하는 총통의 입에서 나올 수 있는 말은 아니다. "교활한 악당들이 내 주위에 가득하구나"가 그가 할 수 있는 말일 것이다. 무언가 부정한 일을 저지르는 악당들은 보기에는 호감이 가는 사람들이다. 또 그들은 어떤 식으로 일이 돌아가는지 알고 있기 때문에 위험을 감지하는 능력과 자신의 몫을 챙기는 능력이 뛰어나다. 그들은 빼앗으려 하고 생각도 깊지 않은 사람들이기에 그들에게 무언가를 제공할 수도 있다. 그들이 다른 태도를 취하면 그들의 목을 벨 수도 있다. 만약 내가 생사여탈권을 포함한 모든 권력을 쥐고 있다고 가정해 보자. 내 주위에는 교활한 악한들만 가득할 것이다. 어느 누구의 간섭도 용납하지 않는 유일한 지배자의 주위에 누가 있겠는가. 당신은 악의 가능성에 대해 도대체 무엇을 알고 있는가! 왜 그대들은 책을 쓰고 철학을 논하는가. 어떻게 덕을 쌓고 덕이 무엇인가를 알기 위해서인가. 하지만 세상이 돌아가는 이유는 그것 말고도 다른 것이 있다.

괴링이 자신의 변호인에게 한 말, 1946년

괴링의 모습은 기괴했다. 아침에는 패드를 넣은 흰 와이셔츠에 "밤스"를 입고, 낮에는 여러 차례 옷을 갈아입고, 저녁 식탁에는 모피를 덧댄 침실화를 신고 푸른색이나 보라색 기모노를 걸친 그를 볼 수 있었다. 아침에 그는 황금 단도를 곁에 차고 있었는데, 자주 다른 것으로 갈아 차기도 했다. 목에는 넥타이핀을 달았는데 역시 넥타이핀에 박힌 보석이 자주 바뀌었다. 많은 보석으로 치장된 넓은 허리띠는 그의 뚱뚱한 몸 주위를 감싸고 있었다. 반지 숫자와 그 화려함에 말문이 막혔다.

울리히 폰 하쎌, 1937년

은 나의 조국 독일을 위해서 용납할 수가 없다. 그래서 나는 위대한 한니발 장군이 택했던 방식으로 죽을 것이다"라고 강조했다.

1946년 10월 15일 오후 10시 45분 헤르만 괴링은 뉘른베르크 감옥 5호 감방에서 얇은 청산가리 캡슐을 깨물었다. 누가 그에게 독약을 건네 주었는지에 대해서는 아직까지 밝혀지지 않고 있다. 의심 가는 첫 번째 인물은 그의 부인 에미 괴링인데, 그녀가 감옥에 있는 남편을 만날 수 있도록 허락을 받았지만 독약을 건넸다는 증거는 없다. 다음으로 괴링의 감방에 독약을 몰래 넣어준 인물로 의심이 가는 사람은 젊은 미군 경비 장교 잭 휠리스Jack G. Wheelis이다. 괴링은 그에게 자신의 금반지와 금시계를 선물한 바 있었다. 휠리스는 이미 죽었고 독약에 관한 비밀을 무덤까지 갖고 들어갔다.

자살 다음날 뮌헨 졸른의 미군 병사들이 여러 구의 시체를 화장한 재를 이자르 강의 지류인 콘벤츠바흐에 뿌렸다. 죽은 사람들 중의 한 사람은 "게오르게 뭉어"란 이름을 갖고 있었다. 미군 병사들은 불쌍한 동료의 장례를 치르는 것으로 알고 있었다. 그들은 "뭉어"가 헤르만 괴링인 줄은 전혀 몰랐다.

어느 누구도 재가 뿌려진 장소가 어디인지 몰랐다. 공식적으로는 "독일 내의 강 어딘가에 뿌려졌다"고 되어 있다. 어떤 경우라도 그곳이 순례 장소가 되는 것은 막아야 했던 것이다. 괴링은 자신을 위한 기념비가 세워질 것이라고 마지막 순간까지 확신하고 있었다. 자살하기 전날 밤에 그는 "50년 내지 60년이 흐르고 나면 독일 전역에서 헤르만 괴링 동상을 볼 수 있을 것이다"라고 예언하기도 했다.

그는 약간 머뭇거렸으나 계속해서 말했다. "아마 동상은 없을지 모르겠으나, 집집마다 내 그림은 걸려 있을 것이다."

집행인

Heinrich Himmler

모임을 가질 때면, 우리는 항상 다음의 원칙을 상기해야 한다.
혈통을 보고 가장 뛰어난 자를 고르며 엄격한 심사를 해야 한다.

다른 어느 누구도 아닌,
같은 혈통의 사람들에게 우리는 성실하고 예의 바르게 행동해야 하며,
신의를 지키고 동지애를 발휘해야 한다.

우리는 동성애자들의 씨를
완전히 말리고자 한다.

법률가들은 법적으로 승인된 강도들이고,
사기꾼들이며 약탈자들이다.

다른 민족들이 우리의 문화를 살찌우기 위해
노예처럼 일할 때만 나는 그들이 잘 살고 있는지,
아니면 굶어 죽고 있는지 관심을 가질 것이다.

우리와 같은 좋은 혈통의 민족들에게 있는 것을
우리는 가져올 것이다.
필요하다면, 그들의 자식들을 뺏어와
우리들이 키울 것이다.

우리는 도덕적으로 정당했다. 우리를 해하려는
이 민족을 없애는 것은
우리 민족에 대한 의무였다.

언젠가 가난하게 생을 마치는 것,
그것이 나의 이상적인 마지막 모습이다.

히믈러

그는 매우 정력적인 학생이었다. 그는 쉴새없이 바지런을 떨고 불타는 향학열을 가졌으며, 수업 시간에 적극적으로 참여하고 가장 뛰어난 능력을 보여 주었던 학생이었다.

히믈러의 담임 선생, 1914년

그는 항상 행실이 바르고 성실하게 행동한 학생이었다.

히믈러의 고등학교 성적표, 1919년

히믈러는 아주 영특한 사람은 아니지만, 열성적이고 정직하다.

괴벨스, 1930년

이상하게 느껴지겠지만, 내 생각으로는 이 사람이 아주 무시무시한 일을 직접적으로 시작한 사람이었다. "그의" 총통이 시작한 것이 아니었다는 것이다. 총통은 나와 가진 성격이 다른 두 번의 회합에서 항상 약한 모습과 광기에 사로잡힌 듯한 모습을 보여 주었다. 히믈러에게서는 광기 어린 모습을 찾아볼 수 없었다. 그는 주어진 임무에만 투철했고 성실했지만 융통성이 없었으며, 그의 일처리 방식은 비인간적이어서 기계적으로 움직였다.

카를 야콥 부르크하르트, 1938년

그는 때로는 선생처럼 보였고, 때로는 괴팍스런 바보처럼 보였다.

히믈러에 대해서 슈페어가 한 말, 1953년

내가 들은 것처럼, 알프스에서 그라페네 시설 때문에 큰 소동이 일어났다. 주민들은 친위대의 회색 자동차를 알아보았고 화장으로 인해 계속 뿜어져 나오는 연기가 무엇을 뜻하는지 알았다. 그곳에서 벌어지는 일은 공공연한 비밀이었다. 이 때문에 아주 심각한 분위기가 조성되었다. 내 생각으로는 이 시설의 가동을 중지하거나 그 지역에 정신병이나 유전병에 대한 영화를 틀어 주면서 효과적으로 주민들을 설득하는 수밖에 없을 것 같다.

히믈러, 1940년

강제 수용소는 분명 혹독한 조치이다. 강도 높고, 새로운 가치를 만들어 내는 노동, 규칙적인 일과, 극도로 청결을 강조하는 주거 환경과 위생적인 신체 관리, 흠잡을 데 없는 식사, 엄격하지만 공평한 대우, 노동을 다시 배우고 수공업 관련 지식을 갖도록 지도하는 것이 우리의 교육 방식이다. 이 수용소에 걸린 구호는 다음과 같다. 자유로 가는 길이 있다! 그 이정표에는 복종, 근면, 성실, 질서, 청결, 객관적 행동 양식, 진실성, 조국에 대한 희생과 봉사가 적혀 있다.

히믈러, 1939년

아, 나는 유태인을 없앨 의도는 전혀 없었다. 나는 전혀 다른 생각을 가지고 있었다. 괴벨스는 이 모든 것에 책임이 있다.

히믈러, 1942년

반유대주의는 이를 잡는 것과 똑같은 것이다. 이를 없애는 것은 세계관하고는 전혀 상관이 없다. 이것은 위생의 문제인 것이다. 우리는 즉각 이를 없앨 것이다.

히믈러, 1943년

러시아 사람들을 무더기로 해치워야 한다. 무자비하게 살육해야 하는데, 돼지처럼 아주 잔인하게 도살해서 서서히 피를 다 쏟아내고 죽게 만들어야 한다.

히믈러, 1942년

한번 우리들끼리 탁 터놓고 얘기해 보자. 하지만 대중들에게 이 내용을 말해서는 결코 안 된다. 내가 말하려는 것은 유태인을 소개시켜 유대 민족을 완전히 절멸시키자는 것이다. 이것은 간단히 얘기해도 되는 성질의 일이다. 모든 당원 동지들은 말한다. "유대 민족은 없어질 것이다. 우리 강령에도 있듯이, 유태인을 배제하고 없애는 일을 추진하는 것은 당연한 것이다." 그러면 선한 8천만 독일인들이 문제가 되는데, 그들은 모두 괜찮은 유태인과 관계를 맺고 있다. 다른 인간들은 더러운 놈들이지만, 이 사람만은 훌륭한 유태인이라는 말이 정말 맞는 말일까. 이런 식으로 말하는 사람들 중 한 사람이라도 우리의 일에 대해 제대로 파악하고 있는 자가 있는가.

히믈러가 친위대 지휘자들에게 한 연설 중에서, 1943년

만약 국가사회주의 독일이 멸망하게 된다면, 독일의 적들과 지금 강제 수용소에 수용되어 있는 모든 범죄자들이 승리를 만끽하고 승자로 기록되도록 해서는 안 된다. 그들은 우리와 같이 사라져야 한다. 이것은 총통의 분명한 명령이다. 나는 총통께서 철저하고 정확하게 일을 수행하도록 보필할 것이다.

히믈러, 1945년

이 고등학생은 성실하다는 평판이 나 있었다. 그의 담임은 그를 "매우 정력적인 학생이었다. 그는 쉴새없이 바지런을 떨고 불타는 향학열을 가졌으며, 수업 시간에 적극적으로 참여하고 가장 뛰어난 능력을 보여 주었던 학생이었다"라고 칭찬했다. 그가 열정적이었고 지적이었으며, 꼼꼼했고 친절했다는 점은 여러 증거들을 통해 확인된다. 폭력적인 성향은 전혀 보이지 않았다. 독일계 미국인으로 역사학자인 그의 동기 조지 홀가튼George Hallgarten이 나중에 이 온순했던 동창을 회상하기를, 그는 "아주 온순한 양과 같은 학생이었다는 생각이 든다. 그는 파리도 건드리지 못하는 사람이었다." 이 모범적인 학생은 좋은 집안 출신이었고 인문적 교양의 토양 아래서 자랐다. 그는 뛰어난 성적을 보였고 성공적으로 대학 공부를 끝마쳤다. 심한 근시로 인해 희망했던 군인의 길이 좌절되고 별로 강한 인상을 남기지는 못했지만, 이 청년은 다른 방면에서는 나름대로 성공을 거둘 수 있었을 것이다.

대학생이 된 그는 식물과 농업에 대단한 열정을 보였다. 그는 다른 사람들과의 교분을 통해서 인정을 받으려 했고, 그래서 협회의 일원이 되었다. 하지만 그는 사람들의 관심을 끌지 못했다. 그는 급진적인 성향을 보이지도 않았고 선동적인 연설을 행하지도 않았으며, 혁신적인 생각을 가지고 있지도 않았다. 시험에 합격한 뒤에 그는 좋은 일자리를 빨리 구할 수도 있었지만, 경제 위기 상황이라 그리 좋은 자리는 아니었다.

그는 공무원이 돼서 독일 재정 분야에서 귀한 대접을 받는 사람이 됐을 수도 있었으리라. 꼼꼼하고, 청렴결백하며 항상 법을 정확하게 지키는 사람이었으니까. 그는 뛰어난 사람은 아니었다. 그와 가까웠던 동료 중 한 사람인 빌헬름 회틀Wilhelm Höttl은 "기껏해야 하찮은 세무 공무원이나 될 사람"으로 그를 평가했다. 스웨덴의 외교관인 폴케 베르나도테Folke Bernadotte는 심지어 그를 "아주 보잘것없는 공무원"이라고 폄하하기도 했다.

아마 그는 교사로서도 자신의 재능을 펼칠 수 있었으리라. 그가 교사가 되었다면, 그는 자신의 학생들에게 전통적인 의미에서의 "일반적 미덕"을 지키라고 교육시켰을 것이다. 그것은 질서와 복종, 의무감과 명예심, 유용성과 절약 정신이다. 그는 "매우 인색한 선생"이라고 친위대 간부 오스발트 폴은 자기 상관의 독특한 개성을 정의 내렸다. 그는 여러 직책을 맡은 성공한 지도자로서 후에 연봉 2만 4천 제국 마르크를 받았다. 이는 지도층의 다른 고급 간부가 저지른 엄청난 부패 액수에 비하면 푼돈에 불과했다. 이 간부는 히믈러와 잘 아는 사이였는데, 그를 타고난 교사라고 표현했다. 알베르트 슈페어는 추후에 그의 성격에 대해 "그는 때로는 선생처럼 보였고, 때로는 괴팍스런 바보처럼 보였다"라고 말했다.

만약 "제3제국"이 없었다면, 신비적인 현상에 경도된 다소 희극적으로 보이는 그의 성향, 미신을 믿는 경향, 약초를 이용한 의술에의 열정들은 결코 그가 꾸민 정원을 벗어나지 않았을 것이다. 비록 최악의 경우에는 괴팍한 성격을 내보이긴 해도 이웃들은 그를 상냥하다고 했을 것이다. 그랬으면 그가 위험스러운 사람이 되었을까?

시류에 휩쓸려 그가 다른 길을 걷지 않았다면 평범한 일상이 그의 삶이 되었을 것이다. "악한 자의 진부함"이라는 한나 아렌트의 말은 히믈러를 도운 아돌프 아이히만Adolf Eichmann을 두고 한 말인데, 이 말은 히믈러에게도 해당된다. 하인리히 히믈러는 무엇보다도 히틀러를 도와 수백만의 사람들을 눈도 깜짝하지 않고 죽이는 데 기꺼이 나선 집행인이었다. 그는 오늘날에도 "전형적으로 독일적"이라고 간주되는 성격의 소유자였다. 효과적이고 정확했으며, 의무감이 투철했고 권위에 복종하고, 질서를 지키며 청결한 것, 그것이 전형적으로 독일적인 것이다. 하인리히 히믈러, 그는 독일적인 이력의 소유자인가, 아니면 독일적인 병에 걸린 사람인가?

히믈러란 이름과 연관된 범죄상은 말로 형언하기 힘들 정도로 잔혹했지만, 그러한 범죄를 저지른 사람은 평범하기 그지없었다. 그는 전혀 훌륭한 사람이 아니었고, 성격상 대단한 일을 할 인물도 아니었다. 그의 동시대인들도 하인리히 히믈러를 "전혀 보잘것없는 인물이었는데, 중요한 위치에 오른 것은 아무리 생각해도 불가사의하다"(알베르트 슈페어)라고 묘사했고, "독특하거나 특출난 것이 없는 사람"(V무기 개발 책임자, 육군 소장 발터 도른베르거)이라고 표현했는데, 전혀 눈에 띄지 않는다는 것이 유일하게 그가 눈에 띄는 점이었다. 그는 성격상 "전혀 잔인하거나 악마적이지" 않았다고 영국의 역사가 휴 트레버-로퍼Hugh Trevor-Roper는 적고 있다. 물론 히믈러는 효율성을 중시함으로써 악마적인 사람이 되었다. 세무 공무원들이 수많은 소득세 신고를 처리하듯, 히믈러는 자신의 임무를 수행했다. 그에게 민족 말살은 어떻게 조직하느냐의 문제였다. 그는 희생자들이 느끼는 고통은 염두에 두지도 않았고, 살해자들이 느끼는 심리적 고통에 대해서만 우려를 했다.

1900년 10월 7일 하인리히 히믈러는 삼 형제 중 둘째로 뮌헨의 비텔스바허 2번가에서 태어났다. 그의 아버지 게브하르트 히믈러는 인정받는 고등학교 교사였다. 하인리히 히믈러는 나치의 고급 간부치고는 색다른 환경, 즉 안정적인 집안에서 태어난 인물이었다. 그는 가톨릭을 믿었고 충성스런 사람이었으며, 도덕을 준수하고 교양 있는 집안 출신이었다. 그리고 바이어른의 토박이었다. 관직에 있었기 때문에 가톨릭 성직자를 박해할 수밖에 없었던 그는 1941년 생전에 매우 존경받던 어머니를 여의였는데, 그녀의 장례식은 엄격한 가톨릭 의식으로 거행되었다. 란츠후트 고등학교의 교감이었던 그의 아버지 게브하르트는 신앙심이 깊은 사람이었다. 그는 어느 정도 유머 감각도 가지고 있었지만 전혀 융통성이 없는 사람이었다. 그는 독일 국가주의자였지만 반유대주의자는 아니었다. 높은 교양을 지닌 고등학교 교사였던 그는 그의 아들들에게 인문주의적 정신을 가르쳤다. 그렇다면 히믈러가 아버지를 잘못 이해한 것인가?

비록 하인리히의 부모가 부자는 아니었지만, 유복한 생활이었다고는 말할 수 있을 것이다. 저명한 바이어른의 하인리히 왕자 전하가 그들의 대부였는데, 그가 그들을 보살피고 있었던 것이다. 히믈러의 아버지는 왕자의 가정 교사였고, 히믈러의 삼촌은 궁정 성당의 참사회원이었다. 히믈러 가족은 바이어른 궁정에서 어느 정도 영향력을 가지고 있었다. 이 가족에게 하인리히의 세례식 축하 건배를 위해 왕자에게 "샴페인 한 잔을 올릴 수 있는" 영광이 주어졌는데, 이것은 왕가의 출생 신고 때나 있는 일이었다. 왕가의 일원이 선생 아들의 대부가 되어 주는 것은 대단한 호의가 아닐 수 없었다. 하인리히 왕자와 히믈러 가족 간의 유대 관계는 왕자가 1916년 전선에서 사망할 때까지 지속되었다. 하인리히는 그의 대부인 왕자의 유산 중 천 제국 마르크가 넘는 돈을 마지막 선물로 받았다. 물질적으로 궁핍해서 그가 국가사회주의라는 덫에 걸린 것은 분명 아니었다.

"하인리히는 병을 많이 앓았다. 백육십 번이나 결석을 하고서도 루데트 선생의 수업 시간에 모든 것을 따라잡고 2등급을 받아 통과할 수가 있었다"라고, 아버지의 비망록에는 그의 초등학교 시절 얘기가 적혀 있다. 일생 동안 히믈러는 허약한 몸 때문에 고생을 했다. 제국 친위대의 수장 시절에도 그는 학창 시절처럼 이런 육체적 허약함을 그의 열정으로 상쇄시켰다. 란츠후트 학교의 수업 목표는 이랬다. "종교적 토대 위에서 도덕적으로 올바른 품행을 갖도록 만드는 것, 조국이라는 울타리 안에서 보다 높은 교양을 제공하는 것과 독립적인 정신 노동자가 될 능력을 배양토록 하는 것." 첫 눈에 보기에도 학교의 이런 목표는 히믈러에게 행운이었던 것으로 보인다. "그는 항상 행실이 바르고 성실하게 행동한 학생이었다"라고 1919년 7월 15일에 교부된 그의 성적표에 기록되어 있다.

뮌헨 공대 농과 대학을 다니면서 고어와 종교학을 공부한 사람은 이 대학 역사상 히믈러가 유일했다. 대학생이 되어서도 하인리히 히믈러는 고등학생 때처럼 다른 사람들의 이목을 끌지 못했다. 동창들은 그를 "둔감한" 학생이었다고 표현했다. 연결고리를 찾기 위해 그는 협회 회원으로 가입했다. 그는 "독일 육종 협회"로부터 시작해서 "인문 고등학교 친목 모임"과 "구舊 바이어른 사격 클럽"에 이르기까지 적어도 10개 모임의 회원이 되었다. 그는 성당에도 다녔다. "나는 항상 신을 사랑할 것이고, 성당에 충실할 것이다!"라고 그는 그 당시 일기에 적고 있다. 어린 시절 그는 성당에서 의무적으로 하는 복사服事 일을 하기도 했다. 1919년 12월 그는 가톨릭 성향의 바이어른 국민당 당원이 되었다. 하지만 그는 4년 뒤, 1923년 8월에 큰 야망을 품고 그 당시 전혀 이름도 없던 당에 가입하기 위해 국민당을 떠났다.

야심적인 하인리히는 뮌헨 파싱의 가장 무도회에 터키 술탄의

하인리히 왕자의 대자代子, 하인리히 히믈러(1901)

항상 행실이 바르고…
란츠후트 고등학교 학우들과 포즈를 취한 하인리히 히믈러(아래 열 왼쪽에서 두 번째)

그는 성격상 전혀 잔인하거나 악마적이지 않았다. 그에게서 느낄 수 있는 차가움은 냉철함이 아니라 냉혈한에게서 볼 수 있는 잔인한 성질의 것이었다. 그는 잔인함에서 쾌락을 느끼지 않았다. 아예 그에 대해 무관심했다. 양심의 가책을 느끼는 다른 사람들을 그는 경멸하지는 않았으나 어리석은 짓을 한다고 생각했다.

휴 트레버-로퍼

복장을 하고 나타났다. 그는 술을 같이 마시지는 않았다. 여기서만은 이 모범적인 대학생도 바이어른적인 규범에서 벗어나야 했다. 대학생 학우회 아폴로에서는 심지어 그를 "결투를 신청할 수도 없는 사람"이라고 말하기도 했다. 위가 약하다는 것이 증명되고 술을 마시지 않아도 되면서 비로소 그는 확실한 유대 관계를 맺을 수 있었다.

고등학교와 대학교를 잘 마치고 성공적으로 교양을 쌓은 그의 이력을 가지고는 그가 왜 대량 학살을 했는지 설명할 수가 없다.

그에게는 군대 경력이 유일한 오점이었다. 그는 이미 17살 때 11 바이어른 보병 연대의 기수병으로 세계대전에 참여했다고 한다. 1943년 제국 의회 안내 책자에는 이처럼 그의 공식 이력이 과장되어 소개되어 있다. 그는 이 시기에 전선을 구경하지도 못했고 서부 전선 전투(동부 전선에서의 전쟁은 이미 끝난 상태였음)에는 참여하지도 않았다. 비록 그가 기회 있을 때마다 16살의 나이에 바이어른 친위대 하사로 부하들을 이끌고 "전투"에 참여했다고 주장했지만 말이다. 그 당시부터 하인리히 히믈러는 자신의 경력을 속이기 시작했다. 진실은 이보다 보잘 것이 없다.

게브하르트 히믈러가 세계대전 말기에 아들에게 군대로의 길을 터주기 위해 오랜 친분 관계를 이용하려고 했다는 사실은 맞다. 우선 학교를 마치라고 했음에도 불구하고, 막무가내로 장교가 되고자 했던 젊은 하인리히의 성화에 못 이긴 아버지가 선을 댄 것이었다. 체조 성적이 신통치 않았던 이 모범생의 일기장에는 "군인이 된다면 기꺼이 전투에 참여할 것이다"라고 적혀 있다.

드디어 그에게 김나지움을 떠나도 좋다는 허락이 떨어졌을 때, 제국 해군은 왕실에서 밀어 주었음에도 불구하고 심한 근시가 있는 이 지원자를 받아들이려 하지 않았다. 왜냐하면 "안경을 낀 사람은 선상 근무를 할 수 없었기"때문이었다. 그래서 채 열일곱이 되지 않았던 그는 육군을 지원하게 되었다. "내 아들은 보병 장교를 일생의 업으로 삼으려는 간절한 소망을 가지고 있습니다"라고 아버지는 지원 신청서에 사유를 적어냈다. 하지만 제국은 프랑스군 참호로 용감하게 뛰어들 총알받이 병사를 필요로 했다. 그러나 하인리히는 보다 높은 지위를 얻고자 했다. 레겐스부르크 훈련소에서 그는 부모에게 "군인(원문에는 라틴어로 이 단어를 씀 — 옮긴이) 하인리히"라는 서명이 담긴 편지를 적어 보냈다. 무엇을 위해 이 오래된 라틴어를 배웠단 말인가? 더 나은 자리를 요구했던 이 건방진 젊은이는 시대의 강요로 전쟁이 발발하자 일반 국민들과 함께 열광했다. 군사적인 모든 것에 대한 열광. 하인리히 히믈러 또한 그 시대의 아들이었다. 히믈러는 조국 독일의 "정당한 전투," 이 "성스러운 싸움"에 참여해서 자신의 "성숙된 모습"을 보여 주려 했다. "내적으로 보더라도 나는 정말 군인이다"라고 그는 자신의 일기장에 썼다. 다음 해방 전쟁 때도, "내 몸 한 부분이라도 움직일 수 있다면 참전할 것이다"라고 적고 있다. 그는 분명 기꺼이 전투에 참가하려 했지만, 전쟁을 찬미하는 책들을 통해서만 전쟁을 알았을 뿐, 자신이 실제로 비참한 전쟁을 경험한 사람은 아니었다.

 히믈러는 전쟁의 참상을 알고 있었지만 전쟁을 일으켰다. 그의 나라는 그가 참호 속에서 보았던 지옥의 연장선상에 있었다. 현대의 묵시록적 상황이었다. 이와 달리 이 묵시록적 상황을 조직했던 히믈러는 일생 동안 태곳적 세계를 꿈꾸었다. 횃불과 칼, 쟁기로 파헤쳐진 흙덩이, 그것이 히믈러가 꿈꾸던 세계였을 것이다.

 잠재적 전사인 히믈러는 바라던 전투에 투입되지 않았다. 그가 군사 교육을 마치기 전에 갑자기 평화가 찾아왔다. 히믈러는 사관후보생으로 과정을 마쳤지만, 전선에 투입되기에는 너무 늦었다.

히틀러는 자주 자신의 전투 경험을 언급하곤 했는데, 2차 대전 말기에 바익셀 군의 수장으로서 붉은 군대의 공격을 저지해야 했던 히믈러에게는 그런 경험을 할 기회가 없었다. 제복을 쫙 빼입고 빛나는 승리를 쟁취하는 꿈을 꾸고 있던 이 사관 후보생은 산업화된 전쟁의 피비린내 나는 살육 현장을 경험하지 못했다. 눈에 보이지 않는 가스 공격의 조용한 공포, 치명적인 전투기 폭격, 전격적인 탱크 공격을 그는 맛보지 못했다. 그가 이상적으로 생각하고 있던 영웅적인 전투상은 깨지지 않은 채 그대로 남아 있었다.

1919년 4월 하인리히 히믈러는 바이어른 인민공화국에 맞서기 위해 의용군에 들어갔다. 그는 다양한 자위 조직에서 봉사했는데, 이 조직들은 민주주의와 "치욕적인 베르사이유 조약" 그리고 "공산주의 독재"에 맞서기 위해 행진하기도 했다. "란츠후트," "오버란트," "21 소총여단"과 "주민 자치대" 같은 의용 부대에서 그는 준군사 업무를 담당했다. 다른 많은 사람들처럼 세계대전에 참전하는 것이 좌절된 그는 방향감을 상실한 채 자신을 의지할 곳과 자신의 존재를 확인할 곳, 이 상황을 해명해 줄 곳을 찾았는데, 특히 그가 찾은 것은 우상이었다.

뮌헨 대학생들 사이에는 그 당시 반유대적인 내용의 팸플릿이 나돌았는데, 제대로 방향을 잡기 위해 애쓰던 히믈러도 그것을 읽었다. 그는 휴스턴 스튜어트 체임벌린의 저서 『인종과 민족 *Rasse und Nation*』을 알게 되었고, 소위 "유태인의 세계 전복" 음모를 증명하는 기록물 『시온 현자들의 기록』을 읽게 되었다. 히믈러답게 그는 후세를 위해 각 책에 대한 주석을 포함한 독서 목록을 작성했다. 이것을 읽어 보면 핏기 없는 이 청년이 게르만 민족성을 다룬 책들과 성격이 다른 집단, 즉 프리메이슨, 제수이트 교단, 유태인들에 의해 시도되었던 세계 전복을 다룬 작품들을 즐겨 읽었음을

아직도 두 번째 줄에서…
뮌헨에서 있었던 국가사회주의 독일노동당 행진에 참여한 히믈러(헤쓰 뒤 오른쪽, 1925)

히믈러는 아마도 선의 관리인으로서, 도시의 시민으로서, 그리고 다소 고차원적으로는 학문 연구에 대한 감각이 있는 문화부 공무원으로서 그의 재능을 발휘할 수 있었을 것이다. 그러나 운명은 그에게 그가 제대로 할 수 없는 길을 가도록 만들었다. 그는 안간힘을 다해 모든 일을 처리했다. 그의 성격상 연약했던 부분에서 그는 강인함을 강조했다. 그의 성격과는 전혀 동떨어진 일을 그는 기계처럼 수행했으며, 총통이 명령하면 인간의 육신을 말살하는 일까지 서슴지 않고 했다.

펠릭스 케르슈텐, 히믈러의 주치의이자 안마사, 1952년

히믈러와 함께 나는 선전 협력 분야에서의 토대를 결정했다. 그는 키가 작지만 섬세한 사람이다. 온순하지만, 확고함이 부족한 사람이다.

괴벨스의 일기, 1929년

실제로 히믈러의 아버지는 선생님이었는데, 내가 생각하기에 그는 부모의 영향을 아주 많이 받은 것 같았다. 그는 꼼꼼한 선생님 같은 성격을 가지고 있었고 냉정했으며, 거부적인 태도와 경멸적인 태도를 가지고 있었다. 그는 어떤 종류의 호의도 베풀지 않았다. 유일했고 가장 중요했던 그의 교육 수단은 언제나 징계였다.

에른스트-귄터 쉥크, 군과 친위대의 식량 배급 담당자

알 수 있다.

그러나 20년대 초반에 히믈러가 저질렀던 일련의 사건들을 설명하기 위해서는 이 독서 목록만으로는 불충분하다. 히믈러는 우둔하지는 않았지만, 비판 능력에는 분명히 한계가 있었다. 그에게는 복잡하고 빠르게 변화하는 세상을 이해하기 위한 간단한 해석이 필요했다. 격변하는 사회와 정치의 혼란상은 앞을 내다볼 수 없게 만들었으며 불안감을 조성했다. 옛 질서는 왕자를 가르친 선생의 아들인 히믈러에게 사회 내에서 확고한 지위를 가져다주었다. 젊은 히믈러가 세운 삶의 계획들은 이제 쓸모 없게 되었다. 그는 이 상황을 설명해 줄 무엇인가를 찾았고 간단한 이론에서 이를 찾아냈다. 이 모든 불행에 대한 죄를 전가할 희생양을 유태인의 세계 전복 음모에서 찾고, 게르만의 영웅이 이를 퇴치하기 위해 나서서 소기의 성과를 거두게 된다는 것이 그 이론의 내용이었다. 히믈러는 해체된 전통을 돌이켜 봄으로써 그 해결책을 찾으려 했던 사람들 중의 한 명이었다.

이미 게브하르트 히믈러는 아들에게 게르만의 역사에 심취하도록 만들었는데, 이는 고등학교 교사의 특별한 열정에서 비롯된 것이었다. 타키투스의 『게르마니아*Germania*』를 읽으면서 하인리히 히믈러는 "고귀하고, 도덕적으로 순결하며 숭고했던 조상들의 훌륭한 모습"을 발견했다. 이런 이상적인 모습에 그의 아버지는 이미 열광했었지만, 그와는 달리, 이 아들은 그 모습에서 그가 처한 구체적인 삶의 현실을 보았다. 그가 보기에 독일 민족은 타락했고 도덕이 문란해졌다. 그래서 그는 좋았던 옛 게르만 시절을 꿈꾸었다. 그의 큰 소망은 "우리가 예전처럼 되는 것"이었다. 나중에 제국의 친위대장으로 고귀한 게르만 영웅들에 관한 국가사회주의적인 유토피아를 열정적으로 주장하게 되었을 때, 이 망상은 바로 20

년대 그가 가졌던 생각과 연관된다. 1924년 그의 일기장에는 "혼혈이 된" 독일 민족을 다시 "순수한" 게르만인으로 개량해야 한다고 적혀 있다. 그 당시 그에게는 일종의 크샤트리아 계급과 같은 것이 떠올랐다. 그가 생각하는 "새로운" 게르만인은 귀족이고 토지를 소유하고 있는, 고대 인도의 카스트 제도하의 전사 계급처럼 되어야 했다. "게르만족의 낙원"을 꿈꾸는 낭만적인 그의 미래상이 추구하는 목적은 동쪽에 새로운 모델 도시들을 널리 퍼뜨리는 것이었다. 즉 예배 사원이 있고 방어를 위한 마을과 사자死者들의 성을 갖춘 일종의 "게르만 혈통의 도시"였다.

초기의 이런 광적인 생각이 비인간적인 결과를 가져오게 된 것은 자명한데, 히믈러는 다른 많은 사람들과는 달리 이와 유사한 생각에 몰두했고 이런 생각을 현실화시킬 가능성을 가진 사람이었기 때문이었다. 그의 일기장에도 "게르만의 낙원"에 대한 전제 조건과 그에 수반되는 현상에 대해 적혀 있다. "북방 혈통" 사람들의 거주지 사이에는 노예들이 거주하는 공간이 있었는데, "그들은 우리 도시, 마을, 농가를 지었으며, 그들이 다치고 죽는다 하더라도 개의치 않았다"는 내용이었다. 히틀러가 꿈꾸던 오스트란트(동쪽 나라라는 의미 — 옮긴이)가 바로 이와 같았을 것이다.

취미로 역사를 공부하던 아버지의 영향을 받은 히믈러는 역사를 그의 입맛대로 바꾸었다. 히믈러에 따르면, "게르만인은 선사 시대 초기부터 높은 문화를 간직했던 민족이고" 불문법에 따라 생활한 민족이었다. 결정을 내려야 할 때면, 히믈러는 "이런 경우에 선조들은 어떻게 했을까?"라는 말을 되뇌이곤 했다.

아버지의 장기였던 중세 독일사도 그의 아들에게서 결실을 거두었다. 히믈러는 새잡이왕 하인리히 1세(작센 왕조를 창시한 독일의 왕 — 옮긴이)와 사자왕 하인리히 3세를 대게르만 제국의 원조로 보았다. 새잡이왕 하인리히 1세는 교회의 축복을 받지 않고 왕위에 올랐으며, 슬라브족과 헝가리에 맞서 원정을 떠나기도 했다. 1936년 7월 2일 하인리히 1세의 서거일에 행한 연설에서 친위대장 히믈러는 "끝나지 않은 과제"를 수행할 것임을 맹세했다. 동유럽을 슬라브족의 손아귀에서 벗어나게 하고 "독일 혈통"으로 식민지화한다는 것이 그 과제였다.

이미 20년대에 생각한 히믈러의 정치적 비전이 "게르만 대제국"을 건설하기 위한 강압적인 정복에 있었다면, 그 당시 그가 세운 개인적 목표는 그에 비해 다소 하찮아 보였다. 그는 농업을 공부했다. 왜냐하면 농장의 관리인으로서 "독일 처녀"와 함께 평화롭게 살게 되기를 원했기 때문이었다. 독일 땅에서 부른 일종의 전원시 같은 소망이었다. 만약 모든 일이 다르게 진행되었다면 좋았을 것을. 히믈러에게도 마찬가지이다. 역사의 길은 결코 일방통행이 아니다.

20년대 초에 젊은 대학생이었던 히믈러는 이민 계획을 세우고 있었다. 1921년 11월 23일 그는 일기장에 다음과 같은 글을 적었다. "오늘 나는 신문에서 페루 이민에 대한 기사를 오렸다. 어디로 가야 할까, 스페인, 터키, 동유럽 나라들, 러시아, 페루? 자주 그것에 대해 생각해 본다. 2년 안에 나는 독일을 떠날 것이다." 어떤 나라도 그에게 멀게 느껴지지 않았다. 1924년 그는 소련 대사관에 농장 관리인 자격으로 우크라이나에 갈 수 있는지를 문의했다. 이십 년 뒤 그의 부대에 의해 우크라이나에서 수확된 농작물들이 불태워지고 유태인 거주자들이 살해되었는데, 바로 그 사람이 순박한 농부로서 우크라이나의 농업 발전에 기여하고자 했던 것이다. 만약 이민이 허가되었다면 농부가 된 그는 1941년 우크라이나에 진주한 독일군을 다른 시각으로 바라보게 되었으리라.

그의 현실적인 지평은 바이어른에 국한되었던 반면, 이상 속에서 그는 동쪽을 도모했다. 1922년 8월 1일 그는 평점 1.7을 받고 학업을 마쳤다. 막 대학을 졸업한 학사 농부는 시험을 치른 후 바로 비료 회사에서 조수 자리를 얻었다. 히믈러는 쉴라이스하임에 있는 질소 비료 회사의 판매자가 된 것이다.

이제 그는 시민으로서의 삶을 영위할 수 있게 되었다. 수줍은 하인리히는 심지어 그가 원하는 "독일 처녀"를 만나게 되었다. 그녀는 브롬베르크 출신으로 그보다 몇 살 연상인 간호사 마르가Marga였다. 신교도이자 유복한 서프로이센 영주의 딸은 그가 이상적으로 생각하던 독일 여자였다. 바그너 오페라의 연출자들은 모두 그녀를 발퀴레의 이상적인 배역으로 생각할 수도 있었을 것이다. 그녀는 키가 크고 금발이었으며, 푸른 눈을 가지고 있었고 매우 강한 여자였다. 1928년 7월 3일 히믈러가 부모의 의사를 거스르면서까지 그녀와 결혼식을 올렸을 때, 그는 그녀가 가지고 온 혼수 자금으로 꿈꾸던 자영농이 될 수 있었다. 뮌헨 근교의 발트트루더링에서 이 신혼 부부는 양계 농장의 소유자가 되었다. 후에 영웅 종족이 될 "인적 자원"을 육성코자 했던 이 남자는 소규모 가축 사육자로서 자신의 경력을 시작했다. 물론 대단치 않은 성과를 거두었을 뿐이었다.

국가사회주의 독일노동당에서의 경력이 그에게는 더 맞는 것이었다. 그는 1923년부터 당원이었으며 "노전사"에 속했다. 하인리히 히믈러는 단순 가담자로 펠트헤른할레로의 행진에 참여했다. 에른스트 룀의 지휘 아래 "제국기"를 든 기수로서 참여한 그는 그의 형 게브하르트와 약 400명의 다른 전사들과 함께 전쟁부를 점령했다.

룀과 히틀러는 감옥에 들어가야 했던 반면(히틀러는 『나의 투쟁

*Mein Kampf*을 저술했던 란츠베르크로, 룀은 슈타델하임으로 이송됨), 눈에 띄지 않았던 히믈러는 국가 기관으로부터 어떤 제재도 받지 않았다. 미미한 존재로 간주되었던 그는 괴로워하고 있었다. "허풍이나 치고 말만 많았으며 정력적이지도 않았던 내가 할 수 있었던 것은 아무것도 없었다"라고 그의 일기에 적혀 있다.

1925년 봄, 회사를 그만두고 실업자가 된 뒤 그는 1차 세계대전의 영웅인 에리히 폰 루덴도르프Erich von Ludendorf 장군 주도하에 벌어진 "국가사회주의 자유 운동"에 자신의 모든 시간과 정력을 바쳤다. 이 시기에 이미 그는 그레고르 슈트라써를 알고 있었다. 란츠후트 출생인 이 약사는 제국 의회에 입후보했으며, 히믈러는 슈트라써의 비서로서 선거전에 참여했다. 120제국 마르크의 월급을 받는 상임 간부로서 그는 오토바이를 타고 니더바이어른 지역을 휩쓸고 다니며, 유태인과 자본주의자들에 반대하는 정력적인 연설을 했다. 그 당시 슈트라써는 국가사회주의 운동에 모든 힘을 쏟고 있었다. 그는 그때부터 이미 사회주의자로 간주되었는데, 후에 당내 권력 투쟁에서 국가사회주의 독일노동당 좌파와 함께 히틀러에게 무릎을 꿇게 된다. 히믈러는 그 당시 슈트라써와 그의 정치 노선에 완전히 동조하고 있었는데, 후에는 히틀러의 노선을 확고하게 따르게 된다.

연설 금지령 이후, 1925년 2월 27일에 국가사회주의 독일노동당이 재창당되는 혼란스런 상황이 그에게 유리하게 작용하여 그는 당에서 빠른 승진을 거듭하게 된다. 국가사회주의 독일노동당의 니더바이어른 대관구 사무국장으로서 란츠후트 출신인 히믈러는 지역 내의 당 거점들을 담당하게 되었으며, 같은 해에 니더바이어른-오버팔츠 대관구의 대리 지도자로 승진했다. 그는 다음으로 1926년에 오버바이어른-슈바벤 대관구 대리 지도자, 제국 선전부

이 열렬한 숭배자는…
히틀러와 룀과 같이 서 있는 히믈러 (1930)

독일 민족이 더 이상 어쩔 수 없는 큰 궁지에 몰려 있을 때 그분이 나타났다. 그는 게르만 민족이 육체적으로나 정신적으로, 그리고 영적으로 크나큰 곤궁에 처해 있을 때 항상 나타나는 위대한 인물들 중의 한 분이다. 괴테는 정신적인 영역에서, 비스마르크는 정치 분야에서, 총통은 정치, 문화, 군사 등 모든 분야에서 두각을 나타내셨다. 게다가 그분은 동쪽 지역에 맞선 싸움을 이끌고 세상의 모든 게르만 민족을 구원할 숙명을 타고났다. 위대한 인물들의 모습이 그에게서 구현된다.

히틀러에 대한 히믈러의 생각, 1940년

직접 눈으로 보지 못한 사람은, 히틀러의 명령을 받을 때마다 히믈러가 불안해하고, 일이 다시 잘 진행되고 거기다 칭찬까지 받게 되면 시험에 합격한 것처럼 기뻐했다는 사실을 믿지 못할 것이다. 이런 사실을 알면, 히틀러가 불편한 심기를 드러내는 것을 그가 왜 두려워했는지, 히틀러가 이맛살을 찌푸리면 그가 왜 움찔거리며 뒤로 물러섰는지 이해할 수 있을 것이다. 히틀러란 인물에 비하면 히믈러는 전혀 중량감이 없는 사람이다. 믿을 수 있는 관찰자들이 내게 전해 준 말에 의하면, 히틀러는 단 몇 마디 말과 손짓으로 간단하게 그를 제거할 수 있었다. 그래서 그는 히틀러에 맞설 엄두도 내지 못했다. 히믈러는 개인적으로 이런 상황에 괴로워하고 있었다.

펠릭스 케르슈텐, 히믈러의 주치의이자 안마사, 1952년

장 대리가 되었으며, 1927년에 마침내 제국 친위대장 대리가 되었다. 그는 마치 2인자로 아주 적합한 사람처럼 보였다. 그는 맹목적으로 1인자에게 복종했으며, 그의 출세는 바로 1인자에게 보인 조건 없는 충성 덕분이었다. 이런 사람들을 히틀러는 필요로 했다.

브라우나우 태생의 지도자는 그사이 감옥에서 나와 『나의 투쟁』을 출간했다. 히믈러는 그 책을 읽었다. 그의 판단으로는 "그 책 속에 수많은 진리가 담겨 있었다." 히믈러는 그의 신을 대신할 사람을 찾았다. 슈트라써의 비서인 히믈러가 란츠후트 사무실에서 히틀러의 초상을 앞에 두고 상상의 대화를 나누는 장면을 보고는 니더바이어른의 당 동료들도 놀랄 수밖에 없었다.

후에 공포의 대상이 된 히틀러의 "친위대"는 20년대 중반에는 고작 200명도 안 되는 오합지졸이 전부였다. 히틀러는 근위대가 미약하다는 사실을 알았다. "내가 란츠베르크 감옥에서 나왔을 때, 친위대는 서로 반목하고 있는 여러 개의 파벌로 나뉘어져 있었다. 그 당시 나는 소규모라 할지라도 응집된 하나의 근위대가 필요하다고, 무조건 충성하고 심지어는 자신의 형제를 향해서도 총부리를 겨눌 수 있는 그런 근위대가 필요하다고 말했다"라고 1942년 초 식사 중에 대화를 나누면서 그는 보잘것없던 친위대의 시작에 대해 회상했다.

선전 선동가 히틀러는 특별한 보호가 필요하다는 것을 인식하고 있었다. 비단 정적으로부터 자신을 보호하기 위한 필요뿐만 아니라 노선을 같이하는 정치적 동지들의 위험으로부터도 자신을 보호할 필요가 있었다. 히틀러는 자신에게 헌신하고, 충성을 다짐하는 군대가 필요했다. 그리고 그는 그 군대의 수장으로서 완전히 자신에게 충성하는 그런 사람을 필요로 했다. 그가 하인리히 히믈러였다.

히틀러가 친위대원 번호 156번을 받은 사람을 1929년 1월 6일 친위대장으로 임명했을 때, 친위대는 돌격대란 커다란 조직의 작은 부분에 지나지 않았다. 돌격대는 권력 지향적인 룀의 지휘 아래 당의 군대로 승격된 상태였다.

  항상 많은 병력을 지향했던 돌격대와는 달리 친위대는 처음부터 엘리트 부대를 지향했다. 해골이 화려하게 장식된 검은 모자를 쓰고 검은 테를 두른 하켄크로이츠 완장을 찬 친위대원들은 의식적으로 자신들이 니벨룽엔족의 영험을 받고 있음을 나타내고자 했다. "다른 모든 사람들이 배신하더라도 우리는 충성스러운 신하로 남을 것입니다. 지상에서 항상 그대를 위해 깃발을 올릴 것입니다." 히틀러는 이러한 확고한 자세를 강조했다. 1926년 7월 4일 그는 바이마르에서 있었던 국가사회주의 독일노동당 전당 대회에서 친위대장 요제프 베르히톨트Joseph Berchtold에게 뮌헨 펠트헤른할레로 행군할 때 들었던 "피문은 깃발"을 확실하게 지킬 것을 당부하면서 깃발을 건네 주었다.

  그러나 친위대가 결국 전면에 모습을 드러낼 수 있게 된 것은 하인리히 히믈러의 공이었다. 로마 황제의 근위병들의 모습에 그는 청소년 시절부터 푹 빠져 있었다. 선두에서 위대한 영웅에게 충성을 맹세하는 그러한 근위대를 그는 만들고자 했다. 이런 부대는 히틀러의 의지를 그대로 수행해야 했다. 효과적으로, 질문 하나 없이. "총통"에 대한 무조건적인 복종을 드러내는 가장 눈에 띄는 징표는 나중에 친위대가 착용한 제복에 달려 있었던 버클이었다. 버클에는 "친위대원 여러분, 충성심은 그대의 명예이다"라고 새겨져 있다. 동일한 구호가 친위대의 명예를 지키기 위한 칼의 날에도 새겨져 있다. 이와 함께 아돌프 히틀러는 1931년 4월 베를린 친위 부대가 세운 성과를 칭찬해 주었는데, 이 부대는 쿠르트 달뤼게Kurt

Daluege의 지휘 아래 과격한 베를린 돌격대의 쿠데타 음모를 초기에 분쇄했다. 이 쿠데타 음모는 당 내부의 알력에 의한 첫 분쟁이 아니었으며, 마지막도 아니었다. 그러나 이미 30년대 초에 히틀러가 그러한 문제들을 어떠한 방법으로 해결하려고 했는지가 명확하게 드러났다. 그리고 누구를 통해 일을 처리하려고 했는지도.

히믈러도 자신과 자기 휘하의 근위대에 맞는 짧은 문구를 생각해 냈다. 그 문구는 매우 겸손하게 들렸으며, 비록 이 문구가 옛 프로이센의 글을 표절한 것이기는 했지만, 이를 통해 그가 가톨릭 교육을 받았다는 것을 알 수 있었다. "보이는 것 이상의 것이 존재한다"라는 것이 그 문구였다. 히믈러는, 룀이 조롱하듯이, 비굴한 "숭배자"만은 아니었다. 그는 또한 영리한 전술가였다. 그는 흔들리지 않는 자세로, 남의 눈에 띄지 않게 권력 획득을 위한 가장 적합한 조치를 취했다. 그것도 적시에.

히믈러가 친위대장에 취임한 후, 친위대가 히틀러 정적들과의 대결에서 어떤 역할을 하려고 했는지 그 의도가 드러났다. 히틀러에 반대하는 모든 저항을 무력화시킨다는 것이 자신의 큰 목표였다는 사실을 그는 1934년 신년 기념사를 통해 공개적으로 밝혔다. "우리 앞에 놓인 가장 절박한 과제들 중의 하나는 드러나거나 감추어져 있는 적들, 총통과 국가사회주의 운동에 반대하는 모든 적들을 적발해서 해치우는 것이다."

이 시기에 친위대와 그 수장 하인리히 히믈러는 강력했던 돌격대의 그늘에서 오래 전부터 벗어나 있었다. 1928년 말 200명이었던 대원 수는 이듬해 천 명으로 다섯 배가 늘었다. 그 뒤 1934년 6월, 대원 수가 5만 명이 될 때까지 해마다 두 배씩 인원이 늘었다. 1931년에는 라인하르트 하이드리히의 지휘 아래, 후에 보안대SD의 원형이 되었고 당과 산하 기관에 대한 효과적인 감시 기관 역할

남자들은 여자들을 여러 명 거느릴 수 있어야 한다…
아내 마르가, 딸 구드룬과 그 여자 친구와 자리를 같이한 가장 히믈러

그는 자상한 가장, 딱부러진 상관 그리고 동료 관계가 원만한 사람이기도 했다. 그러나 동시에 그는 무언가에 홀린 듯한 광신자, 괴팍한 몽상가 그리고 히틀러의 손아귀에서 놀아난 우유부단한 꼭두각시이기도 했다. 그와 히틀러의 관계는 점점 더 커져 가는 애증으로 엮어져 있었다.

카를 볼프, 히믈러의 부관

히믈러는 간호사였던 여인과 결혼했다. 그녀는 그보다 연상이었다. 결혼 생활은 특별히 행복해 보이지 않았다. 그러나 그는 아내에 대해서는 항상 기사답게 격식을 갖추어 얘기했다. 히믈러는 여자들에 대한 기사도를 강조했다. 점잖지 않은 표현이나 음담패설을 하는 사람을 그는 아주 증오했다. 그는 그런 말을 들으면 마치 자신의 어머니를 모욕한다는 느낌을 받았다.

펠릭스 케르슈넨, 히믈러의 주치의이자 안마사, 1952년

을 한, 악명 높은 Ic-부대가 생겼다. 1934년 6월은 친위대가 본궤도에 들어선 시기였다.

히틀러가 없었다면 괴링과 히믈러는 결코 룀에게 반기를 들지 않았을 것이다. 히믈러와 하이드리히가 없었다면 히틀러도 함부로 룀을 공격할 수 없었을 것이다. 히틀러는 집권 뒤에는 돌격대가 불필요한 조직이 될 것이라는 것을 알고 있었다. 독일의 새 수상은 시가전에서 곤봉을 휘두르는 부대에 더 이상 의지하지 않았다. 돌격대는 평화와 질서를 가져오고자 하는 수상의 명성에 해가 될 뿐이었다. 권력을 강화하려는 히틀러의 계획에 돌격대는 방해물이었다. 히틀러는 국방장관 블롬베르크에게 제국 국방군이 제국의 유일한 무장 조직이 된다면 국방군의 지원을 받을 수도 있음을 분명히 했다. 경제, 정치, 군사 분야의 보수 세력들 사이에는 히틀러에 대한 불신이 만연하고 있었다. 즉 그가 "프롤레타리아 민중 군대"를 만들 수도 있다는 두려움을 가지고 있었다.

히틀러의 충복들 중 두 명은 자신들의 "총통"처럼 돌격대의 힘을 분쇄하는 데 큰 관심을 가지고 있었다. 헤르만 괴링과 하인리히 히믈러가 그들이다. 룀은 괴링의 주적이었다. 룀은 자신의 돌격대를 이용해 독일군의 수장이 되려고 했다. 룀은 자신이 정권에 필수적인 사람이라고 확신하고 있었으며, 항상 히틀러와 맞먹는 자리를 달라고 요구하고 다녔다. 그러나 괴링은 그 자리를 자기가 차지하려고 했다.

룀은 또한 히믈러의 적이었다. 하지만 히믈러는 그 사실을 쉬쉬했다. 형식적으로 친위대는 돌격대, 그러니까 룀의 하위 부대였다. 그러니까 친위대는, 항상 혁명을 주장하고 사회주의 구호를 외치고 다녔던 버릇없는 갈색 폭도들 편제에 억지로 편입된 것이었다. 만약 돌격대의 기를 꺾지 않았다면, 아마도 친위대의 미래는 없었을 것이다. 룀은 제거 대상이 될 수밖에 없었다.

"긴 칼의 밤"이라는 명칭으로 나치 역사에 기록된 거사를 준비할 때, 히믈러의 친위대가 주된 역할을 맡았다. 미행, 밀고 그리고 마지막으로 살인이 행해졌다. 이것은 그들이 권력을 잡기 위한 무기였다. 이 학살의 밤을 배후에서 지휘한 중심적인 인물이 라인하르트 하인리히였다. 그는 돌격대가 쿠데타를 준비하고 그 시기가 임박했음을 증명하는 서류를 조작했다. 히믈러는 이 날조된 쿠데타 음모 소식을 개인적으로 히틀러에게 전했는데, 히틀러는 1934년 6월 28일 라인란트에서 거행된 에센의 대관구 지도자 요제프 테르보벤Josef Terboven의 결혼식에 참석하고 있었다. 히믈러는 "총통"의 권력과 목숨이 거대한 음모에 의해 위험에 처해 있다는 거짓 보고를 했다.

이렇게 날조된 거사 계획은 다음 조치를 정당화하는 구실이 되었다. 살생부가 만들어졌는데, 거기에는 돌격대 지도부 외에 돌격대와 날조된 쿠데타 음모와 전혀 상관 없는 사람도 포함되었다. 왜냐하면 룀 외에도 쿠르트 폰 쉴라이허Kurt von Schleicher와 구스타프 폰 카르Gustav von Kahr 같은 히틀러의 오랜 적들 또는 그레고르 슈트라써 같은 소위 "반역자"들을 없애버리기에는 이번이 절호의 기회였기 때문이었다. 1934년 6월 30일 살인을 실행하고 죽음을 가져오는 친위대의 이미지가 드디어 사람들에게 인식되기 시작했다.

아무것도 모르고 있었던 룀은 뮌헨의 바트 비스 호수에서 히틀러로부터 직접 언질을 받게 된다. "자네는 체포되었어"라고 히틀러가 옛 전투 시절부터 동지였던 룀에게 소리치자, 그는 깜짝 놀랐다. 그때는 이른 아침 시간이라 그는 잠옷을 입은 채 문을 열어 주었다. 몇 시간 뒤에 베를린에서도 돌격대의 고위 지도자들이 체포되었는데, 그들의 이름은 소위 "제국 리스트"란 데 올려져 있었다. 이 "벌새"라는 작전의 희생자들은 리히텐펠트의 사관후보학교에서 곧바로 처형되었다. 뮌헨에서는 사정이 달랐다. 거기서 룀은 슈타델하임으로 옮겨졌는데, 그곳은 이미 11년 전에 그가 한번 구금된 적이 있었던 곳이었다. 개인적으로 히틀러는 사형자 명단에 이름이 올랐던 사람의 수를 백 명에서 이십 명 이하로 줄였다. 룀의 이름은 아직 있었다. 히틀러는 자신의 오랜 전투 동지를 사형시키는 데 사인하는 것을 주저했다. 나치 시대를 연구한 많은 해석자들은 이것을 히틀러가 원래 "연약한 독재자"였다고, 자신의 충복들에 의해 조종당했으며 이 사건에 히믈러와 괴링이 관계된 것처럼 다양한 관계자들에 의해 다양한 방향으로 이끌려 다녔을 수도 있다는 명제에 대한 증거로 보았다. 구체적인 살해 계획은 하이드리히와 히믈러에 의해 만들어졌다는 사실은 맞다. 히틀러가 처음에는 룀을 "사면해 주려" 했고 형식적으로 보면 그래도 돌격대 대장은 죽여야 한다는 괴링과 히믈러의 설득에 넘어갔다는 사실도 맞다. 하지만 히틀러가 이런 살상 행위를 통해서 가장 이득을 보는 사람이라는 사실 또한 맞다. 가장 위협적이고, 대중적으로 가장 인기가 있으며, 가장 막강한 당내의 라이벌 중 한 명이 이제 더 이상 그의, 즉 "총통"의 위협거리가 되지 않게 된 것이다. 룀과 돌격대를 없앰으로써 히틀러는 보수적인 엘리트들로부터 분명 큰 성원을 받았다. 괴벨스가 조종하는 신문의 저명한 필자가 쓴 환영 기사 제목은 "총통이 법을 수호하신다"였는데, 이는 드디어 시내에서 벌어지는 테러는 끝이 났다고 생각하는 지배적인 여론의 목소리를 반영한 것이었다.

히틀러가 다른 많은 경우처럼 이 경우에도 주저한 이유는 독재자의 연약함 때문이 아니라 그의 성격 탓이었다. 자기 생각에 문제를 가장 좋게 해결할 수 있는 완벽한 가능성이 제공될 때까지 기다리는 것이 그의 성격이었다. 때문에 나중에 그가 독단으로 처단자 명단을 늘린다는 것은 생각할 수 없다는 것 또한 맞는 말이다. 자살하라는 것을 거절한 룀은 결국 살해될 수밖에 없었다. 더러운 일을 처리한 것은 히믈러의 친위대였다. 강제 수용소의 첫 소장이었던 테오도르 아이케Theodor Eicke가, 자신의 부대를 이끌고 히틀러를 위해 바이마르 공화국에 총부리를 겨눴던 그 사람, 에른스트 룀을 사살했다. 히틀러의 대리인 루돌프 헤쓰가 이를 보기 좋게 정당화시켰다. "독일 민족의 존폐가 걸린 문제이기에, 위대한 총통에게 사사로운 죄를 물어서는 안 됩니다."

"누구에게 득이 되는 일이지"라는 범죄 수사학적 질문을 통해 두 번째 답을 얻을 수 있다. 왜냐하면 히틀러 외에도 이 "긴 칼의 밤"을 통해 득을 본 제2의 사람들이 있었기 때문이다. 괴링이나 룀도 히믈러의 치밀한 계산을 눈치 채지 못했을 수 있다. 히믈러는 자주 룀과 자리를 같이했고 그와 함께 하이드리히의 첫 아들의 대부가 되기도 했다. 그리고 나서 히믈러는 룀에게 비수를 들이댔다. 룀을 제거하는 데 있어 공범 관계였던 괴링은 비싼 대가를 치러야 했다. 히믈러는 괴링으로부터 게슈타포의 지휘권을 넘겨받았다. 제국 전체의 비밀 경찰이 이제 히믈러의 수중에 들어간 것이다. 하이드리히는 비밀 경찰청장이 되었다. 비밀 경찰청이 자리한 베를린의 프린츠 알브레히트 8번가는 예전에 공예 학교 자리였는데, 이제는 독일에서 가장 두려운 곳이 되었다. 이를 위해 그는 한 사람을 죽여야만 했던 것이다. 히믈러는 그 사람을 따라 국가사회주의 독일노동당에 입당했고, 히믈러에게 그 사람은 자신을 키워준 양부나 다름없는 사람이었다. 친위대장 히믈러는 이 기회에 그레고르 슈트라써도 처치했는데, 그는 란츠후트에서 그의 대리인으로 일하기도 했었다. 그의 첫 "지도자"로 예전에 모셨던 두 사람, 룀과 슈트라써를 살해하는 데 그는 주저함이 없었다. 괴벨스가 1929년에 적기를, "히믈러는 온순하고 우유부단하다." 그는 "슈트라써의 작품"이었다. 하지만 룀과 슈트라써를 해치울 때의 히믈러는 온순하지도 우유부단하지도 않았다. 이는 그가 저지른 첫 배신 행위였다.

그는 1934년 7월 20일 히틀러가 내린 지시의 형태로 이 배반에 대한 보상을 받게 된다. "특히 1934년 6월 30일에 있었던 사건과 연관된 친위대의 대단한 업적을 고려해서, 나는 친위대를 국가사회주의 독일노동당 내의 독자적인 조직으로 승격시키고자 한다."

이와 함께 히믈러는 특별한 지위를 부여받았는데, "제3제국"의 모든 권력의 유일한 원천인 사람, 아돌프 히틀러를 직접 그리고 언제나 원하는 때에 접촉할 수 있게 된 것이다. 그는 그 지위를 이용할 수 있는 데까지 이용했다. 그래서 1939년에는 친위대원들을 위한 독자적인 법률이 도입되게 된다. 이 법은 군의 군사 재판권과 동등했고 군인이나 민간인 범죄자에게 모두 적용되었다. 그리하여 친위대는 국가 내의 국가가 되었다.

이렇게 당의 지도자로서 비약적으로 성공한 것 외에도 히믈러의 국가 내에서의 지위도 계속 올라갔다. 바이어른에서 국가사회주의 독일노동당이 집권하고 난 뒤인 1933년 3월 9일 히믈러는 경찰국장 대리로서 뮌헨의 행정권을 넘겨받았다. 히틀러의 오른팔인 라인하르트 하인리히도 공을 인정받아 뮌헨 사법 경찰의 정치부장이 되었다. 이런 인사 정책이 공개적으로 밝혀지면서 무엇이 중요한 척도인지 명확해졌다. "독일 제국 정부는 바이어른에서도 아돌프 히틀러에 의해 주도되는 국민적 봉기의 충성스런 추종자를 확보하는 것"이 중요했다. 힌덴부르크의 죽음 이후 군이 히틀러측 사람들에 대해 충성 맹세를 함으로써 비로소 인정받게 되었던 "총통"-국가의 모습을 이때 이미 찾아볼 수 있었다. 경찰의 임무는 더 이상 국가 질서의 유지가 아니었다. 이제 경찰에게는 히틀러의 개인적 의지를 실행하는 것이 주임무가 되었다.

히믈러는 바이어른에서 시작해서 전 독일의 정치 경찰을 움직이는 수장이 되었다. 1934년 1월 그는 프로이센을 제외한 모든 지역의 정치 경찰들을 지휘하게 되었다. "총통의 생일날"인 4월 20일에 그는 제국에서 가장 중요한 정치 경찰인 프로이센 비밀 경찰의 대리 국장 및 감독관이 되었다. 형식적으로는 프로이센 수상인 괴링의 관할하에 있었지만, 1934년 11월 20일에 괴링이 가지고 있던 비밀 경찰에 대한 지휘권은 전부 히믈러에게 넘어간 상태였다. 괴링은 히믈러에게 권한을 넘겨주는 것을 오랫동안 미루었음에도 불구하고, 룀 문제가 해결된 뒤에는 공동으로 음모를 꾸몄던 히믈러에게 지휘권을 넘길 수밖에 없었다. 괴링은 이제 히믈러가 독일 경찰의 수장이 되는 것을 감수해야 했고, 1936년 10월 1일 게슈타포법이 제국에서 통용되는 것을 인정할 수밖에 없었다. 이제까지 연방 주의 관할이었던 정치 경찰이 이로써 중앙으로 통합되었다. "독일 제국 내에서 행해지는 모든 정치 경찰의 행위에 관한 지휘권은 친위대장 히믈러의 손에 쥐어졌다"라고 1937년의 상황을 나치 법학자 한스 프랑크Hans Frank는 묘사하고 있다.

새로운 자리에 오르면서 히믈러는 내각 회의에 참석할 수 있게 되었다. 왜냐하면 그의 자리가 장관급에 해당되었기 때문이다. "경찰 감독관"인 히믈러가 내무부 관할에 속하기 때문에 경찰은 내무부 소관이라고 계속 주장하던 내무장관 프릭Frick의 노력은 실패하고 말았다.

경찰은 이제 더 이상 국가 기관이 아니었고, 한 사람의 명령에

독일 처녀와…
부인 마르가와 함께 있는 히믈러(1934)

히믈러는 원래 수줍어하는 성격이었지, 이기적인 성격은 아니었으며, 군인 같거나 잔인한 성격은 더더구나 아니었다. 그는 소심하고 시민적인 사람이었다.

트라우들 융에, 히틀러의 비서

우리 아버지는 총통 사령부 내에 연인을 한 명 두고 있었는데, 어머니는 그것을 눈감아 주었다. 히믈러도 불륜 관계를 맺고 있었는데, 그들 사이에 두 아이가 태어났다. 내 아버지는 쾨니히 호수 근처의 농가에 여자와 아이들이 살 수 있도록 보살펴 주었다.

마틴 보어만, 보어만의 아들이자 히틀러의 대자

히믈러는 그의 행동이나 처신에서 보기보다 더 영리했다. 아마도 그 때문에 그는 배신의 염려가 있다는 의심을 받았을 것이다.

카를 야콥 부르크하르트, 1938년

그가 대량 학살을 저지를 것이라는 전조는 어디에도 없었다. 아마도 바로 그 때문에 대량 학살을 저지른 그가 그처럼 성공적으로 일을 처리할 수 있었을 것이다.

트라우들 융에, 히틀러의 비서

보이는 것 이상의
것이 존재한다…
친위대장 히믈러
(1936)

히틀러의 부하들 중에서 가장 정체를 파악할 수 없는 인물이 제국 친위대장 히믈러였다. 눈에 띄지 않는 이 사람은 인종적인 열등감에 사로잡혀 있었는데, 겉으로는 대단치 않은 인물로 보였다. 그는 정중하게 행동하려고 애썼다. 그가 가진 삶의 방식은 괴링과는 달리 소박해서 간단하게 언급할 수가 있었다. 그러나 그럴수록 그의 환상은 더욱 나래를 폈다. 그는 이 지구상에 발을 붙이고 사는 사람이 아니었다. 그가 중죄를 저지르도록 유혹한 것은 바로 그의 인종론이었다.

육군 대장 하인츠 구데리안

히믈러는 뇌물을 받거나 매수당할 그런 사람이 아니었다. 그런 점에서 그는 히틀러나 괴벨스와 완전히 구별되었다. 히틀러나 괴벨스는 목적이 있을 때만 남들에게 상냥하고 매력적으로 굴었다. 이와 달리 히믈러는 일부러 거칠고 직선적인 행동을 취했다. 군인다운 태도와 반시민적인 성향을 가지고 있다고 허풍을 떨기도 했는데, 그는 이런 행위를 통해서 천성적으로 확실한 태도를 취하지 않고 우유부단한 자신의 약점을 감추려 했다.

하지만 그의 이런 행위는 그의 생리에 맞지 않는 것이었다. 그를 참을 수 없게 만들어서 더 이상 교제를 못하게 만든 것은 말도 안 되는, 전혀 근거 없는 소문이었다. 그는 그런 소문들을 듣고 계속 나를 괴롭혔다.

알베르트 크렙스, 1932년까지 함부르크 대관구의 지도자를 역임한 사람

따라 총통의 의지를 실현하고 행사하는 수단으로 전락하게 되었다. 그 사람이 히믈러였는데, 그는 "제국의 얼간이"라고 계속 조롱받고 있었다. 물론 대놓고 그런 조롱을 해서는 안됐는데, 그런 말을 꺼낸 사람은 죽을 수도 있었기 때문이다.

새로운 자리에 오른 히믈러는 1936년 6월 26일 하달된 지침을 통해 독일 경찰을 근본적으로 새롭게 조직하게 된다. 치안 경찰 총수가 된 쿠르트 달뤼게의 휘하에 지방 경찰, 보안 경찰이 소속되었다. 친위대 부대장 라인하르트 하이드리히는 비밀 경찰 총수로서 정치 경찰과 사법 경찰을 지휘하게 되었다. 경찰 조직을 이와 같이 둘로 나눈 이면에는 정치 경찰을 독자적인 조직으로 격상시키려는 의도가 숨어 있었다. 그 외에도 사법 경찰은 정치 경찰의 영향권 안에 놓이게 되었다. 치안 경찰과 비밀 경찰이라는 두 개의 전담 기관이 만들어지면서 경찰이 사실상 친위대에 속하게 되었다. 왜냐하면 "전담 기관"이라는 조직 형태는 국가 행정 조직에서는 낯선 형태였고 친위대 용어에서 유래한 것이었기 때문이다.

새로운 경찰 총수가 어떤 사고를 가지고 있었는 지는 제국 학술원에서 1936년 10월 11일에 행한 연설에서 명확하게 드러났다. 그 연설에서 히믈러는 법과 법률에 근거하는 국가 행위에 대해 원칙적으로 반감을 가지고 있음을 분명하게 밝혔다. 사석에서 말하는 것처럼 그는 민주적으로 운영되는 경찰이 별 도움이 안 된다고 떠들어댔다. 범죄자는 법의 수호자가 불법을 저지르도록 만들려고 하는데, 민주 경찰은 무엇보다도 그런 경우에 빠지지 않으려고 노력한다는 것이다. 히믈러가 가지고 있는 법에 대한 생각은 이러했다. "우리가 행하는 행동이 법률 조항에 어긋나는지 아닌지는 전혀 내 관심사가 아니다. 원칙적으로 나는 내 임무를 완수하기 위해 노력할 뿐이다. 나는 내 양심에 따라 총통과 민족을 위해 내 일에 책임을 지고 건강한 인간의 이성에 맞는 일을 할 뿐이다. 다른 사람들이 법을 위반했다고 애석해하는 것은 […] 전혀 신경 쓸 일이 아니다. 실제로 우리는 과업을 수행하면서 새로운 법과 독일 민족의 생존권을 위한 토대를 다졌다."

그가 가진 이런 입장 때문에 히믈러는 히틀러에게 가장 알맞은 조력자가 될 수 있었다. 친위대는 히틀러에게 있어 단순한 통치 수단에 불과했다. 하지만 히믈러는 그 이상을 생각했다. 그는 친위대에게 제2의 과제를 부여했는데, 그것은 친위대가 장차 북방 계열 지배 종족의 핵심이 되는 것이었다.

1933년 봄에 친위대는 "돌격대가 고상하게 변한" 부대로 여겨졌다. 천해 보이는 갈색 셔츠를 입은 돌격대는 시민들이 보기에 곤봉을 휘두르며 거리를 활보하던 깡패와 같았던 것이다. 집권 이후에 출세를 위해 나치 조직에 발을 들여놓으려던 많은 사람들이 친위대나 그 "산하 기관"에 몰려들었다. 하지만 그들은 조직에 적극적으로 참여하지 않은 사람들이었다. 히믈러는 친위대를 가능하면 조속한 시일 내에 강력한 조직으로 만들고, 필요하다면 대규모 조직으로 재편하는 데 관심을 가지고 있었음에도 불구하고, 대원 수는 천천히 늘어났다. 히믈러가 단순한 인원 수의 증가보다 더 관심을 가지고 있었던 것은 친위대에 "적합한 사람의 확보"였다. 1933년에서 1935년 사이에 친위대원 수는 6만 명이었다. 1929년의 2백 명에 비하면 엄청난 수의 증가였다. 그러나 1933년 돌격대가 보유한 3백만 명의 대원수에 비하면 보잘것없는 수치였다. 히믈러가 친위대원 모집에 신중함을 보인 것은 다 이유가 있었는데, 그는 "백 명의 지원자 중에서 우리가 필요한 사람은 열 내지 열다섯 명이다"라고 말하기도 했다. 친위대원이 될 가능성은 매우 적었는데, 이는 히믈러가 친위대를 종족을 대표하는 엘리트로 만들려고 계획했기 때문이었다. "나는 1미터 70센티미터 이하의 대원은 뽑지 않겠다"고 모집 기준을 세웠다. 자신은 그 기준에 전혀 맞지도 않으면서 말이다. 히믈러는 막연한 생각이었지만 종족적으로 가치 있는 사람은 일정한 신장을 갖추고 있어야 한다고 생각하고 있었다. 얼굴 윤곽만 보고도 "아리안족 혈통"임을 알 수 있어야 했다. 히믈러는 지원자들이 증명 사진을 제출하도록 했다. 그는 사진을 보면서 지원자들이 독일인으로서 이상하게 보이는 특징들을 가지고 있는지 개인적으로 살펴보았다. 아마 그는 전후 "군사위원회"의 사람들도 이런 식으로 고르려 했을 것이다. 넓은 광대뼈를 가진 사람은 몽골 계통이거나 적어도 슬라브 계통이라고 추측할 수 있다고 히믈러는 확신하고 있었다. 그 자신은 "넓은 광대뼈와 둥근 얼굴을 가지고 있어서 오히려 남유라시아 인종"으로 생각될 수 있다는 사실 때문에 괴로워했다고 히믈러의 안마사이자 주치의인 케르슈텐은 적고 있다.

해박한 농업 기술자였던 그는 멘델의 유전 법칙을 인간에게 적용시키고자 했다. "우리는 종자를 재배하는 사람들과 같다. 교배를 통해 없어진 예전의 좋은 종자를 다시 깨끗한 상태로 복원하여 다년간에 걸쳐 선별한 밭에 우선 뿌려야 한다. 외형적으로 완벽한 사람을 선별하는 것이 우선되어야 한다." 히믈러는 별도로 결혼 규정을 두어서 "양질"의 결합을 보장할 수 있도록 하였다. 번식에 관한 명령이 1939년 10월 28일 전체 친위대원에게 내려졌다. 그에 따르면, "좋은 혈통"의 독일 여성과 처녀들에게 주어진 가장 중요한 의무는 군인들이 전장에 나가기 전에 그들의 자식을 갖는 것이라고 했다. 특히 중요한 것은 생식 행위가 외설적인 욕정에서 비롯되어서는 안 되며 높은 도덕적 책임에서 비롯되어야 한다는 것이다. 히믈러는 체격이 크고 금발이며 푸른 눈을 가진 영웅을 꿈꾸었다.

우리는 지배 종족의 핵심이다…
"체육 공로 휘장"을 받기 위해 훈련하고 있는 친위대장 히믈러(우측, 1936)

그의 희망은, 적어도 전쟁 후에는, 자신의 부대원들을 전부 채식주의자로 만들고, 술과 담배도 하지 않게 만드는 것이었다. 그것이 그의 미래상이었다. 그는 그렇게 함으로써 독일 종족이 더 나은 종족으로 육성될 수 있다고 믿었다. 나중에 자신의 부대원들에게 술을 끊게 만들기 위해 그는 경제적으로도 계획을 세우고 있었는데, 그것은 그가 독일 내의 모든 광천수 우물을 사들이는 것이었다. 이런 히믈러의 생각은 많은 군대 유머의 소재가 되었다.

에른스트-귄터 쉥크, 군과 친위대의 식량 배급 담당자

넓은 광대뼈와 둥근 얼굴을 가지고 있는 그의 외관은 오히려 그가 남유라시아 인종이라는 생각이 들게 만드는데, 이 자그마한 양반이 생기발랄하게 코안경 너머로 나를 바라보고 있었다. 그는 운동을 하는 타입이 아니었다. 근육을 풀고 도약을 하는 대신에 그는 자기 내면으로 몰두했다.

펠릭스 케르슈텐, 히믈러의 주치의이자 안마사, 1952년 그는 게르만족의 이상형, 순수 혈통의 강인하고 단호한 군주형 인간을 만들고자 했다.

 그러한 확고한 종족 육성관育成觀은 "삶의 샘 작전"에서 가장 비인간적인 면모를 보이게 된다. 히믈러가 말하기를, 모든 여성은 "종족적으로 흠잡을 데 없는 혈통"임을 입증할 수 있을 때 어머니가 되는 행운을 가질 수 있다고 했다. 그러므로 결혼은 필수 불가결한 것은 아니라고 했다. 히믈러는 미혼 여성들에게 "아이를 가질 수 있도록 도와 주는 사람"을 쓸 수 있도록 해주었다. 전쟁 후를 대비해 친위대장은 대규모 계획을 세웠다. 적어도 국가를 위해 한 명의 아이를 낳는 것이 모든 여성들의 법적 의무가 되었다. 전쟁 중에도 친위대원들에게는 다음과 같은 명령이 내려졌다. 신체 건강한 친위대원들은 미혼이든 기혼이든 간에 적어도 한 명의 아이를 가져야 한다는 명령이었다. 이 명령은 "귀중한 혈통의 친위대원"들이 전쟁으로 인해 입게 되는 인적 손실을 만회하기 위한 것이었다. 가톨릭 교육을 받은 히믈러는 일부일처제를 죄악으로 여겼다. 이혼의 금지와 일부일처제는 교회에 의해 내려진 비도덕적인 규정이며, 아이 수가 줄어들고 불륜이 생기는 것은 잘못된 교회의 가르침 때문에 생겨난 것이라고 했다. 이에 반대한 친위대의 생식 파수꾼 히믈러는 이슬람과 그 예언자 모하메드에 심취했다. "그는(모하메드는) 전쟁에서 용감하게 싸우다 전사한 모든 전사들에게 두 명의 아리따운 여성을 그 보상으로 주겠다고 약속했었다. 전사들은 이 말을 믿었다. 저승에서 보상을 받을 수 있다고 믿는 전사들은 기꺼이 목숨을 바치고, 전장에서 용감하게 싸우며, 죽음을 두려워하지 않는다." 많은 영웅들을 낳기 위해 남자들은 여러 명의 여자를 가질 수 있었다는 것이다. 히믈러가 그의 주치의인 케르슈텐에게 설명했듯이, 일부일처제를 없애는 것은 부가적으로 다

북방인의 운명을
타고난 남자들이
모인 집단…
크베들린부르크
성당에 있는 하인리히
1세의 무덤 앞에 서
있는 하인리히 힘러
(1938)

이 성스러운 자리에서 경건한 마음으로 그를 기리려 합니다. 천여 년 전 우리 민족을 행복하게 만들었던 그의 인간적인 덕과 지도자로서 보여준 미덕을 본받으려 합니다. 천 년 뒤인 지금 하인리히 왕께서 보여준 전무후무한 위대한 인간적 유산과 정치적 유산을 다시 받아들임으로써 우리는 그를 기릴 것입니다. 이런 우리의 생각, 말과 행동, 오랜 충성심과 정신은 우리의 총통 아돌프 히틀러께서 독일과 게르마니아를 위해 헌신하시는 데 도움이 될 것입니다.

하인리히 1세 서거 천 주년 기념식에서 행한 힘러의 연설 중에서, 1936년

북방인의 운명을 타고난 남자들이 모인 국가사회주의 군인 집단의 일원으로, 그리고 충성을 맹세한 결사의 일원으로 우리는 이 자리에 모여 영원불변의 법칙을 향해 행진하고 있습니다. 우리는 먼 미래를 향해 나아갈 것입니다. 우리는 투쟁심이 뛰어난 선조들의 자손이기도 하지만, 또한 후대인의 선조가 되기를 원하고 그렇게 될 것임을 믿습니다. 이 후대인들은 먼 훗날 독일과 게르만 민족의 영원한 삶을 보장하기 위해 꼭 필요한 사람들을 뜻합니다.

힘러, 1935년

음과 같은 장점을 가지고 있다고 했다. "다처제인 경우 한 부인은 다른 부인의 자극제가 되어 모든 관계에 있어 점점 더 이상적인 모습에 가까워진다. 우악스럽고 부기가 있는 모습도 사라지게 된다." 일부일처제에 대한 남자들의 거부감을 억지로 제지하게 되면서 결국에는 해가 갈수록 자식들의 수도 줄어든다는 게 그의 생각이었다. 빈틈없는 세계관으로 무장한 히믈러는 자신의 생각을 몸소 실천했다. 그는 부인인 마가레테 외에도 연인을 한 명 두고 있었는데, 그 여자는 히믈러와의 사이에 두 명의 아이를 낳았다. 두 여자는 현재 독일에서 살고 있다.

1936년 여름 하르츠 강 인근의 소도시 크베들린부르크에서 히믈러는 하인리히 1세 서거 천 년 기념식을 갖는 자리에서 친위대를 독일 미래를 보증하는 집단으로 만들려는 그의 비전을 밝혔다. "북방인의 운명을 타고난 남자들이 모인 국가사회주의 군인 집단의 일원으로, 그리고 민족에게 먼 길을 갈 것을 맹세한 결사의 일원으로 우리는 이 자리에 모여 영원불변의 법칙을 향해 행진하고 있습니다. 그리고 우리는 투쟁심이 뛰어난 선조들의 자손이며, 후대인의 선조이기도 합니다. 이 후대인들은 먼 훗날 독일과 게르만 민족의 영원한 삶을 보장하기 위해 꼭 필요한 사람들을 뜻합니다."

북방의 안개 속으로의 행진. 지상의 천국을 만들겠다는 국가사회주의 이론가들의 생각은 항상 뜬구름을 잡는 것같이 불명확했다. 히믈러도 거기서 예외가 아니었다. 그의 미래에 대한 비전도 과거를 잘못 이해한 결과의 산물이었다. 국가사회주의의 미래는 항상 반근대적인 것이었고 이전 선조들을 되돌아보는 것에서 비롯되었다. 미래의 독일인들은 이런 의미에서 보면 로켓을 탄 니벨룽엔족과 다름없었다.

옛것을 되돌아보면서 히믈러의 생각은 아주 기이한 형태를 띠게 되었다. 그가 근거를 두게 된 많은 것들은 자신의 유년 시절과 연관되었다. 어렸을 때 하인리히는 오래된 약국 근처에서 자랐다. 그 약국은 그가 가루약과 약초, 환약과 고약, 약단지와 도가니에 매료되도록 만들었다. 이런 관심은 그의 일생 동안 계속되었다. 후에 그는 친위대원들에게 아침 식사로 부추와 광천수를 먹도록 권유했고, 전쟁에 동원된 여성들에게 일을 오래 할 수 있도록 생마늘을 먹으라고 지시했다. "껍질째 삶은 감자 문제"를 그는 상세하게 다루었으며, 개인적으로 그는 이 문제가 "완전히 규칙으로 정해져야 한다"고 촉구하기도 했다. 친위대가 후에 거대한 경제 주체가 되었을 때, 친위대장의 기이한 성향이 중요한 역할을 했다. 1944년에 친위대는 자신들이 보유한 광천수 우물에서 독일 전체 소비량의 75퍼센트를 소비했다. 그중에 바트 노이엔아르의 아폴리나리스 우물도 있었다. 히믈러는 대학생 시절에 술을 마시는 데 문제가 있었는데, 친위대장이 된 그는 독일인들이 맥주를 아주 끊도록 만들려 했다. 맥주 대신에 그는 고대 게르만족이 마신 "생물학적으로 양질의 음료수"인 꿀술에 대해 관심이 많았다.

그의 특기 중 하나가 유사 치료법이었다. 귀리 짚을 삶은 물로 목욕(류머티즘 등에 좋음 — 옮긴이)을 하는 것은, 중세에 널리 사용된 약초를 이용한 치료처럼, 그가 잘 알고 있던 치료법이었다. 후에 그는 강제 수용소에도 약초 밭을 만들었다. 이런 일은 그에게 매우 중요한 것이어서, 그의 어머니를 돌보던 의사 파렌캄프 박사가 다하우 강제 수용소의 약초 밭을 감독하는 임무를 수행해야만 했다. 비참함과 죽음을 울타리 삼아 약초들은 무성하게 자랐고 엄청난 고통을 토해 내는 암흑 같은 세상의 한가운데 조그마한 푸른 낙원이 조성되었다. 그는 위대한 파라셀수스Paracelsus(15세기 스위스의 연금술사. 제약학에 정통했다고 함 — 옮긴이)의 가르침을 크나이프 Kneipp 목사의 물을 이용한 치료법과 마찬가지로 높이 평가했다. 공군의 주임 의사였던 지그문트 라셔Sigmund Rascher가 다하우 수용소에서 시도했던 냉각 실험에서 친위대장 히믈러는 얼음같이 찬 물에서 반쯤 얼은 실험용 사람들의 몸을 "동물적인 온기"를 통해 다시 녹이는 실험을 하도록 했다. 이를 위해 라셔는 라벤부르크 강제 수용소에서 여자 네 명을 넘겨받았다. 라셔 박사는 그와 같이 낮은 온도로 냉동된 사람을 다시 해동하는 것은 다른 해동 가능성이 없을 때만 하는 것이 좋다는 실험 결과를 내놓았다. 라셔 박사는 실험 대상자들의 죽음을 연구 대상으로 삼은 사람으로 유명했다. 라셔의 몇몇 동료들이 이런 연구에 참여하는 것을 거부했을 때, 히믈러는 에르하르트 밀히 장군에게 분노로 가득 찬 편지를 적어 보냈다. "이런 '기독교적 윤리를 가진' 의사들은 다음과 같은 생각을 가지고 있습니다. 우리의 젊은 독일 비행사의 목숨은 위험에 처하게 해도 되지만, 범죄자의 목숨은 너무나 고귀해서 더럽히려 해서는 안 된다는 생각 말입니다." 인간성은 전혀 논의의 대상이 아니었고, 단지 유용성만이 논의의 대상이 되었다.

오늘날 우리들은 루네 문자(고대 게르만 문자)와 동지冬至제 촛대와 같은 히믈러의 고대 게르만 상징들에 대해 비웃거나 횃불 아래 치렀던 예배의 장엄함에 대해 조롱해도 좋은가. 베스트팔렌의 한 마을 베벨스부르크에 "아리안 세계의 중심"을 만들려는 생각과 같은 히믈러의 기이한 성향을 이상하게 생각하고 이런 저런 모든 것들을 엉망이 된 뇌가 오락가락했다는 증거라며 비웃는 사람은 다음과 같은 점을 깊이 생각해 보아야 할 것이다. 히믈러 같은 이론가가 그런 상징들로 친위대 내에 그때까지의 유대감을 대체할 공동체 의식을 만들어 냈다는 점에 대해서 말이다. "하켄크로이츠가 그려진 깃발을 두고 맹세한 사람의 육신은 더 이상 자신의 것이 아니다"는 것이 친위대의 구호였다. 히믈러는 대원들에게 그들이 정선된 사람이라는 느낌을 갖도록 만들었다. 그래서 많은 대원들에게 친위대는 일종의 "가족을 대체할 그 무엇"이 되었다.

히틀러 본인은 히믈러의 이러한 무대 연출에 별로 관심을 두지 않았다. 그는 크베들린의 친위대가 벌이는 야단법석과는 거리를 두었다. 총통은 히믈러의 분파 행위와 엉터리 치료 행위, 낭만적인 역사관을 가지고 게르만 풍습이라 주장하며 그 풍습들을 육성하는 행위를 조롱하고 있었다. 『나의 투쟁』에서 이미 그는 "민족 신비주의가 보이는 거짓 엄숙주의"에 대해 반대 의견을 표명했다. 그는 1938년에는 민족성을 과장하는 충복의 생각에 대해 단호한 거부 의사를 나타냈다. 물론 이때 "충성스런 하인리히"의 이름은 거명되지 않았다. "우리 계획의 정점에 서 있는 것은 신비로움으로 가득 찬 선조들이 아니라, 명확한 인식입니다. 그러나 신비로운 요소들이 점점 더 깊숙이 침투되어 우리의 운동이나 국가에 이해할 수 없는 임무가 부여된다면, 그것은 비통한 일입니다. 이른바 예배소라는 것을 세우라고 신청하는 등의 위험스런 일들이 이미 존재하고 있습니다. 그것이 위험스러운 것은 예배소를 세움으로써 후에 필수적으로 예배 행사와 행위를 생각하게 될 것이기 때문입니다. 우리의 예배는 전적으로 자연스러운 것을 육성하는 것을 의미합니다."

그러나 히틀러는 히믈러의 연출이 보인 놀라운 효율성은 인정했다. 친위대장 히믈러가 가진 비합리적인 성향에도 불구하고 그의 행동 방식은 항상 목표를 가지고 있었다. 히틀러에게는 결과만이 중요했다. 그리고 히믈러는 이 결과를 보장해 주었다. 결과를 보장해 주는 대신 그는 자신의 기이한 성향과 망상의 나래를 마음

껏 펼칠 수 있었다. 그리고 매년 자신의 대원들과 함께 크베들린
성당의 지하 납골당에서 신비롭게 꾸며진 의식을 가질 수 있었고,
히믈러가 경멸한 카를 대제가 4,500명의 작센인을 살해한 베르덴
지역의 작센하인에 죽은 자들을 기리는 의미에서 작은 숲을 하나
조성할 수도 있었다. 해마다 하지와 동지 때 그곳에서 히믈러는 게
르만 루레(청동으로 만든 쇠뿔 모양을 한 취주 악기 — 옮긴이) 소리가 울
리는 가운데 이제는 더 이상 싸울 수 없는 선조들을 추모했다.

물론 이런 행위의 이면에서 히믈러가 꿈꾼 세계는 항상 현실적
인 모습을 띠고 있었다. "아리안 세계의 중심"인 베벨스부르크는
기능을 발휘하고 있었는데, 그곳에 강제 수용소가 세워졌기 때문
이었다. 이렇게 히믈러의 조직력과 인종 생물학적인 비전은 위험
한 형태로 합성되었다.

히믈러는 특히 히틀러와의 개인적인 관계, 즉 총통과의 직속 관
계를 이용해 그의 권력을 구축해 나갔다. 그가 이를 통해 생긴 가
능성들을 제대로 이용할 수 있었던 것은 보안대장 라인하르트 하
인리히 덕이었다. 지적이고 이해타산적이며, 권력욕이 강한 하이
드리히는 별로 주목을 끌지 못했던 히믈러를 이용했는데, 이는 적
절한 시기에 히믈러 자리를 차지하기 위한 계획의 일환이었다. 하
이드리히는 히믈러에게 그가 친위대장으로서 어떤 요직을 차지할
수 있게 되었는 지를 설명해 주었다. 그는 친위대를 "제3제국"에서
막강한 행정력을 가진 기관으로 만든 추진력 있는 사람이었다. 하
이드리히의 영향력에 대해서는 그의 동시대인들이 잘 알고 있었
다. H. H. H.— Himmlers Hirn heißt Heydrich(히믈러의 두뇌는
하이드리히이다)라는 정치 유머가 "제3제국" 내에 퍼져 있었다.

히믈러가 친위대 조직 내에서 결코 대리인으로 물러난 적이 없
고 하이드리히가 실세로서 전면에 나타나지 않은 데는 그럴 만한

이유가 있다. 바로 하이드리히가 1942년 6월에 체코 게릴라 대원의 습격을 받고 암살당했기 때문이었다. 범죄 역량을 가진 사람이 없어진 뒤에 친위대의 역량은 하이드리히가 암살된 시점에 고착되었다. 히믈러 자신은 손 안에 쥐어진 권력을 완벽하게 이용할 줄 몰랐다. 그는 정반대로 옛 위계 질서에 속하기를 원했고, 내무부 장관이 되어 그가 친위대와 함께 와해시켰던 그 조직의 일부로 편입되었다. 히믈러가 마틴 보어만 또는 요하임 리벤트로프를 친위대원에게 명령을 내릴 수 있는 친위대 지도자로 대접해 주었는지 여부는 불명확하다.

히믈러가 친위대를 조직하고 확장하면서 개인적인 지위 상승도 동시에 이룰 수 있었던 이유에 대한 답을 친위대 구호("충성심은 그대의 명예이다")가 주고 있다. "충성심"은 절대적인 복종과 무조건적인 추종을 의미하는 것이다.

히틀러는 법과 법률을 따지지 않고 주어진 정치적 임무를 믿을 수 있게 처리하고 자신의 의도대로 움직여 주는 부대가 필요했다. 또한 그는 이런 부대의 지도자로 총통 자리를 노리는 야망이 전혀 없는 아주 충성스런 사람이 필요했다. 돌격대의 대장으로서 자신의 목표를 강력하게 추진했던 룀과는 달리 히틀러는 "충성스런 하인리히," 히믈러를 오랫동안 신뢰했다.

히틀러의 정신 세계를 고려해 보면, 히믈러의 출세는 우연에 의한 것이 아니었다. "제3제국"의 친위대에서 중심 역할을 한 것은 필연적인 결과였다. 그럼에도 불구하고 여기에는 계획적인 측면이 있다. 히믈러는 친위대를 전투력이 강하고 믿을 수 있는 부대로 만들려 했을 뿐만 아니라, 국가사회주의 이데올로기의 중심적인 엘리트 부대로 만들려 했다. 친위대는 국가사회주의 정책을 수행하는 행정 기관 이상이 되어야 했다. 남성 집단인 친위대를 히믈러는 미래 통일 국가의 토대로 생각했다. 이런 이중적인 목표 설정 때문에 문제가 야기될 수 있었다. 왜냐하면 자신이 더 뛰어나다고 생각하는 사람들은 독보적인 위치를 확보하려고 하거나 적어도 최고 권위자와 동등한 위치에 있어야 된다고 생각하는데, 이런 엘리트들이 본질적으로 가지고 있는 생각으로 인해 문제가 발생할 수 있기 때문이다. 이런 엘리트들의 생각의 이면에는 과두제의 원칙이 숨겨져 있다. 이 과두제의 원칙이란 독자성을 목표로 하고 절대 독재와 달리 소수의 엘리트에 의해 지배되는 것이다. 게다가 이때 각각의 엘리트는 다른 엘리트의 일부가 아니다.

이런 폭발력을 가진 문제점이 히틀러가 몰락할 때까지 쿠데타로 이어지지 않은 원인은 히믈러의 성격 때문이었다. 하이드리히 같았으면 친위대의 잠재력을 동원해 자신의 목표를 관철시키려는 야심을 가졌을 수도 있었을 것이다. 그러나 히믈러는 그와는 다른 사람이었다. 친위대장으로서 그리고 독일 경찰의 수장으로서 일하면서도, 그리고 독일 국민들의 재산을 보호하는 제국 경감이란 직위에서부터 2차 대전 말기에 받은 군대 직책에 이르기까지 다른 모든 직책을 수행하면서도 그는 처음과 같은 위치를 그대로 지키고 있었다. 영원한 대리인, 1인자가 되려고 하지 않는 2인자의 위치 말이다. 때문에 친위대는 히틀러의 의지에 따라 움직여야 했다. 친위대는 1인 독재를 보장해 준, 히틀러가 절대적으로 믿을 수 있는 권력 도구였으며, 히틀러가 준 과제를 수행하면서 도덕률 같은 것은 신경 쓰지도 않았던 강력한 부대였다. 친위대는 하나의 규범, 즉 "총통"의 의지만이 존재하는 국가를 통치하는 수단이었다. 그리고 히믈러는 이런 기관을 조직하는 데 적임인 사람이었다. 히틀러의 재무장관이었던 슈베린 폰 크로직 백작은 히믈러의 성공 비결에 대해 언급했다. "히틀러는 자신의 정치적 쓰레기 청소 작업을 맡길 적임자로 히믈러보다 더 나은 사람을 찾지 못했다. 그는 끔찍한 일들을 꼼꼼하게 수행했고 자비나 후회를 몰랐다."

하인리히 히믈러라는 이름이 독일 역사상 가장 암울했던 시기와 연결되는 이유는 그가 "이론가"로서 난해한 사상을 가졌거나 "권력 기술자"로서 새로운 조직을 만들었기 때문은 아니다. 경찰과 보안대 총수이며, 히믈러의 측근인 라인하르트 하인리히와 그의 후계자인 에른스트 칼텐브루너Ernst Kaltenbrunner가 조직한 첩보 기관도 독창적인 조직은 아니었다. 이런 조직은 매우 효과적인 조직이어서 다른 나라에서뿐만 아니라 독일 땅에서도 수많은 선례와 그를 모방한 후발 조직들을 찾아볼 수 있다. 친위대가 수행한 임무는 결코 군사적인 것에 국한되지 않았다. 많은 사람들의 눈에 친위대의 무자비한 모습이 떠오른다면, 그것은 무장 친위대와 연관된 것이다. 무장 친위대는 강제 수용소를 감시한 "해골 부대"와 "일반 친위대"와 함께 친위대를 구성하는 일부였다. "처치 부대"에서 유래한 무장 친위대는 제국군 다음의 "제2의 군대"가 되었다.

그러나 그 외에도 히믈러의 총괄 지휘를 받아 인종 말살전을 수행한 다른 친위대 부대들도 있었다. 그들에게 중요한 것은 군사 작전을 수행하는 것이 아니라 모든 민족 구성원들을 없애는 것이었다. 하인리히 히믈러는 이런 임무를 철저하게 수행할 조직을 만들었던 것이다.

"건강한 민족을 만드는 일"에 방해가 되는 적들은 이미 오래 전에 정해져 있었다. "여러분들은 우리가 수천 년 전부터 우리 민족의 적들인 유태인, 제수이트 교단, 프리메이슨 사람들과 전쟁을 치르고 있다는 사실에 대해 더 이상 의심을 가져서는 안 된다"라고 히믈러는 1935년에 행한 한 연설에서 말했다. 곧 그는 자신의 적을

"독일적이지 않은" 모든 집단으로 확대했다. 그런 집단에 "슬라브의 열등한 인간들"과 "집시," "공산주의자와 볼셰비키주의자들"과 같이 사상을 달리하는 집단, 환자, 기독교도들, 반사회적인 사람들, 동성애자 등이 속했다. "열등한 인간"이란 논리는 히믈러가 "총통" 히틀러의 계획에 방해가 되는 모든 인간들을 제거하는 것을 정당화시켜 주었다. "전쟁 중의 전쟁"인 러시아와의 전쟁은 계획한 말살전을 시작하는 데 있어서 필수적인 선결 조건이었다.

히틀러는 말살전을 수행하기 위해서 독일 군대를 투입할 수는 없었다. 이를 위해서 그는 국가 조직 이외의 조직이 필요했다. 물론 군이 전쟁 범죄와 무관하다고 얘기할 수는 없겠지만, 참전한 많은 병사들이 나중에 밝힌 것처럼 독일군은 항상 이런 전쟁 범죄와는 거리를 유지하고 있었다. 이런 말살 행위는 새로이, 특수한 목적을 위해 편성된 부대에 의해 행해졌던 것이다.

히믈러는 보안 경찰과 보안 대원들을 동원해 투입 부대를 만들었는데, 그들은 후방에서 "특수 임무"를 수행해야 했다. 이때에도 지칠 줄 모르고 조직을 만드는 데 앞장선 보안대장 하이드리히는 우선 3천 명의 강력한 부대를 이끌고 있는 지휘관들에게 자신들의 임무에 대해 설명해 주었다. "모든 유태인, 모든 아시아 소수 민족, 모든 공산당 간부들과 집시들을 제거하라." 투입 부대의 장長들은 자신들의 "특수 임무"를 가차없이 정확하게 수행해 나갔다. 네 개 부대의 지휘관 중 한 명인 오토 올렌도르프Otto Ohlendorf는 자신의 부대에서 집계한 사살자 수가 1941년 말까지 약 9만 명에 달했다고 밝혔다. 이때 히틀러의 충복들은 이 민족 학살에 대해 아무런 비판도 하지 않았으며, 학살 집행 자료와 그 희생자 수를 꼼꼼하게 기록하고 있었다. 회계사 기질을 가진 하인리히 히믈러는 이를 정확하게 기록했다. 가장 큰 문제점 중의 하나로 생각되었던 것은,

예를 들어 우크라이나의 바비 야르라는 곳에서 있었던 대량 사살 행위가 벌어졌을 때 그 많은 사살자 수를 집계하는 것이었다.

어떻게 그들은 그와 같은 도살 행위를 할 수 있었을까? 이 질문에 대해 히믈러가 준 답을 통해서 말끔한 살인자에 대한 그의 생각을 엿볼 수 있다. 언젠가 한번 그는 친위대 지휘관들을 상대로 한 연설에서 "나는 여기 여러분들 앞에서 아주 어려운 얘기를 공개적으로 다루어보고자 한다"라고 말을 꺼낸 적이 있었는데, 그의 진지한 자세는 지휘관들의 숨을 턱턱 막히게 하기에 충분했다. "한번 우리들끼리 탁 터놓고 얘기해 보자. 내가 말하려는 것은 유태인을 소개시켜 유대 민족을 완전히 절멸시키자는 것이다. 이것은 간단히 얘기해도 되는 성질의 일이다. 모든 당원 동지들은 '유대 민족은 없어질 것이다' 라고 말한다. 그렇게 하는 것이다. 전혀 문제가 없는 것이 아니냐. 우리 강령에도 있지 않느냐. 그러면 선한 8천만 독일인들이 문제가 되는데, 그들은 모두 괜찮은 유태인과 관계를 맺고 있다. 그런 사람들 중 한 사람이라도 우리의 일에 대해 제대로 파악하고 있는 자가 있는가. 당신들 대부분은 백 명의 시체가 쌓여 있거나, 5백 명 또는 천 명의 시체가 쌓여 있다는 것이 무엇을 의미하는 줄 알고 있다. 이런 것을 견뎌내고, 인간적으로 약한 사람은 제외하더라도, 이런 상황에서 분별력을 잃지 않음으로써 우리는 강해졌다."

분별력을 잃지 않는다? 인간의 목숨을 파괴함으로써 모든 도덕관은 사라지게 되었다. 히믈러가 말하기를, "시민적인 가치를 거부하고 개개인이 판사가 되고 동시에 판결의 집행인이 되어야만 하는 경우가 있다. 그것은 그가 잔인무도하기 때문이 아니라, 민족의 정신과 삶을 보존하기 위해서 보다 높은 공동체의 명예가 이를 요구하기 때문이다." 히믈러는 친위대를 위해 독특한 도덕관을 발전

총통께서 내게 명령하셨다…
부하들과 같이 있는 친위대장 히믈러 (1939). 좌측으로부터 프란츠 요제프 후버(게슈타포), 아르투르 네베(사법 경찰), 라인하르트 하이드리히(보안대), 하인리히 뮐러(게슈타포)

자주 언급되듯이, 히믈러는 겉보기에는 보잘것없는 소인배처럼 보였다. 그러나 실제로 그는 "소인"이라는 단어와는 거리가 먼 사람이었으며, 아주 뛰어난 능력을 가지고 있었다. 그는 남의 말을 경청하고, 결정을 내리기 전에 숙고를 거듭하며, 자신의 참모로 아주 효과적인 사람을 뽑는 눈을 가진 그런 능력의 소유자였다. 그들은 그를 하찮은 사람이라고 보지 않았다. 물론 정신적으로 아주 뛰어난 사람들의 눈에는 이상해 보이는 점이 그에게도 있었다.

슈페어, 1979년

어제 히믈러가 내무장관이 되었다는 소식을 들었다. 과격주의자, 피에 굶주린 당의 주구, 경찰 총수, 괴링의 정적, 피의 노선을 주장한 대표적 인물이 내무장관이 되다니! 사형 집행인이 내무장관이 된다면 독일은 어떻게 보일까!

빅토르 클렘퍼러, 유태인 라틴 문학자, 1943년

히틀러와 괴링 그리고 다른 사람들은 환호를 받았다. 하지만 나는 히믈러가 환호를 받는 장면은 결코 본 적이 없다.

에른스트-귄터 쉥크, 군과 친위대의 식량 배급 담당자

우리의 유일한 임무는 이 인종전을 무자비하게 수행하는 것이다. 세상 사람들은 자신들이 하고 싶은 대로 우리를 욕할 것이다. 하지만 중요한 것은 우리가 게르만 민족과 총통을 위해 영원히 충성하고, 복종하는 부대이며 절대로 지치 않는 강인한 부대, 즉 게르만 제국의 친위대라는 사실이다.

히믈러, 1943년

정치적 쓰레기 청소 작업을 위한 적임자…

슈트라이허 그리고 라이와 함께 있는 히믈러.

나의 아버지는 정치와는 무관한 분이었고, 남에게 전혀 해를 끼치지 않은 분이었다. 그러나 하이드리히와 칼텐브루너 같은 사람에게는 주위의 모든 것이 불안거리였다. 칼텐브루너는 아버지를 습격하기도 했다. 막다른 길을 만들어 놓고 아버지와 기사를 사살하려 했다. 친위대원 중의 한 명이 아버지에게 다른 길로 가라고 충고했다. 그래서 아버지는 그날 무사히 베를린의 히믈러에게로 갈 수 있었다. 후에 히믈러가 칼텐브루너를 호되게 꾸짖으면서 그에게 말했다. "만약 케르슈텐에게 무슨 일이 일어난다면, 당신은 하루 안에 송장이 될 거요."

안드레아스 케르슈텐, 히믈러의 주치의이자 안마사인 펠릭스 케르슈텐의 아들시켰다. 첫번째 원칙은 "총통은 항상 옳으시다"이고, 두 번째는 "목적이 수단을 정당화시킨다"였다.

히믈러는 어떠한 경우에도 투입 부대가 가학적인 동기나 기타 다른 이유로 살인을 하지 못하도록 했다. 그는 잔혹한 대량 학살을 꼭 수행해야 하는 아주 중요한 과제라고 설명하려 했다. 그는 네베 부대가 투입된 지역인 민스크에서 200명의 유태인을 학살하라는 지시를 내렸다. 하지만 두 명의 여자를 그 자리에서 사살하라는 첫 명령부터 먹히지 않자 가벼운 쇼크를 받은 그는 "유태인에게 내리는 벌이니 양심의 가책을 느낄 필요가 없다"라고 말했다. 그는 도덕의 잣대를 이중으로 적용했다. 그는 대량 학살을 할 권리(내지는 의무)를 대원들에게 주었지만, 몰수한 유태인들의 재산을 도둑질하는 행위에 대해서는 가차없이 벌을 내렸다. "우리는 민족을 위해 우리를 죽이려고 하는 이 민족을 없앨 도덕적 권리와 의무가 있다. 하지만 우리는 모피, 시계, 동전 한푼 또는 담배 한 개비라도 다른 것들을 빼앗을 권리는 없다." 히믈러는 자기가 생각한 이상의 순수성이 훼손될까봐 염려했으며, 이를 어기면 가혹한 벌을 내리겠다고 엄포를 놓았다. "나는 썩은 곳이 생겨나는 것을 지켜보지 않을 것이다. 부패한 곳이 있다면, 우리는 힘을 합쳐 없애 버려야 한다. 그러나 전체적으로 볼 때 우리의 내면과 정신, 그리고 인성은 […] 부패로 인해 훼손되지 않았다고 말할 수 있을 것이다."

부패를 없애기 위해 본보기로 잡아들인 불쌍한 희생자들은 엄청난 고통을 받았으며, 인간 이하의 취급을 받았다. "손과 발, 머리, 눈과 입을 가지고 있는, 생물학적으로 보기에는 완전히 똑같은 피조물들이지만 전혀 다른 존재이다. 이 끔찍한 존재는 인간과 유사한 얼굴 모양을 가지고 있다. 하지만 정신적으로나 영적으로 동물보다 더 열등한 존재이다. 그들의 내면은 제어할 줄 모르는 거친 격정으로 가득 찬 지독한 카오스 상태이다. 알 수 없는 파괴 의지, 가장 치졸한 욕망, 아주 노골적인 비열함으로 가득 차 있다. 그들은 열등한 인간 외에 아무것도 아니다!"라고 1942년에 친위대장이 말했다. 그러한 존재들에게 자비를 베풀 필요는 없었다. 이것이 히믈러가 계속 반복하던 말이었다. 사냥할 때 "아무 방비도 안 되어 있고, 전혀 눈치도 못 채고 숲에서 먹이를 먹고 있는 죄 없는 가련한 동물을 쏘는 것"을 거부했던 인간이 어떻게 아무런 양심의 가책도 느끼지 않고 대학살을 저지를 수 있었는 지에 대한 답을 여기서 찾을 수 있다. 그에게는 세 가지 종류의 생물, 즉 인간, 동물, 열등한 인간이 있었기 때문이었다. 이런 히믈러가, 전후에 독일 아이들에게 체계적으로 "동물 애호 사상을 주입"해야 하고 동물보호협회에 경찰 권한을 주어야 한다고 말하기도 했다.

히믈러에게 인류애란 "매우 세련된 문명의 쇠퇴"를 나타내는 징표에 불과했다. 그가 자신의 부대원들에게 주입시킨 윤리적 가치는 달랐다. 즉 충성, 정직, 복종, 강직, 단정, 근검, 용기가 그가 요구한 윤리적 가치였다. 그러나 이러한 윤리를 보여줄 그룹은 제한되었다. "이 원칙은 친위대원에게만 적용되어야 한다. 정직, 단정, 충성, 동지애는 우리 핏줄을 가진 대원들에게 보여 주어야 할 가치이지 다른 사람들에게 보여줄 것은 아니다."

희생자를 인간 이하로 취급하고, 학살 행위를 당연한 조치로 정당화시키고, 이런 행위를 기계적으로 수행하기. 야누스의 머리를 가진 히믈러와 그 대원들이 했던 행동들을 이와 같이 설명할 수 있을까? 부모집에서 일하는 하인에게 줄 선물 바구니를 손수 챙기기도 했던 사람의 이 비이성적인 행위를 이성적으로 설명하는 것이 도대체 가능할까? 그리고 수많은 유태인을 사살하라고 명령한 그의 행위가 설명 가능할까?

아우슈비츠 강제 수용소장 루돌프 회쓰의 기록에 따르면, 히믈러는 유태인 학살을 냉철하게 계획하고 집행한 사람으로 나타난다. 회쓰가 자신의 죄를 주인에게 전가하려는 의도에서 그랬다 하더라도, 근거가 전혀 없는 것은 아니었다. 회쓰의 말에 의하면, 1941년 여름 히믈러는 그를 베를린으로 불러서 다음과 같은 말을 했다. "총통께서 유태인 문제의 최종 해결을 명령하셨다. 우리 친위대는 이 명령을 수행해야 한다. 동쪽에 있는 제거 장소들은 이와 같은 대규모 작전을 수행할 여력이 없다. 그래서 나는 아우슈비츠를 유태인들을 제거하기 위한 장소로 정했다." 히믈러로부터 비밀을 엄수하라는 명령을 받은 회쓰는 국가안전국 V부서의 유태인 문제 책임자였던 아이히만과 함께 민족 말살전을 조직했다. 한 사람은, 즉 아이히만은 완벽한 수송 체계를 짰고, 다른 한 사람은, 즉 회쓰는 이송된 유태인들을 열성을 다해 없앴다. 이 두 사람은 자신들의 임무를 수행함에 있어 전혀 양심의 가책을 느끼지 않았으며, 희생자들에 대한 동정심도 내비친 적이 없었다. 그들은 대상물을 처리하는 것이 중요했으며, 물건을 없애듯 살인을 저질렀다.

아우슈비츠 수용소를 시작으로 해서 아주 새로운 유형의 강제 수용소가 도입되었다. 친위대 경제 계획 책임자였던 오스발트 폴은 1942년 4월 30일 히믈러에게 보낸 글에서 "전쟁은 눈에 띄게 아주 다른 양상을 보이고 있고, 포로들이 들어오면서 수행해야 될 임무도 근본적인 변화를 겪고 있습니다"라고 적었다. "단지 보안이나 교화, 예방 차원에서 수감자들을 수용하는 것은 이제 더 이상 중요하지 않습니다. 전쟁 임무를 우선적으로 완수하기 위해 수감자들의 모든 노동력을 동원하는 것이 계속적으로 중요하게 되었습니다." 폴이 "교화 차원"이라고 돌려서 얘기했지만 실제로는 "제3제국" 초기에 강제 수용소에서 해왔던 일들을 조롱한 것이었다.

원래 돌격대의 관할하에 있었던 수용소들은 억압의 도구였다. 공산주의자, 사회민주주의자로부터 성직자, 유태인, 프리메이슨들을 포함해서 동성애자, "반사회적인 사람들"에 이르기까지 정치적으로 노선이 다른 사람들을 수용소로 "집결"시켰다. 히믈러가 "강제 수용소 감찰관과 친위대 경비대의 지휘자"로 임명한 테오도르 아이케는 1934년부터 강제 수용소 조직을 통합하는 일을 맡았다. 아이케는 자신이 소장으로 있었던 다하우 수용소처럼 통합된 경비 지침이나 처벌 규정을 도입했고, 수용소의 구조를 동일하게 만들었다. "해골 부대"로 조직된 친위대 경비대원이 약 4천 명에 달했다. 히믈러는 공개석상에서 수용소의 임무에 대해 정의를 내렸다. "강도 높고 새로운 가치를 만드는 노동, 엄격하지만 공평한 대우. 노동을 다시 배우고 수공업 관련 지식을 갖도록 지도하는 것이 우리의 교육 방식이다. 이 수용소에 걸린 구호는 다음과 같다. 자유로 가는 길이 있다. 그 이정표에는 복종, 근면, 성실, 질서, 청결, 객관적 행동 양식, 진실성, 조국에 대한 희생과 봉사가 적혀 있다." 이와 같은 이상적인 구호와는 달리 수용소의 현실은 완전히 달랐다. 수감자들이 빠져 나올 수 있는 길은 딱 한 가지였다. 유족들에게 전달되는 한줌의 재로만 그곳을 나올 수 있을 뿐이었다.

일반 사람들의 눈을 피해 죄수들은 잔인한 의학 실험의 도구가 되었다. "제3제국"에서 의사들처럼 타락한 직업 군인은 없었다. 히포크라테스 선서를 통해 모든 수단을 동원해 인간을 돕겠다고 맹세했음에도 불구하고, 의사들은 강제 수용소란 무법 지대에서 무방비 상태의 사람들을 대상으로 "연구 목적"이란 미명 아래 고통을 가했다. 선호한 연구 대상은 어린이들이었다. 치료제의 효능을 테스트하기 위해 "학문을 위한 봉사"라는 그럴 듯한 구실을 대고 아이들에게 치명적인 전염병 유발 주사를 놓았다. 저압 실험과 냉각 실험, 방사선을 통한 멸균 실험, 창상괴저를 막기 위한 술폰아미드 투약, "최종 실험," 그러니까 처음부터 수감자들의 사망을 예정하고 한 실험 등 끔찍한 실험 리스트는 끝이 없었다.

아우슈비츠와 다른 수용소에서 실험 대상자들을 "골라" 냈다. "처형"하기로 낙점된 수감자들은 즉시 가스실로 보내졌다. 나치의 앞잡이들은 15분 내에 사람을 사망하게 만드는 맹독성의 살충제 치클로네 B를 가스실로 넣었다. 노동력이 있는 사람들은 더 오래 고통을 겪어야 했다. 수감자들은 군수 물자 생산을 늘리기 위해 투입된 값싼 노동력으로 착취의 대상이었다. "노동이 자유롭게 만들어 준다." 이 시니컬한 모토가 수많은 수용소 입구에 걸려 있었다. 노동을 통한 제거. 그것이 실상이었다.

전쟁 초기에 제국 내에는 6개의 큰 강제 수용소에 대략 21,000명의 죄수가 수감되어 있었는데, 그 후로 그 수가 급격하게 늘어났다. 1940년에 이미 팔십만 명의 사람이 철조망 뒤로 사라졌다. 그러나 잔인함은 점점 더 도를 더했고 아주 새로운 양상을 띠었다. 강제 수용소는 인종 말살을 위한 장소가 되었다. 그곳은 단 하나의 목적을 수행하면 되었다. 즉 가능하면 많은 죄수들을 최소의 비용으로 살해하는 것이었다. 인간 도살장이 따로 없었다. 아우슈비츠, 소비보르, 첼름노, 마쟈네크, 트레블링카, 벨체크. 이 수용소들은 제국 내에 있지 않고, "식민지" 영토 안에 있었다. 독일인들은 여기에 관해 아무 소식도 들을 수 없었다.

1942년 히믈러는 아우슈비츠로 가서 희생자들을 선별하는 장면을 참관하고 가스실 문에 난 구멍으로 가스 투여 과정을 지켜보았다. 그는 이 모든 과정에 대해 어떤 말도 하지 않았다. 회쓰는 제대로 이해하고 있었다. 친위대장이 매우 만족하고 있다는 점을 말이다. 히믈러는 모든 수용소를 둘러보았다. 여기에서 회쓰는 정원 초과로 인해 친위대 경비대원들도 전염병에 감염될 위험에 처해 있으며, 굶주림으로 인해 죄수들의 노동력이 저하되고 있다는 점을 지적했다. 회쓰의 말에 따르면, 히믈러는 비참한 모습들을 눈앞에서 지켜보았지만, 꿈적도 하지 않았다고 한다. "더 이상 어렵다는 얘기는 듣지 않겠다!"라고 말하며 그는 회쓰를 야단쳤다. "친위대 지휘자에게 어렵다는 말은 있을 수가 없소. 지휘관의 임무는 나타나는 문제점들을 스스로 즉각 해결하는 것이오. 어떻게 해야 될 지에 대해서 스스로 머리를 굴려보시오. 내가 답을 주는 게 아니란 말이오!"

그런 대규모 제거 작업들이 어떻게 방해받지 않고 진행될 수 있었을까? "제3제국"은 비밀의 제국이었고 히믈러는 비밀스런 일을 처리하는 데 대가였다. 1945년에 괴링은 친위대 일에 대해서는 전혀 몰랐다고 주장했다. "친위대 밖의 사람들은 히믈러 조직에 대해 아무것도 몰랐다." 그러나 세세한 것은 몰랐을 수도 있지만, 민족을 말살하는 일의 비밀 유지가 가능했을까? 수용소장 회쓰조차 회의적인 생각을 가지고 있었다. "탁트인 곳에서 처음 소각할 때부터 지속적으로 이 일을 진행할 수 없다는 생각이 들었다. 날씨가 나쁘거나 바람이 강하게 불 때면 태운 연기가 수십 킬로미터까지 날아갔다. 그래서 당에서 역선전'을 했음에도 불구하고 인근에 사는 주민들이 유태인 화장에 대한 얘기를 할 정도가 되었다. 제거 작업에 참여한 모든 친위대 식구들에게 전체 과정에 대해 함구하라는 엄한 지시가 내려졌지만, 발설한 자들에게 엄한 벌이 내려졌지만, 잡담 중에 전달되는 것을 막을 수는 없었다." 유태인 학살은 제국에서 비밀 사항이었지만, 충분히 알고 있는 사람들이 많았다. 너무나 잘 알고 있어서 더 이상 알려고 하지도 않았다.

여기에 동참한 사람들은 어떻게 하였는가? 범죄자들은 대부분

비상 사태라는 이유를 댔다. 책임은 윗사람에게 넘겨졌다. 모든 살인자들의 배후에는 살인을 명령한 사람이 있었다. 사람들은 최고 명령권자인 히틀러에게 모든 죄를 전가하고 그와 함께 몰락하고자 했다.

그러나 이 상황이 그리 간단히 해결될 일은 아니다. 히믈러처럼, 히틀러 본인은 개인적으로 살인을 저지른 적이 없었다. 히믈러는 자신이 처한 상황을 설명했다. 자신은 유태인 문제를 살인을 통해 해결하라는 히틀러의 명령을 받았다고 말이다. 서류 형태의 증거물은 없다. 1942년 여름에 이미 히믈러는 그의 안마사인 케르슈텐에게 다음과 같은 말을 했다고 한다. "나는 유태인을 없앨 의도는 전혀 없었다. 나는 전혀 다른 생각을 가지고 있었다. 괴벨스가 이 모든 것에 책임이 있다." 히틀러가 아주 다른 생각을 가지고 있었다는 점을 도외시하면, 그가 친위대장으로서 유태인을 없애라는 명령을 내린 것은 확실하다. 누가 비상 사태라는 이유를 댈 수 있는가? 히믈러는 히틀러를 제외하고 "제3제국"에서 가장 막강한 사람이었다. "총통"의 명령을 거부할 수 있는 사람은 바로 친위대장 뿐이었다. 그러나 그는 자신을 "신과 같은 인간(히틀러)"의 도구로 생각했다. 히믈러는 언젠가 그의 주치의인 케르슈텐에게 다음과 같은 말을 했다. "독일 민족이 더 이상 어쩔 수 없는 큰 궁지에 몰려 있을 때 그분이 나타났다. 그는 게르만 민족이 육체적으로나 정신적으로, 그리고 영적으로 크나큰 곤궁에 처해 있을 때 항상 나타나는 위대한 인물들 중의 한 분이다. 괴테는 정신적인 영역에서, 비스마르크는 정치 분야에서, 총통은 정치, 문화, 군사 등 모든 분야에서 두각을 나타내셨다." 히믈러는 히틀러를 괴테 그리고 비스마르크와 동렬로 보았을 뿐만 아니라, 그를 민족의 구원자로 보았다. 히믈러에게 브라우나우 출신의 히틀러는 메시아의 한 사람이

총통께서는 항상 옳으시다…
히틀러, 괴링과 함께 있는 히믈러

내가 1945년 4월 29일과 30일 밤 사이에 히틀러를 마지막으로 만났을 때, 그는 내게 자신의 삶에 실망했다고 말했다. 그리고 그는 특히 자신의 생의 마지막 순간에 대단히 실망스런 경험, 즉 부하들이 자신을 떠나는 경험을 했다고 말했다. 가장 끔찍스러운 실망감을 느꼈던 것은 히믈러의 배신 행위 때였다고 그가 말했다.

아르투어 악스만, 유겐트(소년단) 지휘자

나는 히틀러가 식탁에서 히믈러와 강제 수용소에 대해 얘기하는 것을 한번 본 적이 있다. 그때 느낌으로는 강제 수용소가 노동 수용소로 생각됐다. 히틀러는 히믈러가 강제 수용소에 아주 정교한 시스템을 도입하고 있다고 말했다. 예를 들어 그는 악명 높은 방화자에게 화재 현장을 감시하는 책임을 지웠다고 했다. 히믈러가 말하기를, "총통 각하, 그곳에서는 불이 안 날 거라고 확신하셔도 됩니다." 사람들은 노동 수용소가 잘 조직되고, 심리적으로 노련한 방법이 사용되고 있다는 느낌을 받았다. 히틀러는 히믈러의 조직 능력에 대해 존경심과 놀라움이 섞인 표정을 짓고 있었다.

트라우들 융에, 히틀러의 비서

었다. 이런 그가 전쟁 말기에 패전이 임박했을 때 자신은 죄가 없다며 모든 죄를 히틀러에게 전가했다는 것은 정말 믿기 힘든 일이다.

그 아래 사람들에게 비상 사태가 있었던가? 대학살을 주도적으로 조직한 중심 인물인 회쓰와 아이히만에게? 강제 수용소의 경비를 맡았던 친위대원들에게? 가스실에 넣을 사람을 뽑고 신처럼 삶과 죽음을 관장한 의사들에게? 그들 모두 비상 사태를 살인 행위의 이유로 댔다. 그러나 살인 명령을 끝까지 거부한 경우는 얼마나 있었는가?

적어도 분명한 것은 살인 명령 외에 잔혹 행위를 저지르라는 강압은 없었다는 점이다. 히틀러 자신도 친위대의 도덕관에 대해 염려를 나타냈다. 왜냐하면 그런 도덕관을 가지고 저지르는 행위들로 인해 친위대가 거칠고 잔인해질 수 있기 때문이었다. 그래서 그는 친위대원들에게 "분별"있게 행동하라고 여러 번 촉구했다. 과도한 폭력은 대개 폭력을 휘두르는 사람들의 인격에 그 원인이 있었다. 이러한 폭력 행위를 나중에 "비상 사태"란 이유로 정당화시키는 것은 역사적 진실과 어긋나는 것이다. 투입 부대나 "해골 부대"에서 근무한 사람들은 과도한 폭력을 휘두르라는 압력을 받지 않았다. 그 사람들이 자발적인 결정에 따라 근무 지침과 살해 명령을 거부할 수 있었을까? 그러한 명령을 회피할 가능성이 있었는데, 특별한 위험이 있는 것도 아니었다. 명령을 수행할 만큼 강하지 않다고 해명하거나 특별한 이유를 대지 않고 말없이 회피하는 사람은 목숨을 내걸지 않아도 됐다. 나치의 살인 장치인 수용소와 관계를 끊는 것도 불가능한 일이 아니었다. 물론 이런 일을 결정하기가 쉽지는 않았을 것이다. 후에 비상 사태라는 이유를 대는 것이 더 쉬웠을 것이다. 그리고 쉽게 그것은 사실과 다르다고 말할 수도 있었을 것이다. 하지만 어떤 범죄자도 이런 변명을 할 수는 없다. 히믈러로부터 하이드리히, 회쓰를 비롯해 말단 친위대원과 강제 수용소의 의사들까지 이 범죄에서 자유로운 사람은 없다. 그들의 추진력과 신명을 바친 노력이 없었더라면 이런 미친 국가사회주의자들의 말살 정책이 애초부터 가능하지 않았을 것이다. 히틀러 주위에는 수많은 조력자가 있었다.

체제의 억압 아래 있지 않았던 사람들은 왜 이를 저지하려 하지 않았을까? 연합군은 인종 학살이 시작된 초기부터 이 사실을 알고 있었다. 왜 이들은 아우슈비츠를 폭격하지 않았으며, 드레스덴의 프라우엔 성당을 파괴했듯이 이 수용소를 파괴하지 않았을까? 생명의 위험을 무릅쓰고 적국의 선전 방송을 통해 대량 학살 소식을 접한 독일인들에게 이에 대해 저항하지 않았다고 비난할 수 있을까? 오늘날 우리가 그들에게 영웅적 용기를 요구할 수 있는가? 그 당시 강제 수용소에 끌려갈 위험을 무릅쓰고 아우슈비츠, 소비보르, 마쟈네크 수용소에 맞서기 위한 영웅적인 용기를 냈어야 했다고 말할 수 있는가?

오늘날 높은 도덕심을 가지고 살인 행위를 막지 못한 사람들을 평가하는 사람들에게 다음과 같은 질문을 던져 보자. 그러면 오늘날 불의에 항거하는 용기는 어느 수준인가? 캄보디아에서 폴 포트가, 우간다의 이디 아민이 얼마나 오랫동안 살인을 저질렀는가, 문명 세계가 절단날 때까지가 아니었나? 루안다의 후투족과 투치족 쌍방간에 피의 학살이 벌어졌을 때, 국제 사회는 얼마나 오랫동안 방관했는가? 무고한 스레브레니카의 회교도에 대한 학살과 무고한 바비 야르의 유태인에 대한 학살이 무슨 차이가 있는가? 오늘날에도 이런 학살에 맞서 일어나라는 영웅적 용기를 요구하지는 않는다.

그것이 우리를
강건하게
만들었다…
아우슈비츠를 방문
한 히믈러(1942)

강제 수용소는 모든 금고형처럼 분명 혹독한 조치이다. 강도 높고, 새로운 가치를 만들어 내는 노동, 규칙적인 일과, 극도로 청결을 강조하는 주거 환경과 위생적인 신체 관리, 흠잡을 데 없는 식사, 엄격하지만 공평한 대우, 노동을 다시 배우고 수공업 관련 지식을 갖도록 지도하는 것이 우리의 교육 방식이다. 이 수용소에 걸린 구호는 다음과 같다. 자유로 가는 길이 있다! 그 이정표에는 복종, 근면, 성실, 질서, 청결, 객관적 행동 양식, 진실성, 조국에 대한 희생과 봉사가 적혀 있다.

히믈러

히믈러에게는 신중하게 일을 처리할 줄 아는 멀쩡한 능력도 있었다. 그는 전혀 주저하지 않았고 양심의 가책도 느끼지 않는 사람이었다. 하지만 내 아버지는 이런 히믈러를 설득해 강제 수용소에 수감되어 있던 이런 저런 사람들을 꺼내 오는 데 성공했다. 예를 들면, 오라니엔부르크에 수감되어 있던 사회주의자를 꺼낼 수 있었다. 아버지는 히믈러에게 가서 다음과 같은 말을 했다. "지금 영국의 퀘이커 교도들이 한 사람을 구하려 하고 있습니다. 매우 적극적인 여성이 있는데, 그녀가 그를 구하려고 여기까지 왔습니다. 만약 그 사람을 석방하면, 외국 언론에서 호의적인 글을 실어 우리에게 플러스가 될 것입니다. 석방을 하지 않으면 아주 마이너스가 될 것입니다." 이 말을 다 듣고 히믈러가 대답했다. "좋다. 한번 고려해 보겠다." 그리고 나서 그 사람은 석방되었고, 더욱이 외국으로 떠나는 것도 가능하게 되었다. 그의 이름은 에른스트 로이터였는데, 그는 전쟁 후에 베를린 시장이 되었다.

에곤 한프슈탱글, 나치 공보관의 아들

어떤 전우도…
러시아 전쟁 포로들을 수용하고 있는 동부 전선 후방의 한 수용소를 방문한 히믈러(1941)

우리는 결코 야만적이거나 냉혹하게 굴지는 않을 것이다. 그래서는 안 된다. 우리 독일인들은 짐승 같은 이 세계에서 유일하게 올바른 생각을 가진 사람들이다. 우리는 짐승 같은 인간들도 올바른 생각을 가질 수 있도록 할 것이다.

히믈러

히믈러의 연인인 포트하스트 여사는 우리에게 흥미 있는 것을 보여 주겠다고 말했다. 그것은 특수하게 만들어진 이중 물매 지붕의 다락방에 히믈러가 모아 놓은 특별한 수집품들이었다. 그녀는 우리를 다락방으로 데리고 갔다. 그녀가 문을 열고 안으로 들어갔을 때, 처음에는 우리가 무엇을 보고 있는지 이해가 안 되었다. 그녀가 그에 대해 설명을 하자 그것들이 무엇인지 알게 되었는데, 매우 과학적인 수집품들이었다. 인간의 신체 일부로 만든 의자와 탁자들이었다. 의자 표면은 인간의 골반으로 만들어지고 다리는 인간의 다리뼈로 만들어져 있었다. 그리고 나서 그녀는 히틀러의 물건 더미에서 『나의 투쟁』 한 부를 집었다. 그녀는 우리에게 책 표지를 가리켰다. 인간의 살로 만든 것이라고 그녀는 말했다. 그리고 그녀는 우리에게 그 책을 만들었을 다하우 수용소 죄수들 등살이 표지로 사용되었을 것이라고 설명했다.

마틴 보어만, 보어만의 아들이자 히틀러의 대자

마지막에 집행인 힘믈러는 배신자가 되었다. 힘믈러는 히틀러에 대한 쿠데타를 계획했던 두 사람, 베를린의 변호사 카를 랑벤Carl Langbehn 박사와 프로이센의 전前재무장관이었던 요하네스 포피츠Johannes Popitz 박사를 알고 있었다. 두 사람이 힘믈러에게 1944년 7월 20일에 히틀러를 암살하려던 자신들의 계획에 대해 알려 주지 않은 것은 확실하다. 그러나 랑벤이 힘믈러의 측근이자 참모장이었던 친위대의 카를 볼프Karl Wolff 장군에게 훨씬 이전부터 서방에 대한 다른 정책의 추진 가능성과 서방과의 협상을 통한 전쟁의 종식 가능성을 찾고 있다는 얘기를 한 것은 분명하다. 이런 목적을 가지고 랑벤은 1943년 중립국으로 갔다. 7월 20일의 거사 계획이 성공하려면, 암살 계획을 알고 있는 힘믈러가, 비밀 경찰들이 암살자들을 색출하지 않도록 막는 일이 중요하지 않았을까? 라스트부르크 근처에 있는 친위대장의 숙소 호호발트에서 케르슈텐이 힘믈러에게 물어 보았다. "널리 퍼져 있는 친위대의 정보 시스템 하에서 당신이 암살 계획에 대해 아무것도 알지 못했다는 것이 도대체 가능한 일입니까? 당신이 그 일을 심각하게 받아들이지 않았던 것은 아닙니까?" 케르슈텐의 질문은 근거가 있는 것이었다. 힘믈러 본인도 자신의 안마사 외에 다른 누가 이런 질문을 할까 두려워했다. 그는 안마사에게는 대답을 안해도 되었지만, 다른 사람에게는 답을 해야만 했을 것이다. 사법 경찰 국장 아르투어 네베와 국외 비밀 정보 담당 국장 발터 쉘렌베르크Walter Schellenberg는 이 일에 적극적으로 가담한 자들이었다. 쉘렌베르크는 그의 회고록에서 힘믈러에게, 만약 러시아 원정이 불행을 가져오는 전환점이 된다면, 히틀러 이후의 독일은 어떻게 되어야 하며 "어떤 서랍에다가 자신의 대안책"을 보관할 것인지에 대해 여러 번 물어 보았다고 적고 있다. 힘믈러가 1944년 7월 17일 카를 괴르델러스Carl

Goerdelers와 루드비히 벡스Ludwig Becks를 체포하라는 서면 요구를 거부했던 것은 사실이다. 보안대의 대외국에 근무하는 히믈러의 측근인 친위대 부대장 빌리 회틀은 그의 상관인 히믈러가 이른바 지연 전술을 썼다고 말하고 있다. 거기에 암살 음모를 세운 자들이 계획을 실행할 수 있도록 하기 위한 의도가 숨어 있었는지, 아니면 히믈러가 단순히 사태가 어떻게 전개되는지 지켜보기 위한 것이었는지는 알 수 없다. 히믈러가 군 내부의 저항 세력과 크라이자우 그룹(크라이자우 출신의 몰트케 백작을 중심으로 조직된 저항 세력 — 옮긴이)에 대해 보고를 받은 것은 확실해 보인다. 또한 히틀러에 대한 폭탄 공격이 실패한 뒤에야 비로소 공범들을 색출하기 위한 추적 조직이 완벽하게 가동되었다는 점도 확실하다. 그것도 아주 완벽하고 철저하게 진행되었다. 우선 떠오르는 생각은, 히믈러가 히틀러에게 일격을 가하는 일을 다른 사람에게 맡겼다는 것인데, 히믈러 자신도 최선을 다해서 전쟁에 임하고 있었지만 그때의 전황으로 볼 때 이 테러를 최후 수단으로 생각하고 있었다는 것이다. 암살이 실패한 뒤에 친위대장 히믈러는 저항 세력과의 접촉 사실을 그에게 유리한 방향으로 만들려고 했다. 그는 정보를 캐내기 위해 포피츠와 직접 모반을 꾸민 아주 지능적인 계략가로 보이도록 자신을 포장했다. 히틀러가 이러한 그의 술수에 넘어간 것으로 의심할 수도 있다. 그러나 독재자 총통은 이를 문제삼지 않았다. 남을 믿지 못하던 "총통"조차 그의 "충성스런 하인리히"가 배신했다고는 생각하지 않았던 것이다.

"제3제국" 말기에 히믈러도 자신을 곤경에 빠트리려 한다는 것을 알게 되었을 때, 히틀러는 큰 충격을 받았다. 물론 이때는 이미 히틀러가 아무런 역할도 할 수 없었던 시점이었지만 말이다. 1945년 4월 20일 히틀러는 마지막으로 베를린에 있는 "총통" 벙커에 초대를 받았다. 그날은 폐허 더미로 변한 "제3제국"의 마지막 경축일이었던 "총통의 생일날"이었다. 같은 시간에 펠릭스 케르슈텐의 집에서는 유태인 국제 회의에서 보낸 사절이 친위대장을 기다리고 있었다. 4월 21일 새벽 2시 히믈러는 첩보 국장이었던 쉘렌베르크와 함께 그곳에 도착했다. 히믈러가 제시한 조건은 터무니없는 것이었다. "이제 우리와 그대 유태인들이 도끼를 파묻을(화해하다라는 의미 — 옮긴이) 때가 되었소"라고 그가 말하자 특사로 파견된 노베르트 마주어Nobert Masur는 아연실색했다. 나치가 꺼내고 히믈러의 친위대가 휘둘렀던 그 도끼를 그냥 묻어 버리자고? 마주어는 형리 히믈러와 담판을 지을 준비가 되어 있었다. "나는 우리들의 노력으로 많은 사람들의 목숨을 구할 수 있기를 바랍니다." 그들은 평화 협상을 하려는 의도가 없었고, 할 수도 없었다. 다만 독일이 붕괴되어 나락으로 떨어지는 이 시점에 강제 수용소에 수용된 죄수들을 보호할 수 있는 방안을 논의하려는 것이었다. 마주어는 스위스나 스웨덴 국경에 다다를 수 있는 곳에 수감된 모든 유태인들을 지체없이 석방해 줄 것을 요구했다. 그는 다른 수용소에 대해서는 수용소를 온전히 넘겨줄 때까지 최소한 죄수들을 인간적으로 대해 줄 것을 요구했다. 마주어는 스웨덴인, 프랑스인, 노르웨이인, 유태인 죄수들의 명단이 적힌 스웨덴 외무부의 명단을 건네 주었는데, 독일인들은 그들을 인질로 간주하고 있었다. 그는 그들을 라벤스브뤼크 강제 수용소에 수용된 천 명의 유태인 여성들과 함께 즉각 석방할 것을 요구했다. 이때까지 그렇게 잔혹했던 히믈러도 협상 의지를 보였다. 죄수들과 라벤스브뤼크에 있는 천 명의 유태인 여성들을 테레지엔슈타트에 있는 네덜란드 유태인들과 함께 석방하겠다고 했다. 수용소는 연합군이 진주할 때 파괴하지 않은 채로 넘겨주겠다고 했다. 포로들은 소개시키지 않겠다고 그는 진심

어린 약속을 했다. 같은 시각, 협상 장소에서 몇 킬로미터 떨어지지 않은 곳에 위치한 작센하우젠 수용소에서는 죄수들이 죽음의 행진을 하고 있었다. 그리고 협상 며칠 전에 히믈러는 다하우와 플로센뷔르크 수용소장에게 즉각 수용소를 비우라는 명령을 내렸다. 한 명의 죄수도 적의 수중에 들어가서는 안 된다고 했다. 수용소를 넘기는 것은 전혀 고려되지 않았다. 왜냐하면 히믈러는 부헨발트 수용소의 포로들이 풀려나면 그들이 바이마르 주민들에게 폭력을 휘두를 지도 모른다고 생각했기 때문이었다. 포로들을 소개시키지 않겠다는 약속 역시 거짓이었던 것이다.

4월 20일에도 히믈러는 "이동 즉결 군사 재판소"를 만들라고 명령했다. 보안 경찰과 보안대의 명령에 의해서만 움직이는 이 재판소는 베를린 시내를 차단하고 시민들의 도주를 막았다. 도주하는 병사들이나 남아 있는 히틀러의 마지막 부대원들은 탈영 혐의를 받으면 그 자리에서 교수형에 처해졌다. 의미 없는 전쟁을 끝까지 수행할 준비가 되어 있지 않은 모든 사람들에게 끔찍한 본보기를 보여준 것이었다. 히믈러도 심적으로는 이미 항복한 상태였다. 케르슈텐과 작별을 고할 때 그는 다음과 같이 말했다. "독일 민족이 가진 가장 가치 있는 부분이 우리와 함께 사라진다. 그러나 나머지 사람들의 운명은 하잘것없는 것이다." 인간에 대한 동정도 후회도 없었다. 히믈러가 다른 몇몇 사람들에게 운명을 나눠줄 "아량"을 베푼 이유는 무관심 때문이었다. 그런 운명, 즉 죽음을 그는 이미 수백만의 사람들에게 나눠 주었다. 무관심과 자신의 책임을 면하려는 시도. "히틀러가 행하고 나는 항상 막으려고 했던 그 모든 범죄의 책임을 사람들은 내게 덮어씌우려 한다." 마지막 배신의 순간이었다.

4월 23일 히믈러는 스웨덴의 백작 폴케 베르나도테와 대화를 나누었다. 발터 쉘렌베르크는 연초부터 이미 히틀러 모르게 서방과 평화 협상을 하자고 친위대장을 설득했다. 히틀러 본인이 패배를 시인하자 히믈러는 지금까지 유지하고 있던 모든 자제력을 잃어버렸다. 뤼벡에 있는 스웨덴 영사관 지하실에서 그는 베르나도테에게 연합군의 공중 공격이 있기 전에 자신이 어디로 도주할 것인지에 대한 계획을 제시했다. 깜짝 놀랄 만한 제안도 있었다. "러시아의 침공이 있기 전에 독일을 구하기 위해 나는 서부 전선에서 항복할 준비가 되어 있다. 그러나 동부 전선에서는 아니다." 베르나도테는 본국 정부에 히믈러의 제안을 전할 것이라고 약속했다. 그도 물론 분리해서 휴전을 추진할 가능성이 희박하다고 보았다. 히믈러는 다른 견해는 받아들이지 않았다. 그에게 있어 서방 강대국들이 그와 협상을 하게 되리라는 것은 의심의 여지가 없었다. 현실감각을 완전히 상실한 그는 벌써부터 아이젠하워와 만나 이 승리한 적과 악수를 하게 되지나 않을까 걱정하고 있었다. 다음날 소련군의 선발 부대가 진주하자 친위대 지휘관들은 도주하기 시작했다. 서방에서는 히믈러의 평화 협상 제의에 관심을 기울이지 않았다. 그러나 평화 협상 제의를 했다는 사실은 언론에 보도되었다. 4월 28일 런던 라디오 방송은 다음과 같은 내용을 내보냈다. "친위대장은 히틀러가 죽었으며 자신이 그의 후계자라고 주장했다." 베를린에서 이 방송을 들은 히틀러는 "세계사에 유례가 없는 뻔뻔스런 배신 행위"에 대해 광분했다. 그는 괴링의 공군에게 히믈러를 잡아들이라고 지시했다. 현실감을 상실했다는 징후는 도처에서 발견되었다. 히틀러는 복수욕에 가득 차 더 이상 참을 수가 없었기 때문에, 그 대리 희생자라도 있어야 했다. "총통" 벙커에 있던 히믈러의 연락 장교 헤르만 페겔라인Hermann Fegelein이 그 희생자가 되었다. 그는 이른바 도주를 시도했다는 죄목으로 강등당했으며, "배신 행위를 알고 있던 사람"으로 간주되어 즉석에서 사형 판결을 받았다. 그가 에바 브라운의 여동생과 결혼했다는 사실도 도움이 되지 않았다. "자신이 알지 못하는 사이에 자신의 생각과 어긋나는 비밀 협상을 적과 한" 이유로 히틀러는 자신의 정치적 유언에서 히믈러와 괴링의 모든 관직을 박탈하고 전쟁을 계속 수행하라는 명령을 내렸다. 그리고 난 뒤 히틀러 본인도 자살을 함으로써 책임에서 벗어났다.

히믈러는 히틀러의 판결에 대해 전혀 신경 쓰지 않았다. 5월 1일 제국의 새로운 1인자가 관직을 박탈당한 친위대장과 만났다. 되니츠 제독은 만일의 경우에 대비해 U보트 대원들이 둘러싼 가운데 플뢴에 있는 제독 관사에서 히믈러와 대화를 나누었다. 히믈러가 관직을 박탈당했지만, 친위대가 여전히 대장에게 충성을 다하고 있다는 사실을 아무도 몰랐다. 히믈러가 수많은 수행원을 대동하고 자신의 사령부에서 뤼벡만灣에 있는 칼크호르스트로 왔을 때, 되니츠는 베를린에서 있었던 일과 특히 그의 관직 박탈 사실을 알리고 있는 보어만의 전보를 히믈러에게 전달했다. 그때 되니츠는 책상 위에다 장전된 브라우닝 권총을 올려놓고 있었다. 히믈러는 되니츠에게 축하의 말을 건네고 국가 제2인자로서 계속 그를 위해 일하겠노라고 제안했다. 대리인으로서 시작했던 그의 경력을 그는 대리인으로서 계속하고자 했다. 되니츠는 이를 거부했다. "그러나 다른 한편으로는 그가 경찰을 수중에 넣고 있었기 때문에 그와의 관계를 완전히 끊을 수는 없었다." 히믈러는 다시 한번 되니츠와의 사적인 대화를 통해서 히틀러 사후의 국가에서 자신의 위치를 확보하려고 시도했다. 그러나 5월 6일 17시 경에 되니츠는 자신을 방문한 히믈러에게 이제 다시는 그를 보지 않겠다고 통보했다. 되니츠의 사무실에서 나오는 길에 그는 새 외무장관 슈베린 폰 크로직 백작을 만났는데, 그는 새 외무장관에게 그가 가진 향후 계획을 얘기해 주었다. 계획의 내용은 다음과 같았다. 서방 국가들은 머지 않아 러시아인들을 언짢아할 것이다. 예상이 적중해서 그렇게 될 때까지 그는 몸을 숨기고 있는다. 독일이 동서간의 대결 구도에서 "저울추" 역할을 하게 되면, 독일의 시대가 도래할 것이다. "그렇게 되면 우리는 전쟁에서 이루지 못한 일들을 완수할 수 있게 될 것이다." 그때까지(히믈러는 두세 달을 예상했다) 그는 몸을 피한다는 것이 계획의 내용이었다. 그는 몇 명 안 되는 심복들 앞에서 쉴레스비히-홀스타인에 친위대 국가를 만들겠다고 허풍을 떨었다.

1945년 5월 22일은 봄이었지만 날씨가 더웠다. 유럽에서 2차 세계대전이 끝난 뒤 2주 후의 독일은 혼돈 상태였다. 도시는 폐허가 된 상태였고, 고향을 잃고 쫓겨난 사람들, 폭격 맞은 사람들은 먼지로 뒤덮인 거리를 헤매고 다녔다. 히틀러 군대의 나머지 병력은 연합군의 포로가 되었다. 많은 병사들이 민간인 옷을 입고 포로가 되는 것을 피해 보려고 했다. 다른 사람들에게 독일군 복장은 안전을 의미하기도 했다. 이런 생각을 가진 사람들은, 자신들은 "단순히 명령을 수행한 일반 사병"으로서 범죄에 대한 책임에서 벗어날 수 있기를 바랐다. 하인리히 히믈러는 종전 전에 플렌스부르크의 사령부에서 루돌프 회쓰를 만나 몸을 숨기라고 권유했다. 그 당시 포로가 될 위험에 처한 자들의 생각은 "재빨리 군에서 사라지는 것"이었다. 국민들에게 치욕을 안겨준 살인자들은 국민들 사이에 몸을 숨기려 했다. 민간인 복장을 한 많은 갈색 엘리트들은 익명의 대중 속으로 몸을 숨기려 했는데, 그들은 12년 전에는 바로 이 익명의 대중 속에서 등장했다. 오래 전에 쫓겨난 "프랑켄의 지도자" 율리우스 슈트라이허는 화가로 바이어른에 은신했고, 전에 "독일노동전선"의 지도자였던 로베르트 라이는 디스텔마이어 박

화해할 시간…
히믈러의 강제 수용소에서 살아남은 사람들(1945)

니더른하겐 수용소에 수감된 죄수들은 영양실조와 중세를 연상시키는 고문 때문에 죽었다. 예를 들어, 많은 죄수들의 두 손을 뒤로 묶고 어깨 관절이 빠질 때까지 높이 쳐들었다. 또는 두 손을 앞으로 묶고 양 무릎을 팔꿈치 사이로 통과시키는데, 그 사이로 철봉을 집어 넣었다. 이런 모습으로 죄수들이 시멘트 바닥에 쓰러져 있었다.

수용소에서 젊은 친위대 의사들은 첫 수술을 죄수들을 대상으로 했다. 조건은 수술 후 9일이 지난 뒤에 죄수들은 다시 일을 해야 한다는 것이었다. 내가 한 탈장 수술은 마취 없이 진행되었다. 네 사람이 나를 꽉 붙들고 수술이 진행되었고 봉합 수술도 받았다. 9일이 지난 뒤에 나는 나무를 해오라는 명령을 받고 퇴원했다. 반 시간 뒤에 상처가 터져서 창자가 무릎까지 흘러 내렸다. 그래서 나는 등을 땅에 대고 누웠다. 근무 조장이 보지 않을 때, 다시 창자를 배 안으로 밀어 넣었다. 그리고 나서 한 손으로 배를 꽉 잡고, 다른 한 손으로는 나무를 했다.

막스 홀벡, 강제 수용소 죄수

사라는 이름으로 몸을 숨겼으며, 오만한 전 외무부 장관 요하임 폰 리벤트로프는 함부르크에 있는 여자 친구 집에 은신처를 마련했다.

5월 22일 브레머뵈르데와 함부르크 사이에 있는 바른스테트란 마을 외곽에서 남루한 차림의 일군의 사람들이 발견되었다. 영국 순찰대가 그들을 막아 세웠다. 키가 작고 마른 한 사람이 자신을 "하인리히 히칭어" 상사라고 소개했다. 그는 신분을 증명하기 위해 위조된 신분증을 제시했다. 이 쇠약하고 병들어 보이는 사람과 전에 막강한 권력을 휘두르던 친위대장은 전혀 다른 사람처럼 보였다. 콧수염이 없었고 왼쪽 눈은 눈가리개로 가려져 있었다. 일반 사병 옷을 입고 플렌스부르크의 영국 경계선을 가로질러 바이어른으로 가려던 이 사람이 누군지 아무도 몰랐다. 5월 12일 자신들의 계급에 비해 아주 낮은 사병 옷을 입고 견장을 제거한 남자들이 어선을 타고 엘베 강을 건넜다. 강 건너편에 자동차가 준비되어 있어야 했지만 그렇지 않았다. 그래서 그들은 도보로 도주를 계속해야 했다. 그들은 히믈러와 경호원 키어마이어, 루돌프 브란트 대령, 부관 그로트만 중령과 마허 소령 외에 다른 일곱 명의 친위대원들이었다. 그들은 제대한 비밀 전투 경찰 대원으로 신분을 속였다. 거기에는 히믈러의 "어릴적 친구"였던 카를 게브하르트도 있었는데, 호엔리헨 병원의 병원장이었던 그도 라벤스브뤼크 강제 수용소에서 행한 인체 실험 때문에 포로가 되는 것을 피해야 할 충분한 이유가 있었던 사람이었다. 오랜 도보 행군 뒤에 그들은 며칠 동안 브레머뵈르데 근교의 농가에 몸을 숨겼다. 다음 계획으로 그들은 오스테 강을 건널 작정이었다. 그러나 첫 초소에서부터 그들의 시도는 물거품이 되고 말았다. 영국군이 이들을 보호하고 있다가 바름슈테트 근교에 있는 031수용소로 보냈다. 이때까지도 영국군은

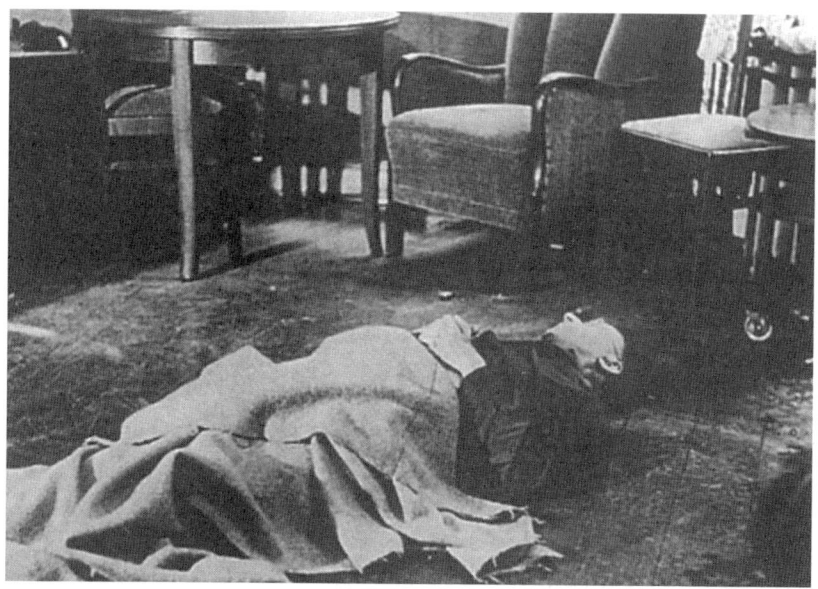

아무도 그가 누구인지 말해 주지 않았다. 다만 내가 아주 중요한 포로를 감시해야 한다는 것만 알고 있었다. 그가 방안으로 들어왔을 때, 그는 우리 모두가 알고 있는 우아한 옷차림이 아니라 군복을 입고 있었지만, 나는 그를 금방 알아봤다. 나는 그와 독일어로 대화했고 빈 소파를 가리켰다. 나는 "이것이 당신의 침대입니다"라고 알려 주고 나서 "옷을 벗으시죠!"라고 말했다.

그가 나를 쳐다보더니 말했다. "그대는 내가 누구인지 모르나보군." 나는 "당신은 히믈러고, 이것은 당신 침대입니다. 옷을 벗으시죠"라고 말했다. 그는 나를 노려보았다. 나도 그를 노려보았다. 결국 그는 눈길을 아래로 돌리고는 자신의 팬티를 벗기 시작했다.

의사와 대령이 들어와서 그를 검사했다. 우리는 그가 독약을 몸 속에 숨기고 있을지도 모른다고 의심했다. 의사는 발가락 사이를 비롯해, 겨드랑이와 귀 속, 귀 뒤, 머리카락 속 등 온몸을 샅샅이 검색했다.

그리고 입을 검사할 차례였다. 그는 히믈러에게 입을 벌리라고 부탁했다. 그는 지시에 따랐고 혀를 자유롭게 굴려 보았다. 그러나 의사는 만족하지 않았다. 그는 히믈러에게 전등 가까이 오라고 했다. 의사는 손가락 두 개를 그의 입 속에 넣으려고 했다. 그때 히믈러는 머리를 옆으로 돌리고는 의사의 손가락을 깨물었다. 그리고 예전부터 입 안에 숨기고 있던 독약 앰풀을 터트렸다.

의사가 "그가 일을 저질렀다!"라고 소리쳤다.

그가 죽었을 때, 우리는 그에게 이불을 덮어 주고 바닥에 눕혔다.

특무 상사 에드윈 오스틴, 히믈러를 감시하던 군인, 1945년

그리고 나서 그는 깨물었다…
1945년 5월 23일 자살 직후의 히믈러.

자신들의 어망에 얼마만큼 큰 대어가 잡힌 줄 모르고 있었다.

히믈러를 히칭어 상사로 알고 해준 대우는 인물의 중요도에 비하면 말도 안 되는 것이었다. 그래서 이 포로는 실베스터 대위와 "사적으로 대화"를 할 수 있게 해달라고 청했다. 심문을 위한 수용소였던 031수용소의 소장 실베스터 대위와 나눈 첫번째 상담에서 그는 눈가리개를 벗고, 다시 자신의 안경을 끼고는 지친 목소리로 자신의 정체를 밝혔다. 히믈러는 특별 대우를 기대하고 있었다. 하지만 상황은 다르게 진행됐다. 그는 자신의 강제 수용소에 수감된 다른 수백만의 희생자들처럼 완전히 옷을 다 벗어야 했다. 친위대 앞잡이들과는 달리 영국인들이 옷을 벗으라고 요구한 것은, 그가 가진 물건을 빼앗기 위한 것이 아니라, 자살을 방지하기 위한 안전 조치였다. 뤼네부르크에 있는 영국군 2군단 사령부로 이송될 때까지 실베스터 대위는 이 지위 높은 포로를 개별적으로 감시하고 있었다. 몸수색을 당한 뒤에 그는 영국군 군복을 받았는데, 이는 혹시라도 그가 입은 옷 안에 독약 캡슐을 숨겨 놓고 감방 안에서 그것을 꺼내 먹고 자살하는 것을 방지하기 위해서였다.

다음날인 5월 23일 히믈러에 대한 새로운 심문이 진행되었다. 그는 나치의 주요 인물들이 지니고 다니던 독약 앰풀을 아직 사용하지 않았다. 그를 심문하던 몽고메리 장군 휘하 정보부의 영국군 장교 머피N. L. Murphy 대령은 다시 몸수색을 지시했다. 의사가 히믈러의 입을 검사하려 할 때, 포로 히믈러는 이 빠진 자리에 숨기고 있던 청산가리 앰풀을 깨물었다. "우리는 즉시 이 늙은 자식을 바로 세웠다"라고 그 자리에 있던 장교 중의 한 명이 나중에 일기에 기록했다. 영국 군인들은 구토제와 위 세척을 통해서 독약 성분을 그의 몸에서 빼내기 위해 히믈러의 혀를 고정시키려고 했다. 12분 동안의 사투 뒤에 "제3제국"에서 가장 공포의 대상이 되었던 사람은 죽었다. 하루 동안 시체는 그대로 뉘여 있었다. 미국과 소련의 장교들이 그의 시체를 검사했다. 그의 데드 마스크가 만들어졌다. 소련군 사람들은 여전히 회의적이었다. 그들이 내린 조심스런 판단은 그가 히믈러일 수도 있다는 것이었다. 그러나 의심은 적절치 않은 것이었다. 죽은 자는 바로 히틀러의 집행인이었던 하인리히 히믈러였다. 5월 26일 그의 시체는 영국군에 의해 땅에 묻혔다. 익명으로, 장례식도 치르지 않은 채 매장된 그의 시체는 오늘날까지도 뤼네부르크 근처 숲 속에 묻혀 있다. 적어도 이 점만 보면, 수백만 희생자들이 처했던 운명과 그의 운명이 똑같다고 볼 수 있다.

대리인

Rudolf Heß

나는 나를 잘 모른다

나는 당의 하겐(게르만족의 신화적 영웅. 『니벨룽엔』의 노래에서 부르군트와 군터의 신하로서 충성스럽고 신중한 백발의 전사로 나온다 ― 옮긴이)이 되고자 한다

우리는 총통께서 독일의 운명을 만드는 지고한 소명을
수행하고 계신다고 믿는다

나는 국가사회주의와 파시즘을
정치라는 형태로 주조된
건전한 상식이라고 부르고 싶다

국가사회주의의 뿌리는 전쟁이다

우리가 공식적인 큰 자리에서 평화를
지지한다고 말하는 것은 결코 립서비스가 아니다

그분은 언제든지 나를 물러나게 할 수 있다
그분은 나를 미쳤다고 한다

나는 아무것도 후회하지 않는다

헤쓰

모든 것이 저에게는 전혀 체험하지 못한 새로운 것입니다. 두껍게 옷을 껴입고 나는 처음으로 초소에 섰습니다. 눈으로 하얗게 뒤덮인 풍경, 하늘에선 별이 총총 빛나고 있습니다. 오른쪽 하늘이 갑자기 밝게 빛납니다. 그리고 곧 왼쪽에서도. 불타는 전장! 정말 아름답습니다. 전쟁!

부모에게 보내는 헤쓰의 편지 중에서, 1914년

카프Kapp(1920년에 쿠데타를 일으켰던 프로이센의 반동 정치가 ─ 옮긴이) 정부는 이제 끝난 것 같습니다. 슬픈 일입니다. 국민 대다수는 독재자를 원하고 있습니다. 새로운 질서를 만들어 내고, 유태인 경제에 반대하는 목소리를 내며, 암거래와 고리 대금업을 차단시킬 그런 독재자를 말입니다. 모든 것이 잘 돌아가게 만들기 위해 몸을 던져 큰 모험을 감행하려는 한 사람이 있습니다. 보십시오. "평화 파괴자들"을 호통치는 소리가 들리지 않습니까. 그것이 동족들의 목숨을 위태롭게 할 수도 있다는 사실을 아는 유대계 언론들은 물론 이 새로운 사람에게 될 수 있는 대로 "융커(대지주)"니 "보수 반동주의자"니 "군주주의자"니 하는 등의 낙인을 찍으려 하고 있습니다.

부모에게 보내는 헤쓰의 편지 중에서, 1920년

노동자와 시민들 사이에 놓여 있는 이 인위적인 장벽이 언제나 허물어질 수 있을까요? 유태인 놈들이 이 상황을 이용하는 이상은 그럴 가능성이 없습니다.

부모에게 보내는 헤쓰의 편지 중에서, 1920년

나 자신 그때까지는 반유대주의자가 아니었다. 1918년 이후의 일련의 사건들에 주목하게 되면서, 나는 반유대주의자로 전향할 수밖에 없었다.

헤쓰, 1940년

헤쓰. 아주 예의 바르고, 조용하며, 다정다감하고, 영리하며 신중한 사람이다. 개인 비서. 마음에 드는 사람이다.

괴벨스, 1926년(일기)

나는 헤쓰가 다시는 나를 대신하려고 하지 않기를 바랄 뿐이다. 나는 헤쓰와 당 중에서 누가 더 내 가슴을 아프게 했는지 모르겠다.

히틀러가 괴링에게 한 말, 1937년

내게 무슨 일이 일어난다면, 내 첫번째 후계자가 될 사람은 괴링 동지이다. 괴링 동지에게 무슨 일이 일어난다면, 그 다음 후계자는 헤쓰 동지이다.

히틀러, 1939년

마치 어제 일처럼, 내 앞에 서 있는 남편을 바라본다. 차를 마시고, 내 손에 키스를 한 뒤에 그는 애들 방문 앞에 섰다. 갑자기 대단히 심각한 표정을 짓고, 골똘히 생각을 하는 듯하다가 머뭇거리기도 했다.
"언제 돌아오나요?"
"정확히는 모르겠지만, 아마 내일 돌아올 수도 있을 거요. 늦어도 월요일 아침까지는 돌아올 거요. 확실해요."
나는 그의 말을 믿지 않았다.

남편에 대해 일제 헤쓰가 한 말, 그가 영국으로 떠나기 바로 직전

당신은 진지하게 "총통"의 대리인으로 영국에 왔다고 주장하고 있습니다. 헤쓰이든 헤쓰가 아니든 간에 나는 지금 영화관에서 마르크스 브라더스 영화를 관람할 겁니다.

윈스턴 처칠, 1941년

우리 모두는 언젠가 땅에 묻힐 것이고 고독하게 될 것입니다. 그러나 우리는 이를 극복하고 영생을 얻어야 합니다. 사랑하고 존경하는 부인! 나 또한 내가 정말 마음속으로 의지했던 두 사람을 잃었습니다. 토트 박사는 죽었고, 헤쓰는 나를 떠나 날아갔습니다.

출판인 후고 브루크만의 미망인에게 히틀러가 한 말, 1942년

내가 제대로 보았다면, 총통은 자기 대리인의 "배신 행위"라는 충격적인 사건에서 전혀 벗어나지 못하고 있었다. 1944년 7월 20일 암살 사건 이후 얼마간 시간이 흐른 뒤에 그는 여전히 상황을 오판하고 있었는데, 평화의 전제 조건으로 "배신자"를 인도하라고 말하기도 했다. 만약 그가 인도되었다면 히틀러는 분명 그를 교수형에 처했을 것이다. 내가 후에 그에게 이런 얘기를 해주었더니, 그는 다음과 같이 말했다. "그는 나와 화해를 하려 했던 겁니다. 분명해요! 당신은 1945년 모든 것이 종말로 치달을 때 그가 이따금 '헤쓰가 그래도 옳았다'라고 생각했다는 사실을 믿지 않는 겁니까?"

헤쓰가 영국으로 날아간 것에 대해 슈페어가 한 말

그는 전혀 무관심했다. 그는 무릎에 몇 장의 서류를 올려놓고 줄기차게 글을 적고 있었다. 괴링이 몸을 굽혀 쳐다보고는, 이제 그의 차례가 되었다고 주의를 환기시켜 주었다. 하지만 헤쓰는 됐다는 손짓을 하며 자신의 비밀스런 기록을 계속했다. 자신에 대한 얘기가 진행되고 있는 것에 전혀 신경 쓰지 않고 말이다. 그는 한번도 헤드폰을 끼지 않았다. 괴링이 그에게 유죄 판결이 내려졌다고 귓속말을 했을 때, 멍하게 머리를 끄덕인 게 그의 반응의 전부였다.

죠 하이데커, 미국 저널리스트, 1946년 뉘른베르크

"잘못된 경보군, 해안에서 또 잘못된 보고가 들어오고 있어" 라고 말하며 펠리서티 애쉬비 하사는 머리를 저었다. 스코틀랜드 최동단에 있는 오터콥스 모스 레이더 기지는 이따금 소나기 구름을 독일 폭격기들로 오인한 것 때문에 평판이 나빴다. 1941년 5월 10일 저녁에 들어온 이 보고 또한 정말 믿기 어려운 내용이었다. 북해 상공 5천 미터 이상 고도에서 전투기처럼 빠른 속도로 비행기 한 대가 스코틀랜드 방향으로 다가오고 있다는 내용이었다. 경험 많은 대공 경계 근무자였던 애쉬비 양에게 이 보고는 앞뒤가 맞지 않는 것이었다. 그녀는 같은 시각에 5백 대의 독일 폭격기가 런던에 야간 폭격을 하기 위해 비행하고 있고 대규모 폭격시에는 항상 기만 작전이 따른다는 사실을 알고 있었다. 하지만 폭격기가 영국 남쪽 상공에 접어든 지금, 22시가 되기 바로 직전의 이 시간은 기만 작전을 펼치기에는 너무 늦은 시간이었다. 독일 공군의 정찰 비행 또한 어둠이 찾아든 이 시점에는 말도 안 되는 것이었다.

22시 8분, 스코틀랜드 다른 지역에 있는 두 곳의 레이더 기지에서 오터콥스 모스 레이더 기지의 보고가 맞다는 것을 확인해 주었다. 몇 분 뒤, 비행기가 스코틀랜드 해안으로 접어들었다. 영국 공군의 대공 경계 부대 대원들은 이 비행기가 메써슈미트 Bf 110임을 밝혀 냈다. 두 대의 영국 "스피트파이어" 전투기가 이 비행기를 따라붙었다. 이 어둠 속에서 항공 레이더 없이 비행을 한다는 것은 무모한 짓이었다. 메써슈미트기는 이제 스코틀랜드 구릉 지대 상공을 저공 비행하고 있었다. 그 비행사는 구릉 지대의 풍광에 깊은 인상을 받았다고 후에 말했다. "동화 같은 모습이었다. 어둠 속 보름달에 비친 가파른 구릉 지대의 풍경이란."

글래스고우에서 출격한 "디파이언트" 야간 추격기에 의해 위험한 장면이 연출됐다. 하지만 독일 조종사는 운이 좋았다. 야간 추격기가 불과 몇 마일 차이로 접근했을 때, 그는 비행기 조종실을 열고, 낙하산을 매고 스코틀랜드 밤하늘로 뛰어내렸다. 만약 그가 몇 분만 더 지체했었다면, 세계사는 엉뚱한 방향으로 진행되었을 것이다.

그의 생애에서 처음으로 하는 고공 낙하였는데, "총통의 대리인," 루돌프 헤쓰는 이날 밤 이렇게 스코틀랜드 땅에 발을 디디게 되었다. 이는 또한 그가 누린 마지막 자유의 순간이었다. 2차 대전에 관한 에피소드 중에서 이 무모한 시도처럼 무성한 추측을 낳은 것도 없었다. 오늘날까지 수많은 사람들이 이 무모한 시도의 배경을 파헤치려고 했다. 하지만 이 수수께끼를 완전히 풀 가망성은 그리 높아 보이지 않는다. 직접적인 관련자들은 이미 모두 죽었고 서류상에도 결정적인 증거들이 빠져 있다. 1992년에 공개된 영국 문헌들을 봐도 여전히 의문점은 남아 있다. 대부분의 연구에서 추측을 하듯이, 헤쓰가 정말로 평화의 사도로서 이 가망성 없는 임무를 수행하러 영국으로 왔을까? 혹은 대다수의 역사가들이 믿듯이, 그가 사심 없이 히틀러가 제시한 것을 전달하려고 했던 것일까?

루돌프 헤쓰는 1987년 스판다우 전범 교도소에서 죽을 때까지 침묵을 지켰다. 그는 공식적으로 영국 여행의 정치적 배경에 관한 어떤 정보도 주지 않았다. 또한 그는 교도소 규정들을 무시하고 그와 허물없는 대화를 나누었던 사람에게도 아무런 귀띔도 주지 않았다. 특히 그 스스로 택한 침묵과 대단한 자부심은 헤쓰를 지구상에 있는 모든 네오나치주의자들의 우상이 되도록 만들었다. 그 자신은 아마 이런 것을 원하지 않았던 것 같다. 그는 그의 아들에게 항공복을 입고 머리를 빡빡 민 스킨헤드들을 "머리가 돌았거나 멍청한 놈들"이라고 했다. 그럼에도 불구하고 그의 죽음은 그를 영원한 순교자로 만들었다. 명백한 증거가 없음에도 불구하고, 스판다우 교도소에서의 그의 미스터리한 죽음에 대해 의문을 갖는 사람은 그들 가족만이 아니다.

영국 비행과 교도소에서의 죽음에 대한 수수께끼는 우리의 눈길을 루돌프 헤쓰 개인의 삶으로 돌리게 만든다. 그를 시대의 미스터리로 만들게 한 뿌리는 무엇인가? 히틀러의 성공을 처음부터 최측근에서 보좌하고 헌신적으로 그를 후원한 사람은 누구였던가? 그를 히틀러가 가장 믿을 수 있는 사람으로 만든 것은 그의 어떤 성격 때문이었고, 또한 선전 선동가인 히틀러의 마력에 빠져 들게 만든 것은 그의 어떤 성격 때문이었나?

유혹한 자와 추종자와의 첫번째 공통점은 그들이 태어난 곳에서 찾을 수 있다. 헤쓰는 이집트의 항구 도시인 알렉산드리아에서 태어났다. 이곳은 오스트리아인이었던 히틀러가 태어난 곳과 마찬가지로 독일 제국에서 떨어진 곳이었는데, 그 둘이 소망했던 대상이 바로 독일 제국이었다. 히틀러처럼 헤쓰도 어린 시절부터 머나먼 고향에 대해 강한 애착을 가지고 있었다. 알렉산드리아의 유복한 상인 아들이었던 헤쓰에게 황제의 제국은 무엇보다도 낭만적인 모습으로 보이는 민족의 재탄생을 의미했다. 이른바 재외 독일인들에게 과도한 민족주의가 광범위하게 퍼져 있었다. 후에 그의 동지가 된 사람이 그에 관해 한 말을 들어 보면, 그는 "독일인보다 더 독일적이었다."

황제의 생일은 기독교와 연관된 휴일을 제외하고 가장 중요한 휴일로 간주되었다. 그래서 아버지 프리츠 헤쓰는 대리점에 나가지 않고 집에서 황제의 생일을 축하했으며, 이를 위해 가장 상질의

왼쪽: 독일인보다 더 독일적인…
어머니 클라라와 함께 포즈를 취한 어린 루돌프 헤쓰.
오른쪽: 복수의 날을 꿈꾸며…
대학생 루돌프 헤쓰

헤쓰 가족은 매우 독일적인 성향의 가족이었다. 때문에 루돌프는 히틀러에 대해 관심을 나타냈다. 루돌프 헤쓰의 아버지는 그의 집무실에 빌헬름 2세의 큰 사진을 걸어 두고 있었다. 빌헬름 2세의 생일날에 그는 언제나 포도주를 가져오도록 하고는 황제를 위해 "해피 버스데이"를 빌었다. 히틀러가 수상이 되었을 때, 나는 헤쓰 부인에게 이제 바뀌는 것이 무엇인지 물었다. 그녀는 다음과 같이 말했다. "그건 아주 간단해. 이제 어떤 계획에 대해 정부 내에서 합의가 이루어질 때까지 기다릴 필요가 없어. 대신 이렇게 할 거니까 그렇게 알라고 말하는 사람이 등장한 거야." 나는 그 얘기를 분명하게 이해할 수 있었다.

슈테파니 카몰라, 헤쓰 가족의 친구

형부의 부모는 아주 호감이 가는 사람들이었다. 언니는 때로는 다소 거만하게 보이는 시아버지를 잘 이해하고 있었다. 시어머니는 매우 너그러운 분이었다. 장남이 가업을 물려받기 위해 상인이 되었어야 했는데, 그렇지 않았던 것이 시아버지는 못내 가슴 아팠다.

잉게보르크 프뢸, 헤쓰의 처제

헤쓰는 언제나 가족의 의식주에 대해 신경을 쓰고 있었다. 온 가족은 고기가 곁들여지지 않은 식사를 했고 포도주도 가끔 먹었다. 그를 위해 일한 지 얼마 되지 않았을 때, 우리는 잔치를 벌였는데, 그때 포도주도 나왔다. "누가 헤쓰씨 집에 이처럼 좋은 포도주가 있다고 생각이나 했겠습니까"라고 그 자리에 초대받았던 괴링이 말했다.

힐데가르트 파트, 헤쓰의 개인 비서

포도주를 개봉했다. 호엔촐러른 왕조의 사회적 문제와 멀리 떨어져 있었지만, 그에게도 1871년에 수립된 제국은 최고의 국가적 행운이었다. 헤쓰 가족이 매년 여름 모국 독일을 방문할 때마다, 그들은 화려한 빌헬름 풍의 건물 뒤에 공장 노동자들의 곤궁한 삶을 알 수 있는 도시들은 피했다. 여름을 즐겁게 보내려는 그들은 그런 도시들보다 라이히홀드그륀의 대저택에서 머물렀는데, 그곳은 피히텔 산맥에 둘러싸여 호젓한 분위기를 자아냈다.

프리츠 헤쓰는 1894년에 태어난 아들이 자신의 가업을 물려받는 것이 당연하다고 생각했다. 아들에 대한 교육은 유복한 재외 독일인들이 통상적으로 받는 수준으로 진행되었다. 이 교육에는 자그만 독일 학교를 통한 것과 개인 교사들을 통한 것이 있었다. 그리고 1908년에는 라인강 지역의 바트 고데스베르크의 기숙사에 들어가게 된다. 루돌프 헤쓰는 비록 뛰어나지는 않았지만 재능을 가지고 있었다. 그는 언어보다 자연과학과 수학에 재능이 있었다. 부모와의 관계는 세기 전환기에 있었던 모범적인 교육 내용과 상응했다. 아버지는 강한 군인 억양으로 가족들에게 명령했다. "아버지가 명령을 내릴 때에는 피가 멈추는 듯했다"라고 나중에 루돌프 헤쓰가 그 당시를 회상했다. 루돌프에게는 두 명의 동생, 알프레트와 마가레테가 있었다. 자식들에게 내보이는 아버지의 감정은 그의 본성과는 모순되는 것이었다. 칼뱅주의와 오래된 상인 전통을 좇는 스위스 출신이라는 가정의 내력은 아버지에게 고스란히 반영되어 있었다. 그래서 부를 많이 축적했음에도 불구하고 성격상 프리츠 헤쓰는 계속 우직한 상인으로 생활했다. 히틀러의 "공보 실장" 에른스트 한프슈탱글은 "대리인"의 아버지를 만난 뒤에 "케겔"(볼링과 유사하나 공이 더 작고 게임 규칙도 다름 — 옮긴이) 회원을 만난 것 같다는 느낌을 받았다. 규율과 자기 단련, 의무의 이행과 복종, 이것들이 프리츠 헤쓰가 아들에게 제시한 주된 내용이었다. 이는 그 시대의 특징이기도 했는데, 히틀러가 이를 통해 덕을 보았다.

집안의 아늑함을 조성하는 것은 어머니 클라라 헤쓰Clara Heß의 책임이었다. 루돌프는 어머니로부터 자연과 음악에 대한 사랑, 약초에 대한 신뢰감과 천체에 대한 각별한 관심을 물려받았다. 어머니는 거의 매일 기숙사에 있는 아들에게 편지를 보냈다. 루돌프는 아버지의 권위에 대한 두려움과 존경심을 가지고 있었고, 다른 한편으로는 어머니와 내적이고 애정 어린 관계를 맺고 있었다. 이런 두 가지 상반되는 감정을 그는 일생 동안 간직하고 있었다.

그가 이런 상반되는 두 가지 감정 사이에서 분명한 자기 입장을 보이지 않았던 것은 그의 성격 때문이었다. 일생 동안 그는 두 얼굴을 가지고 생활했다. "투쟁 시기"의 싸움에서는 무모하다 할 만큼 강력하게 나선 사람이기도 했지만, 동시에 아주 다정다감한 동물 애호가이기도 했다. 말 그대로 그는 파리 한 마리에게도 해를 끼치지 않을 정도로 동물을 사랑한 사람이었다. 당 내부의 부패와 직권 남용에 강하게 반대했던 도덕의 전도사가 다음 순간 점령지 폴란드에서는 몽둥이 형벌을 도입하자고 주장한 가혹한 사냥꾼으로 등장한다. 1차 대전에 참전했던 용감하고 결단력 있는 장교였던 그는 히틀러에게 헌신하고 복종하면서 전혀 자신의 목소리를 내지 않는 사람으로 변한다. 다른 충복들로부터 무관심하다든지 세상 물정 모른다는 조소를 받았던, 정치적으로 영향력이 없는 이 대리인은 놀랍게도 전쟁의 와중에 적국으로 날아가는 모험을 결행했다.

루돌프 헤쓰의 청년기는 종종 자신의 이후 경력을 가로막을 뻔한 시기로 해석된다. 그가 그 당시 실제로 "평범한 사람"의 틀을 벗어나는 모습을 보인 적은 없었다. 그의 청년기는 그에게 전혀 물질적인 어려움이 없는 행복한 시기였다. 고데스베르크의 기숙사에서도 그는 눈에 띄지 않는 학생에 속했다. 인문 고등학교 대신 스위스의 노이샤텔에 있는 상업 학교를 졸업하라는 아버지의 소원을 루돌프는 그대로 따랐다. 비록 마지못해 한 것이었지만 말이다. 원래 그는 엔지니어가 되려고 했었다. 평화로운 시기가 계속되었다면, 그는 자연과학에 대한 관심을 버려야 했던 것을 못내 아쉬워하며 정직한 상인으로 성장했을 것이다.

그러나 시대가 급변했다. 1914년 늦여름 유럽의 제 민족들은 민족주의에 도취하여 세계대전으로 비화할 전쟁의 열기 속으로 빠져들었다. 이는 스무 살의 루돌프 헤쓰에게도 결정적인 전기가 되는 사건이었다. 8월에 그는 아버지의 의사를 거스르며 군에 자원했다. 이는 아들이 공개적으로 아버지에게 복종하기를 거부한 최초의 사건이었다. 재외 독일인 상인이 가진 강력한 민족주의가 뿌린 씨앗은 오래 전부터 싹을 피우고 있었다. 아버지와 아들은 계속 서로 존경하는 관계를 유지하고 있었지만, 루돌프 헤쓰는 이제 권위의 주체를 다른 곳에서 찾았다.

우선 그가 희망했던 전선으로 갈 방법이 없었다. 너무나 많은 독일 남자들이 자진 입대했다. 루돌프 헤쓰는 우선 이런 점을 감내하면서 병영에서 기자재를 다루는 훈련을 받아야 했다. 첫 투입을 기다리는 시간이 그에게는 고통이었다. 아군의 승리가 빠른 시간 안에 이루어져 총 한 발 쏘아 보지도 못하고 전쟁이 끝나는 게 아닌가 하는 말도 안 되는 두려움을 가지고 있었던 이 신병은 독일군에게 더 많은 사상자가 나기를 바라기도 했다. "이 가련한 녀석들을 다음 전투에는 꼭 데려가 달라고 빌었습니다. 그렇지 않으면 언제까지 공중에 붕 떠 있어야 할지 모릅니다"라고 그는 어머니에게 보내는 편지에 썼다.

　그 뒤 루돌프 헤쓰는 아주 가까운 거리에서 위대한 죽음을 체험하는 기회를 4년 동안 가졌다. 그의 부대, 바이어른 보병 1연대는 서부 전선에서 전투를 가졌다. 헤쓰 병사가 첫 전투를 무사히 치러냈을 때, 서부 전선의 전투는 이미 진지전으로 고착화되고 있었다. 그럼에도 불구하고 전쟁의 강력한 인상으로 인해 그의 편지는 순수한 열정으로 가득 차 있었다. "불타는 전장! 정말 아름답다. 전쟁!" 헤쓰는 "훌륭한" 군인이 되기 위한 예비 지식을 가지고 있었다. 군의 복종이란 개념을 그는 집에서 이미 터득하고 있었으며, 아버지로부터 물려받은 그의 결단력은 곧 상관의 마음에 들게 되었다. 1915년 여름 그는 하사로 진급했다. 1917년에는 벌써 소위가 되어 있었다.

　초기의 광적인 환희는 곧 냉정한 통찰력에 자리를 내주었다. 프랑스에 대해 빠른 승리를 거두리라는 전망이 유감스럽게도 환상이었음을 깨닫게 된 것이었다. 하지만 무슨 일에 대해 의심을 품는 것은 군인 헤쓰에게 낯선 것이었다. 베르덩 전투가 최고조에 달했을 때, 그는 부모에게 "계속 싸울 것이고 끝까지 버틸 것입니다. 고향과 전장에서 모두"라고 다짐했다. "헐뜯기 좋아하는 사람들에게 강하게" 대들기라도 하듯이 편지를 적어 내려갔다. 참호와 포탄 자국이 남은 곳에서 죽어간 의미 없는 수많은 죽음들. 자신의 세계상과 전쟁을 일치시키기 위해, 헤쓰는 이 죽음들을 자신의 열정 뒤로 숨겼다. 한 편의 긴 전투 담시에서 "전선의 전사"였던 그는 "자랑스러운 개선 행렬"을 "지옥의 불꽃"과 "잿빛으로 기다리는 사람들"과 운을 맞췄다.

　전선에서 입은 부상도 전쟁에 대한 열광적인 그의 감정을 바꾸지 못했다. 그는 1917년 루마니아 전선에서 폐에 관통상을 입고 거의 죽을 뻔했다. 다시 건강을 회복하고 난 뒤 소위 계급장을 갓 단 그는 보충 중대를 따라 서부 전선으로 가라는 명령을 받았다. 이 중대에는 오스트리아-헝가리 제국에서 군 복무를 기피하고 자진해서 독일 황제 군대에 들어온 오스트리아 사람이 있었다. 그는 아돌프 히틀러였다. 이 우연한 만남에서 소위와 상병 간에 주고받은 말은 물론 한마디도 없었다. 이들은 후에 역할을 바꿔 역사를 만들었다.

1918년 봄, 루돌프 헤쓰 소위는 수차례에 걸친 지원 뒤에 군의, 즉 "나는 군대" 공군의 새로운 정예 요원이 되었다. 헤쓰는 리히트호펜 남작과 괴링 대위와 같은 에이스 조종사들에 대해 열광했다. 비록 그들이 치른 공중전이 전쟁에서 결정적인 역할을 한 것은 아니었지만, 모든 아이들이 그들에 대해 알고 있었다. 조종사 교육을 받으면서 그의 조종사로서의 재능도 나타났다. 그러나 그 자신 전쟁 영웅이 되기에는 너무 늦었다. 전쟁 막바지에서야 비로소 실전에 투입된 그는 한 대의 전투기도 격추시키지 못했고, 그 자신 피해를 입지도 않았다. 그러나 그는 공군의 충성스런 일원으로 남아 있었다.

1918년 11월, 제국이 붕괴되자 헤쓰는 대부분의 다른 동료들처럼 이 사건을 국가적 재앙으로 받아들였다. 전쟁 발발에 제국 정부가 깊이 관여했다는 것도 몰랐던 그는 이 전쟁을 언제나 정당한 방어 전쟁으로 여기고 있었다. 휴전 협정의 체결은 그가 보기에 대단한 실수였다. "우리는 1914년보다 못한 상황에 놓여 있는 것이 아닙니다. 정반대죠. 우리쪽 사람들은 단지 잠시 동안 의연함을 잃은 것뿐입니다. 이는 국내에서 이루어지는 선전 선동과 능숙한 솜씨로 만들어낸 적들의 전단지 때문입니다"라고 그는 단호한 어조로 부모에게 편지를 적어 보냈다. 음험한 음모가 있다고 그는 생각했

그는 처음부터 남자다운 모습을 보였고 곧 가장 훌륭한 군인 중의 한 사람이 되었다. 수많은 정찰 수색과 돌격을 위해 자원병을 찾을 때면, 항상 그가 그 가운데 있었다. 그는 언제나 전력을 다 기울였고, 공격시에는 냉철함과 희생 정신을 발휘하여 타의 모범이 되었다.

1차 세계대전시 헤쓰의 전우, 1955년

쿠데타가 실패한 뒤에 루돌프 헤쓰는 처음으로 몸을 숨겨야 했다. 일제 언니는 그 당시 그에게 매일 식사를 날라다 주었다. 왜냐하면 언니가 이자르 계곡의 은신처를 알고 있는 유일한 사람이었기 때문이었다. 나중에 그는 자수를 하고 란츠베르크에 수감되었다. 그곳의 분위기는 일반적인 교도소처럼 억압적이지 않고 훨씬 자유로웠다. 특히 언니는 란츠베르크에 있는 그를 정기적으로 방문하기도 했다.

잉게보르크 프륄, 프리츠 헤스의 처제

히틀러는 그의 위대한 우상이었다. 일찍부터 그는 히틀러를 알고 있었는데, 그 당시 그는 히틀러가 우리를 곤경에서 구해 줄 사람이라고 말하곤 했다. 그는 항상 히틀러를 숭배했으며 존경했다. 내가 보기에 그는 히틀러 몰래 무언가를 꾸밀 사람은 결코 아니었다.

라우라 슈뢰델, 헤쓰의 비서

헤쓰의 과도한 진지함이 때때로 신경 쓰이기도 해!

히틀러가 하인리히 호프만에게 한 말, 1927년

나는 그를 사랑한다…
란츠베르크에 죄수로 수감된 히틀러와 자리를 같이한 루돌프 헤쓰 (우측 두 번째)

다. 고국의 실패에 책임이 있는 사람들은 좌익이라는 것이 헤쓰가 오래 전부터 가지고 있던 확고한 생각이었다. 지난 전쟁의 참된 마지막 전사, 루덴도르프 장군이 패배를 인정하고 자리에서 바로 물러남으로써 책임을 회피하려 했다는 사실을 헤쓰는 다른 전선의 군인들처럼 알려고 하지 않았다.

패전은 개인들에게 뼈아픈 고통이었고, 의회 정치인들이 배신을 했다고 오해하는 결과를 가져왔다. 수백만의 가슴에 깊은 마음의 상처가 새겨졌다. 바이마르 공화국은 국론이 분열되는 심각한 상황에 빠졌다. 루돌프 헤쓰는 한 가지 생각만 하며 참호 저편에 서 있었다. 1919년 여름, "나를 지탱시켜 주는 것은 복수를 할 날이 올 것이라는 희망이다"라고 그는 밝혔다. 후에 그의 우상이 되었던 히틀러도 그때 헤쓰가 느꼈던 것과 똑같은 복수의 감정을 느끼고 있었다. 그들이 생각했던 복수의 대상에는 공산주의자와 사회민주주의자들뿐만 아니라 유태인도 포함되어 있었다. 16년 뒤에 헤쓰는 연설석상에서 이와 같은 생각을 강조했다. "나 자신 그때까지는 반유대주의자가 아니었다. 1918년 이후의 일련의 사건들에 주목하게 되면서, 나는 반유대주의자로 전향할 수밖에 없었다."

모범적인 소위가 숙영했었던 뮌헨은 그와 같은 생각에 따르면 매우 위험한 도시였다. 사회주의 성향의 쿠르트 아이스너Kurt Eisner 수상의 지도하에 있던 이 바이어른의 대도시에서 혁명이 일어났는데, 베를린을 제외하고는 혁명이 일어난 두 번째 주요 도시였다. 쾨니힉스플라츠 광장에서 붉은 완장을 두른 군인들이 순찰을 돌았다. 신문 지상에는 거의 매일 정치적 암살에 대한 기사가 올랐다. 헤쓰는 처음에는 이 혁명에 참여하지 않고, 속으로 "러시아 혁명을 모범으로 삼은 이 코메디"에 대해 불평을 털어놓았다.

헤쓰 개인의 미래도 암울해 보이기는 마찬가지였다. 영국인들이 이집트의 가산을 몰수하는 바람에 금전적으로 걱정이 없던 시절은 옛일이 되었다. 라이히홀트그륀의 대저택에서 그의 부모는 사태가 어떻게 전개되는지 지켜보고 있었다. 알렉산드리아에 있는 회사를 잠정적으로 잃고 독일 정치가 혼돈에 빠지자 25살의 아들은 인생의 중대 고비에 봉착하게 되었다. 그 당시 "머리에 총알을 박고 싶다"는 충동을 느끼기도 했다고 그는 나중에 편지에서 밝혔다.

절망한 그는 뮌헨의 상류층 호텔 "사계절"의 객실 뒷방에 우선 자리를 잡았다. 이곳에는 뮌헨 단체 등록 협회에 "게르만 고대 연구회"라고 등록된 단체 회원들이 모여 음모를 꾸미고 있었다. 그러나 이러한 순수한 단체 명칭 뒤에는 극우 성향의 반마르크스적이며 반유대적인 목적을 가진 비밀 단체, "툴레 결사"가 있었다. 이 결사에서는 "순수 민족적" 사고를 반혁명적인 국가 제국 계획과 결합시켰다. 이 결사는 이데올로기의 싹을 배양한 인큐베이터 역할을 했는데, 14년 뒤에 불행을 잉태한 이 이데올로기가 현실화되었다.

"툴레 결사"의 상징은 하켄크로이츠였다. 이것은 "아리아인"이 이상적으로 생각하는 것 중의 하나였다. 헤쓰는 1919년 초에 이 결사에 가입했고 곧 무기 조달, 자원자 모집과 사보타지 부대의 지휘를 담당하는 중요한 임무를 맡았다. 1919년 5월, 제국 방위군의 지원을 받은 준군사 조직인 "의용군"이 뮌헨 인민공화국을 넘어트렸을 때, 그의 파괴 활동은 결실을 거두었다. 의용군 "에프Epp"는 사령부를 "사계절" 호텔 방에 설치했다. 헤쓰는 이제 의용군에 몸담으면서 좌익과 맞서 싸우게 되었다.

"툴레 결사"를 통해 그가 가진 어렴풋한 반유대주의와 국력 재건의 꿈이 급진 사상으로 굳어졌다. 독일의 "재탄생"을 영도할 "총통"에 관한 생각에 대해서도 헤쓰는 전적으로 찬성했다. 그 외에도 그는 결사 대원들 중에서 이후 같은 길을 갈 동지들과 나치의 거물들을 알게 되었다. 한스 프랑크Hans Frank, 알프레트 로젠베르크와 디트리히 에카르트Dietrich Eckart가 그들이었다. 조직 책임자였던 루돌프 폰 제보텐도르프Rudolf von Sebottendorf가 후에 주장했듯이, 그때까지만 하더라도 비어홀의 연사에 불과했던 무명의 히틀러와 "툴레 결사"가 접촉을 했는지 여부는 불확실하다. 그러나 "툴레 결사"의 사상과 그 추종자들이 후에 국가사회주의 독일노동당의 근간을 이룬 것은 확실하다.

루돌프 헤쓰에게 "사계절" 호텔은 그의 첫번째 정치적 고향이었다. 그리고 직업적으로도 그는 새로운 길을 걷게 되었다. 전선의 전사였던 그는 고등학교 졸업장 없이도 뮌헨 대학에 들어갈 수 있게 되었다. 그에게 대학 졸업장은 여전히 위험에 처해 있는 아버지 회사 대리점을 살릴 수 있는 가장 적절한 방법으로 보였다. 그는 경제학과 역사학을 전공으로 신청했다. 어떤 직업을 택할지 정확한 목표도 없이 어쩔 수 없이 선택한 전공이었다.

강의실에서 그는 향후 중대한 결과를 가져올 만남을 가지게 되었다. "지정학" 과목은 퇴역 장군인 카를 하우스호퍼Karl Haushofer 교수가 가르치고 있었는데, 그는 뮌헨 사교계에서 많은 사람을 알고 있는, 매우 존경받는 인물이었다. 헤쓰는 옛 전사인 그를 그가 열망하던 권위적 인물로 여겼는데, 그 권위적 인물의 자리에 아버지가 오랫동안 있었다. 헤쓰는 곧 조교가 되었고, 그래서 그와 더욱 자주 개인적으로 접촉할 수 있게 되었으며, 선생의 학문적 신조를 자기의 것으로 만들었다. 하우스호퍼의 명제는 실제로는 학문적이기보다 정치적인 강령의 성격이 강했다. 그의 기본 사상은 독일인에게 "생존 공간"이 부족하며, 그 공간은 동쪽에서만 찾을 수 있다는 것이었다. 이 망상을 실현하기 위해서는 수많은 피를 볼 수도 있다는 점이 하우스호퍼 교수의 학문적 논증에서는 빠져 있었다. 그럼에도 불구하고 조교 헤쓰는 "생존 공간" 계획에 열광했다.

스물다섯 살의 나이에 극우 뮌헨 서클에서 명성을 떨친 이 젊은이는 사적으로 매우 검소한 생활을 하고 있었다. 술도 마시지 않고, 담배도 피우지 않았으며, 춤도 추지 않았다. 유복한 가정에서 태어나 훌륭한 외모에 멋진 모습을 가진 남자였음에도 불구하고, 우직한 그가 청년 시절에 여자를 사귄 적은 없는 것으로 보인다. 젊었을 적 그의 편지는 무미건조했다. 그의 편지에서는 독일과 정치 또는 전쟁 얘기만 나오면 광적으로 집착하는 그의 목소리를 들을 수 있다. 이 시기에 찍은 몇 장 안 되는 헤쓰의 사진은 내성적인 그의 모습을 보여 주는데, 이 사진들에서 그의 짙은 눈썹이 이런 그의 인상을 시각적으로 강화시키는 역할을 하는 것으로 보인다.

1920년 그는 외떨어진 슈바빙의 숙소에서 장교의 딸인 일제 프릴을 알게 되었다. 그녀는 이 특이한 사람이 생애 처음으로 알게 된 여자였다. 후에 남편이 된 사람을 처음 만났을 때를 그녀는 다음과 같이 회상하고 있다. "갑자기 회녹색 군복을 입고 팔에는 에프 의용군의 청동 사자 완장을 두른 청년 하나가 정원의 바깥 출입문 쪽으로 들어와 작은 계단을 한꺼번에 세 칸씩 뛰어 올라왔다. 예기치 못한 나의 시선에 놀라는 눈치였다. 짙은 눈썹 아래로 매우 어두운 그의 눈이 거부의 빛을 보내고 있었다. 찰나였지만 예의를 차려 인사하는 것을 보았다. 그리고 그가 가버렸다! 그 사람이 루돌프 헤쓰였다." 하지만 곧바로 서로에게 격렬한 사랑의 감정이 싹튼 것도 아니었다. 별나게도 여자가 자기 곁에 있다는 것에 익숙하게 될 때까지 헤쓰에게는 꽤 오랜 시간이 걸렸다. 그는 부모에게 일제에 관해 글을 적어 보냈는데, 그 글에서 그녀를 예쁘게 포장하지는 않았다. 그는 "뱀 구덩이"에서 "유일한 뱀장어"를 발견했다고 그녀에 대해 적었다. 하지만 일제 프뢸은 친구를 넘어 연인이 되고 부인이 되었다. 그녀는 국가사회주의 독일노동당에 참여한 최초의 여성들 중의 한 명이었으며, 결혼식을 치르기 전까지 당에서 정치 일을 도왔다.

이런 개인적인 신변의 변화에 이어 1920년 5월 어느 날 밤에 그의 인생을 변화시킨 일이 벌어졌다. "슈테른에커브로이"라는 뮌헨의 어느 지하 맥주집에서 루돌프 헤쓰는 독일노동당DAP의 한 연사가 연설하는 것을 들었다. 독일노동당은 바이어른에 있는 순수 민족적인 소수 분파 중의 하나였다. 맥주집 안에는 겨우 스물네 명의 청중들만이 모여 있었다. 서빙을 보는 여자가 1,000cc 맥주를 돌렸다. 홀 안에는 담배 연기가 자욱했다. 연사는 헤쓰보다 몇 살 나이가 많았는데, 그는 검은 머리에 가르마를 탔고, 직각으로 짧게 자른 콧수염을 하고 있었다. 독일노동당의 전단지에 그의 직업은 "화가"라고 적혀 있었다.

강한 오스트리아 억양으로 그는 지난 몇 년간의 사건들에 대해 설명했다. 베르사이유 조약은 독일 민족에게 저지른 범죄라고, 전선에서 싸우고 있는 병사들에 대한 시민 정부의 "배신 행위"라고 정의하고, 특히 이를 배후에서 조종한 것이 유태인들이라고 했다. 그의 연설은 오래 진행되었고, 신들린 듯한 고함 소리에 의해 고조되었다. 헤쓰는 그의 연설에 매료되었다. 이 연설은 그가 각성하게 되는 계기가 되었다. 이 사람은 영혼에서 우러나온 연설을 하는 것처럼 보였다. 그날 저녁 그는 여자 친구의 집으로 뛰어갔다. 그는 감격에 겨워 말을 더듬었다. "그 사람, 그 사람이, 내가 이름도 알지 못하는 그 사람이 하는 연설을 들었어요. 누군가가 우리를 베르사이유 조약의 구속에서 풀어 준다면, 바로 그 사람일 겁니다. 이 미지의 사람은 우리의 명예를 다시 찾아줄 게 분명해요!" 일제 헤쓰가 후에 그날 일을 기록했다. 남편은 아주 "새사람이 된 것처럼 생동감이 넘쳤고 얼굴이 환해졌어요. 더 이상 어두운 표정이 없었으며 더 이상 분노에 찬 표정을 짓지도 않았어요."

1920년에 히틀러는 "총통"과는 거리가 먼 사람이었다. 그 당시에는 조그만 독일노동당 안에서 권력 다툼을 하는 정도였다. 하지만 그가 한 연설이 후에 위력을 떨치게 되리라는 것은 감지할 수 있었다. 며칠 뒤에 헤쓰는 연설을 했던 화가를 따르기로 결심했다. 이런 결심을 한 이유는 복합적이었다. 아직 정돈되지 않은 히틀러의 정치적 관념들이 이 젊은 추종자가 "툴레"라는 순수 민족적 결사에서 습득했던 그것과 일치했다는 점은 분명하다. 이 둘은 전선에서 싸운 전사들이었다. 둘은 또한 심한 부상을 입었으며, 황제의 군대가 붕괴함으로써 개인적으로 상처를 받았다. 하지만 헤쓰는 내면적으로 바라는 다른 무엇인가가 있었다. 그것은 권위에 대한 그리움이었다. 아버지로부터 떨어져 나온 뒤에 그는 항상 고정적인 기준점을 찾고 있었다. 군대에서는 군의 위계 질서가 이런 공백을 메워 주었고, 후에 잠시 동안은 아버지 같은 친구 하우스호퍼 교수가 그 역할을 대신했다.

이제 "슈테른에커브로이"의 그 "사람"이 개인적 권위의 대상이 되기에도 적임이고, 민족의 고통스런 상황을 해결해 주는 데도 적임인 사람처럼 보였다. 헤쓰에게 있어 그는 사적이고 정치적인 갈망이 숙명적으로 결합된 인물이었다. 여기서 그의 소망과 시대 정신이 일치했다. 그 시기의 수많은 책, 시 그리고 기사들에서 "한 사람"에 대한 것이 언급되었는데, 그가 민족을 구원할 것이라 했다. 헤쓰에게 있어서는 히틀러가 그 "한 사람"이었다. 이제부터 그는, 이 민족의 "구원자"가 뜻한 바대로 갈 수 있도록 하는 것을 자신의 소명으로 여겼다.

히틀러는 그를 추종하는 이 젊은 조력자에게 곧바로 호감을 가졌다. 헤쓰는 신뢰할 만한 사람이었고, "툴레 결사" 시절에 영향력 있는 사람들과 교제를 했고, 병적으로 자기 말만 하는 히틀러의 말을 잘 들어주는 성격을 가지고 있었다. 아직도 세가 약한 당 내에서는 커피를 먹으러 가서 같이 대화를 나누곤 하던 이 이질적인 쌍에 대해 조소를 보냈다. 헤쓰는 겸손하고 좋은 매너를 가진 시민의 아들이었고, 평범한 환경에서 태어난 선동가인 히틀러는 예의도 없는 뻔뻔한 사람이었다. 여기서 독일 민족의 미래의 "총통"과 그 대리인이 등장했다는 어떤 징후도 찾을 수 없었다.

그는 존경심에서 히틀러를 "호민관"으로 불렀는데, 그에 대한 헤쓰의 감격은 제어되지 않은 광신주의로 급속히 변해 갔다. 그는 조카에게 보낸 편지에서 그를 "쾌남아"라고 썼고, 그에게 대단한 찬사를 보냈다. "최근에 그는 멋진 연설을 했다. 크로네 서커스장에서 연설을 마치고는 각 계층 출신의 대략 6천 명의 청중들이 독일 제국 국가를 합창했다. 참석한 약 2천 명의 공산주의자들도 같이 국가를 불렀다." 물론 이러한 그의 충만한 감정이 후견인이었던 하우스호퍼 교수까지 히틀러에게 열광하도록 만들지는 못했다. 교양을 갖춘 장군은 벼락 출세자인 히틀러를 깔보았다. 왜냐하면 히틀러가 총명한 기지나 교양을 갖추지 못했기 때문이었다. 물론 맥주 홀에서 연설이나 하는 오스트리아 출신의 작자가 자신이 아끼는 애제자를 빼앗아간 것에 대해 일말의 시기심도 작용했을 것이다.

헤쓰는 점점 더 히틀러의 비서로 위치를 잡아갔다. 특히 1921년 국가사회주의 독일노동당의 권력을 히틀러가 빼앗게 되었을 때 그가 큰 역할을 했다. 그는 다른 식으로 자신이 유용하다는 것을 증명했다. 그는 여자 친구 일제와 함께 선전 플래카드를 내다걸고,

그는 분노에 차 얼굴이 파래졌다…
1938년 11월 9일 (유태인 학살의 밤) 헤쓰의 아들 볼프-뤼디거의 명명식에 참석한 뤼디거의 대부 히틀러

헤쓰는 분명 내가 모신 상관 중에서 가장 나은 사람이다. 그는 항상 예의 바르고 친절했다. 우리는 종종 대화를 나누며 같이 웃곤 했다. 또한 그는 투철한 정의감의 소유자였다. 그는 항상 하우스호퍼 장군의 부인을 그렇게 보호해 주었다. 그리고 특별한 어려움에 대해 듣게 되면, 그는 항상 그 당사자를 도와 주었다. 그래서 그는 "당의 민원 해결사"라고 불리기도 했다. 많은 사람들이 그에게 도움을 청했다. 그가 화내는 것을 나는 거의 보지 못했다. 단 한번 그가 유리의 밤 사건 때문에 화를 낸 적이 있었는데, 그 일이 자기 모르게 이루어졌기 때문이었다. 그날의 행위에 대해 알게 되자, 그는 모든 동지들에게 이 사건에 관여하지 말라고 했다. 하지만 때는 너무 늦었다.

힐데가르트 파트, 헤쓰의 개인 비서

언젠가 언니가 형부에게 물어 보았다. "여보, 이제 우리가 교회 다니는 것을 그만둘 필요는 없죠?" 그는 "그럴 필요 없어요. 사람들이 어떤 반응을 보일지 생각해 봐요. 헤쓰가 더 이상 교회를 다니지 않는다는 이유만으로 사람들 모두가 교회를 떠날 거예요. 그래서는 안 되죠. 근본적으로 우리에게는 아직 교회가 필요해요. 그렇지 않으면 사람들이 의지할 곳을 잃게 되니까요. 우리는 교회를 계속 다닐 거예요!"

잉게보르크 프륄, !프리츠 헤쓰의 처제

전단지를 돌렸으며 히틀러의 지시에 따라 돌격대에서 처음으로 "대학생 100인회"를 결성했다. 이 차세대 간부는 이제 강의실에는 가지 않았다. 루돌프 헤쓰의 미래를 둘러싼 히틀러와 하우스호퍼 교수 사이의 줄다리기는 결판이 났다. 정적들과 붙은 장내 싸움에서 헤쓰는 겁이 없는 무모한 사람으로 명성을 얻었다. 그가 공산주의자들이 가져온 맥주 잔에 맞아서 머리가 깨졌는데, 그는 이것을 후에 "대리인"으로서 행한 연설에서 두고두고 써먹었다. "누가 나처럼 피를 흘리며 총통 앞에 쓰러지겠는가…."

그러나 국가사회주의 독일노동당 초기에 헤쓰가 명성을 얻기 위해서는 연설 능력이 절대적으로 필요했는데, 헤쓰는 그런 능력이 모자랐다. 헤쓰는 연설대에 오르기만 하면 심리적 압박감에 말을 못하고, 몸이 마비되기도 했다. 청중들은 그가 자기 연설 차례가 빨리 지나가기를 바라고 있다는 인상을 받았다. 초기 당의 연사였던 헤르만 에써Hermann Esser는 다음과 같이 말했다. "수많은 청중들 앞에서 그는 단 한마디도 제대로 된 문장을 말할 수 없었다."

그럼에도 불구하고 당에서는 히틀러 곁에서 성심으로 그를 돕고 있는 이 조력자를 중요한 사람으로 대우하기 시작했다. 그는 새로운 당 기관지인 『순수 민족 관찰자 Völkischer Beobachter』 1921년 7월 31일자 사설을 통해 당의 강령을 밝혔는데, 이 강령 속에는 이미 이후에 나올 근본적인 논점들이 다 포함되어 있었다. 반의회적이고 반유대적이며 반자본주의적인 논점이 그것이다. 그리고 당의 목표는 "국가적인 민족 공동체"를 만드는 데 두었다. 헤쓰는 강령을 만든 사람도, 당의 수뇌도 아니었으며 한번도 수뇌부 자리에 올라본 적도 없었다. 하지만 그는 초기 시절부터 이미 당의 성격을 규정하는 데 기여했다. 그는 당이 광신적이고 종교적이며, 결과적으로 화를 불러왔지만, 믿음을 줄 수 있도록 했다. 당연한 귀결이지만 그는 자신의 "호민관"을 위한 신화를 만들기 시작했다. 12년 뒤에 독일의 모든 아이들이 히틀러와 연관시켜 생각하게 되는 그 호칭은 헤쓰의 작품이었다. 히틀러를 "총통"이라고 부른 최초의 사람이 헤쓰였다.

1923년 11월, 이 "총통"이 처음으로 역사를 쓰려 하고 있었다. 바이어른에는 당장이라도 폭발할 듯한 분위기가 팽배해 있었다. 인플레이션은 예기치 못한 결과를 가져왔다. 빵 한 덩어리 값이 1조 제국 마르크에 달했다. 급격한 화폐 가치의 몰락으로 인해 수많은 사람들의 생계가 엉망이 되었다. 특히, 미움의 대상이 된 바이마르 공화국의 남쪽에서는 "의회의 경영 부실"을 끝장내자는 구호도 들렸다. 일 년 전에는 이탈리아에서 베니또 무솔리니와 검은 셔츠를 입은 그의 파시스트 당원들이 "로마로 진격"을 외쳤고, 이로써 병든 나라의 권력을 잡을 수가 있었다. 히틀러는 무솔리니가 아니었고, 그의 국가사회주의 독일노동당은 바이어른 지역을 벗어나면 아무도 모르는 소수당에 불과했다. 하지만 그는 행동하기에는 능력이 충분하다고 생각하고 있었다. 11월 8일 그는 제국을 세우려는 모험을 감행했다.

같은 날, 헤쓰는 부모에게 보내는 편지에서 이 사건에 대한 인상을 적었다. 이 편지는 이 사건에 대해 기록한 대단히 중요한 문서이기도 하다. 그 편지에 따르면 그날 아침 9시에 퇴역 상병 히틀러는 퇴역 소위 헤쓰에게 저녁에 바이어른의 모든 장관들을 체포할 준비를 하라는 명령을 내렸다. "매우 명예스럽고 중요한 임무였다. 나는 절대로 비밀을 지킬 것을 약속했다. 그리고는 저녁까지 서로 떨어져 있었다." 히틀러, 괴링 그리고 일군의 무장한 돌격대원들과 함께 헤쓰는 저녁 6시 경에 "뷔르거브로이켈러"(시민 양조장)를 급습했다. 그곳에서는 주州 정부의 집회가 열리고 있었다. 기록에 따르면, "히틀러가 의자에 뛰어올랐다. 우리는 뒤를 따랐고, 정숙할 것을 요구했다. 하지만 조용해지지 않자 히틀러가 공중에 대고 총을 한 발 쏘았다. 효과가 있었다. 히틀러는 다음과 같이 선포했다. '방금 뮌헨에서 애국적인 혁명이 일어났습니다. 이 순간 우리 부대가 전 도시를 장악했습니다. 이 홀도 6백 명의 사람들에 의해 포위되어 있습니다.'"

그러나 바로 다음날 이 쿠데타 시도는 허세를 부린 것에 지나지 않았음이 드러났다. 서툰 계획에 의해 진행된 쿠데타였던 것이다. 권력을 잡기 위한 그의 첫 시도는 한 경찰 부대의 발포로 피만 흘린 채 수포로 돌아갔다. 후에 1923년 11월 9일 이날 숨진 14명의 희생자들에 대한 추모식이 매년 거행되었다. 횃불과 북소리가 이 의식의 분위기를 고양시켰고, 정부의 의식을 주관하는 대가들은 이 의식을 통해 군중들로 하여금 불러일으킬 수 있는 모든 격정적인 감정들을 불러일으켰다. 루돌프 헤쓰가 "노전사들"이 서 있던 제일 앞 열에서 행진했다는 얘기는 의식적으로 역사를 왜곡한 것이다. 왜냐하면 11월 9일 펠트헤른할레 앞에서 유혈 사태가 벌어졌을 때 그는 그 자리에 없었기 때문이다.

그는 주어진 임무에 따라 그 시간에 바이어른 주 정부의 두 장관 슈바이어와 부첼호퍼를 인질로 감시하고 있었다. 쿠데타가 실패했다는 소식을 듣고 그는 차량을 한 대 징발해 두 명의 "인질들"을 데리고 바트 퇴르츠 방향으로 도주했다. 헤쓰는 인질극 상황을 부모에게 보내는 편지에 적어 보냈다. 여명이 밝아오자 그는 베게스란트 근처의 한 농가에서 낯선 여행 동료들을 위해 숙소를 마련하려 했다. "내가 돌아왔을 때, 자동차는 떠나 버렸는데, 어떻게 된 영문인지 아직까지 그 이유를 잘 모르겠다. 그렇게 장관들은 뮌헨에 도착했다. 아마도 그것이 최선의 해결책이었을 것이다." 두 명의 장관들이 감시망에서 빠져 나간 것이나 그의 다음 행동은 자발적인 쿠데타 가담자였던 헤쓰로서는 칭찬 받을 만한 일은 아니었다. 같은 날 이미 루돌프 헤쓰는 국경선을 넘어 잘츠부르크로 도망을 쳤다.

히틀러와 대부분의 다른 쿠데타 가담자들이 경찰에 잡혀 재판을 기다리고 있던 사이에 헤쓰는 종적을 감추었다. 몇몇 전기 작가들이 헤쓰의 초기 성격을 규정했던 것처럼 자신의 주인에게 "굽신거리며" 헌신을 다했던 충복이 이처럼 처신했단 말인가? 알프스 지역에서 은신처를 수시로 바꾸며 숨어 다니면서 그는 마음껏 자유를 즐겼다. 그는 스키도 타고 여자 친구도 만났으며 국민 경제에 대한 공부에 다시 몰두하기도 했다.

그의 생애에서 마지막으로 그는 결정을 못하고 망설였던 것으로 보인다. 부모에게 보낸 편지에서 그는 심사숙고하고 있는 자신의 심경을 밝혔다. "내 생애 아직까지 훌륭한 명성을 누린 적도 없었고, 집과 아이를 가진 적도, 케겔을 즐긴 적도 없었다…." 순식간에 시민적 삶으로 돌아가는 것이 가능했을까? 헤쓰에게 11월 9일의 참담한 결과 이후에 당이 다시 재기할 수 있을까라는 의심이 싹텄던 것은 아니었을까? 국가 권력을 잡음으로써 비상하려던 시도가 졸지에 중단된 것처럼 보였기 때문에 "호민관"에 대한 매력이 퇴색한 것은 아니었을까?

쿠데타를 일으킨 자들에 대한 "인민 재판"이 열렸던 뮌헨 군사학교에서의 소식들을 듣고서야 비로소 이 도주자는 기운을 되찾게 되었다. 히틀러는 이 재판을 자신의 연설 능력을 발휘할 정치적 무대로 활용했고, 판사는 그가 연설할 수 있도록 허가해 주었다. 펠트헤른할레 앞에서 겪은 큰 실패는 예기치 않게 승리로 변했다. 쿠데타를 정당화하기 위해 그가 제시한 3가지 이유가 신문에 보도되었다. 헤쓰는 신문 내용을 읽어 보고는 환호성을 질렀다. "그의 변론은 가장 뛰어난 연설 중의 하나이고, 이제까지 그가 행한 연설 중에서 가장 힘 있는 연설이었을 것이다." 헤쓰는 그의 마력에 다시 사로잡히게 되었다. 대역죄인에 대한 판결은 관대했다. 히틀러는 5년간의 금고형과 200금金 마르크의 벌금을 부과 받았다. 그는 수감 생활을 잘하면 6개월이 지난 뒤에 집행유예로 형을 중단할 것이라는 약속도 받았다.

믿음을 다시 되찾은 추종자 헤쓰는 뮌헨으로 길을 재촉했다. 이제 그는 자수를 하려고 작정했다. 그는 "아마 선생님보다 더 나쁜 상황은 벌어지지 않을 겁니다"라고 말하며 부모를 안심시켰다. 시기가 절박했다. 1924년 5월 바이어른의 "인민 재판소"가 해체될 예정이었다. 뒤늦게 자수한 헤쓰가 이 법정에 서지 못하게 된다면, 그는 더 가혹한 형벌이 내려질 게 뻔한 베를린의 제국 재판소로 가야 할 위험에 처해 있었다. 하지만 그는 운이 좋았다. 며칠간 심리가 진행된 뒤에 그에게 18개월의 금고형이 내려졌고, 히틀러와 마찬가지로 란츠베르크의 감옥으로 이송되었다.

그곳에서의 몇 달은 히틀러와 헤쓰의 관계에 있어 결정적인 역할을 한 시기였다. 란츠베르크에서 비로소 "총통"과 "대리인" 사이에 끈끈한 관계가 확고하게 맺어졌는데, 이 관계는 1941년 둘이 "떨어진" 뒤에도 계속 이어졌다. 헤쓰의 경력은 그의 경력이 끝나기도 한 바로 그 창살 뒤에서 시작되었다. 란츠베르크의 구금 조건은 국가 전복을 시도한 사람들을 관대하게 처리했던 판사와의 관계에서 알 수 있듯이 괜찮았다. 감옥이라기보다 요양소 같은, 현대적이고 공간이 넓은 건물에서 이 정치범들은 충분한 자유를 만끽했다.

헤쓰가 도착했을 때, 히틀러는 이미 자기 방을 가지고 있었는데, 그 방문은 닫힌 적이 없었다. 가까운 사람들이 그와 함께 일 층에서 생활했는데, 그곳은 존경심에 가득 찬 다른 죄수들에 의해 "펠트헤른휘겔"(펠트헤른할레를 비유해서 붙인 이름. 할레는 강당 또는 홀이라는 의미이고 휘겔은 언덕이라는 의미 — 옮긴이)이라고 불렸다. 헤쓰는, 자신의 추종자를 곁에 두고 싶어하는 히틀러의 뜻에 따라 그의 옆방을 배정받았다. "호민관에게서 마치 빛이 나오는 듯했어요"라고 그는 자신의 여자 친구 일제에게 행복에 겨운 소식을 전했다. "그의 얼굴은 더 이상 여윈 모습이 아닙니다. 강요된 휴식이 그에게 좋게 작용했어요." 그러나 히틀러에게 있어서 란츠베르크 시절은 육체적인 재충전의 기회였던 것만은 아니었다. 그 시기는 특히 그에게 정치적 복귀를 위한 시기였다. 첫번째 시도가 무위로 돌아간 뒤에 그는 이 호화스런 감금 생활을 하면서 "운동"을 위한 미래를 구상했다.

헤쓰는 이때 여러 가지 역할을 동시에 수행했다. 토론의 상대도 되었고, 의견도 제시하고, 시험 대상인 청중도 되었다. 히틀러가 발전시키고, 그의 고백서인 『나의 투쟁』에서 정형화된 사상 구조에 입힌 그의 직접적인 영향력은 이때까지보다 훨씬 더 컸다. 이때 헤쓰는 저자의 원고를 쳐주는 비서가 아니라 조언자였다. 특히 그의 스승인 하우스호퍼의 지정학적 명제는 "호민관"을 통해서 실현될 가능성을 찾게 되었다. "동쪽의 생존 공간," 하우스호퍼 지정학의 이 핵심 명제는 『나의 투쟁』의 외교 부분에서 중심 주장이었다.

이십 년이 더 지난 뒤에 뉘른베르크에서 연합군의 심문을 받은 하우스호퍼 자신도 "생존 공간"이란 개념의 저작권을 자신이 가지고 있다는 것에 관해 더 이상 관심을 가지고 있지 않았다. 심문자가 집요하게 추궁하자 비로소 이 교수가 인정을 했다. "맞소. 그 생각은 헤쓰를 거쳐 히틀러에게 전해졌소. 그러나 히틀러는 그것을 제대로 이해하지도 못했고 그가 내 책을 읽은 바도 없소." 이 청문회가 끝나고 몇 주 뒤에 하우스호퍼는 자살했다.

란츠베르크의 두 죄수는 "펠트헤른휘겔"에서 정치적으로만 가까워진 것은 아니었다. 1924년 6월의 한 장면이 특히 의미 있는 장면이었다. 히틀러가 『나의 투쟁』 원고 중에서 몇 쪽을 읽었다. 그것은 1914년 8월의 감격과 참호 속에서의 전우애 그리고 전우의 죽음에 관한 것이었다. 방안에서 벌어진 이 장면은 한 편의 멜로드라마가 되었다. 헤쓰는 일제 프뢸에게 보내는 편지에서 "호민관은 마지막에는 더욱 천천히 원고를 읽었고, 감상에 젖어 원고 읽기를 자주 중단하기도 했어요. 그리고 나서 그가 갑자기 원고를 떨어트리고는 머리를 괴고 앉아 흐느껴 울기 시작했어요. 나도 가슴이 찡해 오는 것을 느꼈다는 말을 굳이 당신에게 할 필요는 없겠지요?"라고 적었다. 두 명의 세계대전 참전 용사들이 함께 눈물을 흘렸다. 그렇게 해서 그들은 영원히 하나가 되었다. 편지의 말미에는 "난 그를 사랑하는 그 이상으로 그에게 빠져 있어요"라고 적혀 있다.

이때부터 헤쓰는 히틀러의 영향권으로부터 다시는 벗어날 수가 없었다. 그는 "호민관"이 당을 이끌어 가는 대로 따랐다. 히틀러는 란츠베르크에서 새로운 목표를 제시했다. "우리는 제국 의회의 일에 관여하게 될 것이다"라고 그가 말했다. 마르크스주의자들을 총으로 쏴죽이는 것보다 표결로써 이기는 것이 시간이 더 걸리겠지만, 결국에는 그들의 법이 우리의 성공을 보장하게 될 것이다. "헤쓰가 히틀러에게 언제 권력을 넘겨받게 될 것 같으냐"고 묻자 그가 "최소 5년, 길어도 7년"이라고 답했다. 하지만 권력을 장악하는 데는 일 년이 더 걸리게 되었다.

권력을 향한 느린 행보. 일제 프뢸이 자동차로 란츠베르크에서 석방된 히틀러를 마중 나왔다. 히틀러는 석방된 뒤에 당을 새롭게 정비하고 자신의 목표를 실현시킬 "합법적" 방법을 모색하기 시작했다. 선거전을 위한 여정, 집회와 계속되는 연설. 국가사회주의 독일노동당은 유권자의 환심을 사기 위한 장기전에 돌입했다. 어려운 계획을 시도한 것이었다. 20년대 후반, 즉 "20년대의 황금기"에 독일 경제는 인플레이션에서 회복되었다. 인기 없는 공화국이 위기의 해인 1923년에 예상했던 것보다 더 지속될 수 있을 것처럼 보였다.

급진주의자들에게는 나쁜 시기였다. 국가사회주의 독일노동당은 1930년까지 제국 의회 선거에서 유권자 수의 2퍼센트 이상을 얻은 적이 없었다. 당수의 개인 비서인 헤쓰는 그럼에도 불구하고 지나칠 정도로 낙관주의에 빠져 있었다. 그는 부모에게 예언했다. "그날이 올 것입니다. 완전히 헌법에 입각해서 독일 국민 스스로가 자신의 운명을 책임질 그날이 올 것입니다. 그러나 그것이 헌법을 만든 사람의 의도에 따른다는 의미는 아닙니다!" 그는 그밖에도 "점성술 책자"의 내용을 끌어들여서 "모든 징후"가 히틀러에게 유리하다고도 적었다. 편지를 쓴 날짜가 1927년 1월 27일이었는데, 이 편지는 그가 천문에 대해 관심을 가지기 시작했다는 첫 증거이기도 했다.

헤쓰는 이 "선거전 시기"에 "총통" 곁을 거의 떠나지 않았다. 비서로서 그는 히틀러의 일정을 짰고 그와 함께 여기저기에서 열리는 행사에 참석했다. 히틀러가 매우 조심스런 청중들 앞에서 행한 두 번의 연설을 통해 대단한 성과를 거두고 난 뒤에 헤쓰는 이 성과에 대해 자부심을 느꼈지만 우려감도 표명했다. "결국 그는 두 번의 연설을 하게 되었다. 그러나 호민관은 해냈다! 치즈처럼 창백해졌고 거의 쓰러지기 일보직전이었다. 비틀거리며 말없이 연단에 머리를 기대기도 했다. 목이 쉬어 연설 내용을 알아듣기도 힘들었다. 다시는 이처럼 연달아서 두 번의 행사를 가지도록 하지 않을 것이다."

히틀러가 오버잘츠베르크에 새로 구입한 집 "바헨펠스"(보초 서는 바위라는 의미 — 옮긴이)에서 머무를 때도 헤쓰는 대부분의 시간을 그와 함께 있었다. 공식적인 자리에서는 서로 "존칭"을 썼지만, 사석에서는 오래 전부터 허물없이 "말을 트고" 지냈다. 다른 충복들은 헤쓰에 대한 히틀러의 끊임없는 총애를 시기했다. 알프레트 로젠베르크는 불만을 늘어놓았다. "다른 사람들은 히틀러에게 쉽게 접근할 수 없다. 그런데 이 헤쓰란 양반은 그의 주위에 계속 머물러 있다." 다른 당 간부들은 그의 소심하고 비굴한 성격을 빗대어 헤쓰 "양"이라고 비웃었다. 실제로 루돌프 헤쓰는 이미 1933년 전부터 종으로서의 자기 역할을 고귀한 사명으로 생각했던 것으로 보인다. 시끌벅적하게 모습을 드러내고 호언장담을 하며 갖가지 형태로 자기 과시를 하는 것은 그와 맞지 않았다. 1926년에 그를 처음 알게 된 괴벨스는 자신의 일기에 그에 대해 기록을 했다. "헤쓰. 아주 예의 바르고, 조용하며, 다정다감하고, 영리하며, 신중한 사람이다."

독일 사회에서 그의 모습은 히틀러의 그림자에 가려 계속 드러나지 않았다. 갈색 셔츠를 입은 당수 옆에는 다른 사람들이 배려되었다. 이상한 외모를 가진 잔인한 성격의 헤르만 괴링, 베를린에서 운동을 위해 "앞장섰던" 요제프 괴벨스나 전제국군 장교이자 돌격대 대장인 에른스트 룀이 당수 옆에 자리했다. 헤쓰는 자신의 역할에 대해 만족을 표시했다. 왜냐하면 실제로 자신의 영향력이 지명도를 훨씬 능가했기 때문이었다.

광기 어린 생각의
희생자…
헤쓰와 그의 대리인
마틴 보어만

보어만은 헤쓰보다 더 걸물이었다. 그는 당 지도부에 대한 고삐를 더 이상 늦추지 않았고, 대관구 지도자들을 험하게 다루었다. 대부분의 대관구 지도자들은 이런 일에 분개했지만 받아들일 수밖에 없었다.

슈베린 폰 크로직 백작, 1939년

보어만은 기분 나쁜 사람이었다. 바이어른에서 우리는 그를 "교활한" 사람이라고 불렀다. 하지만 그가 헤쓰를 위해 일할 동안에는 그에게 호의적이었다. 그러나 그는 헤쓰에게 등을 돌리자마자 그에게 적대적이 되었다.

슈테파니 카몰라, 헤쓰 가족의 친구

1941년 헤쓰가 영국으로 날아간 뒤에 보어만이 가진 권력은 물론 놀라울 정도로 커졌다. 그는 이미 오래 전부터 헤쓰를 거의 완전하게 고립시키고 있었다. 의심할 것도 없이 이것이 헤쓰가 정신 나간 영국으로의 비행을 결행한 이유 중의 하나였다. 그 뒤에 보어만은 매우 재빨리, 며칠 안에 그의 모든 직책을 인수했고 자신을 총통의 비서로 부르도록 했다. 게다가 그는 헤쓰 부인에게 아주 불손하게 대했다.

슈페어, 1979년

그가 히틀러에게 영향력을 행사할 수도 있다는 추측으로 인해 그는 당내에서 대접도 받고 존경도 받았다. 예를 들어 하인리히 히믈러는 헤쓰에게 점점 더 높은 친위대 직책을 주었는데, 심지어 1932년 12월 24일에는 크리스마스 선물로 "상급 지휘관"으로 임명하기도 했다. 헤쓰는 당수를 성가신 다툼에서 벗어나게 하고 부담을 덜어 주기 위해 자신의 위치를 히틀러와 당의 여타 사람들을 매개하는 역할로 활용했다. 어떤 다른 누구에 의해 공식적으로 그런 임무를 받은 적도 없이 개인 비서 헤쓰는 이런 식으로 조정관과 고충 처리 위원으로서의 비공식 임무를 수행했다.

이 임무는 개인 생활을 할 여유를 주지 않았다. 7년간의 기다림 이후에 자신의 친구와 간간이 하는 산보 이상의 것을 원했던 일제 프뢸은 이탈리아에서 직장을 얻을 계획을 세웠다. 이는 그녀가 말했던 것처럼 직업적인 이유 때문이기도 했지만, 또한 "총통" 곁에 있는 것을 더 좋아하는 것으로 보이는 남자와 떨어져 있기 위한 이유 때문이기도 했다. 그때서야 비로소 헤쓰는 결혼할 결심을 했다. 그러나 동기를 부여한 것은 히틀러였다. 히틀러는 많은 미혼자들이 주위에서 퍼뜨린 악성 루머 때문에 걱정을 하고 있었던 것으로 보인다. 일제 헤쓰는 그 결정의 밤을 다음과 같이 기술하고 있다. "우리는 히틀러와 함께 '오스테리아'(작은 음식점이라는 뜻 — 옮긴이)에 앉아 있었다. 내가 이탈리아로 떠날 계획에 대해 얘기를 꺼내자 히틀러가 갑자기 내 손을 잡더니 헤쓰의 손과 맞잡게 하고는 다음과 같이 말했다. '이 사람과 결혼할 생각이 정말 없어요?'"

1927년 12월 30일, 두 사람은 결혼에 동의했다. 결혼식은 간소했다. 교회에서의 결혼식을 신랑 신부는 "이데올로기적" 이유 때문에 포기했다. 헤쓰는 이 결정에 대해 신자였던 부모에게 설명했다. "우리 두 사람은 일반적으로 말하는 하늘 나라와 아무 관계가 없습니다." 결혼 입회인은 서로 특별한 호감을 가지고 있지 않던 히틀러와 하우스호퍼였다. 헤쓰의 부모는 이집트에 머물고 있었기 때문에 참석하지 못했다. 헤쓰의 아버지 프리츠 헤쓰는 자신의 회사를 이집트에 다시 세웠다. 이와 달리 일제의 어머니는 루돌프가 쓴 것처럼 사위와 "정치 성향이 전혀 다르기" 때문에 참석하지 않은 것으로 보인다.

새신부는 가정의 화목이라는 꿈을 가지고 있었으나 그 꿈은 이루어지지 않았다. 신혼 부부는 뮌헨 북쪽의 작은 집으로 이사했다. 하지만 남편은 시간의 대부분을 "호민관" 곁에서 보냈다. 일제 헤쓰는 일생 동안 히틀러와 남편의 사랑을 나누어 가져야만 했다. 결혼식이 끝나자마자 그녀는 한 지인에게 이따금 자신이 마치 "수도원 부속 학교의 학생"처럼 생각된다고 밝혔다. 하지만 그녀는 남편이 외도를 하고 있다고 느꼈을 수도 있다. 항간에 떠도는 얘기에 루돌프 헤쓰의 비밀스런 존재가 여자들에게 매력적으로 작용한다는 말이 있었기 때문이다. 하지만 그의 도덕관으로 볼 때 그가 일탈 행위를 했을 가능성은 전혀 없어 보인다.

품행 방정한 남편은 예전에 꿈꾸었던 비행에의 열정을 그대로 간직하고 있었다. 기회가 없어서 몇 년간 비행을 하지 못했었는데, 『순수 민족 관찰자』지에서 단발 비행기를 구입함으로써 다시 조종석에 오를 가능성이 생겼다. 헤쓰는 당 기관지를 선전하는 비행을 수없이 했다. "독일 비행" 또는 "축스피체(해발 2,964미터인 독일에서 가장 높은 산 — 옮긴이) 비행"과 같은 근사한 순회 비행에 그는 당수의 일정이 허락하는 한 참여했다. 찰스 린드버그의 첫 대서양 횡단에 자극 받은 헤쓰는 1927년 여름에 독일인으로서는 처음으로 대서양을 동에서 서로 횡단하는 비행 계획을 세웠다. 그는 미국의 자동차 황제인 헨리 포드에게 재정적 후원을 해줄 수 있는지 여부를 전보로 문의했다. 포드가 나치에 대해 공감하고 있다는 사실은 잘 알려져 있었다. 그러나 포드가 완곡하게 거부했기 때문에, 헤쓰는 항로 역사의 새 장을 열 수 있는 첫 기회를 놓치게 되었다.

적어도 그는 재판 서류에 비행에 관한 기록을 남기는 데는 성공했다. 그는 1931년 하노버에서 당의 비행기를 저공으로 몰아 사회민주주의자들의 집회를 해산시켰다. 조종사에 대한 고발 이유는 그가 두 시간 반 동안 내내 적들의 머리 위를 날아다녔고 시내의 좁은 골목을 행진할 때도 "무모하게" 비행기로 따라붙었다는 것이었다. 루돌프 헤쓰의 두 가지 얼굴. 신중하고 조용한 그의 성격 때문에 당의 동지들의 눈에 띄었던 그 사람이 사람들로 가득 찬 도로 위로 목숨을 건 비행을 했다. 돌연히 소극적인 태도를 버리고 극단적인 모험을 감행하는 이 모습이 10년 뒤 영국으로 비행을 감행하게 된 것을 설명할 수 있는 열쇠 중의 하나이다.

후에 헤쓰가 슈판다우 감옥에서 쓴 편지를 보면, 란츠베르크 시기와 권력을 잡게 된 시기 사이의 10년이 그의 생애에서 가장 행복했던 순간으로 나타난다. 당의 상황도 호전되었고, 그보다 히틀러와 가까운 사람도 없었으며, 독일의 "명예"를 되찾겠다는 비전이 더욱더 현실화되는 것 같았다. 이 시기에 헤쓰에 관한 서술을 보면 이후에 나타나는 정신적인 혼란 징후는 나타나지 않는다. 적어도 그 당시의 그는 지병을 가진 사람은 아니었다. 그러나 많은 전기작가들은 이런 것이 사실이라고 믿게 만들려고 한다.

당 사무실을 뮌헨의 쾨니힉스플라츠의 "갈색집"으로 옮기고 헤쓰도 자신의 사무실을 가지게 되었을 때, 그는 여전히 "실세"였다. 그는 자신의 방을 건축사의 반대에도 불구하고 소박하게 꾸몄다. 아직 공식적인 직함을 가지고 있지 않던 그는 후원금을 모으는 일에도 능력을 발휘했다. 나치가 선거전에서 "사회주의적" 색채를 띠었기 때문에 주저하고 있던 루르 지역 기업가들에게 돈을 거둘 수 있었던 것은 바로 헤쓰의 덕이었다. "그는 청렴하게 보였다"고 외무부의 한 외교관은 회상했다. 상인의 아들인 헤쓰는 당의 과격한 "소란꾼"보다 더 쉽게, 때로는 괴링보다 더 원만하게 대기업가들과 접촉을 가졌다. 그들이 낸 많은 후원금은 우선 선거전에 활력을 불어넣었으며, 이로써 다른 모든 당들을 능가하게 되었다.

"제3제국이 곧 탄생할 수만 있으면 좋을 텐데. 제3제국은 분명히 많은 사람들을 구원해 줄 것이다." 1932년 5월 4일자 편지에 적어 보낸 어머니의 간절한 소망은 아들에게 전해졌는데, 이 해는 "희망과 걱정이 교차하는 해"였다. 경제 위기, 실업과 빈사 상태에 빠진 정부는 국가사회주의 독일노동당의 활동이 대중 운동화 되는 이유가 되었다. 7월 선거에서 국가사회주의 독일노동당은 37퍼센트를 득표해서 압도적인 승리를 거두었다. 그러나 수상에 임명되기를 바라던 히틀러의 기대는 이루어지지 않았다. "보헤미아인 상병"에 대한 힌덴부르크 대통령의 혐오감과 헌법에 충실하겠다는 히틀러의 다짐에 대한 보수주의자들의 불신은 1932년 뜨거운 여름의 확실한 승리를 방해했다.

당은 가장 어려운 위기에 빠졌다. 왜냐하면 선거에서 승리하고도 목표를 이루는 것은 요원해 보였기 때문에, 마치 아주 팽팽하게 부풀려진 활시위처럼 "총통"과 기층 민중들 사이의 연결 고리도 금방이라도 끊어질 것 같았다. 초조감, 체념과 재정적 궁핍 현상이 확산되었다. 기업주들이 돈주머니를 꽉 틀어쥐고 있었기 때문에 당은 이미 1,200만 제국 마르크의 빚을 지고 있었다.

이 위기는 헤쓰를 병들게 만들었다. 9월에 심한 종기로 인해 그는 요양소로 들어갈 수밖에 없었다. 그 얼마 전에 병문안을 왔던 어머니는 이 병이 분명 "일" 때문에 생긴 것이라고 생각했다. 헤쓰가 그의 자리로 돌아왔을 때, 상황은 더 절박해져 있었다. 11월 선거에서 국가사회주의 독일노동당은 2백만 표를 잃었다. 제국 의회 선거에서의 첫 패배였다! 히틀러의 명성에 심각한 타격이 가해진 것이다.

당 내에서도 "총통"의 권위가 흔들렸다. "제국 조직 지휘부"를 통해 당이 제대로 기능할 수 있도록 만들었던 히틀러의 오랜 동지인 그레고르 슈트라써는 1932년 12월 4일 제국 수상인 슐라이허와 직접 담판을 벌였다. 히틀러와 헤쓰에 대한 공개적인 도전 행위였다! 슈트라써가 "운동 역량"이 흐트러질 것을 염려해서 정부와 대화를 시도했다는 점은 전혀 중요치 않았다. "당신은 나를 배신한 거야!"라고 히틀러가 그에게 소리쳤다. "당신은 내가 수상이 되는 것을 원치 않고 있어! 당신은 우리의 운동을 분열시키고 있어." 슈트라써는 사태가 어떻게 돌아가는지 알지 못했다. 그리고 그는 말 없이 방을 나갔다. 그는 친한 친구에게 "누군가가 보헤미아인이라면 그건 아주 좋지 않은 일이야"라고 말하며 머리를 저었다. "그가 히스테리를 부리면 비극적인 상황이 벌어진다."

히틀러가 그날 밤처럼 낙담했던 적은 없었던 것 같다. "만약 당이 해체된다면, 3분 안에 피스톨로 끝장을 내고 말거야!"라는 생각을 하기도 했다. 예상 밖으로 당이 제1당으로 부상하는 등 모든 일이 성공적으로 이루어지고 난 뒤에 악재가 발생할 거라는 생각은 미처 하지 못했다. 괴벨스는 자신의 일기에 "우리 모두 매우 풀이 죽어 있었다"라고 썼다. 그날 밤 히틀러가 묵고 있던 "카이저호프" 호텔에 모인 사람들은 당에서 가장 중요한 사람들이었다. 헤쓰도 물론 그 자리에 있었다.

히틀러의 당에 대한 충성심은 곧 보상을 받았다. 짧은 순간이지만 당의 운명을 손안에 쥐고 있었던 그레고르 슈트라써는 히틀러

바라건대 그가 나를 대신해서는 안 된다…
(괴벨스와 함께 자리한) 히틀러와 그의 대리인 헤쓰(1941)

헤쓰는 호감이 가는 망상가였다. 우리 모두는 그가 특별한 성격의 소유자이고 약초 치료법을 믿는 사람이라는 것도 알고 있었다. 그는 히틀러의 광적인 추종자였고 공공연히 그런 사람이라는 것을 떠들고 다녔다. 그는 히틀러에게 영원히 충성하겠다고 맹세했고 그 약속을 지켰다. 헤쓰는 국가사회주의를 종교처럼 믿은 사람이었고 공상가였으며 이상주의자였다. 또한 그는 매우 높은 도덕 의식을 가진 사람이었다.

라인하르트 슈피치, 리벤트로프의 보좌관

헤쓰는 히틀러를 사랑했다! 헤쓰는 히틀러 주위에 있는 사람들 중에서 정말 신사였던 유일한 사람이었다. 그러나 히틀러에 대한 그의 사랑은 일종의 예속 상태나 다름없는 것이었다. 그는 히틀러를 위해 모든 것을 바쳤다. 심지어 예의범절과 명예에 대한 그의 자연스런 감정을 거스르는 일도 마다하지 않았다.

오토 슈트라써, 1973년

아버지는 이상주의자셨고 독일에 대해 확신을 가진 분이셨다. 당신의 목표는 언제나 조국의 번영이었다. 당신은 분명 괴링처럼 전형적인 권력형 인간은 아니셨다. 전쟁이 발발했을 때, 우리 집에 있는 것 중에서 불필요한 모든 것들은 없애 버렸다. 그래서 많은 살림에도 불구하고 남은 것은 자동차가 유일했다. 히틀러와 마찬가지로 당신께서는 매우 엄격한 삶을 영위하셨다.

볼프-뤼디거 헤쓰, 헤쓰의 아들

와의 권력 투쟁에서 패배하고 이탈리아로 야반도주를 했다. 그리고 나서 당이 분열되는 사태는 일어나지 않았다. 나중에 패배한 라이벌에게 그의 독단적 행동에 대한 히틀러의 가차없는 복수가 가해졌다. 이른바 "룀 쿠데타"라고 불린 1934년 6월 30일 날, 떼지어 몰려다녔던 친위대의 살인 부대원들이 그레고르 슈트라써도 쏴 버렸던 것이다.

1932년 12월에 히틀러는 슈트라써가 남긴 권력 유지 기구들을 와해시켰다. 알코올 중독에 빠진 간부, 슈트라써의 대리인인 로베르트 라이와 함께 히틀러의 충복 헤쓰가 슈트라써의 조직들을 인수했다. "중앙정치위원회" 위원장직이 헤쓰가 가진 첫 당직이었다. 루돌프 헤쓰는 단번에 사무총장과 같은 역할을 하게 되었는데, 그는 서류상으로 국가사회주의 독일노동당의 모든 조직에 힘을 미칠 수 있는 권한을 가졌다. 또 당의 모든 언론과 프로이센 밖에서 선출된 모든 국가사회주의 독일노동당 소속 의원들이 이제부터 그의 통제하에 놓이게 되었다. 비서를 "감독관"으로 임명한 히틀러의 속셈은 뻔했다. 헤쓰의 무조건적인 충성심이 다시 "총통"의 권위에 도전하는 일을 막을 수 있을 것이라는 계산이 배경에 깔려 있었던 것이다.

히틀러는 비서가 중요한 사람임을 대내외적으로 과시하고 다녔다. 늙은 대통령이 보수적이 되도록 부추기고 있던 프란츠 폰 파펜 Franz von Papen과의 중요한 대화 자리에 헤쓰는 자신의 보스를 수행했다. 이 대화는 히틀러를 수상 자리에 올릴 수 있는 중요한 분수령이 되는 자리였다. 여기서 "기사" 파펜은 나치 당수를 "길들일" 수 있다는 생각을 가지게 되었다. 꼭 호랑이 등에 올라탄 기사 꼴이었다.

헤쓰는 1월 30일에 히틀러를 수상에 임명하는 것을 가능케 했던 막후 교섭에 대해서는 부분적으로만 알고 있었다. 대부분의 당 동지들처럼 그도 무척 놀라면서 기쁨을 감추지 못했다. 그는 히틀러에게 처음으로 축하의 말을 건넨 사람들 중의 하나였다. 1차 대전 때 전선에서 싸운 전사이자 감금 생활을 같이한 동료인 이 두 사람의 악수는 길었고 진심이 어려 있었다. 다음날 헤쓰는 부인에게 수상실에서 쓰는 편지지로 편지를 써 부쳤다. "사랑스럽고 귀여운 당신에게! 꿈인지 생시인지 묻고 싶소! 나는 빌헬름 광장에 있는 제국 수상 청사의 수상 집무실에 앉아 있소. 정부 부처 공무원들이 부드러운 양탄자 위를 미끄러지듯 조용히 걸어오고 있소. '수상 각하'에게 서류를 전하기 위해서 말이오."

히틀러는 목표에 도달했다. 이어서 나온 그의 약속은 시체가 되어 수상 청사를 나갈 것이라는 것이었다. 이 예언이 최종적으로 이루어지기 위해서는 12년간의 "천년 제국" 통치 기간과 전쟁의 피바람이 지나가야 했다.

1월 30일 "불법적으로" 권력을 절취한 뒤에 권력을 장악하기 위한 조치들이 속속 뒤따랐다. 이 권력 장악 과정은 전 국민의 이목을 집중시켰다. 의회 의사당 방화 사건, 전권 위임법, 정당들의 파괴, 전 독일의 "획일화" 등은 숨막히는 독재 정부 구축 작업의 정점이 되는 사건들이었다. 언급할 만한 저항도 없었다. 앞을 내다보는 능력이 있던 관찰자가 말했듯이, 독일에서 "빛은 꺼졌다."

헤쓰에게도 새로운 시기가 시작되었다. 1933년 4월 21일에 히틀러는 그를 "총통 대리인"으로 임명했다. 지금도 그렇지만 그 당시에도 오해의 소지가 있었던 이 직함에는 아마도 계획적인 의도가 있었던 것 같다. 왜냐하면 이 새로운 직함으로 인해 권력이 실제적으로 커진 것은 아니기 때문이다. 대리 행위는 "당내"에만 한정되었는데, 그는 당내에서 이미 "중앙위원회" 위원장으로서 형식적으로는 히틀러 다음의 가장 높은 서열을 가진 사람이었다.

이런 승진은 헤쓰에게 다른 의미를 내포한 것이었다. 즉 더 이상 공식적인 활동을 자제하지 않아도 된다는 것을 의미하는 것이었다. 이제 대리인은 대중들 앞에 그 모습을 드러냈다. 1933년 가을, 그는 무임소 장관으로 각료의 일원이 되었다. 선전성의 미디어 조작자도 대중들이 그에 대해 호감을 가지는 것에 대해 놀랐다. 정치인들에 대한 선호도를 가늠할 여론 조사의 척도는 없는 상태였지만, 헤쓰는 대중들과 친근한 괴링과 더불어 곧 나치에서 가장 인기 있는 인물로 받아들여졌다. 이는 히틀러 다음으로 인기 있는 정치인이 되었다는 것을 의미했다.

뮌헨의 쾨니힉스플라츠에서 "권력 없는 총독"의 지휘 아래 새로운 당 중앙 본부가 만들어졌다. 계획한 웅장한 건축물의 일부는 전쟁이 발발하기 전에 완성되었다. "총통이 집무하는 건물"과 국가사회주의 독일노동당의 "관리 부서가 들어 있는 건물"이 1923년 11월 9일에 죽은 사람들을 위한 "기념관"과 함께 완성되었다. 광기가 돌의 형태로 나타난 것이다. 인근에 지어진 건물들과 함께 "갈색집" 주위에 수천 명의 당 관리자들을 위한 종합 단지가 조성되었다. 자가 발전소와 "가스를 차단하는" 방공호도 갖추어져 있었는데, 지하의 연결 통로는 마치 미로와 같았다.

새 건물에 이 대리인의 조직들이 급속히 늘어나기 시작했다. 그는 항상 히틀러의 곁에서 일하던 비서에서 벗어나 관청의 장이 되었다. 계속 몸집이 불어나는 당의 거대 조직 아래에 대관구 지도자를 비롯해 말단 하부 조직 반장들을 포함한 수많은 "정치 간부"들이 속하게 되었다. 수많은 자리는 국가에서 만든 자리와 중첩되었다. 이 자리들은 대리인의 임무를 해결하기 위해 자연 발생적으로 생겨난 자리였다. 그러나 헤쓰는 이 간부 자리에 만족하지 않았다.

곧 그는 자신의 휘하에 둘 유능한 비서를 찾아 나섰다. 1933년 5월 "국가사회주의 독일노동당 지원 금고"의 장의 자리에 아직까지 대중에게 잘 알려져 있지 않던 사람이 그 자리를 얻기 위해 헤쓰에게 지원서를 냈다. 1927년부터 당에서 일한, 목덜미가 굵은 이 사람은 대단한 성취 능력을 갖춘 믿을 만한 일꾼처럼 보였다. 그의 이름은 마틴 보어만이었다.

1933년 7월 이 "신참"이 일을 시작했다. 10월에 이미 그는 "국가사회주의 독일노동당의 제국 간부" 서열을 받았다. 대단히 빠른 승진이었는데, 그 이유에 대해서는 추측만이 있을 뿐이다. 분명한 것은 보어만이 곧바로 일에 매진해서 헤쓰가 부담을 느끼는 서류와의 전쟁에서 해방될 수 있었다는 사실이다. 또한 일관되게 그는 자신의 상관에게 비굴한 하인처럼 행동했다. 순진한 대리인 헤쓰는 처음에는 자신의 비서에 대해 정말로 친밀감을 느꼈던 것으로 보인다. 그는 편지에서 "씩씩한 보어만"에 대해 호감을 표시했다. 실제로 기술 관료의 전형적인 인물이었던 보어만은 계속 강한 남자로서 자신을 계발해 나갔다. 종종 그는 상사를 대신해서 결정을 내리곤 했는데, 그의 상사는 이런 일이 있다는 것을 알지 못했다. 주저함이 없고, 권력욕에 가득 찬 이 교활한 보어만은 자신의 상관 모르게 그의 권력을 무력화시켰다. 그런데 헤쓰가 이런 사실을 몰랐다는 것은 믿기 어렵다. 그보다는 비서와의 권력 투쟁이 대리인의 품위와 연관돼 있어서 표면에 드러나지 않았던 것이다.

루돌프 헤쓰는 히틀러처럼 서류 작업을 좋아하지 않았다. 9월 12일에 있은 연설에서 그는 솔직하게 다음과 같이 밝혔다. 그는 서류에 "너무 많은 의미를 두어서는" 안 된다고 참석한 대관구 지도자들과 지역 지도자들에게 권했다. "개인적인 인상을 근거로 생생한 자신의 판단"을 내리는 것만이 의미가 있다는 것이다. 자신의 우상과 마찬가지로 그는 세부적인 문제들과 대단히 사소한 일을 처리하는 데는 열의를 가지고 임했다. 하루에 네 시간씩 그는 동료들로부터 당무에 대한 진척 사항을 들었다. 이 자리에서 다루어진 사항은 새로운 깃발을 만들려는 "고향을 지키는 바이어른의 오스트마르크(프랑크 왕국과 신성 로마 제국에서 군사상 중요한 변경 지역에 설치하였던 곳이 마르크였는데, 마자르인의 침입을 막기 위한 것이 바이어른의 오스트마르크였음 — 옮긴이) 동맹"의 계획이라든지, 자신의 관할 지역의 전쟁 희생자들에 대한 원호 방법을 거론하는 지역 지도자들의 관심사들이었다.

그러나 절박한 문제들은 그가 해결하지 못했다. "제3제국"의 권력 구도는 점차 앞을 분간할 수 없는 혼돈 속으로 빠져 들었다. 장관들과 당 간부들은 자신의 고유 임무에 충실하기보다 권력 투쟁에 더 많은 정력을 쏟아 부었다. 이것이 부분적으로는 "나누어서 지배한다"는 원칙에 충실하려 했던 히틀러의 의도대로 된 것일 수도 있지만, 통치와 행정은 마비되었다. 최고 당직자인 헤쓰가 나누어준 권력은 이제 그에게 화가 되어 돌아왔다. 당의 원칙은 무의미한 것이 되었다. 몇몇 대관구 지도자들은 공개석상에서 대리인에게 버릇없이 굴기도 했다. 지역 당직자 출신 "금계金鷄"들 사이에서 권력을 탐하는 이러한 생각들은 일반적인 것이었는데, 이는 특히 헤쓰가 무력해지면서 생기게 된 결과였다.

이처럼 당을 관리할 능력이 그에게 없다는 사실이 명백하게 드러났음에도 불구하고, 헤쓰는 적어도 평화시에는 정권의 중심 역할을 담당했다. 대중에 대한 그의 영향력은 대단했다. 제국 라디오 방송을 통해 송출된 감동적인 성탄절 연설, 횃불이 타고 북소리가 울리는 가운데 그에 의해 치러진 히틀러에 대한 군중들의 충성 맹세 의식, 이글거리는 눈동자에 담아 행한 전당 대회 연설. 헤쓰는 치명적인 결과를 동반하는 군중 최면을 거는 데 있어서 큰 역할을 했다. 제국 전당 대회에서 십만 명 이상의 추종자들 앞에서 마이크를 통해 울부짖었던 그 미사여구들은 오늘날에는 진부하게 들리는 표현들이다. 대략 "독일이 히틀러이듯이 히틀러는 독일이다"라는 식이었다. 그러나 동시대인들에게 그러한 다짐은 대단한 힘을 발휘했다.

"총통" 숭배를 관장하는 대제사장으로서 헤쓰는 그의 주인이 등장하는 것을 가장 효과적으로 "알리는 사람" 중의 하나였는데, 그 자신도 그렇게 불리기를 원했다. 1937년 뮌헨의 쾨니힉스플라츠에서 야간에 거행된 군중들의 충성 맹세 의식에서 독특했던 점은 촛불을 담은 수많은 쟁반에 의해 조명이 이루어졌다는 점이다. 정신을 가다듬고 떨리는 목소리로 의식의 대가 헤쓰가 선서용 문구를 선창하자, 수많은 사람들이 따라했다. "나는 아돌프 히틀러에게 운동의 파수꾼이 될 것을 맹세합니다. 그가 내게 정해준 지도자들에게 무조건 충성을 바칠 것을 맹세합니다!"

필름에 담아낸 장면들에서는 섬뜩한 기운이 많이 사라져 있다. 그러나 오늘날에도 헤쓰가 그러한 사이비 종교 의식 같은 엄숙한 식을 거행하며 보여 주었던 대단한 열정은 놀랍기만 하다. 게다가 그 스스로 밝혔듯이 공적인 자리에 나타나는 것을 싫어했음에도 불구하고 그런 열정을 보였다는 것이 대단하게 보인다. "총통"에 대한 믿음을 첫 신앙 고백처럼 말한 사람이 대중 앞에 서 있었다. 자신이 가진 믿음이 그를 그토록 확신에 차게 만들었다. "총통" 숭배의 성배 수호자의 내면에서 타오르는 불길은 화면에 잡히지 않았다.

주인을 알리려는 헤쓰의 열정이 때로는 기괴한 모습으로 나타나곤 했다. 레니 리펜슈탈Leni Riefenstahl이 1934년 제국 전당 대

영국과의 평화…
영국으로 몰고간
Me 110기 조종간에
앉은 루돌프 헤쓰

1940년 가을, 헤쓰는 내게 온 힘을 기울여 한 가지 일, 즉 독일을 구원할 수 있는 일에 집중해야만 한다고 말했다. 내가 그에게 "구원"이 무엇을 의미하는지 물었을 때, 그는 거기에 관해 말할 수는 없지만, 역사적인 행위를 할 준비를 하고 있다고 대답했다.

펠릭스 케르슈텐, 히믈러의 주치의이자 안마사, 1940년

1940년 말, 나는 내 상관이 자신과 가장 가까운 동료들을 배제하고 무언가를 추진하고 있다는 것을 알았다. 헤쓰 씨는 우리가 접근해서는 안 되는 비밀을 간직하고 있는 것 같았다.

알프레트 라이트겐, 헤쓰의 부관, 1955년

나는 그 당시 종종 헤쓰를 위해 연설문을 타이핑해 주었다. 언젠가 우리 모두 휴양을 위해 칼스바흐의 친구 집에 머무르고 있을 때, 그가 내게 그곳 정원에서 연설문을 받아 적게 했다. 그는 그 연설을 영국 장교들 앞에서 할 작정이었다. 그 연설은 대략 다음과 같은 내용이었다. "우리는 그대들과 신사 협정을 체결하고 싶소. 우리는 그대들을 파괴했소. 그대들은 우리를 파괴했소. 이제 우리는 동쪽에 대항해 뭉쳐야 합니다." 그가 내게 연설 내용을 불러 주는 동안 나는 계속 헤쓰 씨가 이 연설을 어디에서 할 것인지, 그리고 어떻게 영국군 장교들에게 접근할 것인지 대충이나마 알고 싶다는 생각을 했다. 내가 일처리를 약삭빠르게 하지 못한다고 생각해서인지, 그는 내게 연설문에 대해 발설하지 않겠다고 다짐하라고 했다. 나는 그가 혼자 비행기를 타고 영국으로 날아갈 것이라고는 생각지도 못했다.

라우라 슈뢰델, 헤쓰의 비서

어떻게 헤쓰가 내게 이런 짓을 할 수가…
1941년 5월 12일 헤쓰가 직접 몰고 글래스고우에 비상 착륙한 Me 110기의 잔해

내가 해밀턴 공작 내외와 저녁 식사를 하고 있을 때, 누군가 그에게 전화를 걸어 왔다. 전화를 건 사람은 독일 비행기 한 대가 추락했다고 말했다. 조종사는 글래스고우에서 멀지 않은 곳에 낙하산을 타고 내렸는데, 무조건 해밀턴 공작과 얘기를 하겠다고 한다는 것이었다. 그의 이름은 알프레드 혼이라고 했다. 공작은 혼이라는 이름을 가진 사람은 전혀 알지 못하며 오려면 내일 오라고 말했다. 전화를 건 장교가 말했다. "제 생각으로는 그 사람에게 무언가 유별난 점이 있는 것 같습니다. 오늘 중으로 오셔야 하겠습니다." 공작은 그곳에서 새벽 두 시가 되어서야 돌아왔다. 그리고 말했다. "내가 미쳤다고 생각하지 말아요. 내 생각에 글래스고우에 내린 사람은 루돌프 헤쓰인 것 같소. 이제 우리가 어떻게 해야 하지?" 우리는 논의를 하고는 다음과 같은 결론에 이르렀다. 공작은 어쨌든 외무장관 핼리팩스 경에게 보고를 해야 한다는 것이었다. 이 모든 일이 공작을 아주 난처한 입장에 처하게 만들었다. 왜냐하면 사람들이 "뭐야. 그가 독일 사람 친구라도 돼?"라고 말했기 때문이다.

샌디 존스턴, 영국 공군의 부원수이자 해밀턴 공작의 친구

우리 모두에게 분명했던 것은 처칠이 평화 협상에 전혀 관심이 없다는 것이었다. 외무장관 핼리팩스 경도 물론 그에 대해 관심이 없었다. 그러나 그는 무언가 다른 생각을 가지고 있었다. 적어도 그는 평화의 사신의 말을 경청할 준비가 되어 있었다. 그러나 처칠이 결정권을 가지고 있었기 때문에, 우리는 평화 협상이 가능할 것이라고는 전혀 생각하지 않았다. 게다가 대영제국은 고립되지 않기 위해 연합군과의 관계에 진력하려던 참이었다. 그러니까 독일에서 온 평화의 사신을 받아들일 하등의 이유가 없었던 것이다.

프랭크 로버츠 경, 1941년 영국 외무부에서 근무했던 외교관

회를 찍은 필름이 부분적으로 사용할 수 없는 것으로 판명되었다. 그 때문에 몇 달 뒤에 영화 촬영장에서 다시 한번 촬영을 해야 하는 일이 벌어졌다. 알베르트 슈페어는 그 장면을 다음과 같이 묘사했다. "헤쓰가 도착하고 곧바로 재촬영에 임했다. 삼만 명의 당 대의원들 앞에 있는 것과 똑같이 그는 엄숙하게 손을 치켜들었다. 그날의 기분 그대로 격정에 휩싸인 그는 이제는 히틀러가 앉아 있지도 않은 자리를 향해 몸을 돌렸다. 그리고는 차려 자세를 취하고 다음과 같이 외쳤다. "총통 각하, 당 대의원들의 이름으로 당신을 환영합니다."

헤쓰는 히틀러의 측근 중에서 청렴결백하고 믿을 만하며 예의 바른 사람으로 여겨졌다. 그는 당의 양심이라고 할 만했다. 실제로 당의 긴급 태세 준비를 위해 그의 운전수가 헤쓰의 개인 메르세데스 스포츠카에 연료를 채워 넣었을 때 그는 개인 돈을 지불하기도 했다. 이런 "깨끗한" 이미지는 선전 선동에서 추구하는 방향이라 적극 지원을 받았다. 헤쓰의 45번째 생일에 즈음하여 『나치-라인전선*NS-Rheinfront*』지에 실린 치사에서 그는 "국가사회주의가 순수하게 유지되고 변질되지 않도록 지키고, 국가사회주의의 이름으로 벌어지는 모든 일들이 정말 국가사회주의적으로 되도록 감시하는 감시자"로 불렸다. 이런 치사는 물론 대리인의 관할 영역을 다스리는 대관구 지도자들의 행동거지를 비웃는 것이기도 했다.

그럼에도 불구하고 "이 운동에 있어서 불만을 들어주는 통곡의 벽과 같은 역할"을 하고 있다는 헤쓰의 자기 평가는 아이러니컬하게도 맞는 말이었다. 지역 당 간부들의 직권 남용이나 잘못된 처신에 대한 불평이 하루에도 수천 건씩 뮌헨에 접수되었다. 대리인은 이 모든 것을 직접 처리했다. 이 일은 그에게 부정직한 사람들의 일에 대해 정의를 세우는 싸움이었다. 그러나 나치 당 간부들에 대한 그의 경고는 종종 흥미있는 볼거리 이상의 효과를 내지 못했다. 1938년 전당 대회에서 그가 "정치 간부들"에게 "국가사회주의 지도자들의 건강이 국가의 건강"이기 때문에 담배와 술을 끊고 매일 한 시간씩 건강에 투자하라고 권고한 것과 같은 것이 그런 것이었다.

고위 당 간부로 승진하면서 그는 사랑하는 "총통"의 주위에서도 멀어졌다. 총통은 이제 베를린에 더 자주 머물렀다. 그들 둘 사이에 심각한 첫 균열이 1934년 여름에 생겼다. 돌격대 대장 에른스트 룀은 "집권" 이후에 당의 불안 요소였다. 그의 군대는 불만을 잔뜩 가지고 있었다. 이 갈색 난폭자들에게는 약속한 자리들이 주어지지 않았다. 룀은 이제 노골적으로 자신과 돌격대를 위해 더 많은 권력을 요구하고 다녔는데, 제국군을 그 대가로 요구한 것이었다.

히틀러는 잠시 주저한 뒤에 친한 친구였던 룀에 대한 결정을 내렸다. 히틀러는 여전히 제국군이 필요했다. 6월 30일 그는 돌격대 전 지휘부를 전격적으로 체포하고는 죽여 버렸다. 헤쓰는 매우 실망했다. 살인에 대해 실망한 것이 아니라, 자신에게 미리 알려 주지 않은 것에 대해 실망한 것이다. 알프레트 로젠베르크는 헤쓰가 어떻게 충성심을 증명함으로써 히틀러의 총애를 다시 얻으려 했는지에 대해 적고 있다. 그에 따르면, 헤쓰는 체포된 룀에게 "더러운 놈은 없어져야 해"라는 말을 하고는 자기 손으로 제거하려고 했다. 그러나 히틀러는 그 임무를 다른 사람에게 맡겼다.

친위대원 한 명이 다른 살인 대상자들의 리스트를 읽고 있을 때, 대리인의 감정이 폭발했다. 부관 알프레트 라이트겐은 그 순간을 다음과 같이 기억하고 있다. "대장은 죽은 사람처럼 얼굴이 창백해졌다. 하지만 겉으로는 아주 태연하게 행동했다. 그러나 샤이트후버Scheidhuber의 이름이 거명되자, 그는 안 된다는 몸짓을 보였다. 그리고 머리를 뒤로 젖히고 무언가를 중얼거렸다. 그는 히틀러 쪽으로 몸을 굽히고는 그에게 몇 마디 말을 속삭였다. 히틀러는 언짢은 표정으로 머리를 가로 저었다. 헤쓰의 얼굴이 갑자기 푸른빛이 되었다. 그는 옆방으로 들어갔다. 잠시 뒤에 내가 그를 따라 들어갔을 때, 그는 내게 나가라는 손짓을 했다. 그는 마치 위경련을 일으킨 것처럼 고통에 몸부림치고 있었다. 눈가에는 눈물이 맺혀 있었다. 샤이트후버는 그의 친구였다."

헤쓰는 이런 이중의 고통에 시달리고 있었지만, 6월 30일에 있었던 총살 사건 후 며칠 뒤에 그 정당화를 주장하는 사람들의 주장에 동조했으며, 200명 이상을 살해한 행위를 "국가 비상 사태"로 미화했다. "옛 돌격대원들이 총통에게 신의를 지켰듯이, 총통도 그대들 돌격대원들에게 신의를 지킬 것이다. 총통은 죄 지은 자들에게 벌을 내리셨다. 우리와 돌격대는 다시 예전의 관계를 회복했다." 헤쓰는 히틀러의 행위에 대해 의심하지 않았다. 만약 그가 1921년 대학생일 때 희망에 가득 차 논문에다 "목적을 달성하기 위해 독재자는 자신의 가장 친한 친구도 처단해야 한다!"라는 글을 적지만 않았더라도 어떻게 되었을까.

"당의 양심"인 헤쓰는 실제로 다른 충복들처럼 과격했고 폭력을 휘두를 준비가 되어 있었다. 하지만 모든 일은 "정당하게" 진행되어야 했다. 헤쓰는 1월 30일 이후 몇 달 동안 돌격대의 "난폭한" 테러 행위에 대해 반대하면서, 향후 추구할 "합법적" 폭력을 구축하는 데 관심을 가졌다. 그는 몇 시간에 걸쳐 히믈러로부터 다카우 강제 수용소에 대한 소개를 받았다.

대리인은 독일 내 유태인들에 대해 법에 따라 테러를 가하는 것에 지대한 관심을 보였다. 그는 1935년에 제정된 뉘른베르크 "인종법"과 유태인 변호사와 의사들에 대한 직업 금지법에 서명했다.

그러나 이너 서클(권력 중추부의 측근 그룹 — 옮긴이) 내의 다른 사람들처럼 그는 유대 민족과 좋고 나쁜 관계를 모두 갖고 있었다. "인종법"을 공포한 3일 뒤 헤쓰는 오랜 친구인 하우스호퍼 교수에게 개인적으로 전화를 걸어서 그와 그의 가족에게 아무런 해가 가지 않도록 하겠다고 약속했다. 하우스호퍼 부인은 "인종법"에 따르면 반유태인이었다. 전쟁 중에 대리인은 점령지 폴란드에서 유태인에게 몽둥이 형벌을 도입하자고 주장했다. 그리고 그는 이를 은폐하는 데 적극적으로 가담했다. 1935년 그는 싸늘한 관료 독일어로 빈정거리며 말했다. "국가사회주의 입법은 과도한 외국의 영향에 맞서 이를 수정해 가면서 이루어졌다."

뮌헨 근교의 하르라힝에 있는 헤쓰의 새 집에서 그는 검소한 생활을 했다. 헤쓰는 "제3제국"의 고위 관직자 중에서 자리를 이용해 부를 축적하지 않은 유일한 사람이었다. 아들의 명명식을 축하하는 자리에는 선택받은 몇몇 손님들만 초대받았다. 헤쓰에게 교회에서 명명식을 갖는 것은 전혀 고려의 대상이 아니었다. 하지만 2년 뒤에는 전선에 있는 병사들에게 기독교 서적을 보내 주는 것에 매우 신경을 쓰게 된다. 히틀러는 대부로 식에 참석했다. 대리인의 자식 이름이 된 "볼프-뤼디거" 중에서 "볼프"는 히틀러가 이전에 "전쟁터에서 썼던 이름"에서 따온 것이고, "뤼디거"는 니벨룽엔 전설에 나오는 의리 있는 영웅의 이름을 딴 것이었다. 1938년 11월 9일은 역사적인 날이었다. 헤쓰와 히틀러는 1년 반 전에 함께했던 쿠데타에 대한 기억에 취해 있었다. 저녁에 전화 벨이 울렸다. 집주인은 독일 전역에 있는 유태인 교회당이 불타고 있으며 유태인들이 폭행당하고 살해되고 있다는 소식을 들었다. 정부는 이 사건을 대수롭지 않게 여기며 공식적으로 이 저녁을 "유리의 밤"이라고 불렀다.

헤쓰의 개인 비서의 기억에 따르면, "그가 전화를 받고 돌아왔을 때, 그는 분노로 얼굴이 파래졌다." 다시 신뢰감에 금이 갔다. 아무도 대리인에게 유태인 학살 계획에 대해 알려 주지 않았고, 아들의 대부였던 히틀러도 그에 대한 정보를 주지 않았다. 그러나 이번에는 그도 거리에서 벌어진 사건에 대해 놀라움을 표시했다. 폭도들이 소동을 피운 것은 헤쓰의 생각 방식과는 맞지 않았던 것이다. 그것은 "그"가 추구한 폭력의 방식이 아니었다. 다음날 전 대관구 지도자들에게 전보로 보낸 회람을 통해 그는 더 이상의 위법 행위를 중지시키려 했다. 하지만 대리인의 지침은 더 이상 진지하게 받아들여지지 않았다.

헤쓰가 화를 내는 것은 예외적인 경우였다. 그는 보통 화를 내는 대신 눈을 감았다. 헤쎈 주 슈테텐에 있는 한 병원의 부원장인 프리드리히 루프Friedrich Rupp가 그에게 문서로 자신의 병원에서 "안락사" 범위 내에서 정신병 환자들에 대해 계획적인 살인을 시행하고 있다는 소식을 전했을 때, 그는 아주 간결한 답신을 적어 보냈다. 루프의 서한은 자신의 권한 밖이어서 친위대에 넘기겠다는 내용이었다.

루돌프 헤쓰는 유태인에 대한 대량 학살이 실제로 시작되기 전에 독일을 떠났다. 그가 전쟁 전에 독일계 유태인들에 대해 국가적으로 권리를 박탈한 것처럼 홀로코스트에도 관여를 했을까? 헤쓰는 자기 자신을 "과격"하다고 생각하고 있었다. 그는 "국가사회주의는 응용 생물학이다"라고 말했다. 1934년 그는 라디오 연설에서 "복종"을 어떻게 이해해야 하는 지에 대해 간결하게 정의를 내렸다. 그가 정의한 내용은 아우슈비츠에서 친위대원들이 학살을 자행하기 전에 내려진 지침으로 이해할 수도 있다. "신조 중에서 충성이란 무조건적인 복종을 의미한다. 복종이란 명령의 유용성에

순전히 전술적으로
기억 상실증을…
뉘른베르크 재판에서
괴링과 되니츠와
함께 피고인석에
앉아있는 헤쓰(1945)

헤쓰는 매우 복잡한 성격의 소유자였다. 헤쓰가 영국으로 날아온 그 당시 정황에 대해 수많은 토의가 이루어졌다. 그때의 정황은 매우 기이한 것이었다. 또한 헤쓰가 재판을 끝까지 마칠 수 있는지에 대한 토의도 이루어졌다. 그가 기억 상실증에 걸렸는 지에 대한 의문은 당연한 것이었다. 의사위원회에서 그의 정신 능력은 충분히 재판을 치를 수 있다고 결론을 내렸다.

하틀리 쇼크로스경, 뉘른베르크 재판의 영국측 원고

루돌프 헤쓰는 마지막 순간에 새로운 세계대전이 일어나는 것을 막기 위해 1941년 5월 10일 영국으로 날아갔습니다. 내가 이 사건을 제대로 파악하고 있다면, 1941년 당시 헤쓰는 군의 사절이라는 신분이었습니다. 군의 사절은 국제법적으로 보호를 받기 때문에, 헤쓰는 영국군이 포로로 잡아서는 안 되는 상황이었습니다. 그 경우 그를 다시 본국으로 돌려보냈어야 합니다.

알프레트 자이들 박사, 뉘른베르크 재판의 헤쓰 변호인

당신은 이 허깨비 같은 상황이 끝나는 것을 보게 될 것입니다. 그리고 당신은 한 달 내에 독일의 총통이 될 것입니다!

뉘른베르크 재판에 대해 헤쓰가 괴링에게 한 말, 1946년 대해 따지지 않고, 명령을 내린 이유에 대해 묻지 않으며, 그냥 무조건 따르는 것을 말한다." 이러한 연설은 세기적인 범죄를 위한 사전 작업으로 이해된다.

그러나 뉘른베르크 법정에서 강제 수용소에 대한 필름을 상영할 때 그의 몸은 굳어져 있었다. "유태인 문제의 최종 해결책"이 그가 없는 동안에 그렇게 잔혹한 방법으로 진행되었다는 사실을 믿지 못하는 것처럼 보였다. 그가 벗어날 수 있는 길은 단 하나뿐이었다. 그 필름은 조작된 것이 분명하다고 주장하는 것이었다. 그는 란츠베르크에서 『나의 투쟁』을 공동으로 작업하면서 알게 된 히틀러의 사상이 갈 데까지 간 것은 아니라고 생각했을까? 아니면 그 결과가 어떻게 될지 미리 알고 있으면서 그런 것은 모른다고 한 것일까? 정권의 "인종 정치"가 더욱더 과격해졌던 시기에 헤쓰가 병적인 증상을 보인 것은 단지 우연이었을까? 해답은 슈판다우 감옥의 헤쓰만이 줄 수 있는데, 그는 지금 없다.

대리인은 현실과 작별을 고하고자 했는데, 이런 경향은 그의 주변에서 정확히 읽을 수 있었다. 헤쓰는 인간 인식의 한계 영역에 해당하는 분야에 특별한 관심을 두고 있었다. 그는 동료이자 친구인 에른스트 슐테-슈트라트하우스와 함께 진지하게 파고들었던 점성술에다 다른 알 수 없는 동경심을 덧붙였다. 그는 마술 지팡이로 수맥을 찾는 사람, 행상, 꿈을 해석하는 사람 그리고 예언자들과 만남을 즐겼다.

헤쓰는 점점 더 자주 위통과 담석에 의한 통증에 시달렸다. 정통 의술로도 통증이 가라앉지 않았고 돌팔이 치료사와 상습 우울증 환자를 상담했던 기적의 치료사도 그의 통증을 가라앉힐 수 없었다. 알프레트 로젠베르크는 헤쓰가 이 "용한 의사들" 중 한 명의 권고를 받아들여 예상되는 감염을 막기 위해 윗니를 모두 뽑았다고 얘기하고 있다. 그럼에도 불구하고 차도가 있지는 않았다.

　대리인이 점점 더 유별난 행동을 하고 있다는 사실을 히틀러가 모를 수는 없었다. 헤쓰의 별난 행동에 대해 히틀러도 알고 있었다는 사실을 여실히 보여 주는 것이 다음 사건이다. 수상 청사에 식사 초대를 받을 때면, 헤쓰는 자신을 위해 특별히 준비된 채식성 식사를 몰래 함석 접시에 담아 왔다. 어느 날, 역시 채식주의자인 히틀러가 낌새를 채고는 식사 중에 헤쓰에게 한마디했다. 알베르트 슈페어의 기억에 따르면, 히틀러는 다음과 같은 말을 했다. "나에게는 일급 식이요법 조리사가 있으니 만약 의사가 당신에게 특별한 처방을 내렸다면, 그가 그것을 준비할 수 있다. 하지만 그 식사를 다른 데서 가지고 와서는 안 된다." 그러자 헤쓰는 자신이 특별한 식이요법 중에 있으니 예외적인 경우라고 설명을 하려 했다. 하지만 히틀러는 차라리 집에서 먹는 것이 훨씬 낫다고 그를 설득했다. 슈페어에 따르면, "그 이후로 헤쓰는 식사 시간에 나타나지 않았다"고 한다.

　히틀러는 다른 충복들과 대화를 나눌 때도 유별난 행동을 하는 대리인을 비웃곤 했는데, 그렇지 않을 때는 항상 대화 중에 대리인을 다정하게 "나의 헤쓰"라고 불렀다. 그가 괴링에게 말하기를, "나는 헤쓰가 다시는 나를 대신하려고 하지 않기를 바랄 뿐이다. 나는 헤쓰와 당 중에서 누가 더 내 가슴을 아프게 했는지 모르겠다." 대리인은 더 이상 정치적으로 중요한 논의에 끼지 못했다. 이제 그의 참모장인 보어만이 그런 자리에 항상 참석하게 되었다.

　헤쓰는 정치적 논의에 참석하는 대신에 이곳 저곳 돌아다니면서 정부를 대표하는 역할을 맡게 되었다. 동절기 빈민 구제 사업과 주간 뉴스에 내보내기 위해 독일여자청년동맹의 아름다운 처녀들과 함께 다과회를 갖고, 아이를 많이 낳은 "여성 동지"에게 다산모

십자훈장을 수여하고 상이 용사에게 명예 표창을 주는 것 등이 그가 한 일이었다. 히틀러의 총애를 잃게 되면서 헤쓰의 일정표에 그와 같은 종류의 일들이 더욱 빈번히 등장했다. 비서 라우라 슈뢰들은 "그는 그런 임무를 싫어했다"고 기억하고 있다. 그러나 그는 결코 그런 일을 기피하지 않았다. 아버지의 신조 중에서 가장 중요한 것을 아들은 확고하게 지켜 나갔다. 그것은 의무의 완수였다.

9월 1일 폴란드에 대한 독일의 기습 작전은 헤쓰에게 의외의 일은 아니었다. 그는 책임감을 가지고 기습이 있던 그 전주에 연설을 통해 예비 선전 작업을 지원해 주었다. 독일군이 국경을 넘어가기 5일 전에 그는 오스트리아의 그라츠에서 평상시와 같은 열정으로 연설을 했다. "우리는 총통의 깃발 아래 모였다. 동참하고자 하는 자는 오라." 그리고 나서 흉내낼 수 없는 어법으로 다음과 같이 말했다. "폴란드의 무책임에 책임이 있는 것은 영국이다."

2주 전에 헤쓰는 하우스호퍼에게 전쟁은 "짧게 지나가는 폭우로 끝나고 장마로 이어지지는 않을 것"이라고 예언했다. 폭우 뒤에 어떤 "해일"이 들이닥칠지는 모르는 일이라고 이의를 제기하는 친구의 말은 전혀 귀에 들리지 않았다.

대리인이 "총통"을 볼 수 있는 기회는 드물었다. 전쟁을 지휘하는 대원수 히틀러의 주위에는 다른 사람들이 모였다. 그럼에도 불구하고 헤쓰에 대한 공식적인 평가는 더욱 좋아졌다. 9월 1일 연설에서 — 이 연설은 아마도 역사상 가장 뻔뻔스런 비공식 선전 포고일 것이다("5시 45분 이후로 우리는 적의 사격을 받고 있다") — 히틀러는 처음으로 자신의 후계에 대해 공식적인 표명을 했다. "총통"의 첫 후계자로 헤르만 괴링이 정해졌고, 그 다음 차례는 헤쓰가 되었다. "괴링 동지에게 무슨 일이 일어난다면, 그 다음 후계자는 헤쓰 동지이다!" "제3제국"의 3인자가 된 것이다. 그러나 헤쓰가 3인자로 거명된 것은 정말로 그를 높이 평가해서가 아니라, 국민들에 대한 대리인의 인기가 반영된 탓이었다. 차기 후계자로 지명된 것에 대해 별로 기뻐하지도 않았던 헤르만 괴링은 히틀러로부터 다음과 같은 말을 들었다. "당신이 제국의 지도자가 되면, 헤쓰를 배제하고 당신이 원하는 후계자를 정할 수 있을 거요." 그리고 히틀러는 자신의 대리인을 "국방 내각 평의회" 위원으로 임명했다. 이 자리에 임명됨으로써 헤쓰는 뉘른베르크 재판에서 불리한 처지에 놓이게 된다. 하지만 실제로 이 국방위원회는 아무 의미도 없는 위원회였고 헤쓰는 한번도 회의에 참석한 적이 없었다.

독일군이 폴란드 깊숙이 공격해 들어간 9월 3일, 대리인은 수상 청사에 있었다. 그날은 영국군이 선전 포고를 했다는 보고가 들어온 날이었다. 이제 더 이상 전쟁은 "짧게 지나가는 폭우"처럼 보이지 않았다. 당황한 히틀러가 외무장관에게 호통을 쳤다. "이제 어떻게 할 거요?" 리벤트로프는 항상 영국이 참전하지 않을 것이라고 장담했었다.

"모든 계획이 어긋나 버렸다"고 히틀러는 한숨을 내쉬었다. "내 책은 무용지물이 되었다." 실제로 『나의 투쟁』의 핵심 명제 중의 하나였던, 영국과 우호 관계를 맺는 것이 실패로 돌아갔다. 유럽에 전쟁을 일으킨 장본인은 수상 청사에서 한동안 불안에 떨고 있었다. 헤르만 괴링은 낮은 목소리로 중얼거렸다. "이 전쟁에서 질 때, 신의 가호가 우리에게 있기를." 알 수 없는 영웅심에 사로잡힌 헤쓰는 전투기를 몰고 전선으로 가게 해달라고 요구했다. 히틀러는 45살의 대리인을 황당한 표정으로 바라보았다. 그리고는 매정하게 헤쓰에게 일 년간 비행 금지령을 내렸다. 헤쓰는 발뒤축을 부딪치며 차려 자세를 취해 보이고는 말없이 홀을 떠났다.

이전에 그는 영국을 참전하지 못하도록 만들려는 말도 안 되는 계획을 시도하는 것을 지켜보았다. 괴링은 스웨덴 외교관을 통해 영국 측에 협상을 위해 비행기를 타고 그곳으로 가도 되는지 물어보았다. 그것은 히틀러가 지푸라기라도 잡는 마지막 심정으로 시도한 계획이었다. 쌀쌀맞은 대답이 돌아왔다. "우리 정부는 괴링 원수와 협상을 가질 시간이 없습니다." 헤쓰가 보기에는 무모한 시도였다. 그였다면 아무런 사전 통보 없이 날아갔을 텐데. 1938년 체임벌린 수상의 "평화 비행" 이후에 중재를 위해 방문하는 것은 "북방 계통" 양국 사이에 좋은 전통이 되지 않았던가?

신속한 승리를 거두어야 할 때였다. 전쟁은 새로운 양상인 "전격전"으로 치러졌다. 루돌프 헤쓰도 유럽의 절반을 수중에 넣은 이 예상치 않았던 승전보에 환호성을 질렀다. 폴란드, 덴마크, 노르웨이, 네덜란드, 벨기에, 프랑스가 수중에 들어왔다. 하지만 영국과의 전쟁은 대리인이 보기에 "불행"이었다. 그는 독일이 저 고집센 섬나라와의 전쟁에서 지게 될 것이라고 예감했을까?

영국군이 뒹케르크에서 바다를 통해 탈출했을 때, 대리인은 이것이 독일에게 좋은 징조라고 생각하고 있었다. 히틀러는 공식적인 통로와 믿을 만한 외교 채널을 통해서 영국에 계속 평화를 제의했다. 히틀러에게 유럽에서 자유롭게 행동하도록 해주는 대신 대영제국에 아무런 피해를 주지 않는 그런 평화를 마련할 수가 있다는 제의였다. 그러나 새 수상인 처칠은 이웃을 억압하고 노골적인 테러를 국가 원칙으로 삼고 있는 독일과의 평화 협상은 고려하고 있지 않았다. 다른 누구보다도 처칠 정부의 외무장관이었던 어원 헬리팩스 경은 협상을 할 준비가 되어 있었던 것 같다. 적어도 헤르만 괴링이 명령에 따라 영국을 폭격할 것이라고 했던 그 독일 공군의 공격이 시작되기 전까지는 말이다.

처칠의 이런 태도로 말미암아 히틀러가 『나의 투쟁』 이후로 정복 계획의 기초로 세운 모든 계산들이 어긋나게 되었다. 특히 대리인은 이 모든 상황에 대해 심각하게 오해를 하고 있었다. 서방의 관점에서는 독재자에 맞서 자유를 쟁취하기 위한 전쟁이었는데, 그는 이런 점을 인식하지 못했던 것이다. 원래는 공산주의가 양측 모두의 이데올로기적인 적이라는 그릇된 판단을 하고 있었던 것이다. 널리 퍼져 있던 이런 오판으로 인해 독일에서는 전쟁이 끝날 때까지 헛된 희망을 품게 된 것이다.

1940년 여름, 새로운 생각이 무르익었다. 헤쓰가 참석한 베르크호프에서의 식사 시간이 아마도 결정적인 순간이었던 것 같다. "총통 호위 사령부" 소속 군인이었던 로쿠스 미쉬는 다음과 같이 기억하고 있다. "갑자기 공보 실장 디트리히가 들어와서 보고를 했다. '총통 각하. 영국이 하지 않겠답니다.' 히틀러가 절망적으로 말했다. '맙소사. 도대체 이제 어떻게 해야 하지? 내가 영국 애들한테 가서 무릎을 꿇을 수는 없어!'"

헤쓰는 이제 자기 힘으로 외교를 하기 시작했다. 그는 옛 스승 하우스호퍼 교수에게 자문을 구했다. 8월 31일 헤쓰가 하우스호퍼의 집을 방문하고 난 뒤에 교수는 아들 알브레히트에게 이제 "심각한 결과를 가져올 사태"를 막아야 할 때라고 적어 보냈다. 친위대가 검열을 하기 때문에 아주 애매모호하게 적었지만, 그것이 의미하는 내용은 바로 자신의 친구가 경솔한 행동으로 일을 그르치는 것을 막겠다는 것이었다.

아버지처럼 교수였던 알브레히트 하우스호퍼는 도울 준비가 되어 있다고 밝혔다. 이 학자는 헤쓰에게 빚을 지고 있다고 느끼고 있었는데, 왜냐하면 그의 보호의 손길이 "비아리아인"인 자신의 가족들을 보살펴 주었기 때문이었다. 그러나 그것은 위험한 게임이었다. 왜냐하면 히틀러가 모르는 가운데 적과 내통하는 모든 행위는 "국가 반역죄"로 간주되었기 때문이었다.

헤쓰의 지시를 받은 알브레히트는 포르투갈에 있는 중개인을 통해서 영국과의 접촉을 시도해 보려 했다. 목표는 중립국에서 고위급 영국 대표자와 만나는 것이었다. 헤쓰는 이런 메시지를 받을 사람으로 해밀턴 공작을 선택했다. 하필이면 그가 왜 이 스코틀랜드의 귀족을 선택하게 되었는지에 대해서는 많은 추론이 가능하다. 분명한 것은 알브레히트 하우스호퍼가 웬만큼 그를 알고 있었고, 맹렬 스포츠 비행사인 그가 대리인에게 호감을 느끼고 있는 것처럼 보였기 때문이라는 것이다. 헤쓰는 1936년 베를린 올림픽 경기 중에 잠시 그를 만난 적이 있었다. 그들이 의례적인 말 이외의 대화를 나누었는지는 확실치 않다. 그러나 해밀턴은 영향력 있는 정치가들과는 모든 면에서 달랐다. 스코틀랜드 방공 사령관이라는 군의 보직을 받았을 때, 그는 런던의 정치인들과는 전혀 접촉을 갖지 않았다. 정치를 낭만적으로 이해했던 헤쓰는 해밀턴 공작을 자신과 영국 왕실을 연결시켜 줄 적임자로 생각했다. 그런데 아마추어 외교 정치가 헤쓰는 영국 왕실의 위상을 너무 과대평가하고 있었다.

평화를 모색하려는 헤쓰의 첨병으로서 알브레히트 하우스호퍼의 역할은 전혀 알려진 바가 없다. 아마도 그가 짐짓 그런 척만 했을 수 있다. 외국으로 괜찮은 선을 대면서 히틀러에게 반대하기 위해 정치적으로 순진한 대리인과 같이 일을 한다는 것은 그가 생각하기에는 양날의 칼을 쥔 것과 마찬가지인 상황이었다. 성공을 거둔다는 것은 불가능해 보였다. 한 편지에서 그는 헤쓰에게 "어떤 식으로든지 모든 것을 논의할 영국인들"이 "총통"이 서명한 합의서를 "쓸데없는 휴지 조각"으로 여길 수도 있다고 경고했다. 그러나 헤쓰는 그의 생각을 받아들이지 않았다. 만약 그가 그런 생각에

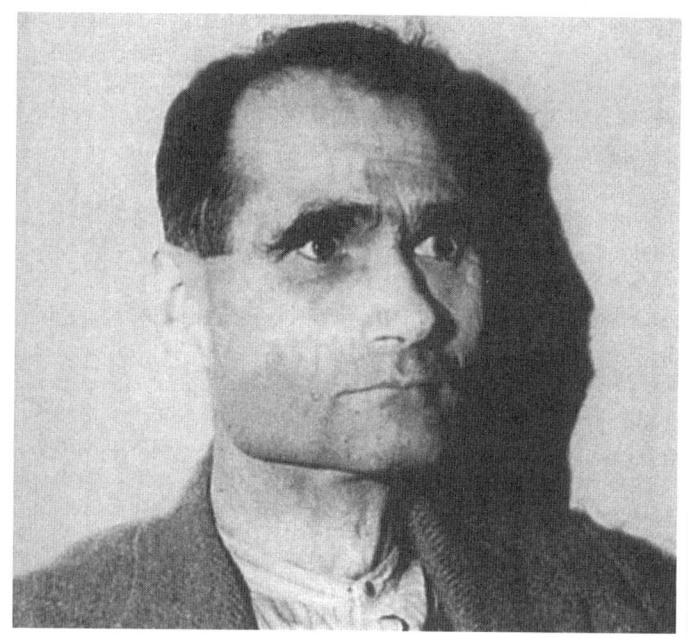

나는 아무것도 후
회하지 않는다…
뉘른베르크 감옥의
루돌프 헤쓰

그 당시 국민들 중 아무도 헤쓰가 "대수롭지 않은 사람"이라고 생각한 사람은 없었다. 나치 시대가 끝난 뒤에 비로소 그가 상대적으로 미미한 권한을 갖고 있었다는 것이 밝혀졌다. 그러나 그는 공범이었다. 그는 그 시대에 일어난 사건들에 대해 어떤 형태로든지 비판을 가한 적이 없는 사람이었다. 그 반대였다. 그는 총통에게 죽을 때까지 절대적 충성을 맹세한 사람이었다. 그가 영국으로 날아갔다고 해서 달라지는 것은 아무것도 없다. 제3제국에서 자행된 잔학 행위들은 1941년 5월 10일 훨씬 전부터 계획된 것이었다. 러시아를 상대로 한 전쟁도 계획되었고, 유태인 학살도 계획되었고, 외국인 노동자들을 투입하는 것도 계획된 것이었다. 이 모든 것들이 하루 아침에 뚝딱 세워진 계획이 아니었다. 이 모든 일들이 오랜 기간에 걸쳐 계획되었으며, 헤쓰는 이에 대해 알고 있었다. 그리고 그는 그 일을 도왔다. 수많은 법이 그의 사인을 받고 공포되었다. "그 일이 실행되었을 당시에는 그 자리에 없었다"라고 말한다고 해서 책임을 피할 수는 없다.

아르노 함부르거, 전당 대회 참가자

루돌프 헤쓰의 시간은 1941년에 정지되어 있었다. 하지만 그와 동료 죄수들과의 관계는 항상 좋았다. 슈페어와 폰 쉬라흐는 이 늙은 양반에게 조금씩이나마 항상 신경을 쓰고 있었다. 슈페어는 심지어 그의 침대를 봐주기도 했다. 하지만 결국에는 그가 그들 중에서 제일 오래 살아남았다.

유진 버드, 슈판다우 감옥 사령관

공감했다면, 분명 히틀러는 그에 대한 평가를 다시 내렸을 수도 있었을 것이다. 헤쓰가 바라던 것도 히틀러의 재신임이었는데, 잘못된 외교적 판단에 비합리적인 감정의 요소가 더해져 그의 바람은 물거품이 되었다.

선을 대려는 알브레히트의 시도는 실패로 돌아갔다. 영국의 정보 기관이 밀사를 체포해 버린 것이다. 이제 헤쓰는 단독으로 일을 처리하기로 결심했다. 그 스스로 군대의 사절로서 영국으로 날아가려고 했다. 다시 목표가 된 것은 해밀턴 공작이었는데, 그는 가문 소유의 영지에 자신의 작은 비행장을 소유하고 있었다. 카를 하우스호퍼는 그가 결단을 내릴 때 확신을 주었던 것으로 보인다. 숲을 산보하면서 그는 헤쓰에게 "꿈"에 대한 얘기를 해주었는데, 그는 그 꿈속에서 헤쓰가 커다란 두 나라에 평화를 가져오기 위해 "벽걸이용 양탄자로 장식된 성" 사이로 걸어가는 것을 보았다고 했다. 하늘과 땅 사이에 있는 모든 것을 믿는 헤쓰에게 그 꿈은 좋은 징조로 보였다. 영국에 감금되어 있을 때에도 그는 하우스호퍼 교수에게 우울한 기분으로 편지를 보내곤 했다. "나는 가끔 그 꿈을 생각합니다."

준비 작업을 하는 동안 그는 지난 몇 달 동안의 무기력에서 벗어났다. 괴벨스가 그를 만난 뒤에 놀랍도록 변한 그의 모습을 기록했다. "그가 다시 활기를 되찾았다. 헤쓰는 내게 아주 좋은 인상을 주었다." 그러나 어느 누구도 왜 그렇게 변했는지에 대해서는 몰랐다. 히틀러의 호감을 다시 얻기 위한 일이었지만 히틀러 자신도 알지 못했다. 히틀러가 자신의 대리인의 영국 비행에 대한 정보를 입수하고 몰래 배후에서 일을 조종했는지 여부는 더욱 수수께끼이다. 수많은 역사학자들이 이 문제를 풀기 위해 달려들었지만, 아무도 "총통"이 비밀을 알고 있었다는 증거를 발견하지 못했다. 반대로, 준비할 때의 정황과 비행 후의 반응을 살펴보면 히틀러가 이 모험적인 계획에 결코 동의하지 않았다는 것을 분명하게 알 수 있다.

비행기를 마련하려는 헤쓰의 첫번째 시도부터가 만만치 않았다. 그가 옛 비행 동료이자 괴링의 "항공기 총국장" 에른스트 우데트에게 "기분 전환을 위해 메써슈미트" 한 대를 마련해 줄 것을 부탁하자, 우데트는 그러려면 우선 히틀러의 재가를 받아야 된다고 대답했다. 헤쓰는 그러면 됐다고 하면서 바로 포기해 버렸다. 그 후 2년 뒤에 그는 다음과 같이 진술했다. "내게 내린 총통의 비행 금지령이 막 끝났음에도 이 순진한 양반은 총통의 허가를 얻어야 된다는 것을 조건으로 내걸었다. 마치 내가 예비 검속을 당하고 있다는 느낌이었다."

이 "평화의 사도"는 아욱스부르크에 있는 메써슈미트 공장에서 비로소 비행기를 마련할 수 있었다. 그는 테스트 비행을 한다는 핑계를 대고 Bf 110형 추격기를 한 대 얻었는데, 그는 그 비행기를 장거리 비행용으로 조금씩 개조토록 했다. 아무도 의심을 품지 않았다. "총통의 대리인이 비행기를 한 대 얻으려 한다고 했을 때, 우리에게는 의심할 이유가 없었다"라고 테스트 비행사인 프리츠 포스는 그때를 회상하였다.

가을에 그는 영어를 공부하기 시작했다. 그는 비서에게 영국 장교에게 할 연설을 받아 적도록 한 뒤에, 이 사실을 발설하지 말라고 그녀에게 다짐을 받아 냈다. 그는 은밀하게 북해 상공의 기상 상태를 알아보고 비행 금지 구역 지도를 마련했다. 1월 10일 그는 첫 시도를 감행했다. 이륙 전에 그는 자신의 부관인 카를 하인츠 핀취에게 봉투 두 개를 건넸다. 하나는 히틀러 앞으로 쓴 이별의 편지였고 다른 하나는 이륙 후 네 시간이 지난 뒤에 열어 보라고 하며 건넨 편지였다. 출발 후 두 시간이 지나면서 날씨가 나빠져 헤쓰는 되돌아왔다. 아욱스부르크로 돌아오고 나서 그는 핀취가 이미 그 편지를 읽었는지 확인해야 했다. 편지 내용은 그가, 즉 헤쓰가 방금 "영국으로" 떠났다는 것이었다. 이제 그는 부관을 믿고 그에게 비밀을 지킬 것이라는 다짐을 받아 내는 도리밖에 없었다. 그 다짐으로 인해 핀취는 후에 강제 수용소로 보내지고 만다.

그 후로도 여러 번 영국으로의 비행을 시도했던 헤쓰는 5월 초에는 베를린에 있었다. 히틀러는 이 시기에 한 가지만을 생각하고 있었다. 소련을 급습할 준비가 그것이었다. 물론 헤쓰도 그것에 대해 알고 있었고, 두 개의 전선에서 벌어지는 전쟁의 위험이 목전에 와 있는 것을 보았다.

저녁에 헤쓰는 수상 청사에서 히틀러와 얘기를 나누었다. 이 마지막 대화 내용에 대해서는 추측이 많다. 히틀러의 집무실 앞에서 경비를 섰던 경찰관의 진술에 따르면, 대화는 네 시간이나 지속되었다. 마지막에 그 두 사람은 사이 좋게 작별 인사를 나누었으며, 히틀러는 "당신은 지독한 고집쟁이야"라고 말했다고 한다. 분명한 것은, 헤쓰가 영국과의 평화를 원하는 히틀러의 소망이 바뀌지 않았다는 사실을 다시 한번 확인했다는 점이다. 아직까지 공개되지 않은 문서들은 이 사실을 증명한다. 영국으로 온 뒤에 헤쓰의 소지품에서 발견된 서류 중에는 정치적 협상을 위한 16페이지짜리 원고가 포함되어 있었다. 영국과의 공중전을 벌이기 1년 전에 히틀러가 만든 똑같은 제안이 그 원고에도 그대로 제시되어 있었다. 대영제국에는 아무런 손상을 주지 않는 대신 유럽과 동쪽에서 독일이 자유롭게 운신할 수 있도록 하라는 제안이었다. 이것은 전혀 협상 가능성이 없는 제안이었는데, 처칠은 이 제안을 이전보다 더 단호하게 거절했다. 그렇지만 이 원고에서 헤쓰는 분명하게 히틀러의 견해에 동감할 것을 호소했다. "제국의 붕괴에 대해서는 관심이 없다. 내가 총통과 대화를 나누었다. 5월 3일에 마지막으로." 그와 반대로 영국에서 헤쓰가 히틀러의 지시를 받고 왔느냐라는 질문에 항상 아니라고 대답했던 것처럼, 그가 히틀러에게 비행 계획을 털어놓았는지에 대해서는 원고에 한마디도 언급되어 있지 않다.

한 점성술사가 5월 10일이 길일이라고 말해 주었다. 아침에 헤쓰는 하르라힝에 있는 집에서 네 살난 아들과 열심히 놀아 주고 있었다. 놀아 주는 시간이 길어서 그의 아내는 놀랐다. 그녀는 그날 아침 몸이 안 좋아서 침대에 누워 있었다. 점심 경에 그녀의 남편은 비행복을 입고 그녀와 작별 인사를 나누었다. "언제 돌아오나요?" "내일"이라는 답에 일제는 불길한 예감이 들었다. "못 믿겠어요. 곧바로 돌아와요. 애가 당신을 기다릴 거예요. 저도 당신을 기다릴 거구요."

핀취와 함께 헤쓰는 아욱스부르크로 갔다. 17시 45분에 메써슈미트기가 발진했다. 저녁 10시가 조금 지나 그는 낙하산을 타고 스코틀랜드의 밤하늘로 뛰어내렸다. 모든 것이 끝나는 순간이었다. 확고한 생각이 끝장나는 순간이었고, 히틀러의 측근들 중에서 가장 믿을 만한 사람으로서의 경력이 끝나는 순간이었으며, 루돌프 헤쓰가 누리던 자유도 끝나는 순간이었다. 대리인은 그의 인생의 반을 감옥에서 보냈다. 1941년 5월 10일 어설픈 영웅주의적 행동으로 인해 그는 현실과 작별하게 되었다.

팽팽한 긴장이 감도는 국제 상황에서 날개를 단 파르치팔 루돌프 헤쓰에 관한 소식은 폭발적 반향을 불러일으켰다. 히틀러는 처음에는 이 사실을 믿지 않으려 했는데, 나중에는 노발대발하면서 발작을 일으켰다. "어떻게 헤쓰가 내게 이런 짓을 할 수 있단 말인가?"라고 소리치기도 했다. 괴벨스는 자신의 일기에다, 히틀러가 이 사건을 헤쓰의 "기도 치료와 채식주의" 때문에 생긴 결과로 이해하고 있다고 적고 있다. 같은 날 히틀러는 헤쓰의 부관들과 비서들을 체포하라고 지시했다. 그리고 나서 그는 잠시 주저하고 있었다. 잠시 동안 그는 영국에서 소식을 기다리고 있는 것처럼 보였다. 어떻게 될지 전혀 알 수가 없었다. 알브레히트 하우스호퍼는 베르크호프로 끌려갔고, 감시를 받으면서 "영국과 평화를 이끌어 낼 가능성이 아직 있는가?"라는 제목의 문서를 작성해야만 했다.

영국에서 날아온 첫 소식부터, 헤쓰의 임무가 성공할 가능성은 전혀 없다는 것이 분명해지자, 처벌 범위가 정해졌다. 연합군은 어떤 생각을 하고 있었을까? 보어만과 함께 히틀러는 라디오 보도 문안을 구상했다. 그것은 헤쓰가 미쳤고, 작별 편지를 살펴보면 "혼란스런 상황에서 유감스럽게도 정신분열 증상을" 보였으며, 이런 증상으로 인해 "헤쓰 동지가 광기 어린 생각의 희생자가 되었다는 의구심이 든다"는 내용을 담고 있었다. 물론 이 사건을 다루는 입장이 동일하지는 않았다. 국가사회주의 독일노동당의 지역 지도자들에게 돌린 1941년 9월 4일자 비밀 회람에서는 대리인이 "아주 순수한 의도"에서 영국으로 날아갔다고 적혀 있다. 적어도 당 내부에서는 "운동"의 수뇌부 자리가 미친 사람을 위한 자리라는 인상을 주지 않도록 해야 했다.

BBC 독일어 방송은 헤쓰가 도착한 며칠 뒤에 조롱조의 기사를 보도했다. "오늘 더 이상의 독일 장관들이 날아오지는 않았습니다." 그러나 이러한 영국의 선전 공세가 더 이상 계속되지 않자 괴벨스는 좋아했다. 선전장관 괴벨스는 안심을 하며 "우리가 이런 상황에서 어떻게 해야 하겠습니까"라고 물었다. 정부는 이제 이 불쾌한 사건을 빨리 잊도록 만들기 위해 모든 수단을 강구했다. 5

왜 나를 죽게 내버려두지 않지…?
슈판다우 감옥 정원을 거닐고 있는 "세상에서 가장 귀한 죄수"

내가 보기에 루돌프 헤쓰는 절대 미치거나 노망이 난 것이 아니었다. 반대였다. 그는 총명했고 그가 관심을 가진 모든 것에 놀라운 집중력을 보여 주었다. 그는 주위에서 일어나는 모든 일에 정력적으로 참여했고, 수감 기간 동안 많은 일에 몰두했다. 예를 들어, 그는 미국의 우주 계획에 관해 전문가가 되었다. 그는 죽기 바로 직전까지 통상적인 작은 질환들을 제외하고는 육체적으로도 강건했다. 목을 매달고 자살할 이유가 전혀 없었다.

블랭크 장군, 슈판다우 감옥의 미국 의사

헤쓰는 여러 번 자살을 시도했다. 나는 그가 영국에 잡혀 있을 때 시도한 자살에 대해 들었다. 슈판다우 감옥의 유일한 죄수로 남아 있게 된 이후로 그는 몇 번 더 자살을 시도했다. 그러면서 그의 수감 조건이 점차 개선되었다.

토니 르 티시에르, 슈판다우 감옥 교도소장

월 두 번째 주 주간 뉴스 필름을 영화관에서 회수하라는 지시가 내려졌는데, 두 번째 뉴스에 헤쓰의 모습이 보였기 때문이다. 헤쓰의 이름이 들어간 병원들은 이름을 바꿨다. 헤쓰의 부관들은 몇 달이 걸린 심문이 끝난 뒤에 강제 수용소로 보내졌다. 점성술사 에른스트 슈테-슈트라트하우스도 체포되었다.

이전 상관과 거리를 두었던 마틴 보어만의 꿈이 즉각 실현되지는 않았다. 그가 이미 하고 있던 임무를 공식적으로 부여받게 되었지만, 히틀러는 다른 대리인을 임명하지는 않았다. 그는 아마도 헤쓰를 포기하지 않았던 것 같다. 알베르트 슈페어는 1944년에 있었던 대화에 관해 언급했는데, 히틀러는 만약 헤쓰가 언젠가 송환되어 온다면 그를 "즉각 즉결 군사 재판에 회부해서 처형할" 것을 요구했다. 식사 중의 대화에서 히틀러는 헤쓰가 돌아온다면 그는 "총살형이나 정신병원" 중에 양자택일을 할 수밖에 없을 것이라고 말했다. 전쟁 막바지에 이 실패한 독재자는 이전 동료를 다른 식으로 평가하며 그에 대해 회상했던 것으로 보인다. "총통"의 운전수였던 켐프카는 전후에 일제 헤쓰에게 다음과 같은 사실을 알려 주었다. 히틀러가 살아 있던 마지막 날 밤에 혼잣말로 그녀의 부군 헤쓰를 "순수한 마음으로 운동에 참여한 이상주의자"였다고 치켜세웠다는 내용이었다.

낙하산을 타고 뛰어내린 이후의 헤쓰에 관한 이야기는 특히 민감한 상황에 관한 설명이 주를 이루었다. 처칠은 히틀러의 대리인을 군대 사절로 취급하려고 생각하지 않았다. 그에게 헤쓰가 비행기를 타고 영국으로 온 것은 정말 달갑지 않은 일이었다. 워싱턴과 모스크바에서도 결코 평화 협상이라는 인상을 주지 않으려고 했다. 해밀턴 공작은 놀랐다. "나치가 우리를 이렇게도 모르고 있다는 사실에 놀라지 않을 수 없다." 수많은 심문이 있었는데, 헤쓰는

"인류를 구하려는 임무를 띠고" 왔다는 얘기만 계속 반복했다. 전혀 새로운 제안을 내놓지 못했으면서 말이다. 심문이 끝난 뒤 밀사 헤쓰는 아무런 설명도 듣지 못한 채 감옥에 수감되었다.

영국 정부가 크게 실망하라고 그는 소련에 대한 공격 일정에 대해서는 아무런 말도 하지 않았다. 바른말을 하게 만드는 약물 주사를 맞고 나서도 아무것도 말하지 않았다. 심문을 담당한 사람은 헤쓰가 현실 감각을 완전히 상실한 것으로 보인다고 런던에 보고했다. 수감 중에 그는 다시 한번 히틀러에게 작별 편지를 썼다. 이 편지는 그가 정신적으로 마비 상태에 있다는 것을 보여 주는 서류이기도 하다. "한 사람과 그 사람의 생각을 위해 이렇게 성공적으로 봉사할 수 있는 기회가 당신의 부하들 아닌 다른 사람들에게는 주어지지 않았습니다. 당신이 내게 준 모든 것과 저와 함께했던 모든 시간에 대해 당신에게 진심으로 감사드립니다. 제게 다른 탈출구는 없다는 사실을 분명하게 인식하고 있는 상태에서 저는 이 글을 적고 있습니다. 이런 마지막 상황이 저를 무척 고통스럽게 만드는군요. 총통 각하, 당신을 통해 저는 위대한 독일, 생각지 않았던 위인을 맞이하고 있는 조국에 인사를 보냅니다. 아마 저의 이 비행이 제가 죽더라도 아니 저의 죽음으로 인해, 영국과의 평화와 영국의 이해를 구하는 데 도움을 주게 될 것입니다. 총통 만세." 하루 뒤에 그는 감옥 계단에서 아래로 뛰어내렸다. 그러나 도합 세 번의 자살 시도 중에서 이 첫번째 시도는 수포로 돌아갔다. 헤쓰의 다리만 부러졌을 뿐이었다.

2차 세계대전의 가장 유명한 포로가 런던 남쪽에서 점점 돌처럼 굳어 가는 동안, 반히틀러 연합군은 헤쓰가 그렇게 찬미했던 저 "위대한 독일"로 진격해 들어갔다. 정신과 의사가 이 유명한 포로를 규칙적으로 돌봤다. 그의 위경련은 만성이 되었다. 보초들은 또

다른 자살 시도를 막는 임무를 부여받았다. 포로의 항의 편지는 그가 분명 추적 망상증에 걸려 있음을 보여 주었다. "당신들은 내 식사에 부식 작용을 일으키는 산을 집어넣었다. 입 천장이 녹아서 너덜너덜해졌다." 또는 "식사에서는 언제나 비누와 개숫물, 비료, 썩은 생선이나 페놀 냄새가 났다. 가장 나빴던 것은 낙타나 돼지의 선액腺液이었다."

결국 그는 편집증 증상으로부터 망각의 밤 속으로 도피했다. 그를 치료했던 의사들 중의 한 명이 판단하기를, "헤쓰는 극단적인 기억 상실증에 시달리고 있었다. 이 증상은 전쟁 중에 심한 압박감에 시달린 많은 병사들이 보인 기억 상실증과 모든 면에서 유사했다."

뉘른베르크 전범 재판이 열리기 전에도 그는 기억 상실증에 시달리는 것 같았다. 루돌프 헤쓰는 범죄 음모죄, 반평화 범죄, 전쟁 범죄, 반인류죄 등 기소 항목 4가지 모두에 걸쳐 기소당했다. 이는 법적 타당성 여부가 의심스런 기소였는데, 왜냐하면 대리인은 대학살이 시작되기 전에 독일을 떠났고 히틀러의 전쟁 지휘에도 관여하지 않았기 때문이었다. 결국 마지막 두 항목에 대한 기소는 그만두었다. 그러나 재판을 받을 수 없는 처지였기 때문에 소송 절차가 중지될 것을 바란 가족들과 변호사의 기대는, 피고인이 갑자기 일어나 자신이 "기억 상실증에 걸린 것처럼 행동한 것은 완전히 작전"이라고 발언함으로써 산산조각이 나고 말았다.

그는 이렇게 선언한 뒤에 다시 피고인석에 앉아 휑한 눈으로 사태를 지켜보았다. 그렇다면 이렇게 자리에서 일어난 것은 어리석은 자존심의 발로인가 아니면 자신에게 이목을 집중시키려는 시도였나? 루돌프 헤쓰는 뉘른베르크 재판 중에도 전혀 후회의 기미를 보이지 않았다. 폐쇄적인 태도를 보이며, 무뚝뚝하게 재판에 대해 거부 의사를 내보인 그는 정신상으로는 여전히 1941년 자신이 떠난 그 세계에 머물러 있었다.

소련측 원고는 헤쓰에 대해 사형을 요구했고, 미국측은 제한적인 금고형을 원했다. 결국에는 "종신형"으로 의견이 모아졌다. 만약 헤쓰가 최후 발언을 하지 않았다면, 형량이 더 줄어들 수도 있었을 것이다. 멍하니 먼 곳을 쳐다보며 그는 아무렇게나 말을 꺼냈다. 괴링이 그에게 가만히 있는 게 좋겠다는 눈짓을 보냈을 때, 그는 예전의 라이벌에게 호통을 쳤다. "내 말을 막지 마시오." 그리고 나서 계속 말을 했다. "우리 민족이 수천 년의 역사 속에서 만들어낸 가장 위대한 아들 밑에서 나의 수많은 날들을 바칠 기회가 나에게 주어졌소. 내가 설령 그렇게 할 수 있다 하더라도, 그 시기에 대한 기억을 없애려 하지는 않을 것이오. 나는 아무것도 후회하지 않소. 언젠가 나는 영원의 심판대 앞에 설 것이고, 그 앞에서 나 자신을 변호할 것이오. 나는 내가 무죄라는 것을 알고 있소."

마지막에 한 말들은 1924년 히틀러가 뮌헨 인민 재판정에서 한 최후 진술과 똑같은 것이었다. 폭격으로 폐허가 되고 기근에 시달리고 있던 1946년의 독일에서 이 말은 아무런 효과도 없었다. 하지만 헤쓰에게 있어 이 최후 진술은 자신을 복권시키려는 시도였고, 히틀러의 사도로 되돌아가려는 갈망의 표현이었다. 1941년 5월 10일 밤, 말도 안 되는 방법으로 자신의 사랑을 증명하려는 시도는 실패했지만, 그는 이제 이 최후 진술을 통해 다시 히틀러의 조력자가 되었다. 그는 이 엄청난 시대착오적인 태도를 그의 마지막 순간까지 견지했다.

슈판다우 전범 감옥에서 보낸 40년의 세월은 대리인에게 있어 단지 죽음을 기다리는 시간에 불과했다. 그는 뉘른베르크에서도 경비 초소원들에게 "왜 나를 죽게 내버려두지 않느냐"고 물어 보앉다. 1966년 이래로 그는 세상에서 가장 값비싼 감옥에 수감된 유일한 죄수였다. 종신형 판결을 받았던 다른 충복들은 석방되었다. 하지만 이 고령의 죄수를 석방시키려는 여론과 외교적인 노력이 있었음에도 불구하고, 헤쓰를 석방시키려는 모든 시도들은 소련이 거부권을 행사함으로써 실패하고 말았다. 서방의 세 승전국 정부와 독일 수상, 독일 연방 대통령의 노력도 허사가 되었다. 감옥에 수십 년 동안 갇혀 있으면서도 헤쓰는 충성심을 그대로 간직하고 있었다. 그는 특이한 사람이었다. 1969년에야 비로소 그는 가족이 자신을 방문하는 것을 허락했다.

냉전 시대가 남긴 반히틀러 연합의 마지막 유산이었던 죄수 헤쓰는 결국 전세계의 네오나치주의자들에게 순교자로 받아들여졌다. 만약 그가 석방되었다면 낯선 이 세계에서 제자리를 찾을 수 있었을까. 아마도 그 답은 회의적인 쪽이 될 것이다.

1987년 8월 17일, 그의 죽음은 그를 현대사의 영원한 미스터리로 남게 만들었다. 오늘날까지도 대리인이 자살했다는 연합군의 발표를 믿지 못하는 사람들이 있다. 이렇게 된 까닭은 상당 부분 "4개국"의 적절치 못한 태도 때문이었다. 증거 자료들의 폐기, 공개적인 발표에서 드러나는 여러 모순점들, 대충 해치운 부검 그리고 특히 서류들과 검사 보고서를 비밀에 부친 점 등은 어떤 비밀스런 음모가 있다고 믿게 만드는 데 일조했다. 슈판다우의 정자에 있던 전선 때문에 야기된 헤쓰의 죽음으로 인해 스스로 전문가라 칭하는 사람들과 의심스런 증인들이 생겨났다.

그러나 사실은 이와 달랐다. 슈판다우 감옥의 마지막 목사였던 미헬 뢰리히Michel Rörig는 1987년 봄 급격하게 나빠진 헤쓰의 건강은 결국 그로 하여금 삶의 의지를 앗아가 버렸다고 말했다. 뢰리히가 8월 초에 휴가를 떠나려고 했을 때, 헤쓰가 그에게 간청했다.

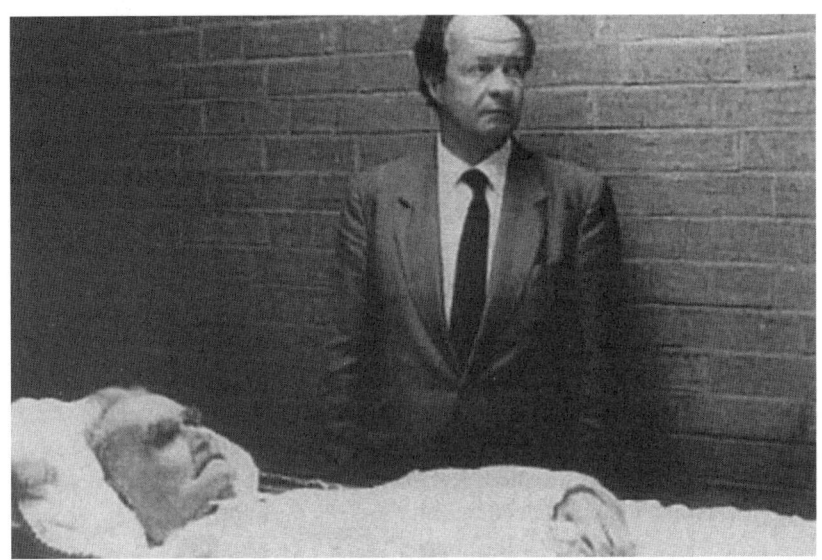

우리는 제3자가 있었다는 것을 증명할 수 없습니다…
아버지에 대한 부검이 있은 뒤 헤쓰의 아들 볼프-뤼디거의 모습(1987)

우리는 헤쓰의 사망 사건을 그라는 존재의 역사적인 의미를 감안해서 아주 면밀하게 조사했다. 부검 또한 영국인 병리학자 캐머런 박사에 의해 매우 자세하게 이루어졌다. 이 부검에는 연합군 측에서 보낸 많은 사절들이 참여했다. 뇌에 공급되는 산소 결핍이 사망 원인이었다. 목을 매달아 죽은 사람에게는 흔치 않은 사망 원인이었는데, 왜냐하면 (목을 매단 사람은) 일반적으로 목뼈가 부러지는데, 이 경우는 그렇지 않았기 때문이다. 뇌로부터 피가 흘러나오는 것이 중지되었다. 헤쓰는 분명 뇌가 팽창하면서 아주 빠른 속도로 의식을 잃었을 것이다. 모든 징후들이 이런 과정들을 입증하고 이 사건이 자살이라는 것을 증명해 준다.

블랭크 장군, 슈판다우 감옥의 미군 의사

나는 아버지가 살해당했다고, 그것도 영국인에 의해 살해당했다고 확신한다. 그렇다면 그럴 만한 결정적인 동기는 무엇이었을까? 아버지는 너무나 많은 것을 알고 있었다! 그 때문에 결국 영국이 전쟁에 공동 책임이 있다는 사실이 밝혀질 수 있는 위험성이 존재했던 것이다. 그밖에도 살인이라는 것을 밝힐 근거는 많다. 첫째로 아버지는 러시아인들이 자신을 석방하려는 것을 알았고, 둘째로 그가 스스로 목숨을 끊는 것은 물론이고 스스로 구두끈도 맬 수 없는 지경에 있던 93살 먹은 노인이었다는 점이다. 그래서 슈판 박사에 의해 두 번째 부검이 이루어졌는데, 그는 자신의 비망록에 "죽음에 이르는 과정이 영국인들이 묘사한 것처럼 그렇게 진행되지 않았을 수도 있다"고 적고 있다. 또 다른 근거는 특히 그 내용에서 알 수 있듯이 조작된 것이 분명한 작별 편지였다. 자살이라는 주장은 전혀 근거가 없는 것이다.

볼프-뤼디거 헤쓰, 헤쓰의 아들

"떠나지 말아요. 당신이 필요할 겁니다." 죽은 헤쓰 곁에서 발견된 작별 편지도 살인이 아니라는 점을 증명해 준다. 며느리한테서 온 편지 뒷면에 "내가 죽기 몇 분 전에 쓰는" 것이라고 밝히고 오랫동안 관심을 가져준 것에 대해 감사한다고 적었다. 그럼에도 불구하고 아들 볼프-뤼디거 헤쓰는 이 편지를 조작된 것이라고 생각했는데, 그 편지에 적힌 어법이 죽을 당시 아버지가 쓰던 것과 달랐기 때문이었다. 그래서 감정을 의뢰하기도 했지만 조작을 했다는 흔적은 발견되지 않았다.

슈판다우에서 마지막으로 헤쓰를 돌봤던 튀니지인 간호사 압둘라 멜라우히Abdullah Melaouhi가 주목을 받았는데, 그가 돌보던 헤쓰가 죽은 몇 주 뒤, 그가 언론에 모르는 두 사람이 미군복을 입고 헤쓰 옆에 서 있었으며 그들이 "살인자"처럼 보였다고 밝혔기 때문이었다. 멜라우히는 물론 헤쓰가 발견된 정자에 그가 죽은 뒤 30분 이상이 지난 뒤에야 도착했다. 미군복을 입은 두 사람은 아마도 경비 장교 알 아후자Al Ahuja와 위생병이었을 것이다. 아후자는 다음과 같이 말했다. "그 사람은 우리를 전혀 알 수가 없었다. 전에 우리는 만난 적이 없었다." 매달 교체되는 경비 중대는 규정상 슈판다우에 상시 근무하는 사람들과는 접촉할 수 없었기 때문에 그의 말로 충분한 해명이 되었다. 압둘라 멜라우히는 게다가 터무니없는 사례금을 요구했고 그 돈을 받고 나서야 인터뷰에 응했다.

헤쓰 가족이 의뢰한 두 번째 부검도 연합군의 주장을 뒤엎는 증거를 찾으려는 시도였다. 실제로 유명한 뮌헨의 병리학자 볼프강 슈판의 부검 소견은 캐머런 교수가 작성한 연합군 측의 보고서를 반박했고, 그들의 조사가 소홀한 점이 많았다는 것을 증명했다. 하지만 캐머런 교수에 대한 그의 비판은 주로 법의학적인 처리 방법에 관한 것이었다. 슈판은 살인에 대한 근거는 발견하지 못했다.

그는 질문에 다음과 같이 답했다. "부검 결과 우리는 살인이라는 증거를 발견하지 못했습니다. 우리는 제3자가 있었다는 것을 증명할 수 없습니다."

하지만 루돌프 헤쓰 사건에 관한 의문점은 여전히 남아 있는데, 아마도 해당 문서가 공개된다면 이 의문은 풀릴 수 있을 것이다. 헤쓰의 영국 비행에 관한 영국 정보부의 서류들도 현재로서는 접근이 차단되어 있다. 이러한 문서 공개 절차도 대리인의 삶에 대한 억측이 난무하게 만드는 데 일조를 하고 있다.

이러한 미스터리가 영원한 과거에 집착하는 소수 집단에게 어떠한 영향을 미칠 수 있는 지를 헤쓰의 장례식이 다시 한번 보여주었다. 그의 장례식은 그가 청년기를 보냈던 라이히홀츠그륀에서 몇 킬로미터 떨어지지 않은 분지델에서 거행하기로 되어 있었다. 하지만 수많은 극우 과격주의자들이 묘지를 둘러싸고 있었기 때문에 장례식은 연기될 수밖에 없었다. 해마다 대리인이 죽은 날이면 순례를 위해 개선의 여지가 없는 이 사람들이 분지델로 모여들고 있다. 그래서 경찰력이 투입되어 그들을 엄중 감시하고 있다. 루돌프 헤쓰가 마지막까지 간직했던 잘못된 믿음에 대한 장례식은 아직 치러지지 않았다.

건축가

Albert Speer

나는 정말 히틀러에 대해 감탄했다

건축가로서 능력을 발휘했던 이 시기에
그는 팽팽한 긴장감에서 완전히 벗어나 느긋한 모습을 보였다.

무엇보다도 나는 그에게서 인간의
체취를 느꼈다. 그리고 그렇게 느낀 것은
내 생애에서 가장 큰 실수였다.

사람들은 내가 그에게 중요한 사람이었다고 말할 수도 있을 것이다

위대한 건축을 위해서라면 나는
파우스트처럼 내 영혼을 팔 수도 있었다

나는 정말 깨끗한 양심을 가지고 있었다
나는 반유대주의적인 행위를 하지도 않았고 그런 표현을 한 적도 없다

나는 유태인에 대해서도 전혀 몰랐다

나의 허락 없이 유태인에게 집을 임대하는 자들은
벌을 받아도 싸다!

어떤 사람이 내가 있는 자리에서
유태인들은 모두 때려 죽여야 한다고 말했을 때,
그것이 나와 개인적으로 상관 있는 일이 될 지는 꿈에도 생각하지 못했다

슈페어

정치인이라면 두 가지 종류의 책임을 져야 한다고 나는 생각한다. 그중 하나는 자신의 분야에 대한 책임인데, 여기에 대해서는 전적으로 그 자신이 책임을 져야 한다. 그 외에 그 사람이 지도자 중의 한 사람이라면 중요한 일에 대해서 공동 책임을 져야 한다고 나는 생각한다. 그렇지 않으면 사건의 진행 과정에 대해 도대체 누가 책임을 져야 한다 말인가?

뉘른베르크 법정에서 한 슈페어의 진술, 1946년

누군가가, 이제부터 〈9번 교향곡〉은 하모니카로만 연주해야 하며, 그것은 나의 확고한 의지이다, 라고 당신에게 말한다고 상상해 보라.

슈페어가 빌헬름 푸르트벵글러에게 한 말, 1939년

아이들은 그를 전혀 모른다. 아마 그도 큰 애들에 대해 조금밖에 모를 것이다. 전쟁이 일어나기 전에 그는 종종 하루 정도 휴가를 갖곤 했다. 그러나 그는 어린 두 아이들에 대해서는 정말 아무것도 몰랐다. 아이들은 따지고 보면 아버지가 없었다. 어려운 순간에 종종 나는 애들에 관한 얘기를 알베르트에게 하고 있는 모습을 그려보곤 했다.

마그레트 슈페어

슈페어가 우리들의 오랜 국가사회주의 동지가 아니라는 사실을 잊어서는 안 된다. 하지만 그는 천성적으로 기술자이고 정치에 대해서는 관심이 별로 없다. 때문에 그는 이 심각한 위기 상황에서 제대로 된 다른 나치 사람들보다 두려움을 더 많이 느꼈다.

괴벨스, 1944년(일기)

총통 각하, 당신께서 제가 수행한 작업 성과에 대해 만족하지 못 하신 것은 이번이 처음입니다.

슈페어가 히틀러에게 한 말, 1944년 봄

슈페어에게 내가 그를 좋아한다고 전해 주시오.

밀히 원수에게 히틀러가 한 말, 1944년 봄

총통 각하,
…
우리의 운명이 잘 풀려 가리라는 저의 믿음은 3월 18일까지 확고했습니다.
중요한 이 몇 달간 우리 국민들의 삶의 근거를 파괴한다면, 선의에서 시작한 우리들의 일이 성공할 것이라는 믿음은 흔들릴 수밖에 없습니다.
때문에 저는 국민들에게는 이 파괴 조치를 적용하지 말 것을 청합니다.
신이여 독일을 돌보소서, 슈페어.

슈페어, 1945년

독일 국민은 이 전쟁에서 통일된 태도를 보여 주었는데, 이런 태도는 향후 기술될 정사正
史에서 감탄의 대상이 될 것이다. 우리는 이 순간 슬퍼해서는 안 되며, 과거를 아쉬워해서
도 안 된다. 우리에게 주어진 숙명을 견뎌내기 위해서는 포기하지 않고 일을 계속 수행해
나가는 도리밖에 없다.

슈페어, 1945년 5월 3일

저스티스 잭슨: 당신은 나치당의 정책과 유태인에 대한 정부의 조치에 대해 알고 있었죠,
    그렇죠?
슈페어: 나는 국가사회주의 독일노동당이 반유대주의적이라는 사실을 알고 있었고, 유
    태인들이 독일에서 소개疏開되었다는 사실도 알고 있었습니다.
잭슨: 당신은 그런 소개 조치를 취할 때 관여했죠, 그렇죠?
슈페어: 아닙니다.

뉘른베르크 재판에서 슈페어에 대한 심문, 1946년 6월 21일

나는 여러 번 히틀러와 다른 사람들을 정부에서 몰아내려고 시도했고 그들의 행동에 대
해 책임을 질 것을 강요하기도 했다.

뉘른베르크 재판에서 슈페어에 관한 심문, 1946년 6월 20일

슈페어는 점령 지역 주민들을 강제로 끌고가 노예처럼 부리려던 그 계획을 알고 있었을
뿐만 아니라, 수백만 명의 사람들을 강제로 끌고 가기로 결정했던 자문위원회에 위원으
로 참석하기도 했습니다. 슈페어는 히틀러와 긴밀한 관계를 맺고 있었습니다. 히틀러는
슈페어에게 군수 공장의 작업에 투입할 죄수들을 공급해 주었습니다. 슈페어의 관할하
에 있던 수많은 공장에 강제 수용소 분소가 설치되었습니다. 이것이 피고 슈페어의 진면
목입니다…

루덴코 장군, 소련측 원고 대표, 1946년

나는 베를린 프로젝트를 기획하는 데 심혈을 기울였다. 그리고 내가 진술한 것처럼, 지금
도 그 프로젝트와 나는 뗄래야 뗄 수 없는 관계에 있다. 지금 내가 마음 깊은 곳에서 히틀
러를 부인하고자 한다면, 그것은 그가 보여준 잔혹함 외에도 어느 정도 개인적인 실망감
이 작용했기 때문이다. 그는 권력 게임을 통해 전쟁을 일으켰고 이 전쟁을 통해 내 삶의
계획을 파괴했던 것이다.

슈페어, 1953년

내가 모든 것을 알고 있었다면 나는 다르게 행동할 수 있었을까 하는 질문을 내 자신에게
수없이 해보았다. 내게서 나오는 답은 항상 똑같다. 나는 그가 전쟁에서 이길 수 있도록
어떻게든지 계속 도왔을 것이다.

슈페어, 1979년

맥주 냄새와 담배 연기로 뒤섞인 "독일에서 가장 긴 거리"는 "신세계"의 분위기를 풍기고 있었다. 베를린의 노동자 거주 지역인 노이쾰른의 주도로인 하젠하이데에 펼쳐진 "대연회장"은 더 나은 시대가 도래했음을 미리 보여 주고 있었다.

그러나 1930년 12월 4일 밤에 자리를 같이한 참석자들은 "출신이 괜찮은 사람"들이었다. 이번에는 이 지역이 춤판이 되지도 않았고, 공산주의자들의 선동도 없었다. 단상 옆자리 앞쪽에는 풀먹인 높은 칼라의 셔츠에다 짙은색 옷을 입고 있는 사람들이 자리하고 있었다. 그 뒤에는 모자를 쓰고 다양한 색깔의 깃발을 든 사람들이 자리했다. 여기에는 대학 교수들과 대학생들이 앉아 있었는데, 그들은 집회 담당자로부터 방금 두 명의 돌격대원이 다시 "붉은 살인마들에게 희생당했다"는 소식을 들었다.

바덴바일러 행진곡이 울려 퍼지기 시작했다. 처음으로 정치 집회에 참석해서 합창대석 위에 앉아 있던 젊은이는 그를 여기에 데리고 온 주위의 다른 젊은 사람들처럼 자리에서 일어났다. 그들은 공과 대학의 건축학도들이었다. 합창대석 위에 앉아 있던, 키가 크고 세련된 옷차림의 그 젊은이는 조교였다.

히틀러가 연설을 시작했다. 그는 주위 사람들과 어울리게 짙은색 양복을 입고 짙은색 넥타이를 맸다. 그의 목소리는 나지막했지만, 강렬한 효과를 냈다. 그가 집회에 참석한 대학생들에게 요구하는 바는 분명했다. "다시 한번 이 민족의 최고의 조직, 이상적인 조직을 만들어 내야 한다."

그는 여느 때처럼 열변을 토했다. 선전 선동가인 그는 이날 밤 연설을 통해 그가 누구를 열등하다고 생각하고 있는지, 그리고 그의 눈에 열등하게 보이는 그 사람들과 무엇을 하려고 하는지에 대한 그의 생각을 밝혔다. 논쟁은 없었다. 거의 모든 말 뒤에는 국가, 민족, 조국에 대한 맹세가 뒤따랐다. "돌격대와 친위대원들의 마음이 언젠가 4천만 민족의 마음과 하나가 되는 날, 우리 민족에게 행운이 따를 것이다." 이 대목에서 "우레와 같은 박수"가 쏟아졌다.

몇 달 뒤인 1931년 3월 1일, 세련된 옷차림의 그 젊은이는 국가사회주의 독일노동당에 가입했고 당원 번호 474481번을 받았다.

왜 알베르트 슈페어는 국가사회주의자가 되었을까?

"나는 국가사회주의 독일노동당을 선택한 것이 아니다. 나는 히틀러 곁으로 간 것이다. 처음 만남에서 그로부터 강한 암시를 받았으며 그 이후로 더 이상 그에게서 벗어날 수가 없었다." 이런 게임에 아무런 계산도 없이 참여한 것일까?

게르하르트 코젤Gerhard Kosel은 그 당시의 슈페어에 대해 잘 기억하고 있다. 그도 역시 건축을 공부했지만, 그는 공산주의자였다. 대학교에서 슈페어는 그의 가장 강력한 경쟁 상대였다. "그의 지도 아래 전체 그룹이 조직되었다."

코젤에 따르면, 슈페어가 연사로서 등장하기도 했다. 베를린 근교의 니콜라스 호수에서 개최된 토론회 이후로 그 둘은 가까워졌다. 슈페어와 그의 젊은 아내 마그레트 그리고 코젤은 함께 반 호숫가를 새벽까지 거닐곤 했다.

베를린의 슈트라우스베르크 광장에 있는 자신의 집에서 코젤 교수가 밝히기를, "슈페어는 미래가 아돌프 히틀러의 것이라는 점을 자신의 행동의 근거로 삼았다"고 한다. 그는 이런 점을 따져 보면서 그가 계획한 방송 송신탑이 잘될 것이라고 전망했다. "그는 히틀러와 나눈 대화 내용을 밝히며, 히틀러가 집권하게 되면 건축가로서 커다란 발전을 하게 될 것이라는 야무진 꿈을 털어놓았다."

코젤이 한 말이 확실한 것일까? 슈페어는, 뉘른베르크 법정과 여러 다른 자리에서, 1934년에야 비로소 히틀러를 알게 되었다고 주장했다. 그러나 반 호수에서의 대화는 1931년에 있었던 것이다. 코젤이 말하기를, "확실하다. 내 말은 그가 건축과 예술에 대해 히틀러와 여러 번 대화를 나누었다는 그의 진술에 따른 것이다."

그러면 그의 말은 공산주의자를 설득하려던 신참 나치 당원의 허풍에 불과했을까? 어쨌든 사실은 다음과 같다. 알베르트 슈페어는 1932년 베를린 국가사회주의 독일노동당사를 지으라는 임무를 받았다. 그것은 베를린의 정부 건물이 몰려 있는 구역 한가운데에 위치한 포쓰가街에 새로 얻은 "대관구 청사"를 개축하는 일이었다. 개축이 완료되고 난 뒤에 건축주인 요제프 괴벨스는 건축가에게 "업무 수행 능력에 찬사를 보내고 진심으로 감사의 말을 전한다"는 내용을 문서로 전했다. "아주 빡빡한 개축 기간에도 불구하고 당신이 제때에 일을 마쳐 줘서, 선거 관련 일을 새로운 사무실에서 시작할 수 있게 된 데 대해 우리들은 아주 만족하고 있습니다."

주어진 임무를 확실하고 빠르게 끝냄으로써 슈페어는 명성을 얻게 되었는데, 이 명성은 슈페어의 경력을 쌓는 데 주춧돌이 되었다.

히틀러는 백일천하에 그칠 정부의 수상이 아니었다. 그래서 알베르트 슈페어는 평범하지 않은 다음 임무를 부여받았다. 그는 나치 집회에 쓰일 장식물을 만들어야 했다.

1933년 5월 1일은 새 정부에 있어 전략적으로 중요한 날이었다. 정적들의 투쟁일(공산주의자들의 메이데이 — 옮긴이)이 "민족 공동체"의 축제일로 바뀌었다. 베를린의 템펠호프 광장에서 히틀러는 "제3제국"의 첫번째 대규모 집회를 개최하려 했다. 수십만 명의 사람들이 참석하기로 되어 있었다. 그것은 타격을 입은 좌익의 사기를 다시 한번 꺾고, 갈색 테러에 맞서 저항하지 못하도록 만들려는 일종의 무력 시위였다.

알베르트 슈페어는 "총통"의 화려한 등장을 연출해야 했다. 그때까지 무명이었던 이 건축가는 라디오 방송에서 자신의 계획을 설명할 기회를 얻었다. "우리는 수천 미터 길이의 광장에서는, 총통께서 연설할 중심부를 아주 웅장하게 꾸며서 멀리 있는 사람들도 뚜렷한 효과를 느낄 수 있도록 하는 것이 필요하다고 확신하기에 이르렀다."

젊은 슈페어는, 그의 임무에서 가장 중요한 것은 "총통"이 확실하게 인식되도록 만드는 것이라는 점을 분명하게 알고 있었다. 히틀러도 슈페어의 구상에 대해 열광적인 반응을 보였다.

괴벨스는 이 젊은 건축가를 즉시 정부의 연출 감독으로, "대규모 집회시에 예술 조형물을 담당할 담당관"으로 임명했다. 그것은 출세에 이르는 첫걸음이었다. 하지만 그것이 슈페어가 꿈꾸었던 전부는 아니었다.

왜냐하면 건축 설계는 다른 사람이 맡고 있었기 때문이었다. 파울 루드비히 트로스트Paul Ludwig Troost가 히틀러의 건축가였다. 히틀러는 트로스트의 능력에 감탄하였고, 그를 "싱켈Schinkel 이후 독일에서 가장 위대한 건축가"라고 불렀으며, 뮌헨 출신 교수의 설계 사무실을 방문할 때 히틀러는 학생의 입장이 되었다. 하지만 스스로 천재라고 여기는 이 사람을 이상형으로 생각하지는 않았다.

왜냐하면 "총통" 스스로 건축가로서 인정을 받으려 했기 때문이었다. 이미 20년대에 히틀러는 자신이 미래에 이룰 제국의 웅장한 건축물에 대해 스케치를 해놓았다고 한다. 1936년 슈페어는, 히틀러가 건축을 "예술의 왕"으로 생각했다며, 『나의 투쟁』의 한 구절을 인용했다(그는 그 책을 한번도 제대로 읽은 적이 없었다고 한다). 그 외에 젊은 건축가 슈페어가 책을 읽으면서 느낀 바에 따르면, 히틀러는 "비록 오랜 시간이 걸리더라도 내가 꿈꾸었던 아름다운 미래가 현실화될 것이다. 나는 언젠가 건축가로서 이름을 날릴 것이라고 확신"하고 있었다.

하지만 히틀러는 그때 건축가가 아니라, 건축주였다. 우선 그의 관심은 "운동의 중심 도시"에 쏠렸다. 그는 기공식에서 "쾨니히스플라츠에 있는 독일 예술원과 총통 건물은 새로운 제국에서 가장 아름다운 건축물"이라고 선언했다. 그 자리에 트로스트 외에 다른 건축가, 즉 슈페어를 위한 자리는 없었다.

그러나 야심가였던 알베르트 슈페어에게 내려진 임무는 히틀러의 집회에 쓰일 무대를 만드는 것이 전부였다. 깃발, 독수리 휘장, 서치라이트, 연단 들을 만드는 것이었다. 이 모든 것을 히틀러와 아무런 접촉도 없이 해냈던 점은 특이했다. 슈페어는 1933년 9월 "승리 축하 전당 대회"를 준비하는 임무를 부여받았을 때에도 "총통"을 개인적으로 만나지 못했다고 주장하고 있다.

1933년 말, 28살의 이 건축가는 진짜 건설 현장에서 트로스트의 현장 감독으로서 일을 하게 되었다. 그곳은 수상 청사의 개축 공사 현장이었다. 거기서 처음으로 히틀러가 자신을 "주목"하게 되었다고, 슈페어는 자신의 『회고록』에서 기술하고 있다. 히틀러가 "자신이 제대로 키울 수 있다고 생각하는, 아직 백지 상태의 젊고 유능한 건축가"를 찾던 와중에 마침 그를 만났다는 것이다.

슈페어는 나중에 자신이 이 시기에 권력의 유혹에 넘어가게 되었

첫번째 임무. 베를린 국가사회주의 독일노동당의 대관구 청사를 오픈할 때 괴벨스 그리고 다른 당 간부들과 포즈를 취한 슈페어(가운데, 1932)

슈페어는 확신하고 있었다. 그는 아주 느긋하다는 인상을 주었다. 마치 무엇을 해야 할지 아주 정확하게 알고 있고, 단호하며 태연하게 모든 일에 관심을 두고 있는 사람처럼. 그는 우리들의 호감을 얻었다. 왜냐하면 그가 우리를 잘 이해해 주었기 때문이다. 그는 다른 사람들의 아픔에 대해 귀를 기울였고 상황에 맞게 반응을 보이는 사람이었다. 그는 항상 긍정적이었으며 대화에서도 긍정적인 면을 끌어내려 했다. 그리고 그는 자신이 해야 하는 모든 일을 쉬지 않고 해냈다.

만프레트 폰 포저, 슈페어의 부관

그는 아주 거만했다. 고위급 인사들 중의 몇몇은 우리와 얘기를 나누었다. 심지어 괴링조차도. 하지만 슈페어는 한번도 그런 적이 없었다.

로쿠스 미쉬, "총통" 벙커의 무전병

전쟁 막바지에 슈페어는 분명 히틀러 다음으로 가장 막강한 권력을 가진 사람이었다. 모든 전쟁 물자 생산을 지휘하는 관리자로서 그는 자신이 어떤 권력을 가지고 있는지 확실히 인식하고 있었다. 그는 자신이 맡은 이 높은 자리는 존경을 받아야 하는 자리라고 생각했다. 그는 원래 공손하고 상냥한 사람이었다. 하지만 권력 문제가 개입되면 그는 아주 가차없는 사람이 되었다.

빌리 쉘케스, 슈페어 밑에서 일한 건축가

슈페어는 아주 겸손하다는 인상을 풍기는 사람이었다. 그는 호감이 가는 사람이었다. 말하는 방식이나 내용에서 따뜻함을 느낄 수 있었다. 그는 아주 예의 바르게 행동했다. 매력도 있었고 간간이 유머러스한 말을 하기도 했다. 그는 모든 사람들이 편하게 생각했는데, 특히 여자들이 그랬다.

트라우들 융에, 히틀러의 비서

다고 주장했다. 그 당시 수많은 독일 사람들이 그런 일을 겪은 것은 아니지 않은가? 이 건축가는 자신이 의식적으로 히틀러에게 접근했으며, 일찍부터 히틀러를 통해 자기 인생의 좋은 기회를 얻을 수 있다고 생각했다는 내용의 발언을 한 적이 한번도 없었다.

슈페어는 『회고록』에 "위대한 건축을 위해서라면 나는 파우스트처럼 내 영혼을 팔 수도 있었다"라고 베를린의 건축 현장에서의 만남에 대해 적고 있다. "이제 나는 나의 메피스토를 찾았다."

이때 비로소 찾은 것일까? 이 파우스트는 오래 전부터 아름다운 빛을 받으며 자신의 메피스토가 등장할 수 있도록 모든 작업에 매진했다. 충분히 보상을 받게 되리라는 희망을 품고서.

1934년 초에 "갑자기" 파울 루드비히 트로스트가 죽었다. 우연이었을까 의도적이었을까. 그 시기에 히틀러는 건축에 관한 정열을 풀 도시를 베를린에서 뉘른베르크로 옮겼다. 이제 슈페어와 히틀러, 두 사람이 만났다. 우선 전당 대회를 치를 지역에 대한 공사가 중요했다.

이 시기에 찍은 희귀한 필름 자료 중의 하나를 보면 두 사람의 관계를 알 수 있다. 슈페어와 히틀러가 건축 현장에 들어선다. 먼저 슈페어가 공사 계획을 설명한다. 그리고 나서 히틀러가 말을 한다. 그는 안경을 쓰고, 종이 뭉치와 연필을 건네도록 한다. 무릎에 종이를 대고서 스케치를 한다. 차려 자세의 슈페어가 그를 바라본다. 이렇게 되어야 해, 슈페어. 그리고 나서 "총통"이 그에게 스케치를 건넨다.

"그저 건축가"가 되고자 했던 슈페어는 그 당시를 다음과 같이 기술하고 있다. "총통은 건축도 국가사회주의적으로 하고자 했다. 그가 운동에의 의지를 표명했듯이, 국가사회주의자로서 그는 다음과 같은 정의를 내렸다. 건축 성향은 깨끗함과 순수함을 지향하고 표현을 강하게 한다. 추구하는 건축 사상이 명료해야 하고 재료는 고급스러운 것을 쓴다. 그리고 가장 중요하게 여기고 추구해야 할 지고의 가치는 건축물에 담긴 내적 정신과 내용이 새로워야 한다는 것이다. 건축은 총통에게 있어 소일거리가 아니라, 국가사회주의 운동에 대한 고귀한 의지를 돌로써 표현하는 진지한 작업이었다."

건축물의 길이가 백 미터는 되어야 한다고 히틀러가 요구할 때만 슈페어가 이의를 제기했다고, 뮌헨의 건축가인 트로스트의 미망인 게르디 트로스트가 약간은 시기 어린 말투로 설명했다. 그가 내놓은 대안은 이렇다. 적어도 200미터는 돼야 합니다. 총통 각하!

슈페어의 첫번째 대형 "석조 건축물"이었던 제펠린 광장에 설치된 연단의 길이는 390미터였다. 이는 슈페어가 자신의 회고록에서 그 면적에 대해 자랑스럽게 밝힌 바 있듯이, 로마에 있는 카라칼라 목욕탕보다 배나 긴 길이였다. 그가 나중에 밝혔듯이, 오히려 건축 의도가 그의 작업을 더 방해했다. "필수적으로 넣어야 하는 연단의 주빈석이 공사에 방해가 되었다. 나는 그 주빈석을 가능하면 눈에 띄지 않게 계단 구조물의 중간에 설치하려고 했다." 슈페어는 실제로 "눈에 띄지 않게!"라고 적었다.

슈페어가 발간한 "뉘른베르크 전당 대회 단지"에 관한 공식 팸플릿에는 이와는 다른 설명이 들어가 있다. "총통께서 서 있는 자리는 구조상으로 특히 두드러져 보이도록 되어 있다. 총통께서는 질서정연하게 그의 앞으로 행진할 사람들 앞에 서 계실 것이다. 대중들 앞에 총통이 서 있고 총통 앞에 대중이 자리하면서 서로 마주보는 것은 이 시설물의 구조를 규정하는 원칙이다. […] 군중들이 자리한 곳을 마주보고 한참 앞쪽으로 나간 중앙에 총통의 자리가 마련되어 있다. 이렇게 구조물 배치에 따라 강제적으로 군중들을 정리하는 방식은 모든 참가자가 […] 의지의 강력한 분출을 자신의 눈으로 확인하는 효과를 나타낸다." 결론적으로 "정치적 수단으로서 국가사회주의가 만들어낸 이 행진이라는 형식을 떠올려 보지 않고서는 이런 건축 양식을 이해할 수가 없다."

슈페어의 건축은 정치 권력을 돌로 표현해 낸 것이었는데, 이 정치 권력이란 그의 연출이 없다면 아무런 효과도 내지 못하는 것이었다. 히틀러의 의식을 주관한 슈페어는 밤과 서치라이트 불빛을 선호했다. 그렇게 함으로써 그는 갖은 효과를 다 유도해 낼 수 있었다. 거기에다 횃불과 불빛, 깃발, 행진 대열과 리하르트 바그너의 음악, 히틀러가 가장 좋아하는 오페라 〈리엔치〉 서곡이 보태졌다.

빛의 돔이 클라이맥스였다. 슈페어는 나중에 "매우 아름다운 공간 창출"을 히틀러 식의 유혹이 그 절정을 이룬 결과물이라고 했는데, 이 표현에 악의가 들어간 것은 아닌 것 같다. 130대의 최신식 대공 서치라이트가 15만 명의 집회 참가자들 주위에 12미터 간격으로 배치되었다. 서치라이트 불빛은 하늘로 6킬로미터에서 8킬로미터까지 뻗어 올라갔다. 전당 대회 공식 축시에는 "이 밤에 참석한 모든 사람들은 성스러운 빛의 소나기 아래에서 독일 사람만이 알 수 있는 독일의 신화를 가슴 깊은 곳에서 느끼고 있다"고 그 당시 상황을 미사여구로 치장하고 있다.

이 건축가는 한번이라도 전체 민족을 홀린 데 대해 공동 책임을 느끼고 있다고 유감을 표명한 적이 없다. 모든 것이 산산조각 나버린 이후에 그는 히틀러 앞에서도 뻔뻔스럽게 "나의 임무는 비정치적인 것이었다"라고 주장했다고 한다.

뉘른베르크에서 벌인 슈페어의 가장 큰 프로젝트는 "독일 스타디움"이었다. 40만 명의 관중을 수용할 수 있어야 한다! 히틀러는

정치적 의지의 증거로서 수천 년이 지난 뒤에도 그 위대한 시대를 증언할 석조 건축물에 대해 이처럼 조예가 깊은 지도자는 역사에서 유일무이할 것이다.

슈페어, 1934년

마치 연인이 온 것 처럼…

베를린을 새로 구축하는 계획에 대해 논의하고 있는 슈페어와 히틀러(1937)

슈페어는 이미 1933년 전부터 히틀러와 많은 대화를 나누었다. 그는 건축이 국가사회주의적 이념을 현실화하고 더욱 발전시키는 데 큰 역할을 할 것이라고 생각했다. 나는 그가 건축을 통해서 출세할 생각을 하고 있다는 점을 알 수 있었다.

게르하르트 코젤, 건축가

슈페어가 히틀러의 총애를 한 몸에 받고 있다는 것을 나는 알고 있었다. 후에 리벤트로프와 함께 처음으로 오버잘츠베르크에 갔을 때, 나는 슈페어가 그곳에서 대단한 환영을 받는 것을 직접 목격할 수 있었다. 그는 분명 히틀러의 개인적인 친구였다. 히틀러는 마치 연인이 그를 찾아온 것처럼 기뻐했다. 그리고 나서 그 둘은 스케치를 하고 계획을 짜기 시작했다. 모형들이 만들어졌다. 사람들은 두 사람이 이 일에 있어서만은 정말로 동등하다는 느낌을 받았다. 나의 상관 리벤트로프와 다른 사람들은 갑자기 아무런 말도 할 수 없었다. 그들은 엑스트라에 불과했다. 그리고 나서 히틀러는 국정에 관한 일을 이삼일간 미루고 슈페어와 설계도의 초안을 만들기 시작했다.

라인하르트 슈피치, 리벤트로프의 부관

건축 현장에서 장차 올림픽 경기가 여기서 개최될 것이라고 선포했다. 오늘날 "세상에서 가장 큰 스타디움"의 잔해를 찾으려는 사람은 거기서 연못 하나밖에 발견하지 못할 것이다. 친위대가 종전 바로 직전에 기초 공사를 위해 파놓은 거대한 웅덩이를 물로 채워버린 것이다.

물론 슈페어는 자신의 건물들을 파괴하려고 하지 않았다. 그는 그 당시 그의 건축물이 "정치적 의지의 증거로서 수천 년이 지난 뒤에도 그 위대한 시대를 증언할 것이다"라고 예언했다. 그는 이런 목적을 달성하기 위해 특수한 조치를 취했다. 그것은 "폐허 조치"였다. 이런 식으로 하면 히틀러의 궁전들이 멸망하고 나서도 깊은 인상을 남길 수 있다는 것이다. 고대의 사원들처럼 말이다.

전쟁 전까지 기본 골격이 완성되어 있던 구조물은 제펠린 연단을 제외하고는 "대회의장"이 유일했다. 슈페어가 설계하지 않고 감독만 한 유일한 뉘른베르크의 건물이었다. 이 "제국의 건축물 중에서 첫 대형 건물"(기공식에서 히틀러가 언급한 말)도 무대 세트로만 사용되었다. 즉 매년 전당 대회에 참석한 5만 명의 대표 당원들을 대상으로 하는 히틀러의 연설 장소로만 사용되었던 것이다.

슈페어는 뉘른베르크에서처럼 조만간 제국 전역에서 자신의 건물을 보게 될 것이라는 꿈에 부풀어 있었다. "백화점과 은행, 대기업의 본부 건물이 도시의 특징이 되는 건물이 되어서는 안 된다. 총통의 건물이 도시를 대변하는 건물이 되어야 한다…."

건축주인 히틀러는 오버잘츠베르크에서도 건축가 슈페어를 자신의 주위에 두려고 했다. 1935년에 슈페어 가족은 히틀러로부터 오래된 대저택을 받았다. 그 집은 베르크호프로부터 엎어지면 코 닿을 데에 있었다. 그 바로 옆에 작업실이 지어졌다. 슈페어와 그의 아내 마그레트는 히틀러와 개인적으로 가까운 사람들이었고,

베르크호프 테라스 모임의 단골 손님이었다.

그 당시 라인하르트 슈피치는 외무장관 리벤트로프의 연락 담당관으로서 종종 히틀러의 알프스 별장에서 근무를 하곤 했다. "그는 히틀러의 총애를 한 몸에 받고 있었다"라고, 그는 슈페어에 대해 기억하였다. "그곳에서 그는 대단한 환영을 받았다. 히틀러는 마치 연인이 그를 찾아온 것처럼 기뻐했다. 그 둘은 연필을 붙잡고 서로 수정하기도 하고 지우기도 했다. 그들에게는 서로를 보는 것 자체가 즐거움이었다. 그들은 일을 할 때 호흡이 잘 맞았다. 그러나 우리 비서들에게는 곤욕이었다. 왜냐하면 서류를 든 채 이삼 일 가량을 앉아서 기다려야 했기 때문이었다. 슈페어가 있을 때는 슈페어가 모든 시간을 잡아먹어서 다른 일은 아무것도 진행되지가 않았다"고 한다.

"아돌프 히틀러의 생에 있어 가장 아름다웠던 순간은 분명 슈페어와 함께한 시간들이었다"라고 슈피치는 말하고 있다.

심리학자 알렉산더 미처리히Alexander Mitscherlich는 히틀러와 슈페어의 관계에 대해 "동성애적 성향이 강하게 드러난다"고 분석했다. "이런 친밀한 관계에서 슈페어는 분명 여성의 역할을 맡았을 것이다. 그는 히틀러가 영감을 얻은 것을 받아들였고, 그 영감은 그에게서 결실을 맺었다. 히틀러는 그에게 […] 세계를 바쳤다. 일반적으로 이런 태도는 남자가 여자에게 하는 것이다."

1936년 여름 어느 날, 히틀러는 슈페어에게 정말로 세계를 갖다 바쳤다. "지금까지 있었던 것 중에서 가장 대규모 공사에 대한 임무"를 부여받은 것이다. 그가 말한 것처럼, 이 공사는 고대 이집트의 바빌론을 세우는 것과 비교할 수 있었다. 슈페어는 세계의 중심 도시, 게르마니아를 건설해야 했다. 1937년 초 히틀러는 그를 "새로운 제국 수도 건설 총감독관"으로 임명하고 그에게 "교수"라는 칭호를 주었다.

　베를린의 새 수상 청사는 알베르트 슈페어가 완성한 설계도에 따라 만든 유일한 대형 건물이었다. 많은 사진과 별 특색 없는 필름 자료 외에 그 설계도에 관한 자료는 남아 있는 것이 없다.

　이 건축물의 양식이나 여기에 영향을 끼친 것들이 무엇인지 미루어 짐작해 볼 수 있는 유일한 자료는 컬러 사진들이었다. 이 건물에서 그런대로 봐줄 만한 곳(모자이크 홀과 원형 홀)에는 고대와 이탈리아 르네상스 시대 예술 작품의 모조품들이 전시되었다. 이는 화려해서 깊은 인상을 주기도 했지만 뭔가 썰렁해 보였다. 가장 끔찍한 곳(건물의 앞면과 기념관)에는 "북방"의 화강암으로 만든 삭막하기 그지없는 단조로운 장식품들로 가득 찼다. 창문 앞쪽에 조잡한 기둥과 조각들이 배치되었는데, 쓸데없이 건물 전면을 차지하고 있는 것들이었다.

　히틀러에게 있어 건축물은 자신의 정치 프로그램의 일부분이었다. "1937년 12월과 1938년 1월 사이에 나는 오스트리아 문제를 해결하고 이로써 대독일 제국을 건설하기로 결심했다. 이와 연관된 순수한 업무 차원의 문제를 해결하기 위해서 뿐만 아니라, 상징성을 부여하기 위해서는 낡은 옛 수상 청사로는 무리다."

　히틀러는 서둘렀다. 그는 1939년 1월 중순 신년 하례식에 참석할 대사들에게 웅장한 이 건축물을 보여줌으로써 강한 인상을 주려고 했다. 슈페어에게 공식적인 건축 명령이 내려진 것은 1938년 1월 11일이었다. 그러니까 그에게 남은 시간은 정확하게 일 년이었다.

　슈페어에게 이 임무는 출세의 시금석이 되는 일이었다. 이제 그는 대형 건물을 지을 능력이 있다는 것을 증명해야 했다. 돈은 전혀 문제가 되지 않았다. 행정적, 법적인 장애물(건축 허가! 거부권!)

도 없었다. 두 달 안에 포쓰가街의 모든 집들이 비워지고 철거되었다.

제국 수도의 건설 총감독인 슈페어와 아주 가까운 직원이었던 빌리 쉘케스는 다음과 같이 기억하고 있다. "그는 대단한 조직가였다. 그래서 그는 한 회사에만 골격 공사 임무를 준 것이 아니라 셋에서 네다섯 회사에 임무를 주었다. 그럼으로써 다른 위치에서 동시에 작업을 시작할 수 있기 때문이었다. 이렇게 했기 때문에 그처럼 짧은 기간 안에 대규모 공사가 완료될 수 있었던 것이다."

건축 마무리 단계에는 각 분야의 노동자 8천 명 이상이 동시에 투입되었다. 도처에서 공사가 진행되는 사이에 청소 작업반은 쉬지 않고 건물을 단장했다. 슈페어는 공사 기간을 절대적으로 지키려 했다. 그리고 그렇게 일을 성공적으로 끝낸 사람으로서 자신의 "총통"과 마주하고 싶어했다.

최종 시한 이틀 전에 히틀러는 완공된 건물에 들어갈 수 있었다. 이 장면을 찍은 필름을 보면 자부심에 어깨에 잔뜩 힘이 들어간 모습의 슈페어가 히틀러 옆에 서 있다. 모든 것이 정말 다 완성되었고, 히틀러는 건축가에게 찬사의 말을 건넸다. "보는 바와 같이 이 작업이 완성된 것은 전적으로 이 건축가의 천재성, 예술적인 소양 그리고 대단한 조직 능력 덕택입니다. [...] 천재적인 건축가이자 창조자인 알베르트 슈페어에게 찬사를 보냅니다."

그러나 히틀러는 이 건물을 단 몇 년간만 쓸 의도를 가지고 있었다. 그가 대충 쓴 글에는, 1950년부터 이 건물은 "다른 목적을 위해" 사용될 것이라고 적혀 있다. 여기는 자신의 대리인 루돌프 헤쓰가 거주하게 되고, "총통" 자신은 브란덴부르크 문 바로 옆에 건설될 제국의 새로운 중심지로 다시 한번 이사를 하려 했던 것이다. 오늘날 "베를린 공화국"의 연방 수상 집무실과 정부 건물이 건설

되고 있는 바로 그곳을 세계 수도 게르마니아의 중심지로 상정한 것이다.

그 당시의 계획은 "총통의 머리"에서 나온 것이었다고 하는데, 슈페어는 의도적으로 이 모든 계획안을 도면으로 남겨 놓았다.

새로운 "총통궁"은 옛 제국 의회 의사당(히틀러는 이곳을 박물관으로 만들 생각이었다) 바로 맞은편인 "대광장"에 세워질 예정이었다. "군 통수권자"의 궁전들과 세계에서 가장 큰 건축물, 즉 18만 명을 수용할 수 있는 300미터 높이의 둥근 지붕을 가진 "대강당"이 그 주위를 둘러싸게 되고, 하켄크로이츠를 움켜잡고 있는 독수리가 건물 맨 위에 얹혀질 예정이었다. 1939년 히틀러는 건축가에게 지구 모형을 나치의 상징물로 대치하라는 명령을 내렸다.

히틀러는 이런 식으로 일 년에 한번씩 자신에게 복종하는 민족들의 대표단이 이 건물을 보고 놀라도록 만들 계획이었다. 게르마니아란 광기 어린 생각이 완성되는 해를 그는 1950년으로 잡았다.

파리가街에 위치한 "건설 총감독"의 사무실에서는 특히 대광장 모형을 만들기 위해 밤낮 없이 작업이 진행되었다. 빌리 셸케스의 기억에 따르면, 늦은 밤에 예고도 없이 히틀러가 수상 청사에서 사무실까지 걸어와서는 모든 진행 상황을 지켜보곤 했다고 한다. 그는 "마음에 든다"라는 말을 계속 되풀이했다고 한다.

1938년 6월 14일 게르마니아의 군주는 공사 시작을 알렸다. "나는 관광청 신축을 위한 주춧돌을 놓음과 동시에 대베를린 개조 공사의 시작을 지시하는 바이다." 이 건물은 폭이 120미터이고 길이가 7킬로미터에 달하는 세계 수도의 "화려한 중심가," 즉 "남북 축선" 상에 놓일 첫 건물이었다.

그러나 이 공사는 수상 청사를 건설할 때처럼 빠르게 진행되지는 않았다. 왜냐하면 "건설 총감독" 슈페어는 우선 "총통"의 건물

적어도 2백 미터는 돼야 합니다. 총통 각하…

"전당 대회 단지" 건설 현장에서 대화를 나누고 있는 슈페어와 히틀러(1936)

원래 나는 히틀러의 "궁정" 시절부터 그의 일원이 되어 있었다. 그러나 모든 일이 갑자기 어떤 식으로 변하게 될 지는 아무도 모르는 일이었다. 특히 내가 임명되는 그 순간부터 우리 관계에 변화가 일어났다. 내가 그의 건축가로 일했던 그 기간에 우리들의 관계는 정말로 가까웠는데 그와의 관계가 가까울 만큼 가까웠다고 말할 수 있을 것이다 1942년 2월 8일 아침 이후부터 그는 나와 거리를 두면서 차갑게 대했다. 자유롭고 부담없던 관계가 완전히 없어진 것이었다.

토트 조직 책임자와 무장 및 탄약 장관으로 자신이 임명된 것에 대한
슈페어의 진술, 1979년

그는 기뻐서 어쩔 줄 몰라했다. 그는 승리했다. 세계가 그의 것이 된 것이다.

안네마리 켐프, 슈페어의 비서,
토트 조직 책임자로 임명되었을 때 슈페어의 모습에 대한 진술

7월 20일 암살 시도가 있은 뒤에 슈페어는 총통과 대화를 나누었다. 그는 당원들이 아닌 자신의 직원들이 7월 20일 사건에 관련되었다는 의심을 받고 있었기 때문에, 공격을 받고 있는 자신의 부처를 옹호하려고 했다. 슈페어는 "우리는 당과 상관없는 전문가들입니다. 우리는 독일 민족을 위해 우리가 할 수 있는 최선을 다할 뿐입니다. 우리는 7월 20일 일과는 전혀 상관이 없습니다."

만프레트 폰 포저, 슈페어의 부관

들을 위한 공간을 많이 확보해야 했기 때문이었다. 5만 2천 채의 집들, 즉 베를린 전체 주택의 약 4퍼센트 가까이가 헐려야 했던 것이다!

슈페어는 "철거 대상 주택에 입주한 사람들"에게 대체 주택을 제공할 수가 있었다. 1939년 초부터 건설 총감독국에 2만 3천여 채에 달하는 이른바 "유태인 주택"이 등록되었다. 이 업무는 건설 총감독국 부감독관 클라에스Clahes(그의 이름은 슈페어의 『회고록』에 한번도 언급되지 않았다!)가 이끌고 있던 II/4과가 담당하고 있었다. 1938년 11월 26일, 그러니까 11월의 "유리의 밤" 학살 사건이 있고 난 2주 뒤에 슈페어에게 보낸 괴링의 편지가 그 "법적 토대"가 되었다. "아리안인 소유의 집, 가게 그리고 창고에서 유태인을 축출하는 것에 대한 […] 이 규정"에는 "건설 총감독에게 선매권과 새로운 임대 및 건물을 새로 단장하는 일을 결정할 권리가 있다"는 의미가 내포되어 있었다.

"유태인 세입자가 집을 비웠고 향후 비우게 될 것이라는" 내용은 특별한 신고 양식에 따라 건설 총감독국에 신고해야 했다. "비워진" 집 주소는 "건설 총감독국의 산하 기관"인 "철거 지역 세입자들을 위한 주택 알선과"에 고시되었다. 슈페어는 임대인들에게 "나의 허락없이 유태인에게 집을 임대하는 자들은 벌을 받을 것이다"라고 말하며 위협했는데, 후에 그는 이 모든 사실을 알지 못했다고 주장했다.

이미 1938년 9월 14일에 건설 총감독국 간부들의 내부 회의 회의록에 다음과 같이 기록되어 있었다. "[…]슈페어 박사는 필요한 큰 건물들은 유태인 세입자들을 강제로 쫓아내서 마련하자고 제안했다."

그러나 건설 총감독국의 이런 생각은 전쟁이 일어난 뒤에야 역점 사업으로 실행되었다. 그때 슈페어는 오버잘츠베르크에서 부감독관 클라에스에게 사적인 텔렉스를 쳐서(1940년 11월 27일자) "유태인 주택 천 채를 철거하라"고 지시하기도 했다.

베를린의 주립 문서 보관소에 보관되어 있는 건설 총감독국의 일지 1941년 8월 26일자에는 다음과 같이 기록되어 있다. "슈페어의 지시에 따라 약 5천여 채의 유태인 주택을 비우기 위한 조치가 시작되었다. 지금의 조직 규모는 그에 따라 더 커졌다. 이로써 전황에 따라 여러 어려움이 있었음에도 불구하고 유태인 주택에 대한 작업을 빨리 진행하고, 급히 공간을 확보해야 하는 지역의 철거 지역 세입자들을 몰아낼 수 있었다."

게슈타포가 집들을 샅샅이 수색했는데, 독일적인 철저함으로 무장하고 이들을 따라다녔던 건설 총감독국의 공무원들이 기록을 담당했다. 빈 집들의 목록이 작성되고, 모든 유태인 세입자들의 이름과 주소가 "다음에 이 건물을 임차할 아리안인"의 그것과 함께 기록되었다. 물론 단순히 "민족 공동체"의 일원이라는 이유만으로 새로운 집을 얻을 수는 없었다. 이 문서들을 연구하면서 밝혀진 사실은, 건설 총감독국에 의해 "유태인 주택"을 불하받는 행운을 잡을 수 있었던 사람들은 친위대원들, 정부 부처와 슈페어의 건설 총감독국 직원들과 공을 세운 "당원들"이었다는 것이다.

1941년 10월 27일 게슈타포는 뵈초우가街 53번지에도 모습을 나타냈다. 식구가 네 명이었던 유태인 크리쉬 가족은 큰 방 세 개와 작은 방 하나가 딸린 집에 살고 있었다. 부모는 지멘스에서 납땜일을 하고 있었고, 두 아들은 석탄 가게에서 짐꾼으로 일하고 있었다. 베르너 크리쉬Werner Krisch는 이날 밤에 벌어졌던 일들을 잊을 수가 없다. "우리는 무슨 일이 벌어질 거라고 주위에서 수군거리는 소리를 들었다. 하지만 그날 벌어진 일은 우리가 전혀 예상하지 못한 것이어서 깜짝 놀랐다."

두 형제는 그날 밤 손님을 맞고 있었다. 10시에서 10시 반경에 그들은 손님이었던 두 아가씨를 집까지 배웅하려 했다. 계단에서 그들은 두 남자와 마주쳤다. "그들이 우리를 멈춰 세우고는 우리가 누구인지 물어봤다. 그리고 나서 아가씨들과 작별을 하고 집으로 올라가라는 말을 들었다. 그리고 그들은 필수품만 챙겨서 가방에 담으라고 했다. 다른 것들은 그대로 놔두어야 했다. 이런 식으로 우리는 집에서 쫓겨났다."

그날 밤 크리쉬 가족은 열쇠를 건네 주어야 했다. 돈, 장신구, 베르너 크리쉬의 사진 장비 등 모든 것이 몰수되었다. 레베초우가街에 있는 유태인 교회당이 "집에서 쫓겨난 사람들"의 집결 장소로 이용되었다. 거기서 게슈타포들이 가방을 샅샅이 뒤졌다. "그들이 갖고 싶은 것들을 모두 꺼내 가졌다"고 베르너 크리쉬는 기억하고 있다.

그들은 화물차에 실려서 그루네발트 역으로 이송되었다. 그들 가족은 기차 편으로 "리츠만슈타트"(폴란드 도시 로지의 독일명) 게토까지 이동했다. 베르너 크리쉬는 아내와 자식들을 다시는 보지 못했다. 그 자신은 아우슈비츠, 작센하우젠 그리고 마지막으로 부헨발트로 향하는 죽음의 행진에서 살아남았다.

슈페어는 이 시기에 대해 다음과 같이 적었다. "[…]나는 내 주위의 사람들로부터 유태인, 프리메이슨, 사회민주주의자들과 여호와의 증인들이 함부로 취급당하고 있다는 얘기를 들을 때마다, 나와는 상관 없는 일이라고 생각하곤 했다. 내가 직접 관여하지 않으면 그걸로 족하다고 생각했다."

베르너 크리쉬와 그 가족을 집에서 쫓아내고 사지로 내몬 사람들은 바로 슈페어의 "주위 사람들"이었다. 뵈초우가 53번지에 있는 계단식 집에 슈페어가 모습을 드러내지 않았던 것도 분명하다.

건설 총감독관 알베르트 슈페어의 일지에는 1941년 11월 초의 상황이 다음과 같이 적혀 있다. "10월 18일부터 11월 2일까지의 기간에 베를린에서 약 4,500명의 유태인이 소개되었다. 이를 통해 주택 천 채가 더 비워졌고 건설 총감독에 의해 처리되었다."

"유태인을 소개시킬 때 관여한 적이 있으십니까?"라고 뉘른베르크 법정에서 잭슨 검사가 슈페어에게 물었다.

"없습니다"라고 슈페어가 답했다.

프랑스와의 휴전 협정이 체결된 사흘 뒤인 1940년 6월 28일에 히틀러는 슈페어와 조각가 아르노 브레커Arno Breker("나의 교수님")와 함께 파리에 있는 르 부르제 공항에 도착했다. 히틀러는 프랑스와의 전쟁에서 승리한 승자로서 점령한 적대국의 수도를 구경하려 했다. 히틀러는 이로써 일생의 꿈이 성취되었다고 말했다.

그가 이 행운을 같이 나누려 했던 사람은 그의 사령관들이 아니라 예술가들이었다. 히틀러가 희생자들을 방문하고, 에펠탑과 성심 성당에 잠깐 들리고 앵발리드 성당에서 나폴레옹에게 경의를 표했을 때, 그를 호위한 것은 슈페어와 조각가 아르노 브레커였다. 파리에는 아침 5시 반부터 9시까지 세 시간 반을 머물렀다.

개선문 근처에서 매우 빠르게 운행되던 차 속도가 조금 늦춰졌다. 개선문이 그들 눈앞에 보인 것이다. 하지만 히틀러와 슈페어는 베를린에 세울 것과 비교하면 그 건축물이 장난감 같다고 생각했다. 베를린의 개선문 — 이제 개선문에 대한 작업에 착수하였다. 히틀러는 개선문에 대한 스케치를 이미 1925년에 그렸고, 10년 뒤에 슈페어가 도면으로 그려 히틀러에게 선사했다. 그 도면에 따라 히틀러의 50살 생일(1939년 4월 20일)을 축하하기 위한 건설 총감독의 선물이 만들어졌다. 그 선물은 넉 달 뒤에 발발하게 될 전쟁의 승리를 축하하기 위해 만들어진 4미터 높이의 건축물이었다.

히틀러는 원래 파리를 파괴할 생각이었다. 그러나 슈페어가 건설할 새로운 베를린과 비교해 보잘것없고 초라하게 보이도록 하기 위해서 이제 점령된 이 도시는 그대로 남겨져 있어야 했다. 파리에서 건축주 히틀러가 명령을 내렸다. "베를린은 짧은 시간 안에 […] 우리의 크나큰 승리를 표현해 내는 도시가 되어야 할 것이다. 이제 제국의 가장 중요한 건축 임무를 완수하는 것이 우리의 승리를 확고히 하는 데 중요한 기여를 할 것이라고 나는 생각한다." 히틀러의 지시는 다음과 같았다. 건설 총감독에게 "필요한 모든 지원을 아끼지 않을 것"이라는 것이었다.

이후에 모든 일이 마음먹은 대로 되지 않았지만 슈페어는 자신의 임무를 수행하기 시작했다. 1941년의 "일지"에는 그가 어떻게 임무를 수행했는지에 대한 내용이 적혀 있는데, 이는 매우 드문 케이스였다. "3월 1일 토요일에 총통께서 파리 광장에 있는 모형 홀을 방문했다. 슈페어 씨는 쉘케스가 보고 있는 가운데 대강당과 큰 신작로에 건설될 건축물의 새 모델을 보여 주며 상세한 설명을 덧붙였다."

보스가 아를베르크의 취어스로 스키 여행을 떠난 사이에 노르웨이와 스웨덴에 있는 그의 직원들은 약 2천만 세제곱미터의 화강암을 주문했다. 전쟁 중에 말이다! 4월에 "제국 원수" 괴링이 방문했다. "그는 제국 원수의 집무실이 들어갈 건물 모형에 대해 대단히 만족해했다. 세상에서 가장 큰 계단식 집이 완성되면 브레커가 건설 총감독의 기념비를 만들어야 할 것이라고 그가 말했다."

이 대화에 대해 슈페어의 "일지"에는 다음과 같이 기록되어 있다. "제국 원수는 따뜻한 작별 인사를 건네며, 위대한 지도자와 이처럼 위대한 건축가를 동시대에 보유하고 있는 독일은 얼마나 행복한 나라인가라고 말했다. 어느 시대에나 능력이 뛰어난 위대한 건축가는 있었지만 유감스럽게도 아량이 넓고 정력적인 건축주가 없어서 뛰어난 건물이 세워지지 않았다고 슈페어 씨가 말했음에도 불구하고 제국 원수는 자신의 생각을 바꾸지 않았다."

5월 12일, 오버잘츠베르크에서 슈페어는 장차 큰 신작로에서 거행될 퍼레이드에 관해 "총통"과 의견을 교환했다. 진입 도로가 매우 좁았다. "슈페어 씨는 퍼레이드를 북쪽에서 남쪽으로 진행시키자는 제안을 했다. 이 제안에 대해 총통은 동감을 표했다. 단 출정할 군대의 행진은 건축물 T를 통과해서 남쪽에서 북쪽 방향으로 진행되어야 했다."

러시아 침공 두 달 뒤인 8월에 "슈페어 씨는 남부 역과 건축물 T 사이에 중형 대포 약 30문을 배치하고 역에는 가장 큰 대포를 배치하려 했다고 밝혔다. 그는 신작로의 중요 거점에도 이런 대포들을 배치하고, 중요한 공공 건물들에는 대형 탱크들을 배치하려 했다."

"건축물 T"는 개선문을 다른 것으로 보이게 하기 위한 위장 명칭이었다. 개선문을 짓기 위해 이미 5백 개의 소규모 주말 농장이 정리되었다. 이는 베를린 사람들의 마음에 전혀 들지 않는 조치였다. 전쟁의 여파에 계속 시달려야만 했던 베를린 사람들에게 건설 총감독국의 이 쓸데없는 건물들은 전혀 인기가 없었다. 9월 4일 슈페어의 "일지"에는 다음과 같이 적혀 있다. "슈페어 씨는 수석 건축 감독관 슈테판에게 제국 수도 계획을 다룰 영화의 원고를 작성하라고 지시했다. 그는 이때 예술적인 측면이나 일반적인 사회적 측면에서 이 새로운 계획이 얼마나 중요하고, 또 공공 대중에게 어떤 장점이 있는 지를 증명하는 데 중점을 두어야 한다고 했다."

12월, 슈페어는 러시아 전쟁 포로 배분을 담당하던 괴링이 "제국 수도를 새로 건설하는 일에 러시아 포로를 투입하는 일"은 고

마음에 든다…
"세계의 수도 게르마니아" "대강당"에 위치한 "총통의 궁전"
(슈페어 설계도의 컴퓨터 시뮬레이션 결과)

슈페어는 강직하고, 외모가 뛰어난 신사였다. 또한 그는 권력자들과 항상 좋은 관계를 유지했던 사람이었다. 그는 아첨꾼은 아니었지만, 같은 소질을 가지고 관심 분야가 같았기 때문에 히틀러와의 관계는 무척 좋았다. 젊은 건축가로서 원대한 계획을 가지고 있었다고 그를 비난할 수는 없다. 그리고 이제 막강한 히틀러의 호응을 받아 자신의 계획을 마음껏 펼칠 기회를 얻게 되었다. 돈은 전혀 문제가 안 되었다.

리하르트 슈피치, 리벤트로프의 부관

슈페어와 함께 베를린 개축 모형들을 구경했다. 정말 대단했다. 그 웅장함이란 어디에도 비길 데가 없었다. 총통께서는 이렇게 기념비적인 석조 건축물을 마련하셨다. 그 외에도 나는 특히 베를린의 공공 주택 건설에 관심이 있었다. 슈페어는 그 작업도 할 것이다. 둥근 지붕이 있는 대형 강당 모형의 웅장함이란 이루 말로 표현하기 힘들었다.

괴벨스(일기), 1941년

1950년에 완성되어야 한다…
남북 축선 상에 있는 "대강당"에서 개선문 쪽을 바라본 모습 (슈페어 설계도의 컴퓨터 시뮬레이션 결과)

물론 나는 그가 세계의 주인이 되려고 했다는 점을 확실히 알고 있었다. 오늘날 많은 사람들이 이해하지 못하는 점은 그것이 그 당시 나의 가장 큰 바람이었다는 점이다. 내 건축물들이 의미를 가질 수 있는 이유도 바로 그 점 때문이었다. 만약 히틀러가 독일에만 안주했다면 나의 건물들은 이상하게 보였을 것이다. 이 위대한 사람이 지구를 지배하게 되기를 나는 손꼽아 기다리고 있었다.

슈페어, 1979년

히틀러와 슈페어의 관계는 다른 부하들과의 관계와는 다른 것이었다. 히틀러가 그에 대해 한 말에서 느낄 수 있듯이, 슈페어는 특별한 위치에 있었다. 그것은 단순한 직무상의 관계 이상이었으며, 그들이 느끼는 감정은 일종의 우정이라든지 정신적인 동지감 같은 것이었다. 히틀러는 슈페어가 가진 건축에의 열정을 특히 높이 평가했고, 그의 열정을 같이 나누었다. 공사장에 서 있는 두 사람은 무척이나 가까웠다. 슈페어는 예술적인 요구를 할 수 있는 유일한 사람이었는데, 히틀러는 자신을 예술가라고 생각하고 있었다. 히틀러는 언제나 이 일에 대해 제대로 된 얘기를 나눌 수 있는 사람은 슈페어가 유일하다고 말했다.

트라우들 융에, 히틀러의 비서

려하고 있지 않다고 말한 데 대해 화를 냈다. "슈페어 씨는 이 문제를 총통과의 협의시에 새로이 언급하고 3만 명의 소련군 전쟁 포로를 베를린 지역에 투입하는 데 대해 동의를 얻어냈다."

슈페어가, 히틀러와 그의 지도부가 승리를 날려 버릴 수도 있다고 두려워했기 때문에, 비판을 많이 가했던 그해는 이렇게 끝났다. 물론 건축가 슈페어가 그 당시에 군수장관이 될 수 있었다고 말할 수도 있을 것이다. 그러나 그 자리에 있었던 사람은 "무장 및 탄약장관" 프리츠 토트Fritz Todt 박사였다. 그는 국가사회주의 초창기 멤버였고 히틀러의 헌신적인 추종자였다. 그의 "토트 조직"은 고속도로와 서부 방벽을 건설했다.

그러나 토트는 러시아와 미국을 상대로 한 두 개의 전선을 유지하는 전쟁을 국가적 파국으로 여기고 있었다. 그는 한정된 자원을 가진 제국이 시간과의 싸움에서 질 수도 있다는 사실을 정확히 알고 있었다. 그는 여러 번 히틀러에게 전세가 독일에 불리하게 전개되기 전에 평화 협상을 체결하라고 재촉했다. 그러나 소 귀에 경 읽기였다.

1942년 2월 7일에도 토트는 "총통" 사령부 "늑대 성채"에서 히틀러에게 상황의 심각성을 다시 한번 납득시키려 했다. 작별할 때 그는 자신의 모든 노력이 헛된 것이었음을 알게 되었다. 다음날 아침 토트는 베를린으로 향하는 비행기에 몸을 실었다. 이륙과 동시에 비행기가 추락했다. 원인은 규명되지 않았다. 절망한 토트가 공중에서 자폭했을 가능성이 다분히 있었다. 며칠 뒤에 히틀러는 알베르트 슈페어를 "토트 박사가 가진 모든 관직을 승계하는 후계자"로 임명하였다.

"우리의 임무는 궁극적으로 독일의 승리를 위한 것이다. 나는 총통에게 나의 모든 역량을 이 목적을 위해 쏟아 붓겠다고 다짐했

세계에서 가장 큰 건물…
십팔만 명을 수용할 수 있도록 설계된 300미터 높이의 "대강당"(슈페어 설계도의 컴퓨터 시뮬레이션 결과)

1938년 이후 우리 유태인들은 습득한 직업 기술을 더 이상 써먹을 수 없게 되었다. 다만 건축 공사장이나 다른 곳에서 일할 수는 있었다. 두 손으로 노동을 함으로써 우리는 목숨을 부지할 수 있었다. 노동력을 필요로 하는 데는 많다고 우리는 생각했다. 상황이 그리 나쁜 것은 아니었다. 1941년 집에서 쫓겨난 일은 정말 급작스러운 것이었다. 그것도 사전 경고도 없이. 저항해 봤자 소용없는 일이었다.

베르너 크리쉬, 베를린 거주 유태인

베를린 거주 유태인들의 운명을 생각하면 좌절감과 보잘것없는 존재라는 자괴감이 물밀 듯 밀려온다. 나는 매일 니콜라스 호수 역에 위치한 건축 사무실로 향하면서 플랫폼에 서 있는 수많은 사람들을 본 적이 있다. 나는 그것이 베를린 거주 유태인들을 소개시키는 것임을 알고 있었다. 그 곁을 지나가는 순간에 나는 확실히 부담감 같은 것을 느끼고 있었는데, 아마도 참담한 일이 벌어질 것이라는 점을 인식하고 있었던 것 같다. 그러나 나는 이 정권의 원칙을 맹목적으로 따르고 있었는데, 내가 왜 그랬는지 지금도 이해가 안 된다. "총통이 명령하면, 우리는 따른다!"든지 "총통께서는 항상 옳으시다"라는 구호는 최면 효과를 가지고 있었다. 하물며 히틀러의 최측근인 우리들에 대해서는 말할 것도 없다. 우리도 모르는 사이에 양심을 마비시켜서, 우리가 일에 완전히 빠지도록 만드는 것 같았다.

슈페어, 1981년

다…." 막 37살이 된 슈페어는 이런 당찬 연설과 함께 업무를 시작했다. 그의 몇몇 진술에 따르면, 이 직분을 수행하기 위해서는 두 가지 능력만 가지고 있으면 되었다. 그중 하나는 자신의 역량을 조직하는 것이고 또 하나는 히틀러에 대해 무조건 충성하는 것이었다.

슈페어는 취임 인사차 히틀러를 방문한 자리에서 군수 물자 준비를 완벽하게 해내겠다고 약속했으며, "산업 문제에 대해 책임을 지겠다"라고 말했다. 그리고 대포, 탱크, 비행기, U보트의 생산량에 대해 자세하게 언급하기도 했다.

그러나 후에 슈페어는 "유태인을 강제로 끌고 가서 박해하고 학살한 사실에 대해 무엇을 알고 있었는가"라는 질문에는 침묵으로 일관했다. 그가 스스로에게 한 답변은 이렇다. "내가 알고 있었는지 아니면 모르고 있었는지, 그리고 많이 알고 있었는지 혹은 거의 모르고 있었는지 여부는 별로 중요한 문제가 아니다. 내가 그 끔찍한 일에 관해 알고 있어야 하는 자리에 있지 않았기 때문이다." 이 답변은 정직하게는 들리지만 뭔가를 교묘하게 숨기고 있다는 느낌을 준다. 슈페어가 내린 결론은 이렇다. "나는 더 이상 답을 줄 위치에 있지 않다." 그러나 슈페어가 단 한번도 자신에게 던지지 않았던 질문이 있다. 이 모든 범죄에 그가 얼마나 관여했는가라는 질문 말이다.

1943년 3월 30일, 슈페어는 오스트리아의 린츠에서 그리 멀지 않은 곳에 있던 악명 높은 마우트하우젠 강제 수용소를 방문했다. 이곳은 시몬 비젠탈Simon Wiesenthal(빈 소재 유태인 문서 자료 센터의 설립자·책임자. 비젠탈은 오랫동안 나치 사냥꾼으로서 이스라엘·독일 및 다른 여러 정부들과 협력하여, 아돌프 아이히만을 포함한 약 1,000명의 나치 전범들을 추적했다 — 옮긴이)이 석방된 곳이다. 왜 여기에 슈페어가 왔을까? 죄수들은 중노동에 시달렸으며 특히 채석장에서는 많은 사람들이 죽어 나갔다. 바위를 깎아 만든 긴 "죽음의 계단"이 채석장으로 연결되어 있었다. 채석장은 "독일채석회사" 소유였고, 이 "회사"의 소유자는 친위대였다.

권터 바커나겔은 이 회사 "직원"이었다. 공산주의자였던 그는 1937년에 체포되어 베를린 북쪽에 위치한 작센하우젠 강제 수용소로 연행되었다. 수용소 바로 옆에 1939년부터 "독일채석회사" 용 부지가 조성되었다. 그리고 그 부지 위에 "총통의 건축물 공사"를 지원하기 위한 "벽돌 공장"과 "석재 공장"이 세워졌다. 친위대는 베를린으로 물자를 수송하기 위해 항만 시설을 만들었다.

친위대와 "건설 총감독국" 간에 체결된 인도 계약과 거래 내역이 그대로 남아 있어서 베를린의 주립 문서 보관소에서 열람할 수가 있다. 1941년 말, 수용소 내에 "슈페어 특수 작업반"이 만들어졌다. "공사와 관계된 모든 죄수들, 특히 석공들은 이 조직 소속으로 분류되었다. 그래서 죄수들은 석공이 되고자 자원했다"라고 바커나겔은 밝히고 있다.

작센하우젠에 수용되었던 만 명의 죄수들이 이런 방법으로라도 비참한 상황에서 벗어나기를 바랐다. 그들은 오버팔츠에 있는 친위대 회사의 지사 중 하나인 플로센뷔르크 강제 수용소로 옮겨졌다. 하지만 슈페어의 뉘른베르크 건축물에 쓰일 석재 가공에 투입된 시간은 아주 짧았다. 그리고 나서 바로 그들은 슈페어의 지하 공장과 히틀러의 지휘 본부 용으로 쓰일 터널 공사에 동원되었다. 그들이 거기서 한 일은 터널을 만들기 위해 유럽을 관통하는 산맥을 폭파하는 것이었다. "다섯 달 동안 한번도 목욕을 할 수가 없었다"고 죄수 번호 1245번인 바커나겔은 회상하고 있다. "옷을 갈아입는 것은 생각할 수도 없는 일이었다. 사람이 이를 잡은 것이 아니라, 이가 사람을 잡는 꼴이었다. 수용소에는 티푸스와 발진티푸스 같은 전염병이 돌았다." 처음에 "자원"했던 만 명 중에 단 200명만 "슈페어 특수 작업반"에서 살아남았다.

그러니까 슈페어는 마우트하우젠의 동업자를 방문했다. 그곳을 방문해서 본 것으로 인해 그는 1943년에 "친애하는 당원 동지 히믈러"에게 편지를 쓰게 되었다. "전선에 필요한 물자를 제공할 군수 공장을 증축하는 데 부족한 것은 철과 나무만이 아닙니다. 노동력도 부족합니다. 내가 마우트하우젠 강제 수용소를 방문하면서 느낀 것은 지금 상황에서 볼 때 친위대가 너무 관대하게 일을 처리하고 있다는 것입니다."

슈페어는 친위대에 "강제 수용소에서 가용한 노동력을 전체 군수 물자 준비 차원에서 더욱 효율적으로 투입할 것"을 요구했다. 예를 들어 군수 물자 관련 건물을 짓는데(바커나겔이 여기에 대해 언급했다. "예를 들 수 있는 것이 강제 수용소 '도라-미텔바우' 였다") 노동력을 투입하라는 것이었다. 그래서 슈페어는 다음과 같은 결론에 도달했다. "그렇기 때문에 강제 수용소를 확장함에 있어서 새로운 계획은 '당장 필요한' 군수 물자 수요를 충당하기 위해 최소한의 것을 투입해서 최대한 성과를 거둘 수 있는 가장 효과적인 방법에 주안점을 두어야 할 것입니다. 즉 모든 건물을 즉각 단순하게 짓는 방식으로 바꾸어야 합니다." 이런 생각에 따라 슈페어는 "그의 부하 직원 중 한 명에게 […] 모든 강제 수용소를 점검하라"는 지시를 내렸다.

슈페어의 편지는 친위대의 반발을 불러일으켰다. 강제 수용소 죄수들의 노동력 배분을 담당하던 상급 지휘관 오스발트 폴은 친위대 본부에 비밀 편지를 적어 보냈다. 이 편지는 "정말 뻔뻔스럽다"고 화를 냈다. 그는, 슈페어가 "강제 수용소에서의 모든 건설 계획이 규정대로 우리에게 접수되었고," 그 자신이 1943년 2월 2일자로 허가를 내주었던 사실에 대해서는 침묵하고 있다고 비난했다.

슈페어는 모든 강제 수용소의 상황에 관해 잘 몰랐을 뿐만 아니라, 강제 수용소의 모든 건축 조치들에 대해서 "사소한 데까지"(폴) 책임을 져야 할 사람이었다! 폴은 "강제 수용소의 건축 방식을 즉각 단순한 방식으로 바꾸라고 이의를 제기하는 것은 말도 안 되는 것"이라고 했다. 친위대원 폴은 슈페어에 반해 좀더 인류애를 베풀 것을 주장했다. 그는 자기 부하들이 "전염병을 퇴치하고 높은 사망률을 낮추기 위해 노력하고 있다. 이런 일이 생기는 이유는 위생 시설 및 죄수들의 숙소가 불충분하기 때문이다. 이 때문에 수용소 건물을 단순하게 짓는다면, 예상외로 높은 사망률을 유발하게 될 것이라고 지적하지 않을 수 없다"라고 말하며 불만을 늘어놓았다.

그사이에 슈페어의 감찰관 데쉬Desch와 잔더Sander가 히믈러의 강제 수용소를 둘러보고 돌아왔다. 그들이 "슈페어에게 제출한 보고서"는 남아 있지 않은데, 그 보고서를 보고 슈페어는 "친애하는 당원 동지 히믈러"에게 다시 편지를 썼다. 하지만 이번에는 자필로 추신을 덧붙였다. "다른 수용소를 둘러본 결과가 아주 긍정적이어서 매우 기쁩니다."

아우슈비츠 수용소를 확장하기 위해서 장관 슈페어는 허가한 것 외에 건축 재료와 배수관을 추가로 공급했다. 나중에 아우슈비츠에 관한 글을 적거나 얘기할 때마다 슈페어는 자신의 죄는 "의도적인 맹목성"과 "무지에 의한 동의"라고 했다.

히믈러에게 편지를 보낸 며칠 뒤인 1943년 6월 5일, 슈페어는 괴벨스와 함께 베를린의 스포츠 궁전에서 "군수 노동자"를 상대로 집회를 개최했다. 이 집회는 라디오로 중계되었다.

먼저 슈페어가 연단에 올라 "전면적인 전시 경제"의 성과에 대해 보고했다. "총통께서는 전선의 병사들에게 새 무기를 공급하면 후방에 있는 민간인들의 희생이 크지 않을 것이라고 생각하신다." 새로운 무기의 공급이 "최후의 승리를 획득하는 데 결정적인 기여"를 할 것이라는 생각이었다. 슈페어 다음에 괴벨스가 연단에 올랐다. 슈페어는 제일 앞에 앉아서 그의 연설을 들었다. "전세계가 유태인의 위험성 앞에 노출된 지금 감상주의가 끼어들 자리는 없습니다. [⋯] 유럽에서 유태인을 완전히 몰아내는 것은 도덕의 문제가 아닙니다. 그것은 국가의 안위에 관한 문제입니다. 유태인들에게는 항상 그들의 본성이나 종족의 본능에 맞는 대우를 해주어야 합니다. 달리 취급해서는 안 됩니다. 콜로라도 딱정벌레가 감자밭을 엉망으로 만들듯이, 유태인들은 국가와 민족을 엉망으로 만듭니다. 이를 막기 위한 방법이 하나 있습니다. 그것은 위험을 확실하게 제거하는 것입니다."

히믈러가 1943년 10월 6일 포젠에서 행한 "최종 해결책"에 대한 연설 자리에 슈페어가 있었는지 혹은 슈페어가 주장하듯이 연설 바로 전에 자리를 떴는지 여부를 분명하게 판명할 수 있을까?

1943년 8월 22일 "총통" 사령부에서 있었던 군수 관련 회의 회의록에 남아 있는 슈페어에 관한 기록은 다음과 같다. "총통께서는 제안에 따라 친위대장과 함께 가능한 모든 조치를 다 취하라고 지시하셨다. 친위대장과 함께 이 조치를 통해 강제 수용소에 있는 노동력을 많이 투입하여 해당 생산 시설의 건설과 A4 로켓의 생산을 촉진하라는 것이었다." 히틀러는 "안전 지역에서 동굴 모양의 안전 시설에서 생산"하라고 명령했다.

1943년 12월 10일 무장 및 탄약 장관은 그 당시 가장 중요했던

독일의 승리에 결정적인…
베를린의 "견습사관 집회"에 참석한 군수 장관 슈페어

총통께서는 전선의 병사들에게 새 무기를 공급하면 후방에 있는 민간인들의 희생이 크지 않을 것이라고 생각하신다. 우리는 우리의 의무를 더욱더 열심히 수행하고, 작업 능률을 극대화하여 달마다 더 많은 물자를 생산해 낼 것을 전선에 있는 우리 병사들에게 다짐하는 바이다.

슈페어, 1943년

나는 그가 일찍부터 승리에 대한 확신이 없었으나 승리를 얻기 위해 자신에게 주어진 모든 일을 다했다고 생각한다. 나는 그가 스탈린그라드 전투를 전쟁의 전환점이 되는 결정적인 순간으로 여기고 있었다고 생각한다.

빌리 쉘케스, 슈페어 밑에서 일한 건축가

도라 수용소는 노동을 통해 사람을 파멸시키는 집단 학살 수용소였다. 일을 할 수 없는 사람은 화장터로 보내졌다. 우리는 죽을 때까지 고통을 당했다. 예를 들면 마실 물도 없었다. 그들은 이따금 우리에게 청어를 먹으라고 주었다. 우리는 엄청난 갈증에 시달렸다. 수많은 죄수들이 사용할 수도관은 단 하나밖에 없었는데, 그마저도 대개는 접근할 수가 없었다. 그리고 수돗물을 먹은 사람은 이질에 걸렸다. 식사는 종종 상하거나 곰팡이가 슨 채 배식되었다. 질병에 대한 저항력이 낮은 사람들이 많이 죽어 나갔다. 우리는 종종 매질도 당했다. 희망이란 없었다. 누구나 "너는 언제 죽느냐"고 물었다.

알렉산더 사밀라, 강제 수용소 죄수

건설 현장을 방문했다. 하르츠 산맥에 위치한 소도시 노르트하우젠에서 멀지 않은 곳에 위치한 지하 공장 "도라-미텔바우"가 바로 그곳이었다. 8월 말 이후로 20킬로미터 길이의 지하 벙커를 증·개축하는 데 수천 명의 강제 수용소 죄수들이 동원되었다. 연말까지 여기서 첫 "기적의 무기"인 V1 로켓과 V2 로켓(그 당시는 A4 로켓으로 불렸음)이 대량 생산될 예정이었다.

죄수들은 건축 공사 기간 내내 축축하고 먼지로 가득 찬 동굴 속에서 지내야 했다. 우크라이나 태생의 죄수 번호 28831번 알렉산더 사밀라Alexander Samila는 1943년 말의 상황을 다음과 같이 기술하고 있다. "굴삭 작업과 폭파 작업이 계속되었다. 터널 안에는 항상 불이 켜져 있었다. 죄수들은 사소한 일에도 매를 맞았다. 거기선 잠을 자면 다른 사람들이 대신 매를 맞아야 했기 때문에 잠을 잘 수가 없었다. 자다 걸릴 때마다 고무 곤봉으로 25대를 맞았는데, 다행히 나는 전부 합쳐서 7번만 이런 매질을 당했다."

오늘날 기념지로 바뀐 이곳을 찾는 방문객들은 1943년 10월에서 1944년 3월 사이에 최소한 2,300명의 죄수들이 죽어 실려 나갔다는 얘기를 듣게 된다. 로켓 생산을 위한 기계가 들어왔을 때, 그 사이 2만 명으로 줄어든 죄수들의 상황이 다소간 호전되었다. 죄수들에게 갱도 입구에 있는 가건물에서 눈을 붙이는 것이 "허용" 되었다. 왜냐하면 굴은 로켓을 보관하는 장소로 사용되었기 때문이다.

폴란드의 브롬베르크 출신인 죄수 번호 1245번 레온 필라스키 Leon Pilarski는 끔찍한 일이 벌어진 그날 밤을 잊을 수가 없다. "우리는 야간 작업을 하기 위해 갱도로 들어가고 있었다. 그때 우리는 점호 장소에 집합하라는 명령을 받았다. 그곳에서는 군악대가 바이올린을 연주하고 있었다. 그리고 나서 친위대원들이 30명쯤 되는 사람들을 끌고 왔다. 우리들 눈앞에서 그 사람들이 교수형에 처해졌다." 그들은 규정을 위반했던 것이다.

다른 사람들처럼 죄수 번호 74557번인 에발트 한슈타인Ewald Hanstein도 매일 12시간씩 로켓을 보관할 갱도를 만드는 일에 투입되었다. "나치는 이 무기로 전쟁을 이기려 했다. 일이 잘못되면 모든 책임이 죄수들에게 전가되었다. 일을 못하는 죄수들은 처형되거나 다른 수용소로 옮겨져서 그곳에서 목숨을 잃었다. 그리고 다시 다른 죄수들이 투입되었다. 그곳에 있지 않은 사람들은 그곳에서 무슨 일이 일어났는지 상상도 할 수 없을 것이다."

에발트 한슈타인은 수용소를 세 번이나 옮기고서도 살아남았는데, 그중에는 아우슈비츠 수용소도 포함된다. "내게는 도라 수용소가 가장 끔찍했다. 작업을 하면서 사람들은 완전히 폐인이 되어 갔다."

슈페어는 이 수용소를 개인적으로 둘러봤다는 사실을 뉘른베르크 재판 조사관들에게 밝히지 않았다. 슈페어가 법정을 기만한 것이었다. 그러나 이후 "도라-재판"을 통해서 비로소 진실이 밝혀졌는데, 슈페어는 1968년 증인으로 법정에서 진술을 해야만 했다.

1969년 출간된 『회고록』에서 슈페어는 "죄수들의 사정은 정말 열악했다"라고 밝혔다. 그의 전기 작가인 기타 시리니Gitta Sereny는 슈페어가 "그의 생애에서 그처럼 놀라워했던 적은 없었다"고 적고 있다. 슈페어는 같은 날 가건물 시설을 지으라는 지시를 내렸다고 주장했다.

자신의 행동에 인도적인 면이 있었다는 증거를 슈페어는 제시할 수 없었다. 그러나 그가 중요한 생산 시설을 전염병(그리고 그로 인한 생산 감소)이라는 위험에 처하게 만들지 않았다는 점은 분명하다. 그리고 특히 "도라 수용소"에는 "제3제국"에서 가장 중요한 과학자들과 기술자들 중 여러 사람이 드나들고 있었다.

독일 오스트제의 우제돔이라는 섬에 위치한 페네뮌데에서는 30년대 말부터 로켓 실험이 진행되고 있었다. 슈페어는 이미 1939년부터 베른헤어 폰 브라운Wernher von Braun을 중심으로 한 연구개발팀에 대해 알고 있었다. 슈페어와 폰 브라운은 서로 호감을 가지고 있었다. 1942년 슈페어는 새로운 무기에 대해 히틀러의 관심을 불러일으키는 데 성공했다.

1943년 7월 7일 슈페어는 "늑대 성채"에서 히틀러에게 V2 로켓의 발사 장면을 담은 컬러 필름을 보여 주었다. 이렇게 함으로써 그는 바라던 바를 얻게 되었다. "총통께서 A4 로켓(V2 로켓)을 역점 사업으로 추진하기로 결정하셨다. 총통께서는 이 무기가 전쟁에서 결정적인 역할을 할 것이라고 생각하셨다"라고 군수장관 슈페어는 그때 상황을 기록했다.

원래 슈페어는 대공 로켓포 개발을 더 선호하고 있었다. 대공 로켓포는 작고 비용이 적게 들었으며, 더 높이 그리고 더 빨리 비행하는 연합군 폭격기들을 잡는 데 시급하게 필요한 무기였다. 그러나 그는 히틀러가 공격 무기에만 관심을 두고 있다는 사실을 알게 되었다. 군수장관의 기록집에는 1942년 10월 13일과 14일에 다음과 같이 기록되어 있다. "총통께서는 적어도 최초 투입에 동시에 5천 발을 대량으로 투입할 수 있어야만 의미있는 개발이 될 것이라고 강조하셨다."

슈페어는 "군수 물자 생산을 설계하는" 자리에 있었지만, 히틀러와의 관계는 두 사람이 같이 건축 설계와 건축 모형물을 만들던 때 이후로 변화가 일어났다. 그 이유는 분명했다. 즉 히틀러는 1차 대전 때 군인이었지만, 슈페어는 그의 이력을 다 살펴보아도 민간인 이외의 흔적을 찾아볼 수 없는 사람이었던 것이다. 그래서 히틀

플랙스너 박사: 당신은 마우트하우젠을 방문했을 때나 다른 기회에 강제 수용소
　에서 벌어진 참혹한 일에 대해 들은 적이 있습니까?
슈페어: 없습니다.
뉘른베르크에서 슈페어 심문 장면, 1946년 7월 19일

단순하게 건물을 짓는 방식으로 바꾸어야… 마우트하우젠 강제 수용소를 방문한 군수장관 슈페어.

그러나 너희들 모두는 이 멍청한 유태인 증오심에 아무런 저항도 하지 않고 동참했어! 나는 네가 1938년에 얘기했던 말을 기억하고 있어. 너는 히믈러에게 오라니엔부르크 강제 수용소에 베를린 개축을 위한 벽돌 공장을 짓자고 제안했다고 했지. 그때 너는 아주 냉혹한 표정으로 "유태인들은 이미 이집트 감옥에서 벽돌을 만들었어!"라고 가볍게 말했지. 너는 윤리적으로 문제가 있었던 거야.
헤르만 슈페어가 그의 형 알베르트 슈페어에게 보낸 편지, 1973년

트레블링카 강제 수용소로 죄수들을 수송하는 방법은 주로 기차였다. 하지만 인접 도시나 마을에 사는 유태인들은 화물차로 수송되었다. 화물차에는 "슈페어 특송"이라는 회사명이 붙어 있었다.
사무엘 라즈만, 트레블링카 강제 수용소의 생존자. 1946년

러의 비서인 트라우들 융에는 "그는 언제나 제복을 입은 민간인처럼 보였다"라고 묘사했다.

그래서 군수장관은 전면적인 군수 물자 전쟁의 와중에서도 항상 "건설 총감독국"의 직원들과 만났다. 그때 그는 자기 직원들과 마음을 터놓고 얘기했다. 빌리 쉘케스는 적포도주 한 병을 마시면서 나눈 저녁 대화를 기억하고 있다. "그가 건축가였을 때는 히틀러와 동일한 위치에 있었다. 그들은 동일한 위치에서 건축이라는 주제에 대해 대화를 나누었다. 건축은 두 사람의 공통 주제였다. 그러나 이제 그는 내각의 일원이 되었다. 히틀러는 그의 보스가 되었고, 그는 히틀러로부터 지시를 받는 위치에 놓이게 되었다. 하지만 그는 이런 일에 익숙하지 않았다. 지금은 전과는 전혀 다른 대접을 받고 있다고 그는 불평했다."

히틀러가 기회 있을 때마다 군수장관을 칭찬하고 인정해 주었다는 점은 분명하다. 1943년 말 히틀러 주위에 이상한 소문이 돌았다. 슈페어가 히틀러의 후계 자리를 노리고 있다는 것이었다. 『회고록』에는 슈페어가 "하일, 히틀러!"라고 하면 히틀러가 "하일, 슈페어"라고 받아 주곤 했다는 사실을 재미있게 기술하고 있다.

그러나 군수장관에게는 당의 "옛 전우"들이 풍기는 땀냄새가 없었다. 그들이 보기에 그는 단지 출세에 눈이 먼 사람에 불과했다. 예를 들어, 그는 1943년 10월 6일 포젠에서 열린 "대관구 지도자 대회"에서 그들이 다스리는 대관구에서 2주 안에 전 시민들을 군수 물자 생산에 동원하지 못하면 히틀러를 통해 모종의 "조치"를 취할 것이라고 공개적으로 위협했던 사람이었다.

슈페어는 나치 지도자들에게 다음과 같이 외쳤다. "냉장고 또는 라디오를 생산하는 것은 뇌물로밖에 쓰이지 않는 물건을 생산하는 것입니다. 이 생산물이 오늘날 많은 저명 인사들에게 선물로 건네

지고 있기 때문인데, 그래서는 안되는 물건들입니다. 이 생산물들은 일반인들의 구매 대상이 되어야 합니다. […] 그러나 오늘날 이런 물건들은 일반적으로 구입할 수 없게 되어 있습니다. […] 따라서 지금 상황에서는 내겐 이런 물건들이 뇌물로 쓰일 물건으로밖에 생각되지 않습니다. 나는 친위대장 히믈러 동지에게 그러한 물건들을 찾아내기 위해 돌격대를 쓸 수 있도록 해달라고 부탁해 놓았습니다…."

1944년 1월 슈페어가 석 달 동안 심각한 병에 걸렸을 때, 당 지도자들은 그를 히틀러에게서 떨어트려 놓으려고 그를 헐뜯었다. 그 때문에 사임을 심각하게 고민했던 슈페어를 히틀러는 사절을 보내 위로했다. "총통"은 "내가 그를 좋아한다고 슈페어에게 전해 주시오!"라고 에르하르트 밀히 원수에게 말했다.

히틀러는 슈페어의 조직 능력 없이는 미친 짓 같은 이 전쟁을 계속하는 것이 불가능하다고 생각했던 것 같다. "여기서 내가 하고 싶은 말이 있다. 듣기 좋으라고 칭찬하고 싶지는 않다. 슈페어와 자우어 씨(슈페어의 대리인)는 기적적인 일을 해냈다. 그들은 계속되는 폭격과 대피 생활에도 불구하고 직원들과 함께 항상 새로운 해결책을 찾아냈다."

슈페어는 히틀러에게 보내는 마지막 편지에서 "나의 노력이 없었다면 아마 이 전쟁은 1942년에서 1943년 사이에 끝났을 것입니다"라고 썼다. 그는 히틀러가 가망 없는 전쟁을 계속하도록 도와준 장관이었다.

종전 바로 직후에 미국인 심문자에게 슈페어는 "1943년 2월과 3월 사이에 이미 전쟁에서 질 것이라는 생각이 들었다"라고 밝혔다. 1944년 5월 만프레트 폰 포저가 장관의 새 부관으로 임명되었을 때, 슈페어가 그에게 처음 던진 질문이 전쟁에서 아직 이길 수 있다고 생각하느냐는 것이었다.

폰 포저는 예기치 않았던 이 상황을 "처음에는 매우 당황스러웠다"고 적고 있다. "정신을 차리고 나서 나는 이 전쟁을 이길 수 있을 것이라고 생각지 않는다고 말했다. 그는 내가 하는 말을 차분히 듣고는 아무 말도 하지 않았다. 나는 그가 진실을 듣고 싶어했음을 알게 되었다. 그의 이런 점이 우리 둘의 관계를 계속 지탱해 주는 기반이 되었다."

하지만 전쟁 마지막 해에 슈페어는 가는 곳마다 항상 전쟁에 총력을 기울이라고 호소하고 다녔다. 이미 의미 없는 일이었음에도 불구하고 그는 전쟁을 계속하자는 연설을 하고 다녔는데, 후에 그는 이 연설이 "일종의 특수한 감각 장애"에서 생긴 결과물이었다고 말했다.

특히 1944년 봄에 "도라 수용소"에서 생산되기 시작한 "기적의 무기"는 슈페어에 의해 선전전에 이용되었다. 7월 초에 그는 히틀러에게 카메라 기사인 발터 프렌츠Walter Frentz로 하여금 V1 로켓과 V2 로켓의 시험 발사 장면이 담긴 컬러 필름을 상영하게 하자고 제안했다. 히틀러는 허락과 아울러, 필름을 상영할 때 로켓 발사대가 보이지 않도록 하라고 명령했다. 그런데 그 말은 필름을 상영하지 말라는 말과 같은 것이었다.

이 때문에 슈페어는 이 필름을 가까운 사람들하고만 볼 수 있었다. 괴벨스가 이 필름을 본 사람 중 하나였는데, 열광적인 반응을 보였다. "이 필름을 독일의 모든 영화관에서 상영할 수만 있다면, 나는 더 이상 연설을 하거나 기고문을 쓸 필요가 없을 텐데."

그러나 괴벨스는 계속 기고문을 써야 했고, 슈페어는 계속 연설을 해야 했다. 그 원고는 슈페어가 종전 후에 연합군 수사관에게 건네준 서류들 속에는 없었다. 그러나 녹음 테이프는 아직도 남아 있다. 슈페어는 1944년 12월 5일(이 시기에 미군은 이미 아헨을 점령하고 있었다!) 철도 종사자들을 대상으로 라디오로 중계된 연설을 했다. "우리의 보복 무기인 V1로켓과 V2로켓은 전세계인들에게 독일의 무기 개발 기술이 그들보다 뛰어나다는 사실을 분명히 보여줄 것이다. 나는 여러분에게 확실히 말할 수 있다. 이 무기를 보고 놀란 적들이 우리의 다른 전쟁 수행 능력도 이처럼 대단할 것이라고 생각하게 될 것이라고." 하지만 슈페어는 뉘른베르크 법정에서 자신은 "기적의 무기"에 관한 선전전에 적극적으로 맞섰다고 진술했다.

그리고 나서 슈페어는 그가 자주 언급하던 파괴된 "고향"이라는 주제를 꺼냈다. 그는 독일의 대공 방어망이 속수무책이라고 했다. "우리는 지금까지 성공적으로 작업해 왔습니다. 중요한 지역에서 그래왔듯이 아주 은밀하게 말입니다. 나는 지금 우리가 생산한 방어 무기의 품질과 물량이 이미 다음 번의 성공을 담보할 만큼 충분하다고 확실히 말할 수 있습니다. (우레와 같은 박수 소리) … 우리는 지금 우리가 가는 이 길이 결국에는 승리의 길임을 알고 있습니다."

그는 이 연설을 하기 몇 달 전에 히틀러에게 보낸 진정서들을 보고 나서 독일의 석유 공장들이 파괴된 이후로 "현대전을 계속 수행하기 위해 필수적인 물자"들이 부족하다는 사실을 알게 되었다. 지금 공군은 당장 필요한 등유의 10퍼센트도 구하지 못하는 처지에 놓여 있다! 이런 사실을 알고 있던 그가 그런 말을 한 것이었다.

슈페어는 1946년 8월 31일 뉘른베르크 법정에서 한 최후 진술에서 "쓸데없이 계속된 전쟁과 불필요한 파괴 행위가 재건을 어렵게 만들었다. 이로써 독일 국민들은 비참한 상황에 빠지게 되었다"라고 밝혔다. "히틀러는 이 재판이 끝난 뒤에 독일 국민들에게 불행을 안겨다준 원흉으로 경멸받고 저주받을 것이다."

히틀러가 이미 오래 전에 진 전쟁을 비참한 결말에 이를 때까지 연장하고 조직하도록 만든 자신의 책임에 대해서 그는 아무 말도 하지 않았다.

1944년 8월 초, 히틀러의 조력자들이 마지막으로 "제국 지도자와 대관구 지도자 회의"에 참석하기 위해 포젠 성에 모였다. 러시아군은 동프로이센에 진군해 있었고, 미군과 영국군은 파리로 진군하고 있었다. "제3제국"에 암울한 기운이 감돌고 있었다. 히믈러가 말을 꺼냈다. "우리 모두가 가진 욕심은 단 한 가지입니다. 세계사가 이 시기를 기록하며 우리와 총통의 추종자들에 대해 언급할 때, 히틀러의 충복들은 충성스러웠으며, 믿음직스러웠고 강직했다고 적기를 바랄 뿐…."

이번에는 슈페어가 아무런 이의를 제기하지 않고 그의 말에 동의했다. "친애하는 당원 동지 친위대장 히믈러"에게 8주 후에 전문이 하나 도착했다. 전문 내용은 다음과 같았다. "우리 앞에 놓인 상황이 아무리 심각하더라도 당신에게 끝까지 의리를 지킬 것입니다. 당신은 나의 이 말을 믿어도 좋습니다. 하일 히틀러! 당신의 슈페어."

하지만 이 당시에 슈페어는 다른 충복들과 함께 영광스럽게 파멸해 갈 것이라는 생각을 전혀 가져본 적이 없었다. 영국의 주간지 『업저버 Observer』에 실린 기사는 그에게 위험을 무릅쓸 용기를 불어넣어 주었다. 익명의 기고자는 이름 높은 적에게 보내는 글에서 "우리는 슈페어가 보스가 추구한 혁명에 휩쓸려 들어갔다고 생각한다. […] 그는 다른 당과 관계를 맺을 수도 있었고 거기서 경력을 쌓을 수도 있었을 것이다. […] 그는 전쟁을 수행하는 모든 국가에서 계속 중요한 위치를 차지하고 있는 한 유형을 상징하고 있다.

그 유형은 완벽한 기술자를 말한다. […] 지금은 그들의 시대이다. 우리는 이제 히틀러와 히믈러의 시대와는 작별을 고할 것이다. 그러나 슈페어의 시대와는 아니다. 이 사람에게 일어나는 특별한 일과 우리는 오랫동안 관계를 맺게 될 것이다."

슈페어는 이 기사를 읽었다. 이 기사는 그에게 있어 히틀러 정권과 손을 떼라는 노골적인 암시였다. 이제 그는 미래를 향한 희망의 다리를 지으려 했다. 그는 이제 나이도 지긋이 먹었고, "천년 제국"은 그의 모든 것이 될 수 없었다.

슈페어는 서방의 승리자들에게 빈 손으로 마중을 가려고 하지 않았다. 동부 전선에서는 독일군이 철수하면서 모든 것을 파괴했는데, 군수장관이었던 그는 이탈리아와 프랑스 그리고 벨기에에서는 이 "초토화" 정책을 막아냈다. 그의 부관 만프레트 폰 포저는 그가 어떻게 히틀러를 속였는지 다음과 같이 기술하고 있다. "그것은 정말 슈페어의 기막힌 기술이었다. 그는 히틀러와의 사이에 놓인 어려움을 잘 헤쳐 나갔다. 그는 히틀러에게, 만약 그 지역을 다시 점령하게 되면 — 그 말은 히틀러가 가장 듣고 싶어하던 말이었다 — 공장을 다시 가동할 수 있어야 하고, 따라서 공장을 정지만 시키자고 말했다. 히틀러는 그의 말에 동의했다."

정지. 그 말은 퓨즈를 끊거나 공급관을 파괴하는 것 이상을 의미하지는 않았다. 이는 그가 서방 국가에 던지는 상징적인 메시지였다.

그러나 슈페어는 수용소에서는 최종 승리에 대해 "확신을 가지라"고 거듭 촉구하며 계속 "최후의 희생자"를 요구했다. 도시들은 화염에 휩싸였고, 어린아이들과 노인들은 학살당했다. 슈페어는 1944년 11월에 다음과 같이 외쳤다. "지금 상황이 아무리 어렵다 하더라도 그리고 그대들의 제거 작업이 처음에는 부질없는 것처럼 보일 수 있다 하더라도, 어떤 경우라도 우리는 지치면 안 된다."

그는 전쟁 말기에 전방에서는 거룩한 사명감을 가지라고 말하고, 후방에서는 독일 산업 시설의 파괴를 막았다. 1945년 2월 27일, 그는 티센 가문의 영지인 란츠베르크 성에서 루르 지방 기업인들 몇 명에게 산업 시설을 파괴하지 않겠다고 약속했다. 이 또한 미래를 위한 투자였다. 이 시기에 이미 슈페어는 자신이 전후 독일의 "재건장관"이 될 것이라고 생각하고 있었다.

히틀러가 3월 18일 "가혹한 명령"으로 이 계획을 수포로 만들려 했을 때, 슈페어는 "정말 분노했다"고 부관 폰 포저는 말하고 있다. 그는 히틀러가 있는 베를린으로 가서 파괴 명령을 거두어줄 것을 요구했다. "저는 총통께서 우리 국민의 원동력을 그대로 보존하겠다고 하시면, 그 말을 받들어 미래에 대한 확신과 믿음을 가지고 계속 일해 나갈 것입니다."

슈페어는 더 이상 일을 하지 않겠다며 히틀러를 몰아붙였다. 히틀러의 명령을 거부하고 공개적으로 비판한 것이다. 다른 때 같았으면 사형을 당하고도 남을 행동이었다. 그러나 슈페어는 수상 청사에서 환대를 받았다. 그는 자신을 "좋아했던 총통"에게 새로운 충성을 맹세해야 했다. 그 대가로 히틀러는 마지막 순간까지 슈페어가 마음대로 일할 수 있도록 해주었다.

그리고는 어떻게 했나? 그는 "작별을 고했는가" 아니면 "흘러가는 대로 몸을 맡겨두었는가?" 슈페어가 던진 수수께끼 중에서 가장 흥미진진한 것은 1945년 4월 23일 그가 베를린으로 간 것이다.

확실한 것은 "총통" 벙커 지하에서 있었던 히틀러의 마지막 생일 이후로 다른 고위 나치 지도자들처럼 슈페어도 베를린을 떠났다는 것이다. 그리고는 이틀 동안 북독일을 여행했다. 그 뒤 4월 23일에 군수장관은 메클렌부르크에 모습을 드러냈다. 레힐린 공항은

나는 모든 책임을 떠안겠다…
뉴른베르크 재판 기간 중 감방에 수감된 죄수 슈페어의 모습

나는 그의 의견에 백 퍼센트 동감했습니다. 우리가 더 이상 히틀러를 믿을 수 없다면, 우리에게 남아 있는 것이 무엇이었겠습니까?

히틀러와 함께한 전쟁 막바지에 대한 슈페어의 진술

히틀러가 내게 명령하고 내가 그 명령을 수행했던 한, 나는 거기에 책임이 있다. 물론 내가 모든 명령을 다 수행한 것은 아니었다.

뉴른베르크의 슈페어, 1946년

슈페어는 처음에는 자신에게 죄가 있다고 했다. 그것이 인기를 노리고 그랬는지 아니면 정말로 뉘우쳤기 때문에 그런 것이었는지는 모르겠다. 그에게는 정말 선택의 여지가 없었다. 그러나 후에 그는 영리하게 앞날을 예견하고는 강제 노동, 살인 등과 같은 잔혹한 행위에 대한 모든 책임을 교묘하게 자우켈에게 떠넘겼다. 자우켈은 우둔하고 단순한 사람이었다. 아무도 그를 좋아하지 않았다. 반면 슈페어는 교양 있고 좋은 집안 출신이었다. 나는 이런 감정들이 언론에 효과적으로 작용하였고 분명 판사들에게도 영향을 끼쳤으리라고 생각한다.

수잔네 폰 파첸스키. 뉴른베르크 재판 방청객

공군의 테스트 비행 지대였다. 슈페어가 여기서 수많은 에어쑈를 주관했다는 사실은 누구나 다 알고 있는 사실이었다. 군수장관과 부관 만프레트 폰 포저는 "피젤러 슈토르히"형의 단발 경비행기 한 대를 대절했다.

그들은 베를린으로 날아가서 승리의 탑과 브란덴부르크 성문 사이에 있는 "동서 축선" 상에 착륙했다. 이곳은 6년 전에 슈페어가 히틀러의 사열식을 위해 개축한 곳이었는데, 그때는 적에게 포위된 제국 수도의 비행장으로 쓰이고 있었다.

"나는 슈페어가 베를린으로 날아갈 충분한 이유가 있었다고 생각했다"라고 만프레트 폰 포저는 말하고 있다. 전쟁 막바지 내내 장관을 그보다 더 가까이 모신 사람은 없었다. 그는 장관과 함께 수천 킬로미터를 자동차로 달렸고 마지막에는 퇴각하는 전방 부대 바로 뒤에 위치한 이곳까지 오게 되었다. "나는 베를린으로의 비행을 불가피하게 만든 무언가 숨겨진 이유가 있을 거라고 생각한다. 여기서 고려되어야 할 점은 그가 히틀러의 후계자가 되는 것을 두려워하고 있었다는 점이다. 승전국이 판결을 내릴 때도, 그리고 이후에 그 당시 그가 염두에 두고 있던 독일 재건을 요구할 때도 후계자라는 것이 그에게 부담이 될 수가 있었던 것이다."

후계자로 지명되는 것에 대한 두려움이 후에 그가 말한 것처럼 "자기 인생의 폐허"인 수상 청사로 그를 내몬 이유가 아니었을까? 그 모험은 보상을 받았다. 히틀러는 그가 망쳐 놓은 국민을 책임질 후계자로 슈페어가 아닌 되니츠를 지명했다. 히틀러의 유언장에 슈페어에 대해서는 한마디도 언급되지 않았다.

슈페어가 베를린으로 날아가지 않았다면, 히틀러는 가장 뛰어난 자신의 기술 관료를 분명 내각 명단에 집어넣었을 것이다. 심지어 그를 후계자로 지명했을지도 모른다. 적어도 이 위기는 넘어갔다.

일 년 후 뉘른베르크 법정에서 알베르트 슈페어는 주요 피고인 중에서 유일하게 자신의 영혼을 갖다 바친 히틀러의 행위에 대한 "모든 책임"을 떠안았다. 그러나 그는 삶을 마칠 때까지 히틀러 정권의 범죄에 대해서는 아무것도 모른다고 주장했다.

뉘른베르크 법정은 그에게 20년형을 선고했다. 1966년 그는 자유인이 되었고, 1981년 런던에서 생을 마쳤다.

후계자

Karl Dönitz

공격-접근-격침

사병이나 장교는 비정치적이어야 한다고
말하는 것은 넌센스다

만약 총통이 안 계셨다면,
지금 독일에는 살아남은 사람이 아무도 없을 것이다

총통에 비하면
우리는 보잘것없는 가련한 존재들이다

군은 충성을 맹세한
그분에게 헌신해야 한다

조금이나마 패배주의적인 생각을 내비치는 사람들은
국민들의 저항 의지를 약화시킨다
따라서 그런 자들은 없애 버려야 한다

나의 손자들이 쓰레기 같은 유태인 정신을 교육받게 되고
그로 인해 정서를 해치게 된다면
차라리 혀를 깨물고 죽고 말겠다

나는 합법적인 국가 수반으로 남아 있을 것이다.
죽을 때까지

되니츠

삶의 목표를 돈을 버는 것에만 둔다면 삶은 만족스럽지 않을 것이다.

되니츠, 1920년

그는 일처리가 빨랐고 믿음직한 사람이다. 대화나 서류에 쓰는 표현들이 매우 세련돼 있다. 왕성한 사고력을 보여 주고 있고 직업의 모든 것에 대해 관심을 가지고 있다. 그는 야심이 많고, 남들보다 눈에 띄고 존경을 받는 일을 하려 한다. 그는 남에게 종속되거나 자신의 고유 영역을 침범당하는 것을 싫어한다. 하지만 그는 해군 참모부의 장교들에게 지금까지보다 더 많은 자율성을 주어야만 한다. 강한 기질과 열정적인 그의 성격으로 인해 그는 자주 불안정한 모습을 보이기도 하고, 나이에 비해 성숙하지 못한 면을 보이기도 한다. 그는 일을 더 차분하게 처리하도록 하고 특히 그 자신에게 과도한 요구를 하지 않도록 해야 한다. 자주 보이는 그의 불안정한 모습은 아마도 오락가락하는 그의 건강 상태(위장 장애) 때문일 것이다.

해군 제독 빌헬름 카나리스의 되니츠에 관한 보고, 1931년

전쟁은 장기전이 될 것이라는 것을 분명히 알아 두십시오. 만약 전쟁이 생각보다 일찍 끝난다면, 우리는 기뻐할 것입니다.

다가올 전쟁에 대해 되니츠가 한 말, 1939년

독일에 국가사회주의가 없었다면 지금 어떻게 되었을까. 수많은 정당들과 유태인들은 모든 기회를 다 이용해서 비판하고 해를 끼치고 분열시키려 했을 것이다. 총통 각하 덕택에 이런 모든 나쁜 상황에서 벗어난 것이다. 국가사회주의가 독일 국민들에게 이 모든 것을 선사했다. 때문에 군인들이 할 일은 한 가지밖에 없다. 즉 총통 각하와 국가사회주의의 뒤를 따라 물불 가리지 않고 출동하는 것이다.

되니츠, 1944년

늦어도 일 년 안에, 아마도 올해 안에 유럽은 아돌프 히틀러가 이 대륙에서 출중한 능력을 가진 유일한 정치가임을 깨닫게 될 것이다.

되니츠, 1945년 4월

지휘관 제위에게,
1. 침몰한 배의 승무원들을 구조하려는 시도, 즉 헤엄치는 자들을 물에서 건져내고 구조 보트에 태우는 행위, 전복된 구조 보트를 바로 세우는 행위, 식량과 물을 제공하는 행위를 중지할 것. 구조 행위는 적선과 적선의 승무원들을 없애라는 가장 기본적인 고전 규칙에 위배되는 행위임.
2. 함장과 기관장을 데리고 오라는 명령은 계속 유효함.
3. 침몰한 배의 선원들 중 배에 관한 중요한 정보를 가지고 있는 자는 구조할 것.
4. 냉정하게 대처할 것. 독일 도시를 폭격할 때 적은 여자와 아이라고 봐주지 않는다는 점

을 염두에 둘 것.

되니츠, 1942년

우리의 목숨은 국가의 것이다. 우리의 명예는 임무를 완수하는 데 있다. 우리들 중 어느 누구도 사생활을 요구할 권리는 없다. 우리에게는 이 전쟁을 이기는 것이 중요하다. 이 목적을 달성하기 위해 우리는 몸을 던지고 강한 승리의 의지로 무장해야 한다.

되니츠, 1943년

군인은 명령을 수행하는 데 있어서 그 명령이 목적에 합당한 것인지 아닌지를 따질 필요는 없다.

되니츠, 1944년

항복이란 독일 국민의 실체가 없어지는 것을 의미하는 것이기 때문에, 이런 관점에서 보면 계속 싸우자는 것이 맞는 말이 아닌가.

되니츠, 1945년

되니츠 같은 사람이 당을 대표하지 않고 당과 연관 없는 일로 바빴던 괴링이 대표하게 된 것은 유감이다.

괴벨스(일기), 1945년

우리 해군 장병들은 어떻게 행동해야 되는지 잘 알고 있다. 굳은 의지로 용감하고 충성스럽게 맞서는 것, 이것은 우리가 어떤 상황이 발생하더라도 동요됨 없이 수행해야 하는 군인으로서의 의무이다. 이처럼 행동하지 않는 놈들은 목을 매달아야 하고, 그의 몸에 "여기 반역자가 매달려 있다. 그는 남자로서 독일의 딸들과 아이들을 보호하는 대신, 비겁하게 행동함으로써 그들을 죽게 만들었다"라고 적힌 꼬리표를 달아줘야 한다.

되니츠, 1945년 4월

가장 중요한 것은 우리가, 국가사회주의가 우리에게 준 가장 아름답고 좋은 것, 즉 우리 민족 공동체의 단결을 지키는 열렬한 초병이 되어야 한다는 것이다. 지금 군이 완전히 붕괴된 상황에도 불구하고 우리 민족은 1918년과는 다르게 보인다. 아직 균열의 징후는 보이지 않는다. 여러 형태의 국가사회주의의 모습이 우리 스스로에 의해서 혹은 적에 의해서 사라진다 하더라도 국가사회주의의 핵심, 즉 우리 민족의 결속은 어떤 상황에서도 지켜질 것이다.

되니츠, 1945년 5월 9일

나는 독일이 올바른 길로 접어들었다고 믿고 있었다.

"나치 집권"에 대해 되니츠가 한 말, 1958년

1946년 5월 8일. 숨막힐 듯한 정적이 뉘른베르크 사법부 건물 600호실을 짓누르고 있었다. 피고인은 긴장된 표정으로 마이크 앞에 다가섰다. 그리고 나서 그는 조용하지만 단호한 목소리로 다음과 같이 강조했다. "나는 양심에 따라 행동했습니다. 저는 그 일을 다시 하라면 또다시 그렇게 할 것입니다." 그는 후회하기는커녕 그것이 자신의 의무였다는 표정을 짓고 있었다.

후에 사람들은 그를 "악마 제독"이라고 불렀다. 이 냉정한 확신범에게 이 표현보다 어울리는 말은 없다. 선과 악이 한 몸에 혼재하는 한 인간을 어떻게 올바르게 평가할 수 있을까? 동쪽에서 온 200만 명의 피난민을 구한 사람을 어떻게 평가해야 할까? 살인 전쟁을 수행한 냉혹한 기술 관료를 어떻게 평가해야 할까? 승리자들에게 그는 의심할 나위 없는 전범이었다. 그는 "자신"의 U보트 함대로 무자비한 전쟁을 수행하여 3만 명의 연합군 해군과 U보트 함대의 4분의 3을 희생시킨 사람이었다. 또한 그는 1945년 4월 30일에도 터무니없는 충성심에 사로잡혀 히틀러에게 다음과 같은 전보를 친 사람이었다. "당신을 향한 나의 충성심은 언제나 절대적입니다. […] 당신의 후계자로서 독일 제국을 이끌라는 운명이 나에게 짊어지워진다면, 나는 과거 독일 민족의 영웅적인 투쟁에서 볼 수 있듯이 그렇게 이 전쟁을 끝까지 수행할 것입니다."

바로 하루 뒤인 1945년 5월 1일 제독은 히틀러가 죽었다는 소식을 접했다. 그는 공식적으로 국가 지도자의 자리에 올랐는데, 이로 인해 그는 뉘른베르크 재판에서 세계인의 주목을 받게 되었다. 그는 이제 히틀러의 후계자가 되어, 히틀러의 유훈에 따라 파괴된

"천년 제국"을 다스리게 되었다. 그러나 국가 원수로서 국가를 "통치"하기 위한 시간은 고작 23일밖에 남지 않았다. 되니츠는 언제나처럼 그에게 내려진 명령을 수행했다. 그는 이 정권의 마지막 수장으로서 이 정권이 행한 살인적인 정책들에 대해 알고 있었음에도 불구하고 전혀 양심의 가책을 느끼지 않았다. 되니츠는 이 정권의 비밀을 아는 사람이자 같이 죄를 저지른 공범이었다. 하지만 그는 자신을 항상 "비정치적 군인"이라고 여겼다. 그는 자신의 의무를 충실히 행한 것 외에 아무 짓도 하지 않았다고 생각했다. 되니츠는 남에게 복종하는 스타일이었는가?

무조건 복종하는 그의 사고 방식의 근원은 세기 전환기 베를린에서 지냈던 유년기로 소급된다. 되니츠의 어머니는 그가 네 살 때 돌아가셨다. 엔지니어였던 아버지는 두 아들을 홀로 양육하면서 복종을 최고 덕목으로 가르쳤다. 황제와 조국에 대한 봉사는 되니츠 집안에서 지켜야 할 첫번째 의무로 여겨졌다. 개인의 행복은 부차적 문제로 치부되었다. 카를 되니츠는 유년기와 소년기부터 이미 프로이센적 규율과 군사 훈련이 무엇인지 잘 알고 있었다. 그는 내성적이었지만 다방면에 능통하다는 평을 받고 있었다. 그는 군중들과 함께 제국 함대를 바라보며 감격에 겨워했다. 이 함대를 보고 국민들은 성급하게 "최고 국가"의 국민이 되었다는 생각을 가지게 되었다.

국민들의 우쭐한 기분이 이렇게 팽배한 가운데 그는 제국 해군에서 근무하겠다는 결심을 하게 되었다. 그의 직업 선택은 불안한 시대와 광적인 시대 정신에 부합하는 것이었다. 황제 폐하의 전함에서 근무하는 장교가 되는 것, 그것은 그에게 높은 명성을 보장해 주는 것이었고, 그가 회고록에서 밝힌 것처럼 "군인이 되려는 마음"과 "먼 곳으로 떠나려는 충동"을 해결하기 위한 가장 이상적인 방법이었다. 1910년 4월 1일, 18살의 카를 되니츠는 대양을 누비는 해군으로서의 삶을 살겠다는 그의 꿈을 이루었다. 플렌스부르크-뮈르비크 해군학교의 첫 수업 시간서부터 교관들은 젊은 지원자에게 해군의 엘리트 계급 의식을 교육시켰다. "절제된 행동"과 "완벽한 처신"은 "단정한 태도"와 "올바른 행동을 하라는 도덕의 기본 원칙에 어긋나는" 어떤 행위도 하지 않겠다는 서약과 함께 최고의 의무로 간주되었다. 여기 플렌스부르크-뮈르비크 해군학교의 육중한 벽돌 건물에서 카를 되니츠의 경력이 시작되었다. 그리고 여기서 그의 경력 또한 끝나게 된다.

그는 단조로운 이론 따위에는 전혀 관심이 없었다. 되니츠는 먼 바다에 투입되어 전우애를 맛보게 되기를 고대하고 있었다. 1912년 여름 아버지가 돌아가신 뒤로 그의 이런 소망은 점점 더 커졌다. 어머니가 죽은 뒤로는 아버지가 그의 유일한 의지처였다. 그는 아버지를 대신할 사람, 그를 뒷받침해 주고 후원해 주는 아버지 같은 친구를 찾았다. 그런 와중에 그는 폰 뢰벤펠트von Loewenfeld 대위를 만나게 되었다. 그는 되니츠가 우상으로 받든 교관이었다. 폰 뢰벤펠트는 그에게 전함 브레슬라우에 탈 것을 요구했다. 그는 되니츠에게 "만족하느냐"고 물었다.

"아니오, 대위님. 전혀 만족하지 않습니다. 저는 순양함을 타고 동아시아로 가고 싶습니다!"

뢰벤펠트는 당찬 이 젊은 사관 후보생이 마음에 들었다. 그는 되니츠에게 "배은망덕한 놈"이라고 욕하기는 했지만 진심은 아니었다. 호감에서 그런 것이었다. 되니츠의 원망은 예상과는 달리 브레슬라우함이 먼 대양으로 항로를 잡자 금방 사라져 버렸다. 그가 꿈꾸었던 먼 이국으로의 여행이 정말 실현된 것이었다. 되니츠는 대양 한가운데서 자신의 능력을 보여줄 기회를 잡았다. 깃발 신호를 담당하는 장교로서의 임무를 그는 완벽하게 수행하여 폰 뢰벤펠트를 만족시켰다. 그는 "탁월"한 성적으로 교육을 마쳤다. 해군 규정에 따라 뛰어난 능력을 보여준 사람에게만 주는 예외적인 성적이었다. 되니츠가 자기 동기 중에서 최고로 인정받은 것이 이번이 마지막은 아니었다. 프로이센의 그의 인사 기록 카드에는 군대 최고의 찬사가 줄줄이 기록되어 있었다. 초임 장교로서 근무했던 1차 세계대전부터 그는 매우 용감하다는 명성을 얻기 시작했다. 그는 목숨을 걸고 임무를 수행했는데, 그는 그것을 조국에 대한 의무로 여기고 있었다.

 되니츠가 전쟁의 발발을 경험하고 첫 전투를 치른 곳은 지중해였는데, 그가 탄 작은 순양함 브레슬라우는 경전함輕戰艦 괴벤과 함께 터키 사령관의 지휘를 받게 되었다. 이 전함들의 임무는 오스만 제국을 독일의 동맹국으로 끌어들이는 데 기여하는 것이었다. 오스만 제국의 결정이 내려지기 전까지 브레슬라우함은 항구에 정박해 있어야 했다. 선원들은 하릴없이 빈둥거리고 있었는데, 특히 되니츠는 이 "명예롭지 못한 대기 시간"에 괴로워하고 있었다. 이 시기에 있었던 유일한 행사라고는 다르다넬스 요새의 독일 사령관 베버 장군의 방문이었는데, 이 일로 선원들은 어느 정도 기분 전환이 되었다. 2년 뒤에 되니츠는 호화로운 장식이 된 외눈 안경을 낀 이 장군과 다시 자리를 마주하게 되는데, 이때는 군인으로서가 아니라 군병원에서 간호사로 일하고 있던 장군의 딸, 잉게보르크 베버에게 청혼하는 남자로서 장군과 마주하게 되었다. 그 다음해에 이들은 베를린에서 결혼식을 올렸다.

 되니츠가 아내 다음으로 아끼고 사랑했던 것은 신무기 U보트였다. 이 신무기는 그에게 명성을 보장해 주었고 그를 승전에 대한 기대감으로 부풀게 만들었다. U보트는 독일 제국이 가지고 있던 마지막 승부수였다. 스카게라크 해전에서 우열을 가리지 못한 뒤에 베를린은 해상 봉쇄를 통해서 영국을 무릎 꿇게 만들겠다는 야심찬 계획을 내놓았다. 1917년 1월, 경비 장교들을 위한 과정을 마친 직후부터 되니츠의 U보트와의 인연은 시작되었다. 그가 처음 U보트와 인연을 맺은 U 39호의 함장은 발터 포르스트만Walter Forstmann 대위였는데, 그는 "U보트 정예 전사"였고 이 전쟁을 통해 이름을 높이고 있던 유명한 함장 중의 한 명이었다. 그의 지휘를 받아 숨막힐 듯 협소한 잠수함을 타고 바다 밑으로 들어가면서 되니츠는 처음으로 U보트 함대의 동지애와 결속력에 대해 알게 되었다. 이 체험은 젊은 장교 되니츠에게 대단히 소중한 것이었다. "개인 각자는 모두를 위해, 모두는 한 사람을 위해"가 계속 그의 좌우명이 되었다. 그는 몇십 년이 지난 뒤에도 흥분된 감정으로 이때의 체험에 대해 말하곤 했다. "바다 속 깊이 완전히 고립된 우리는 마치 대가족처럼 지냈다. U보트 승무원들은 하나의 운명 공동체였다. 이보다 좋은 관계는 거의 찾아볼 수 없을 것이다. U보트 함대의 일원이었다는 것은 내게 가장 가치 있고 잊혀지지 않는 경험이다."

석 달 뒤인 1918년 2월에 UC 25호의 지휘권을 넘겨받아 처음으로 U보트 함장이 되었을 때, 그는 그의 말대로 마치 "왕이 된 듯한" 기분을 느꼈다. 적지인 이탈리아의 군항 아우구스타 항으로 침투해 들어가는 무모한 그의 시도가 성공했을 때, 황제의 치하를 받는 것은 당연했다. 과감한 그의 행동으로 인해 그는 호엔촐러른 가家로부터 철십자 훈장을 받게 되었다. 그는 출세를 보장받은 듯했다. 덤으로 그는 UB 68호라는 더욱 빠른 잠수함을 지휘하게 되었다. 하지만 1918년 10월 4일 자정이 갓 지난 시간에 감행된 영국 해군의 호송선단을 공격하는 작전에서 그의 운은 끝이 나고 말았

> 우리 모두는 총통에게 충성할 것이다…
>
> 해군 소장 되니츠
> (1939)

그의 성격과 성향은 그가 해군에서 요긴한 인물이 되도록 만드는 데 큰 역할을 했다. 해군 장교는 그 나이에 가질 수 있는 직업들 중에서 그에게 딱 들어맞는 것이었다. 그는 근무 시간 외에도 사랑받고 인정받는 동료였다. 그는 경제적인 궁핍함에도 불구하고 항상 웃음을 잃지 않는 사람이었다.

베르트 대위의 되니츠에 대한 보고, 1925년

그는 대단한 카리스마를 가진 분이었다. 나는 어릴 때부터 그가 다른 사람들에게 어떤 식으로든 영향을 미치고 있다는 것을 알고 있었다. 그는 사람들과 교제할 때는 어렵다는 인상을 주는 분이었지만, 나와 단 둘이 있을 때면 완전히 다른 사람이 되었다. 갑자기 유머 있고 다정다감한 사람으로 바뀌는 것이었다. 나는 종종 군인들이 그를 보기 위해 수백 킬로미터를 달려온 것을 본 적이 있다. 할아버지는 출신과 계급에 상관없이 그들을 맞아 대접하고 환담을 나누었다. 그는 가정적인 분이었다. 나는 이를 통해 그의 부하들이 그를 얼마나 사랑하는지 확인할 수 있었다. 그는 그들의 상관이라기보다는 아버지 같은 분이었다.

클라우스 헤쓸러, 되니츠의 손자

다. 시칠리아 해안 50해리 전방에서 UB 68호는 수면 위로 떠올라야만 했다. 적의 포탄에 잠수함이 치명타를 입었기 때문에 그는 부하들에게 "모두 잠수함을 떠나라"고 명령할 수밖에 없었다. 몇 초 뒤에 잠수함은 네 명의 U보트 승조원들과 함께 심해로 가라앉았다. 해군 중위 카를 되니츠와 그의 부하들은 영국 전함 스냅드래곤호에 의해 구조되었다. 영국군 지휘관은 그의 포로들을 악수로서 환영하면서 간결하게 다음과 같이 말했다. "자! 함장. 이제 우리 서로 빚진 것이 없게 됐군요. 당신은 오늘밤에 우리 기선을 한 척 가라앉혔고, 나는 당신을 격침시켰으니 말이오."

처음 포로 생활을 시작한 곳은 몰타의 베르달라 항구에 있는 수용소였다. 열정적인 이 뱃사람 되니츠는 이렇게 전쟁을 마치게 된다면 무척 굴욕적이라고 생각하고 있었다. 그래서 영국 신문에 보도된 독일의 패전과 황제의 몰락 소식은 그에게는 엄청난 충격이었다. 물론 이것이 비단 그에게만 해당되는 상황은 아니었다. 세상이 무너지고 있었다. 수병들의 반란이 혁명에 불을 붙이리라고 생각할 수 있었을까! 독일의 도시들은 무정부 상태에 빠져 들었다. 무질서, 항명, 전복 기도 — 이 모든 것이 되니츠에게는 정신적인 쇼크에 빠지게 만드는 것이었다. "몇 주 전까지만 하더라도 나는 군인으로서 전투에 나섰다"라고 그는 회상했다. "보잘것없는 위치였지만 나는 내 의무를 다했다. 내 위치는 결코 정치적인 맥락을 염두에 둘만한 위치가 아니었다. 이제 내게 독일이 어떤 상황에 처해 있는지 명확해졌다. 통치자들이 정치적으로 현명하다고 생각했던 내 믿음은 불확실하게 되었다. 나는 변했다." 그가 지중해를 통해 몰타에서 영국의 셰필드에 있는 수용소로 옮겨지는 동안에 "(연합군이) 우리를 굴복시키고도 남을 만한 물질적, 수적 우위를 점하고 있다"는 사실을 알게 되었음에도 불구하고, 황제에게 충성

히틀러 청년단원 되니츠…

히틀러 사령부를 찾은 U보트 함장 되니츠 (1942년 여름)

히틀러는 그에게 찬미의 대상이었는데, 왜 그토록 히틀러를 높이 평가했는지 다른 사람들은 전혀 이해할 수가 없었다. 되니츠는 최후까지 히틀러를 뛰어난 정치가로 평가하고 있었다. 그래서 그는 결코 어떤 형태로든지 저항이라는 단어와 결부되지 않았다. 나는 그와 그것에 관해 얘기를 나눈 적이 있었다. 그가 내게 말하기를, "적어도 공습이 시작된 뒤로는 전쟁에서 이길 수 없다는 점이 명확해졌다. 그러나 전쟁을 어느 정도 모양새 있게 끝내기 위해서는 위대한 정치가가 필요했다. 주위에서 유일하게 위대한 정치가로 보였던 사람이 히틀러였다."

오토 크란츠뷜러, 되니츠의 변호사

나는 1973년 함부르크 근교의 아우뮐레에 있는 되니츠의 아담한 집을 방문한 적이 있었다. 단순히 그와 사귀고 싶다는 마음에서였다. 되니츠는 히틀러를 정말 사랑했다. 한번은 그가 내게 이런 말을 했다. "히틀러는 악령의 소유자였다. 그러나 그가 악령의 소유자라는 사실을 알게 되었을 때는 이미 때가 늦었다."

루도비치 케네디 경, 영국 해군장교

하는 동료들에게 "호엔촐러른"이라 불려진 그의 수용소 숙소에서 "무적의 군대"에 관한 이야기를 들려주면서, 붉은 혁명가들이 무적의 군대 등뒤에서 비수를 들이댔다고 주장했다.

되니츠는 어떤 수를 써서라도 고향으로 돌아가려고 했다. 그는 중병이 든 것처럼 꾸몄다. 얼마간 신경정신과 병원에서 치료를 받다가 1919년 초여름 그는 독일로 돌아왔다. 후에 그가 쓰기를, "군인이란 모름지기 독일이라는 나라가 어떤 체제 하에 있든 조국을 등지려 해서는 안 된다는 생각을 가지는 것이 중요하다. 자신이 생각하는 체제와 다르다고 해서 조국을 등지는 일은 자신을 희생하며 봉사하는 독일적이고 프로이센적인 원칙에 위배되는 일이다."

하지만 전쟁에서 귀환한 장병들에게 에베르트 대통령이 다스리는 바이마르 공화국은 혐오와 증오의 대상이었다. 되니츠는 옛 제국을 그리워했다. 자유라는 새로운 느낌은 그에게 별로 달가운 것이 아니었다. 실망한 여느 다른 사람들처럼 군인 되니츠는 다음과 같이 다짐했다. "1918년 11월과 같은 일이 다시 일어나서는 안될 것이다!"

전에 그는 황제와 자신의 제국을 위해서 전쟁에 나섰다. 하지만 지금은 그가 몸바친 황제나 제국 둘 다 사라지고 말았다. 빌헬름 2세는 네덜란드로 망명길에 올랐다. 되니츠는 자신이 강력한 적들에 둘러싸여 있다고 생각했다. 1918년 11월 혁명 중에 설치된 노동자·군인 혁명위원회는 온 나라를 폭력과 기아 그리고 혼돈 속으로 몰아넣었다. 되니츠는 강화 조약을 "굴욕적인 승전국들의 명령"이라고 생각했다. 해군은 그 조약에 따라 15,000명만 보유하게 되었다. 되니츠는 포로가 되고 얼마 뒤 "해군을 그만두고" 잠시나마 일반 직업을 가지겠다는 생각을 피력한 바가 있었지만, 그는 계속 해군으로서 직무에 충실했다. "삶의 목표를 돈을 버는 것에만 둔다면 삶은 만족스럽지 않을 것이다"라고 그는 적고 있다. "인간은 부단히 자신의 의무를 다하려고 노력해야 한다."

되니츠는 조국에 봉사한 것이지 체제에 봉사한 것이 아니었다. 그리고 항상 그를 유혹했던 것은 "비길 데 없는 U보트 함대의 동지애"였다. 그러나 이 동지애를 얼마간 찾아볼 수가 없게 되었다. 베르사이유 조약이 제국의 U보트 함대 소유를 금지시켰기 때문이었다. 독일이 소유할 수 있는 배의 수는 여섯 척의 순양함, 여섯 척의 철갑함, 열두 척의 구축함과 열두 척의 어뢰정에 불과했다. 실망스러운 이런 상황에도 불구하고 그에게 어렴풋이 희망의 빛이 보이기 시작했다. 1919년 여름 오토 슐체Otto Schulze 해군 소령이 그에게 계속 근무를 하겠느냐는 질문을 해왔을 때, 그는 다음과 같이 되물었다. "우리가 다시 U보트 함대를 소유하게 될 것이라고 생각하십니까?" 슐체 소령의 대답은 이랬다. "나는 우리가 다시 U보트 함대를 가지게 될 것을 확신한다. 하지만 예전에 가졌던 전력을 모두 갖게 되지는 못할 것이다."

다시 그의 직속 상관이 된 슐체 소령과의 대화에 고무된 되니츠는 킬 항구에서 새로운 임무를 정력적으로 추진해 나가기 시작했다. 해군 중위 되니츠는 이제 해군 장교를 선발하는 핵심 보직을 맡게 되었다. 공화국에 적대감을 가지고 있던 되니츠는 장교단을 선발할 때 군주주의자들만 받아들였다. 물론 이로써 해군이 가지고 있는 부족한 장비 문제가 해결되지는 않았다. 전에 국민의 자부심이었던 황제 선단은 영국 해군의 보급 기지였던 스캐퍼 플로의 바다 밑에 가라앉아 있었다. 1919년 여름, "국가와 민족의 명예"를 지키기 위해 독일 해군 스스로 바다 밑으로 침몰시킨 것이었다.

새로운 시대였지만 되니츠에게 좋은 일은 일어나지 않았다. 1919년 가을, 독일의 정치 상황은 더욱 혼란스럽게 돌아가고 있었다. 내전의 징후가 나타났고, "붉은 군대"는 정부 전복을 위해 투쟁했다. 의용군들의 후원자였던 폰 뢰벤슈타인의 부대 같은 의용부대들은 "민주주의자들"의 동의를 얻어 폭동 가담자들에게 사격을 가했다. 되니츠는 만약 이 "체제 변혁기"를 극복하면 독일은 예전의 강대국 모습을 되찾을 수 있을 것이라고 확신하고 있었다. 나라가 황폐하게 될 지도 모른다는 두려움, 좌익 혁명주의자들이 승리할 지도 모른다는 두려움이 그를 재촉했다. 평온과 질서를 유지하지 못하는 이 증오스러운 공화국의 무기력한 모습에서 되니츠는 공화국에 대한 투쟁의 정당성을 발견했다. 1944년 그가 회고하기를, "우리는 마르크스주의 국가를 거부했다. 왜냐하면 공산 국가는 민족의 군사적 유용성과 군인들이 소중하게 여기는 모든 것들을 부정했기 때문이다."

카프 쿠데타에 가담한 반란군들이 공화국을 끝장내려고 했던 1920년 3월에 이미 군주주의자들은 새시대가 도래하리라는 좋은 징후를 포착하고 있었다. 그 당시 어뢰정 함대의 함장으로 있던 되니츠도 남몰래 의용군이 성공하기를 바라고 있었다. 그는 의용군들이 "새롭게 대두되는 볼셰비키 혁명의 분위기"를 제지할 수 있으리라고 기대하고 있었다. 하지만 그의 기대는 헛된 것이 되고 말았다. 쿠데타는 실패로 돌아갔고, 경제적 여건은 더욱더 악화되었다. 그때 세 아이를 키우고 있던 되니츠 가족의 경제적 여건도 말이 아니었다. 군인으로서 성공을 도모하던 장교 되니츠는 자신의 가족들에게 많은 시간을 할애하지 못했다. 되니츠는 다른 것에 신경을 쓰고 있었다. 그는 출세를 원했던 것이다. 1920년 6월부터 다시 지휘권을 행사하게 되었던 그는 해상 전술 훈련을 통해 해군 대위로서 배워야 할 정찰, 연락 유지와 기습에 관한 기술들을 익혔다. 후에 그는 이 기술들을 "집단 전술"이라 명하고 자신의 전매 특허라고 주장했다.

그는 진급에 진급을 거듭했다. 1923년 3월에 그는 베를린에서 "방위국의 정치·조직 분과"(A1)의 해군 담당관으로 일하고 있었는데, 이 조직은 베르사이유 조약에 의한 제한 때문에 밖으로 정체를 드러내지 않고 있었다. 그는 4년 동안 정부를 상대로 해군의 관심사를 강하게 부각시켰고, 열의를 갖고 국민들에게 이에 대한 군사적 필요성을 설득시켜 나갔다. 되니츠는 뛰어난 협상 능력을 보여 주었고, 과장은 이에 대해 최고의 찬사를 아끼지 않았다. "다른 부처나 관청과 접촉하면서 그는 센스 있게 행동했고, 협상에서 전문적인 지식과 우호적인 접근 방식을 이용해 과課에 최상의 결과를 가져다주었다."

그러나 그는 곧 책상머리에 앉아서 일하는 것에서 벗어나 선상으로 돌아갔다. 과거와의 재회였다. 그는 순양함 님프호의 항법 장교로서 옛 후원자 폰 뢰벤펠트를 다시 만났는데, 그는 되니츠에게 이데올로기를 최종적으로 심어준 사람이었다. 되니츠는 보수 반동적이고 과격한 그의 생각을 자기 것으로 만들어 갔고, 동료들에게 공산주의와 유태인에 대해 반감을 가지도록 선동했다. 제국의 경제적 궁핍함은 그대로 그의 가족 생활에 반영되었고, 그로 인해 그의 증오심은 더욱 커져 갔다.

이런 위기 상황에서 발전의 초석을 다져가고 있던 사람이 있었다. 그는 전국을 돌아다니며 표를 모았고, 자신이 이 혼란 상황을 종식시키고 질서를 창출할 수 있는 사람이라고 주장하고 다녔다. 매력적인 아돌프 히틀러의 주장은 참모로 근무하던 카를 되니츠에게도 영향을 미쳤다. 되니츠가 열렬히 바라고 있던 바, 즉 강한 독일과 강대국 수준의 해군을 건설할 계획을 히틀러가 약속하고 있었던 것이다. 되니츠에게 있어 히틀러는 그의 희망을 실현시킬 수 있는 사람이었다. 종전 후에 그가 적기를, "나는 독일이 올바른 길로 접어들었다고 믿고 있었다." 게다가 히틀러의 집권은 그의 출세에도 유리하게 작용할 것으로 예상되었다. 히틀러의 정권 탈취는 되니츠에게 "환영할 만한 새로운 건국"을 의미했다. 드디어 "강력한 힘을 발휘할" 사람이 나타난 것이었다.

히틀러가 국내에서 권력을 잡으려고 애쓰는 사이에 되니츠는 특별한 여행길에 올랐다. 제국 대통령이 하사한 힌덴부르크 장학금을 받아 다섯 달 동안 "마법의 나라 인도"와 남아시아를 여행할 기회가 주어진 것이다. 그사이 제국 내에서는 돌격대와 친위대가 테러를 통해 질서를 잡고 있었다. 되니츠는 이국적인 문화의 아름다움과 "동화의 나라가 가진 조화로운 분위기"에 흠뻑 젖어 있었는데, 이로 인해 그는 "발리인들이 서양인들만큼 예의범절이 바르고 높은 문화를 가지고 있는 것이 아닌가" 하는 생각을 가지게 되었다.

배가 고향으로 항로를 잡았을 때, 그의 마음은 이미 독일과 "협소한 공간(잠수함)"에 가 있었다. 되니츠는 자신이 정치적으로 원했던 체제, "제3제국"을 장차 자신이 가야 할 길로 생각했다. 그리고 오랫동안 열망하던 강한 인물이 지도자가 된 이 제3제국은 해군의 희망도 실현시켜 주려 했다. 히틀러는 함대의 구성을 승인했다. 1933년 가을에 이미 되니츠는 해군 중령으로 진급해 있었는데, 그 당시 그는 "정신적으로 뛰어나고 견실한 성격을 가졌으며, 건전한 공명심과 뛰어난 **지휘자로서의 자질을 지닌 장교**"로 평가받고 있었다. 그는 오래 전부터 "총통"에 대한 충성심이 진급에 중요한 기준이 된다는 사실을 알고 있었다. 돌격대 대장 룀과 다른 정적들을 살해한 사실에 대해 되니츠는 십수 년이 지난 후에도 "국가적인 정당방위"였다고 변명했다. 해군은 새로운 국가 수반에게 무조건 복종했다. 다른 군인들처럼 이 야심만만한 뱃사람도 히틀러에게 충성을 다짐했다. 되니츠는 "무조건 복종"을 맹세했다. 히틀러가 죽을 때까지 그는 이 맹세를 지켰다.

되니츠의 출세. 히틀러의 집권은 그의 출세에 가속을 붙였다. 경순양함 엠덴호의 함장으로서 그는 자신의 "지휘자로서의 자질"을 외국으로의 항해를 통해 입증해야 했다. 엠덴호가 닻을 올리기 바로 직전이었던 1934년 11월 2일 되니츠는 히틀러에게 소개되었다. 발전을 도모하는 해군 장교의 절도 있고 엄격한 태도는 독재자에게 깊은 인상을 심어 주었고 되니츠도 최고 명령권자의 모습에 매료되었다. 히틀러에 대한 인상이 어땠는지는 다음날 확인할 수 있었다. 다음날 그는 병사들 앞에서 고무된 표정으로 히틀러에 대한 찬사를 연발했다. "우리 모두는 우리들의 뛰어난 총통에게 충성할 것이다!"

여러 달 동안 엠덴호가 아프리카를 빙 둘러 항해를 하는 사이에 히틀러가 파견한 외교관들은 이때까지 다른 사람들이 생각지도 못했던 일을 해냈다. 지루한 협상 끝에 1935년 6월 18일 독·영 해군 협정이 체결되었다. 이 협정에 의하면 독일은 영국 해군이 보유한 전력의 35퍼센트까지 무장할 수 있으며 U보트 함대 수를 45척에서 100척 내에서 억제하도록 되어 있었다. 이로써 독일은 향후 영국과 같은 전력을 보유할 수 있는 근거를 마련했다. 영국은 이 정도는 양보해도 된다고 생각하고 있었다. 영국은 자국의 해저 초음파 음향 탐지기로 U보트의 접근을 확실히 차단할 수 있다고 믿었다.

U보트 함대의 건설이 협정을 통해 보장됨으로써 되니츠의 삶은 새로운 전기를 맞게 되었다. 되니츠의 전문 지식을 높이 평가했던 히틀러는 그를 "U보트 함대 사령관(FdU)"으로 임명했다. 현 상태

에서 U보트 함대를 재건하라는 명령과 함께. 되니츠는 이 새로운 임무를 정열적으로 그리고 단호하게 수행해 갔다. U보트 함대 사령관은 히틀러가 U보트 함대보다 대형 전함에 더 관심을 갖고 있을 수도 있다고 의심의 눈초리로 바라보았다. 되니츠는 비스마르크 같은 양반들을 고루하고 상처받기 쉬운 사람들이라고 생각했다. 그는 지속적으로 "자신"의 U보트 함대의 우수성을 강조했다. 그가 훈시를 통해 말하기를, "U보트는 근본적으로 공격 무기이다. U보트의 넓은 행동 반경은 먼 바다 적지에서 작전하기에 적합하다." 되니츠는 U보트 함대만이 어제의 적이자 동시에 오늘의 적인 영국의 주요 해상 교역로를 차단해서 항복을 받아내는 작전을 성공시킬 수 있다고 주장했다. 그러나 그의 말을 귀담아듣는 사람은 없었다. 당시 그가 당의 핵심 인물이 아니었기 때문이다.

초기에 그는 11척의 U보트를 지휘했다. 그는 젊은 수병들을 고무시키는 방법을 알고 있었다. 그는 그들이 해군 내의 가장 우수한 엘리트들이라고 느끼게 만들었다. 그는 지휘관들과 선원들에게 "출동 태세에 만전을 기하고, 영국의 초음파 음향 탐지기를 두려워하지 말라!"고 여러 번 강조했다. 영국군의 위치 확인 장치가 너무 과대평가되어 있다는 얘기였다. 그는 자신의 집단 전술로 영국 해군의 호송 선단과 맞서려 했다. "마치 늑대떼처럼" U보트 함정들이 "공격-접근-격침"이라는 명령에 따라 적의 호위 선단을 공격한다는 생각이었다. 전파 탐지와 적 공군이라는 위험 요소에 대해 그는 잘 알고 있었고, 지휘부 참모들에게도 자신이 구사하려는 전술의 위험성에 대해 숨기지 않았다. 그의 구상은 별 호응을 얻지 못했다. 해군 총사령관 에리히 래더Erich Raeder 장군은 U보트에 대해 회의적인 시각을 가지고 있었다. 그럼에도 불구하고 되니츠는 자신의 전술을 영국과의 전쟁에서 승리할 수 있는 최상의 방도

총통께서는 우리가 가야 할 길과 목표를 제시하신다…

사령부에서 자신의 참모들과 함께 있는 되니츠(1943)

되니츠는 아주 통솔력이 뛰어나고 처신이 똑바른 사람이었다. 우리는 그가 무슨 일을 처리할 때 심사숙고를 거듭하지만, 결정한 뒤에는 빠르게 행동에 옮긴다는 인상을 받았다. 그는 사람들을 아주 간단한 논리로 설득할 수 있다고 생각하고 있었다. 그도 그렇게 간단하게 설득당할 수 있었는데, 불행히도 그런 일은 일어나지 않았다. 1943년 전 함장들을 소집하고 계속 전쟁을 하는 것이 의미가 있는지 물었다. 그는 각자의 의견을 듣고 싶어했다. 처음에는 젊은 사람들 의견을 듣고 마지막에는 최고 지휘자들의 의견을 들었다. 만약 그 당시 우리가 "더 이상 싸울 목적이 없습니다"라고 말했다면, 전쟁은 끝날 수도 있었을 것이다. 그러나 그 당시 우리는 그런 말을 하지 못했다.

한스-루돌프 뢰징, U보트 서부함대 사령관

그는 자신에게 속한 모든 것들을 바쳐 제국에 충성하는 해군 장교였다. 그는 완벽한 애국자였다. 다시 말하면, 그는 조국과 민족의 공복이었다.

오토 크레취머, U보트 함장

라고 생각했다.

그사이 전쟁의 기운은 더욱 무르익었다. 외교적인 기상도가 급속하게 변하고 있었다. 오스트리아의 "합병"과 강압적인 "주데텐 문제 해결"이 영국과 프랑스를 뭉치도록 만들었다. 그사이 히틀러는 독일의 군비 확장을 더욱 강화하고 있었다. 래더 장군의 해군 사령부는 전함과 순양함 건조에 총력을 기울이고 있었다. 1939년 1월의 "Z계획"은 영국 해군에 대한 선전포고나 마찬가지였다. 히틀러는 수면 위로 기동하는 전함의 증강을 승인했다. 반면 U보트 증강 계획은 여전히 주목 대상이 되지 못했다. 그러나 되니츠는 "자신"의 U보트 함대를 위한 위대한 시기가 곧 도래하리라고 확신하고 있었다. 그는 래더 장군의 대형 전함들이 국방 예산과 원료 비축 문제에 과도한 부담을 줄 것이라고 생각했다. 그에 비해 U보트는 빠르고 값싸게 건조할 수가 있었다. 승산은 있어 보였다. 그는 장기적으로는 자신의 생각이 관철될 것이라고 생각하고 있었다.

되니츠는 래더 장군이 생각하고 있던 해전海戰 개념과는 다른 U보트 전술을 계속해서 개발해 나갔다. 1939년 초 그는 자신의 저서 『병기 U보트』에서 영국과의 해상 무역권 쟁탈전에서 U보트 함대를 어떤 형식으로 나머지 전함과 합동 작전에 투입할 지에 대한 자신의 구상을 밝혔다. 래더 장군이 1939년에 전쟁은 없을 것이라고 그를 타일렀지만, 되니츠는 서둘러 자신의 이론을 다지고 실질적인 도상 훈련을 시행했다. 그는 전쟁에 300척의 U보트가 필요하다고 생각했다. 하지만 1939년 9월 1일 폴란드의 베스터플라테 섬에서 슐레스비히-홀스타인호가 전쟁을 개시했을 때, 되니츠가 운용할 수 있는 U보트는 고작 56척이었다. 그는 흥분해서 말을 더듬으며, "이런! 다시 영국을 상대로 한 전쟁이 시작되었군"이라고 말했다. 참모부 장교였던 빅토르 외른Victor Oehrn은 그 당시를 다음과 같이 기억하고 있다. "그가 방을 나선 지 30분만에 완전히 딴 사람이 되어 돌아왔다. '우리는 우리의 적에 대해 알고 있다. 우리는 이 적에 대처할 만한 무기와 지도부를 갖추고 있다. 이 전쟁은 매우 오래 갈 것이다. 그러나 우리 모두가 자신의 의무를 다한다면, 우리는 승리할 것이다. 이제 모두 원위치로 돌아가라.'"

되니츠는 개전 소식을 듣고 깜짝 놀랐다. 하지만 그가 평화 애호자라서 놀란 것이 아니라, 해군력에서 월등한 영국에 대한 걱정 때문에 놀란 것이었다. 그는 모든 함장들을 일거에 전선으로 투입시켰다. 전쟁 일지는 그 당시 "잠수함 대원들의 확신에 찬 분위기"를 전하고 있다. 하지만 이는 조작된 것이었다. 후에 뛰어난 U보트 사령관이 된 U보트 대원 오토 크레취머가 회상한 바에 의하면, 그 당시 U보트 대원들은 적에게 "죽도록 실컷 두드려 맞을 것"이라며 두려워하고 있었다.

되니츠의 U보트 함정들은 전쟁이 일어난 바로 그날 적진으로 들어갔다. 히틀러는 여전히 영국과 협상을 할 수 있다고 기대하고 있었다. 그러나 전쟁 발발 셋째 날 어뢰 한 방이 그의 "합의"에 대한 마지막 기대를 수포로 만들었다. U 30호의 함장 율리우스 렘프 Julius Lemp가 영국의 여객선 아테니아호를 사전 경고도 없이 침몰시킨 것이었다. 렘프 함장은 어뢰가 보조 순양함에 명중한 것으로 믿고 있었다. 112명이 사망했다. 생존자들을 찍은 사진이 전세계로 전파되어 되니츠의 부하들에 대한 증오심을 불러일으켰다. 독일의 선전 기관은 말도 안 되는 선전으로 일관했다. "아테니아호는 영국 전함의 실수로 인해 격침되었거나 영국이 설치한 부유 기뢰에 의해 침몰된 것이 틀림없다"라고 요제프 괴벨스는 빈정거렸다. 되니츠도 이 은폐 작전에 동참했다. U 30호가 그달 말 본국으로 돌아왔을 때, U보트 함대 사령관 되니츠는 함장과 선원들 모두에게 아테니아호 공격에 대해서 침묵을 지킬 것을 다짐하라고 요구했다. 게다가 되니츠는 전쟁 일지에서 U 30호와 관련된 기록을 없애라고 지시했다.

되니츠는 처음부터 "나포 원칙"(잠수함의 상선에 대한 무경고 공격을 금지하고, 경고 후 상선을 임검 및 수색한다는 원칙 — 옮긴이)을 무시하라고 지시했다. 그에게 있어 이 U보트전戰은 사전에 경고 없이 상선을 침몰시켜야만 가망이 있어 보이는 전쟁이었다. 그러나 히틀러는 정치적 이유 때문에 이 "나포 원칙"을 지키려 했다. 그러나 이 원칙은 점점 더 그 의미가 퇴색되어 1940년에 결국 사문화되었다. 이러한 국제법적인 규정들만이 되니츠의 골머리를 썩게 만든 것은 아니었다. 그는 쉴새없이 그에게 주어지지 않는 것들을 요구했다. 그는 더 많은 U보트를 달라고 요구했다. 하지만 히틀러는 해전을 계속 부수적인 것으로 간주하고 있었다. U보트 건조는 더디게 진행되었다. 생산된 U보트는 매달 두 척에 불과했다. 무척 실망한 되니츠는 이제 자신의 U보트의 전투력을 직접 증명해 보일 기회를 모색했다. 그 일환으로 준비된 것이 기습 작전이었다.

1939년 10월 14일 마침내 작전이 개시되었다. U 47호의 함장 귄터 프린Günther Prien 대위는 오크니 제도의 스캐퍼 플로 만灣으로 몰래 침투해 들어갔다. 그리고는 경비가 삼엄하게 펼쳐져 있는 홈 플리트 도크에 정박해 있던 전함 로열 오크호와 그 승무원들을 바다 속으로 가라앉혔다. 후에 되니츠가 기술한 바에 따르면, 히틀러는 이 통쾌한 작전에 "기뻐서 어쩔 줄을 몰라했다." 베를린에서 전쟁 영웅 프린 대위는 여느 때 "총통"이 받는 것과 같은 환대를 받았다. 독재자 히틀러가 직접 나와 함장과 부하들을 영접했다. 승리를 확신하는 분위기가 전국적으로 만연했다. 스캐퍼 플로의 습격 작전으로 되니츠는 영국에서 일약 유명 인사가 되었다. 영국 해군의 구축함 함장이었던 루도비치 케네디는 "그때부터 그에 대한 기사가 항상 신문의 머릿면을 장식했다"고 기억하고 있다. "그는 괴링이나 괴벨스처럼 유명했다. 카를 되니츠는 이 전쟁을 통해 가장 잘 알려진 사람 중의 한 명이었다." 그리고 윈스턴 처칠 수상도 전후에 밝히기를, "나를 계속 두려움에 떨게 만들었던 유일한 것은 바로 되니츠의 U보트였다."

프린 대위의 습격 작전을 통해 얻은 가장 큰 성과는 무엇보다도 정신적인 부분이었다. 전략적인 관점에서 보면 단순히 일회적인 성공에 불과했지만, 그 효과는 대단했다. 이를 통해 이제 히틀러는 영국과의 전쟁에서 이길 수 있다고 확신하게 되었다. 되니츠는 "U보트 함대 사령관"으로 임명되었다. U보트란 무기에 대한 신망이 매우 두터워졌다. 특히 해군 제독 래더 장군의 신임이 대단했는데, 그는 예전과 달리 줄기차게 "무제한적인 U보트 전쟁"을 치를 것을 주장했다. 되니츠도 그의 주장에 동조했다. 1939년 12월 초 그는 154호 명령을 하달했다. "어느 누구도 구조하지 말 것. 기선의 보트들은 신경 쓰지 말 것. 기상 상태와 육지와의 근접성은 개의치 말 것. 귀관들의 잠수함만 신경 쓰고, 되도록 빨리 작전을 성공시키도록 애쓸 것! 이 전쟁에서 우리는 냉정하게 대처해야 함. 적들이 우리를 섬멸하려 먼저 전쟁을 일으켰음. 그러므로 오직 여기에 전력하는 것이 중요함."

그러나 전쟁 물자는 턱없이 부족했다. 어뢰가 불발되는 일이 다반사였다. 되니츠는 1939년 10월 30일 자신의 전쟁 일지에 "발사된 어뢰 중 적어도 30퍼센트가 터지지 않았다. […] 지휘관들이 어뢰를 믿지 못하고 있다. 결국 기꺼이 공격에 나서는 일을 기피하게 될 것이다. 현재로서는 불발의 원인을 제거하는 것이 U보트 함대가 해야 할 가장 시급한 일이다"라고 밝히고 있다. 이런 문제점은 본격적인 "어뢰 위기"로 이어졌는데, 이로 인해 U보트 함대는 처음으로 엄청난 재난을 겪게 되었다. 노르웨이와 덴마크에 대한 기습 공격에서 전함을 상대로 발사한 36발의 어뢰가 모두 불발되었다. 그러자 되니츠는 점검을 위해 "자신의" U보트 함대를 불러들였다. 점검 결과는 비참할 정도였다. 1940년 5월 15일 그는 한탄 섞인 어조로 "과거 전사戰史에 병사들이 이런 쓸모 없는 무기를 들고 적과 맞섰다는 얘기를 들어본 적이 없다"라고 말했다.

히틀러에게 무엇보다 중요한 것은 조국의 승리였다. 프랑스를 굴복시킴으로써 대서양 항로가 확 뚫렸다. 이렇게 되니츠가 오랫동안 꿈꾸던 바가 성취됨으로써, 마침내 그가 대양으로 진출할 수 있는 길이 열렸다. 그는 브르타뉴 지방의 로리앙에 지휘본부를 설치했는데, 대서양 전투의 모든 작전을 지휘하는 중추였던 이곳은 "작은 정어리 성城"이라 불렸다. 해안을 따라 거대한 엄폐물이 설치되었다. 7미터 두께의 시멘트 지붕이 영국 공군의 폭격으로부터 잠수함들을 보호할 것이라고 했다. 강철과 시멘트로 만든 성은 거칠고 황량해 보였다. 로리앙의 벙커를 만드는 데만 무려 4억 제국 마르크가 들었다.

"어뢰 위기"를 극복하자마자 영국과의 경제 전쟁은 새 국면으로 접어들었다. 영국의 수송 루트에서는 연이어 전투가 벌어졌다. 영국은 굶주림에 지쳐 백기를 들 지경에 이르렀다. 되니츠는 이때 처음으로 자신의 집단 전술을 성공적으로 구사할 수 있었다. 늑대 떼처럼 여러 척의 U보트가 동시에 공격을 퍼부었다. 1940년 8월 15일에 독일은 "무제한적인 U보트전"을 치르겠다고 선포했다. 그 이틀 뒤에 영국의 전 해상에 대한 봉쇄가 이루어졌다. 대서양 전쟁의 첫 클라이맥스가 이 부분이었다. 양국간의 무자비한 결투는 무기를 통해서 뿐만 아니라 매스컴을 통해서도 이루어졌다. "독일의 U보트들이 적을 추격하고 있습니다"라고 보헨샤우(영화관의 주간 뉴스 — 옮긴이)는 전했다. "그들의 구호는 공격-접근-격침이었습니다!"

초기에는 집단 전술이 성공적인 전술로 입증되었다. 영국의 해저 초음파 음향 탐지ASDIC 체계는 수면으로 떠올라 공격하는 잠수함 공격에 무용지물이었다. 1941년 말까지 독일 U보트들은 약 450만 톤에 해당하는 적의 화물을 바다 속으로 가라앉혔다. 바다로 떨어진 만 명이 넘는 영국 선원들은 가라앉는 배에서 나온 기름에 질식하기도 했고, 망망대해에서 굶어 죽기도 했으며 구조되기 전에 불에 타 죽기도 했다. 그리고 뛰어난 전술 능력을 보여줌으로써 되니츠는 적으로부터 존경을 받기도 했다. 영국의 도청 전문가인 해리 힌슬리Harry Hinsley 경은 "그는 매우 재능 있는 사람이었다"라고 평가하고 있다. "되니츠는 전투에 있어서 뛰어난 능력을 보인 사람이었는데, 신호를 듣기만 해도 되니츠가 직접 U보트 함대에 명령을 내렸는지 아닌지를 정확하게 알아낼 수 있었다. 그는 정말 놀라울 정도로 활동적이고 능력 있는 사람이었다. 그는 바다의 롬멜이었다."

부하들의 사기를 돋우기 위해 그는 몇 가지를 착안했다. 되니츠는 부하들이 고향에서 휴가를 보낼 수 있도록 귀향 열차를 마련하기도 했다. 특히 큰 전과를 거둔 부대 장병들에게는 접수한 성이나 대저택에서, 즉 소위 "U보트 목장"에서 광란의 잔치를 벌여 주기도 했다. 되니츠는 자신의 부하들과 밀접한 관계를 유지하려 했다. 시간이 허락하는 대로 그는 부두로 나가 들어오고 나가는 U보트들을 직접 지켜보았고, 기꺼이 "자신의" U보트 대원들과 함께 "성공적인 항해"가 되도록 건배를 나누기도 했다. "난방 담당병이든

해저 초음파 음향 탐지기를 두려워 하지 마라…
U보트 사령관 되니츠가 대서양 연안에서 일본군 잠수함 지휘관을 맞고 있다 (1944)

영국인들은 세계 정세가 자신들에게 불리한 방향으로 진행되는 것을 원하지 않는다. 그래서 더 이상 피를 흘리지 않고 되도록 전쟁이 빨리 끝나기를 간절히 바라고 있다. 배를 격침시킨 것과는 별도로, 우리들은 심적으로 전면전이 일어나기를 매우 바라고 있다. 영국 내에서 서로 다른 의견들과 흐름들이 충돌하고 있다는 점은 분명해 보인다. 반면 우리 민족은 매우 응집되고 결집된 의견을 보이고 있는데, 이것이 우리의 강점이다.

되니츠, 1942년

처칠 수상이 한번은 이렇게 말한 적이 있다. "정말 내가 두려워했던 유일한 것은 되니츠의 U보트였다." 처칠의 그 말은 전적으로 맞는 말이었다. 되니츠는 "U보트전이야말로 전쟁의 승패를 좌우할 중요한 전쟁이다"라는 의견을 피력한 바 있다.

해리 힌슬리 경, 영국 암호해독부대장

영국 매스컴의 논조에 따르면 영국은 분명 U보트의 위치를 측정할 수 있다는 이유 때문에 그 위험이 크지 않다고 생각하고 있는 것 같다. 우리의 목표는 영국이 어떤 경우라도 그렇게 믿도록 만드는 것이다. 위치가 노출되지 않는 U보트 여러 대가 합동으로 호송 선단을 공격한다면 영국은 아마 깜짝 놀랄 것이다.

되니츠, 1938년

U보트, U보트, U보트…
군수장관 슈페어와 함께 있는 되니츠 (1943)

해군의 군수 물자는 나 혼자의 힘만으로 되는 것이 아니라, 유럽의 군수 물자 생산을 담당하고 있는 사람, 즉 군수장관 슈페어의 힘을 빌려야 한다. 우리는 슈페어 장관에게 생산 문제를 일임했는데, 그는 이제 총통과 민족 앞에 일정 내에 새로운 잠수함을 만들어 내놓아야 하는 책임을 지게 되었다.

슈페어와의 협력 관계를 언급한 되니츠의 발언, 1943년

아마 1943년 가을이었던 것 같은데, 나와 되니츠가 총통 사령부를 방문한 뒤에 저항할 수 없는 힘에 관해 얘기를 나눈 적이 있었다. 우리는 같은 이유로 인해, 즉 내적인 독립을 유지하기 위해서 몇 주에 한번씩만 총통 사령부를 찾는다는 얘기를 듣고 서로 놀란 적이 있다. 우리가 만약, 예를 들어 카이텔(독일의 육군 원수 — 옮긴이)처럼, 히틀러 주위에서 계속 일을 한다면, 더 이상 자유로이 일할 수 없을 것이라는 생각에 우리는 전적으로 동감하고 있었다. 우리는 그 당시 끊임없이 히틀러의 영향 하에 놓여 있어 자신의 의지도 없이 고분고분한 도구로 전락해 버린 카이텔을 동정하고 있었다.

뉘른베르크 재판 중에 한 슈페어의 발언

소총수이든, U보트 함대의 말단병이든 그에겐 모두 소중했다"라고 U보트 지휘관 호르스트 폰 슈뢰터Horst von Schroeter는 주장했다. 거의 모든 해군 장병들이 적어도 한번 이상씩은 되니츠를 직접 보았다. 이런 식으로 그는 자신의 부하들과 그들의 고민거리에 관심을 가지고 있었고, 속담처럼 한 배를 타고 있다는 느낌이 들도록 했다. 때때로 되니츠는 썰렁한 유머로 장병들을 즐겁게 해주기도 했다. "'나는 그대들과 같이 대화를 나누며, 그대들을 지켜볼 것이다. 내 말을 믿지 못하는 자는 머리에 몽둥이 세례를 받을 것이다.' 그렇게 말하면서 그는 자신의 지휘봉을 쳐들었다"라고 U보트 서부 함대 사령관 한스-루돌프 뢰징Hans-Rudolf Rösing 해군 대령은 기억하고 있다.

되니츠는 자신의 부하들로부터 존경만 받은 것이 아니었다. 그는 정말로 사랑을 받았다. 부하들은 그를 "사자" 또는 "카를 삼촌"이라 불렀다. 하지만 상호 신뢰란 의무에 충실한 프로이센 사람들에게는 서로에게 극단의 것을 요구하는 것과 같은 의미였다. 되니츠의 참모였던 에버하르트 고트Eberhard Godt는 "되니츠가 일방적으로 명령을 내린 경우는 매우 드물었다"라고 말하고 있다. "그는 자신에 차 있었다. 그는 자신이 하고자 하는 모든 것들을 심사숙고해 결정했기 때문에 아무 문제가 없을 것이라고 확신하고 있었다. 그는 의견이 다른 사람들과 토론하길 즐겼다. 지위고하를 막론하고 자신의 의견이 없는 사람은 배제되었다. 그는 대화 상대방을 자극하기도 했는데, 이는 반론을 듣기 위한 방편이었다. 그리고 나서야 그는 결정을 내렸다." 그러나 이런 식의 토론에도 불구하고 그는 명령을 내릴 때면 가차가 없었다. 그가 내린 명령은 시간도 공간도 사라진 소우주인 잠수함 내에서 몇 주 내지 몇 달 동안 항해하면서 지옥을 체험한 승무원들에게 내리는 사형 선고나 다름없었다. 20밀리미터밖에 안 되는 얇은 강철판 안에 50여 명의 승무원들이 정어리 통조림마냥 잠수함에 꾸겨져 넣어졌다. 바다 속의 광산 같은 숨막힐 듯한 분위기에서 그들은 언제든지 "나락으로" 떨어질 수 있다는 생각을 가졌는데, 이는 섬뜩한 이중적인 의미, 즉 심연으로 내려간다는 의미와 죽을 수 있다는 의미를 담고 있었다. 대서양 심연에서 승무원들은 제독이 내린 지침을 무조건 이행해 나갔다. 그들의 제독은 어뢰나 잠수함 같은 무생물을 대하듯 차갑게 사람을 대했다. 되니츠의 부하들은 그에게 동지애를 맹세한 사람들이었음에도 불구하고, 마치 기계처럼 작동해야 되는, 즉 갈등도 없고 불만도 토로하지 않는 "인간 병기"나 다름없었다.

그의 무자비한 명령을 수행해야만 했던 사람들은 새파랗게 젊은 20대 초반의 장교들이었다. 그들은 자신의 지휘관처럼 영국을 증오해야 했다. 그러나 U보트 함대원들 중 어느 누구도 그전까지 적의 얼굴을 본 사람은 없었다. 적이란 지휘관이 악의를 품고 잠망경으로 바라보는 수평선 위의 돛대를 뜻하는 것이었고, 어뢰와 으스스한 음향 측심기 소리를 통해 받은 느낌이었다. 그리고 적이란 풀 한 포기도 자라지 못하게 만드는 끊임없는 공중 폭격을 의미했다. 계속해서 되니츠는 공군의 수장인 헤르만 괴링에게 공중에서 도움을 줄 것을 요구했다. 그러나 제국 원수 괴링은 자신도 위태로운 처지에 놓여 있어서 그 요청을 거부했다.

1943년 여름부터 독일 U보트들의 이동 현황이 연합군 무선 통신 탐지망에 자주 잡혔다. 이해할 수 없는 독일 해군의 전술이었다. 이는 1941년 5월 8일, 아테니아호를 격침시켰던 율리우스 렘프 함장의 U보트를 잃은 것 외에도 암호 판독기 등 많은 것을 잃었음에도 불구하고 이를 눈치 채지 못한 채 구사한 전술이었다. 영국 해군의 구축함 한 척은 렘프 함장의 U 110호를 수면 위로 떠오르게 만든 뒤 잠수함을 탈취했다. U보트 선체에서 영국군은 전쟁의 승패를 결정지을 만한 의미를 가진 기계를 발견했다. 그것은 독일 해군의 비밀 암호를 해독하는 기계 "에니그마"였다. 이제 이 기계가 적의 수중에 들어간 것이다. 런던 근교에 위치한 무선 해독 본부 블렛클리 파크Bletchley Park에서 영국의 암호 해독 전문가들은 이 기계를 이용해 독일 해군 지휘부에서 무선을 통해 U보트 함장들에게 어떤 지시를 내리는지 알아냈다.

되니츠는 어디서 구멍이 났는지 전혀 눈치를 못 챘다. 적이 그의 명령을 다 듣고 있는데도 말이다! 그리고 아무도 이런 사실을 눈치채지 못했다. U보트가 적의 호송 선단을 발견하더라도 적들이 "잿빛 늑대들"(되니츠의 U보트들을 가리킴 — 옮긴이)의 추적권에서 자꾸 벗어나게 되자 되니츠는 비밀이 누설되고 있다는 낌새를 채게 되었다. 되니츠는 누가 비밀을 누설했는지 알아내기 위해 자신의 모든 참모들을 조사했지만 아무런 성과도 없었다. 비밀을 누설했을 가능성이 있는 사람으로 조사를 받지 않은 사람은 되니츠 자신과 참모장 에버하르트 고트뿐이었다. "내가 당신을 조사할까요? 아니면 당신이 나를 조사하겠습니까?"라고 그가 고트에게 물었다.

"우리는 그들이 우리의 강력한 레이더 기술 덕분에 U보트의 행방을 잘 파악하고 있다고 믿기를 바랐습니다"라고 해리 힌슬리 경은 말하고 있다. "우리는 독일군들로 하여금 우리가 100마일 밖에서도 U보트의 위치를 알아낼 수 있는 기적의 레이더를 개발했다고 믿게끔 만들었다. 실제로 그들은 아무도 자신들의 암호를 풀어낼 수 없다고 생각했기 때문에 다른 데서 원인을 찾으려 했다." 참혹한 결과를 볼 때까지 되니츠는 "에니그마"의 암호문이 안전하다고 믿고 있었다. 무선 전문가들이 그에게 암호 해독의 위험성은 미미하다며 그릇된 생각을 하게 만들었기 때문이었다. 되니츠가

83살이 된 70년대에야 "불분명하고 위험하며, 위협적인 적의 무기"에 대한 진실이 밝혀졌다. 영국군은 암호화된 무선 통신을 해독하는 작전을 최고 비밀 등급인 "울트라"로 분류했다. 이로써 독일 U보트와의 전쟁은 결과가 뻔한 싸움이 되었다. 되니츠의 U보트들은 현대적인 위치 확인 시스템으로 무장하고, 전함과 전투기 화력 면에서 월등하며, "에니그마" 덕분으로 U보트 작전이 어떻게 진행되는지 알고 있는 적과 맞서게 되었다.

빛나는 승리의 시간은 지나갔다. 되니츠의 U보트들이 연합군 수송 선단을 발견하는 경우는 점점 더 줄어들었다. 작전이 성공하는 경우는 더욱 드물었다. 이런 상황에서 1941년 12월 11일 참전을 선언한 미국의 결정은 U보트 함대 사령관의 기분을 고양시키기에 충분했다. 되니츠는 미국의 영해를 작전 지역으로 선포했다. 뉴욕에 U보트 함대의 등장이라! "파우켄슐락(팀파니 소리를 뜻함 — 옮긴이) 작전"은 1942년 1월 12일에 시작되었다. 미국 동부 해안에서 배를 격침시키는 행위는 U보트 사수들에게 정말 "누워서 떡먹기"였다. 1942년 7월까지 U보트 함대가 격침시킨 함정 수는 500여 척에 달했다. 이 시기에 미 해군은 어떤 반격 조치도 취하지 못했다. 1942년 영웅 기념일에 되니츠는 해군 제독으로 진급했다.

그러나 초기의 승승장구하던 분위기가 계속 유지되지는 않았다. 1942년이 지나면서 미 해군의 방어력이 증강되어 점점 더 독일 U보트들을 공해상으로 밀어냈다. 되니츠는 자신의 부하들이 임무를 완수하지 못 했다며 불만스러워했다. 이제 중요하게 된 것은 격침시킨 함정 수가 아니라 바다 속으로 수장시킨 적의 승무원 수였다. 연초에 히틀러는 일본 대사 히로시 오시마에게 다음과 같이 강조했다. "우리는 우리의 생존을 위해 싸웁니다. 따라서 우리는 인도적인 면에는 아무런 관심이 없습니다." 전쟁의 지휘자가 난파된 적의 구조를 거부했다. 되니츠도 테이블에 지도를 펴놓고 사람의 목숨을 결정했다. 5월에 그는 강의를 통해서 어뢰 뇌관을 개선하는 것이 중요하다고 강조했는데, 그의 강의에 의하면 "개선된 어뢰 뇌관은 배를 빠르게 가라앉혀서 승무원들을 구할 수 없게 만드는 큰 장점이 있다."

되니츠도 점점 과격해졌는데, 이는 전쟁이 어떤 식으로 흘러가고 있는 지를 보여 주는 단면이었다. 1939년 가을, 진정서를 통해 그 스스로 촉구했던 "전투에서 군인이 지켜야 할 모든 도덕률을 준수"하라는 내용이 이제 쓸데없는 것이 되었다. 전형적인 예가 라코니아Laconia호 사건이었다. U 156호가 1942년 9월 중순 영국의 병력 수송선을 침몰시켰을 때, 베르너 하르텐슈타인Werner Hartenstein 함장은 라코니아호에 동맹국의 전쟁 포로들이 타고 있다는 사실을 알게 되었다. 그래서 네 대의 구조 보트를 견인줄로 연결해서 난파된 사람들을 가득 실었다. 그리고 나서 U보트에 적십자기를 내걸고 수면 위로 항해를 했지만, 연합군의 포격을 받았다. 난파된 사람들을 구조하지 말았어야 했던 것이다.

되니츠는 즉각 반응을 보였다. 1942년 9월 17일, 악명 높은 "라코니아 명령"이 전 U보트 지휘관들에게 전달되었다. U보트 사령관 되니츠는 이를 통해 명시적으로 난파당한 적군을 구조하지 말라고 지시했다. "구조 행위는 적선과 적선의 승무원들을 없애라는 가장 기본적인 교전 규칙에 위배되는 행위"라는 것이다. 다만 함장과 필요한 사람은 구조 대상이 되었다. 이제 동정심을 갖는 것은 항명에 해당되었다. 뉘른베르크 재판에서 되니츠는 "라코니아 명령"이 자신의 부하들을 지키기 위한 보호 조치였다고 정당화시켰다. 되니츠에 따르면 구조 행위는 죽음을 사는 행위였다. 라코니아호 사건이 일어난 직후 되니츠는 적의 호송 선단을 따르는 구조 선

우리는 모두 보잘 것없는 가련한 존재들입니다…
"늑대 성채"에서 발생한 히틀러에 대한 암살 사건 직후의 되니츠(히틀러와 무솔리니 사이)

그들은 아마도 거기에 수감되어 있는 사람들이 모두 나라의 미움을 산 착한 시민들이라고 생각하는 것 같다. 하지만 그들은 수감자들의 99퍼센트가 평균 5년에 한번씩 감옥에 들어가는 상습범이며, 이전 바이마르 공화국이 이 범죄자들을 다음 살인을 저지를 때까지 방치했다는 사실을 모른다. 지금 성범죄 또는 중범죄를 저지른 범죄자들을 체포한 일에 대해 수많은 감사의 말을 전한다 해도 충분치 않다. 왜냐하면 이로 인해 가족의 안전과 우리 모두의 공공의 삶이 안전하게 되었기 때문이다.

1944년 7월 20일 모든 강제 수용소를 해방하려는 반역자들의 음모에 대해 되니츠가 한 말

우리 모두는 강제 수용소가 있다는 사실을 알고 있었다. 거기에 공산주의자들이 감금되었고, 그들은 그곳 공장에서 노동을 해야만 했다. 그러나 체계적으로 그들을 말살하고 있다는 사실은 적어도 해군 내에서는 아무도 몰랐다. 되니츠도 몰랐다. 그는 절대 거짓말을 하지 않는 사람이다.

라인하르트 하르데겐, U보트 지휘관

그분과 여러 번 대화를 나누었지만, 그분은 언제나 강제 수용소에 대해 몰랐다고 주장했다. 그분이 무엇을 알아야 하고, 알아야만 했는지에 관한 문제는 물론 간단치가 않다. 하지만 분명 그분은 평범한 대부분의 사람들보다 더 많이 알고 있었을 것이다.

클라우스 헤쓸러, 되니츠의 손자

박을 침몰시키라고 지시했다. 이 행위는 "기선 승무원들을 없앤다는 관점에서 보면 대단히 중요한 의미를 지니는 행위이다." 이런 의미에서 그는 부하들에게 강력한 메시지를 전달했다. "냉정하게 대처할 것. 독일 도시를 폭격할 때 적은 여자와 아이라고 봐주지 않는다는 점을 염두에 둘 것."

되니츠가 살인 명령을 직접 내리지는 않았지만, 그의 부하들은 그런 지시를 받은 것으로 느끼고 있었다. 그는 명시적으로 살인을 지시하지 않았다. 하지만 그는 반인간적인 행위를 조장하는 분위기를 제공했다. 이해하기 어려운 그의 이런 "능력들"이 오히려 그의 경력 관리에 도움이 되었다. U보트전이 해전에서 더욱 중요한 의미를 가질수록 어쨌든 그의 명성은 높아졌다. 모든 전선에서 수세로 몰린 시점에서 히틀러는 다른 장군들을 신뢰할 수가 없었다. 그래서 히틀러는 제독을 더욱 가까이 했고, 1943년 1월 30일 그를 해군 총사령관으로 임명했다. 이제 되니츠는 히틀러의 측근이 되었다. 그는 최고위층 인사가 되었고 히틀러의 조력자들 중에서 중요한 권력 인자로 작용했다. 그리고 그는 제국이 붕괴될 때까지 "총통"의 곁을 떠나지 않았다.

되니츠는 해군 총사령관이 됨으로써 최고의 직위에 오르게 되었다. 이는 그가 예상치 못했던 일이었다. 적어도 군의 독자적인 한 축을 담당하는 최고 지휘자가 된 이 순간에는 "비정치적인 군인"이 되라는 그의 요구는 망상에 불과했다. 군은 정치적인 이데올로기에 의해 좌지우지되었다. 그리고 해군 총사령관으로서 자신이 원한다고 해서 정치 이데올로기의 사슬로부터 벗어날 수 있는 노릇은 아니었다. 그의 진급과 함께 해전 운용에 있어 아주 중요한 변화가 일어나게 된다. 그의 전임자였던 래더 장군은 대형 전함을 선호했던 반면, 그는 작고 신속하게 투입이 가능한 U보트를 선호했던 것이다.

되니츠는 이제 해군의 주인이 되었다. 그의 말 한마디가 해군의 원칙이 되었다. "우리의 목숨은 국가의 것이다. 우리의 명예는 임무를 완수하고 출동 태세를 갖추는 데 있다. 우리들 중 어느 누구도 사생활을 요구할 권리는 없다. 우리에게는 이 전쟁을 이기는 것이 중요하다. 이 목적을 달성하기 위해 우리는 몸을 던지고 강한 승리 의지로 무장해야 한다." 그는 U보트전 이외에 다른 곳에도 관심을 두어야만 했다. 그는 해군의 모든 전투 행위를 조정해야 했다. 곧 그가 얼마나 안 좋은 시기에 해군의 수장이 되었는가가 드러났다. 그가 할 수 있었던 일이라고는 패전을 지연시키는 일뿐이었다. 독일군은 모든 전선에서 주도권을 상실했다. 동부 전선과 남부 전선의 상황은 극도로 악화되었고, 본토에서는 연합군의 폭격기가 독일의 도시들 위로 살인 화물을 투하하는 일이 더욱 자주 발생했다. 그럼에도 불구하고 되니츠는 자신의 첫 명령서에 적은 것처럼 전쟁을 이길 수 있다고 여전히 믿고 있었다.

우세한 적에 대처하는 그의 처방은 단순했고 빈약했다. "헌신"과 "무자비함"이라는 단어들이 그가 자주 써먹는 어휘에 포함되었다. 평화를 모색하는 일은 쓸데없는 일이라고 했다. 항복을 생각하는 것 자체가 범죄라고도 했다. 그는 무조건 자신의 운명을 히틀러에게 맡겼다. 베를린 숲에 위치한 그의 사령부 "산호"에서 그는 히틀러와 긴밀한 접촉을 갖곤 했다. 이때까지 개인적으로 아홉 번밖에 독재자를 만나 보지 못했던 되니츠가 해군 총사령관이 된 이후로는 히틀러를 전부 백열아홉 번 방문했다. 사람들은 그에게 "히틀러 청년단원"이라는 새로운 별명을 붙여 주었다. 되니츠의 전기 작가 중의 한 명이 히틀러와 되니츠 사이의 이런 밀접한 관계를 "연하와의 동업 관계"라고 적확하게 표현했다. 히틀러는 주인이고 되니츠는 조력자인 관계 — 서로에게 이익인 관계. 히틀러는 믿을 만한 실행 보조자를 발견했고 되니츠는 자신을 인정하는 주인을 만난 것이다. 다른 충복들에게서도 볼 수 있듯이 되니츠가 가진 히틀러에 대한 믿음도 비현실적인 특성을 띠었다. 1943년 8월 그가 히틀러를 만나고 난 뒤 "총통께서 내뿜는 엄청난 힘, 동요되지 않는 확고함, 상황에 대한 선견지명[…]은 오늘날 우리 모두가 총통에 비하면 보잘것없는 가련한 존재들이고 우리의 지식과 사물을 보는 눈은 제한된 영역에서 나오는 불완전한 것이라는 점을 더욱 두드러져 보이게 만든다. 총통보다 더 잘할 수 있다고 생각하는 사람은 우둔한 자이다"라고 적었다.

자신은 사령부 "산호"의 거대한 시멘트 벙커에 몸을 숨기고 있으면서, 그는 아무런 보호 장비도 없는 U보트들을 이미 승패가 결정난 전장으로 몰아넣었다. 새로 개발된 영국의 레이더 장비는 U보트 함대에 치명적인 결과를 가져왔다. 1943년 5월 되니츠는 한꺼번에 41척의 U보트를 잃었다. 장병 2천 명이 목숨을 잃었으며, 그중에는 되니츠의 아들 페터도 있었다. "에니그마"가 적의 수중에 들어간 뒤로는 독일 잠수함들이 고향의 기지로 무사히 돌아갈 가능성은 거의 없어졌다. 대서양의 전황이 역전된 것이다.

이 시기에는 독일 잠수함이 단 한 척이라도 호송선을 격침시키기라도 하면, 이는 괴벨스의 선전을 통해 영웅으로 칭송되었다. 1943년 4월 6일 되니츠는 철십자 훈장을 받았다. 하지만 그는 파국으로 치닫는 U보트전을 막을 수 없었다. 연합군은 호송을 위해 더 많은 폭격기를 보냈다. 대서양에서 "숨구멍"이 막혔을 때, 태평양에서도 마찬가지로 더 이상 안전한 곳은 없었다. U보트들이 제때 물 속으로 피하지 못하면, 그 결과는 비참할 수밖에 없었다. 달마다 연합군의 U보트 추격기와 전함들에 의해 수십 척의 독일 U보트들이 침몰되었다.

되니츠는 이때 처음으로 의구심을 품었다. 그가 전쟁 일지에 기록하기를, "가장 걱정되는 점은 적이 새로 건조할 수 있는 선박 수보다 우리가 더 많은 수의 배를 침몰시킬 수 없다면 U보트전은 실패할 수도 있다는 것이다." 되니츠는 더 많은 잠수함을 건조해 줄 것을 요구했다. 그리고 히틀러의 새로운 군수장관인 알베르트 슈페어는 U보트 건조에 최우선권을 두었다. 되니츠는 더 빠르고 더 오래 잠수할 수 있는 전기식 잠수함에 기대를 걸고 있었다. 그런 "기적의 잠수함"으로 인해 그는 끝까지 전세를 역전시킬 수 있다고 생각하고 있었다. 실제로 그의 집단 전술은 적이 기술적으로 우세를 점하고 있었기 때문에 오래 전부터 효과를 보지 못했다. 손실이 견디지 못할 지경에 이르자 1943년 5월 24일 대서양에서의 전투를 중지시켰다. 물론 잠정적인 조치였다. 그의 아버지는 그에게 "시작했으면 끝을 보라!"고 가르쳤었다.

가을부터 U보트 함대는 대서양에서 다시 자살이나 다름없는 출격에 임해야 했다. 되니츠는 장교들에게 보내는 서한에서 "독일 국민들은 오래 전부터 우리 잠수함이 가장 강력하고 결정적인 무기이며, 대서양 전투의 승패가 전쟁의 승패와 직결된다고 느끼고 있다"고 적었다. 그러나 되니츠는 "자신"의 U보트 함대의 가장 위협적인 상대인 연합군 폭격기들을 막을 방도가 전혀 없었다. 그러나 어쨌든 그는 자신의 전임자인 래더 장군이 수년 동안 이루지 못한 일을 해냈다. 말을 안 듣던 라이벌 괴링으로 하여금 해군과 같은 목표, 즉 헛된 승리를 추구하도록 압박하는 데 성공한 것이다. 그러나 호송 선단을 파괴하기 위해 합동 작전을 펴기에는 때가 너무 늦었다. 오래 전부터 괴링은 해군의 조롱 대상이었다. 해군에서 공군 총사령관은 "제국의 송장벌레"라고 불렸다.

실패를 거듭함에도 불구하고 되니츠는 계속 원대한 계획에 골몰했다. 항상 그는 "자신"의 U보트 함대가 승리할 것이라고 말했다. 그는 냉혹하게 부하들을 사지의 땅으로 몰아내면서, 항상 자신은 그들과 밀접한 유대감을 느끼고 있다는 구실을 댔다. 그러나 아무리 동지애를 맹세했다 하더라도 그보다 더 우위에 있는 것은 언제나 히틀러에 대한 조건 없는 충성심이었다. 장교들은 그에게 절대 배신하지 않겠다는 맹세를 했다. 1943년 늦여름 어느 강연에서 그는 간결하게 "어떠한 어려움이 있더라도 끝까지 우리의 맹세를 지키는 것이 중요하다"라고 훈시했다.

냉정함은 카를 되니츠가 지닌 특성 중에 가장 눈에 띄는 것이었다. 냉정함은 그가 학교에 다닐 때 교육받은 덕목 중의 하나였다. 룀과 정적들에 대한 학살이 자행될 때 그의 냉혹함이 잘 드러났다. 냉정함을 그는 부하들이 지켜야 할 의무로 만들었다. 전략적으로 버텨낼 수 없는 상황이란 그에게 없었다. 전선에서의 상황이 점점 더 어려워질수록 가망 없는 전쟁을 계속 주장하는 사도로서의 그의 능력은 더욱더 빛을 발했다. 그는 반복해서 "이 어려운 시기를 이겨내는 것"이 중요하다고 주장했다. 1945년 4월에도 되니츠는 독일의 "이른 항복"에 반대하는 주장을 펼쳤다. "역사의 교훈이 보여 주듯이, 전쟁에서 예기치 않은 정치적 변화나 기타 사건들에 의해 거의 가망 없던 상황이 바뀔 수 있다"는 내용이었다. 사적으로나 공적으로 냉정함은 자신이 추구하는 목표였다. 1943년 8월 동생의 사망 소식을 그는 겉으로는 전혀 동요되지 않은 채 담담하게 받아들였다.

되니츠는 무자비하고 냉정하게 "총력전"을 선전했다. 1943년 9월 9일 그는 지시문을 통해 "비판론자"와 "불평불만꾼들"을 맹렬히 비난했다. 그 내용은 다음과 같았다. "총통께서는 국가사회주의

꿈쩍도 안하는 바위…
1945년 3월 "영웅 기념일"에 베를린에서 카이텔, 괴링과 자리를 같이한 되니츠

처음에 나는 되니츠에게 홀딱 반했다. 나는 그가 원칙에 충실한 사람이라고 생각했기 때문이다. 나는 그를 "몰트케 같은 장군," 즉 엄격하지만 믿을 수 있으며, 특히 능력이 있는 장군이라고 봤다. 하지만 그는 놀랍게도 나치가 되었다. 곧 나는 그가 보잘것없는 교육을 받은 편협하고 융통성 없는 사람이라는 것을 알게 되었다. 마지막에 나는 그를 출신이 형편없는, 죽음을 부르는 고수鼓手로 결론 내렸다. 또는 당의 사람이라고 생각했는데, 이보다 더 그를 나쁘게 소개할 수는 없을 것이다. 되니츠는 완전히 히틀러의 총애를 받아 큰 사람이었다.

로타-귄터 부흐하임

되니츠와 괴링 두 사람 사이에 어떤 차이가 있는가! 두 사람 모두 자신이 관장하는 군의 무기, 즉 잠수함과 비행기에 심한 기술적 타격을 받은 사람들이었다. 괴링은 먼저 사임했고 그로 인해 파멸했다. 하지만 되니츠는 이를 극복했다.

괴벨스(일기), 1945년

세계관을 통해 독일 민족 통일의 초석을 확고히 다지셨다. 이 전쟁 국면에서 우리가 해야 할 임무는 냉정함, 인내와 의연함을 견지해 이 귀중한 통일을 지켜 나가고, 전투와 노동 그리고 침묵을 통해 이 소중한 기회를 지켜 나가는 것이다." 되니츠는 반대론자들을 혐오했다. 그는 비판을 반역으로 간주했다. 전선과 국내에서 자행되는 테러에 대해서는 침묵으로 일관해야 했다. 불만을 표시하는 자는 "군을 분열시킨다는 죄를 물어 군법으로 엄정하게 처리"된다고 했다. 왜 이 지시문이 나갔는가? 되니츠는 군과 친위대의 만행에 대한 나쁜 소문을 차단하려 했다. 동부 전선에서 유태인과 폴란드인 그리고 전쟁 포로에 대한 살인 행위가 비일비재했다는 사실을 되니츠도 분명 알고 있었을 것이다. 해군 총사령관이란 직위는 나치 위계 질서에서 고위직에 속했으므로 그 사실을 모를 리가 없었을 것이다. "바다로 시선을 돌렸다"라는 얘기는 그의 삶을 설명하는 상투적 표현이다. 그보다는 한스 포쓰Hans Voß 해군 대장이 되니츠와의 대화 내용에 대해 밝힌 것이 더 진실에 근접할 것이다. 참모부 장교들은 여러 번에 걸쳐 사령관에게 히틀러를 만나면 동부 전선에서 벌어지는 범죄 행위에 대해 항의하라고 건의했다고 한다. "되니츠는 '나는 총통과의 좋은 관계를 위험하게 만들 생각이 없다'라고 우리에게 말했다."

되니츠가 유태인 학살에 관한 "비밀 프로젝트"에 일정 부분 관여했다는 점을 시사하는 것이 바로 1943년에 있었던 포젠 출장이다. 회의에 참석한 대관구 지도자들과 당 고위 간부들을 상대로 되니츠가 연설을 하고, 그 다음으로 친위대장 하인리히 히믈러가 주연사演士로서 발언을 했다. 히믈러는 모든 참석자들이 "무덤 속까지" 가지고 가야 할 비밀, "절대 역사에 기록되어서는 안 되는 일"에 대해 언급했다. 그는 "끔찍한 일"이라며 신음 소리를 냈다. 그리고 마지막에 그는 자신이 언급하는 이 일이 바로 "유태인의 근절"이라고 솔직히 밝혔다. 그가 언급한 내용에 따르면, "여러분 모두는 여러분들이 다스리는 대관구에 유태인은 더 이상 존재하지 않는다는 사실을 당연한 것으로 받아들이고 있습니다. 몇몇 예외적인 경우를 무시하면, 이 위험한 페스트 분자를 국내에 그대로 둔다면 거의 모든 독일인들은 이 전쟁을, 4년 또는 아마도 5년 내지 6년이 걸릴 지도 모르는 전쟁의 부담을 견뎌내지 못할 것이라고 확신하고 있습니다." 청중들 사이에 무거운 침묵이 흘렀다. "서로 눈길을 피하며, 우리는 말없이 탁자에 앉아 있었다"라고 제국 청년 대장 발두어 폰 쉬라흐Bladur von Schirach는 그 당시를 회고했다. 그렇다면 되니츠는 어떠했는가? 종전 뒤에 그는 그 전에 자리를 떠야 했기 때문에 히틀러가 하는 연설을 듣지 못했다고 주장했다. 부하들이 되니츠를 그날 밤 베를린에서 보았다고 그의 알리바이를 증명해 주었다. 진실일까 아니면 상관을 보호하기 위한 허위 주장일까? 그에 대한 결정적인 증거는 아직도 나오지 않았다.

실제로 해군 총사령관 되니츠의 주관심사는 상황이 날로 악화되어 가고 있는 "바다"였다. 앞으로 모든 U보트들이 "적의 방어망에 노출될 것"은 그에게도 자명해 보였다. 그는 거듭해서 괴링의 공군과 합동 작전이 이루어지지 않은 것에 대해 불만을 토로했다. 또 그는 계속 히틀러에게 더 많은 잠수함을 달라고 요구했고, 대서양 상공에 정찰 비행을 강화해 줄 것을 촉구했다. 되니츠는 그의 요구 사항을 집요하게 관철시키려 했는데, 이는 "총통" 주위에서 벌어지는 일 치고는 희한한 일이었다. 왜냐하면 히틀러 주위에는 주로 예스맨들만 있었기 때문이었다. 해군의 수장 되니츠는 자신의 관점을 아주 강한 어조로 표현했으며, 해군 장교로서 자신의 소관 사항을 스스로 결정짓겠다는 의지를 분명하게 내보였다. 다른 충복들과는 달리 되니츠는 나쁜 얘기 전하기를 주저하지 않았다. "언젠가 그는 전황戰況 회의 시간에 부정적인 의견을 제시한 적이 있었다"라고 U보트 지휘관 폰 슈뢰터는 회상했다. "히틀러는 그 말을 조용히 듣고 나서 주위 사람들에게 다음과 같이 말했다. '나는 모든 측면에서 정확한 정보를 얻기를 원한다.'"

히틀러는 되니츠 같은 사람에게 기대를 걸었다. 비정하게 해군 수장은 부하들에게 "침몰할 때까지" 싸울 것을 요구했다. 히틀러는 되니츠 같은 사람과 마음이 통했다. 같은 행보를 취한 두 사람이었다. 되니츠는 1943년 말 해군 장성들에게 "군인은 전심전력을 다 기울이고, 강한 의지력으로 임무를 수행할 자세를 갖추는 것이 중요하다. 그리고 자신감과 세계관에 대한 확신도 중요하다"고 언급했다. 그러나 이러한 강력한 언사만으로는 점점 더 위력을 상실해 가는 U보트 함대를 예전처럼 강하게 만들 수 없었다. 되니츠는 맹목적으로 전투를 지시했다. 그는 제대로 기동할 수 있는 제국의 마지막 대형 전함 샤른호르스트함에 북해의 연합군 호송 선단을 공격하라고 명령했다. 성공 가능성도 없이 부하를 사지로 내모는 명령이었다.

되니츠는 히틀러가 준 "명예라는 빚"을 갚아야 했다. 원래 히틀러는 이 대형 전함을 해체하려고 했었다. 하지만 되니츠는 이를 잘못된 판단이라고 생각했다. 1943년 2월 26일 "연하의 동업자" 되니츠는 "총통" 사령부에서 히틀러를 만나 샤른호르스트함과 티르피츠함 같은 전함들을 해체하지 말고 계속 전투에 투입하라고 설득했다. 부관 예스코 폰 푸트캄머Jesko von Puttkammer에 따르면, 히틀러는 "누가 옳은지 두고 보자"라고 말했다고 한다. "여섯 달의 말미를 주겠으니, 대형 전함들이 아직까지 조금이나마 쓸모가 있음을 증명해 보이라."

전쟁 일지에 적혀 있는 바에 따르면, 1943년 크리스마스에 마침내 "어려운 동부 전선의 상황을 해결하는 데 결정적인 기여를 할" 기회가 주어졌다. 좋지 않은 기상 상태와 해군 북부 함대 총사령관의 반대 의견도 되니츠가 샤른호르스트함의 함장에게 이 운명적인 투입 명령을 하달하는 것을 막지 못했다. 이때까지 함상의 분위기는 좋았다. 승무원들은 크리스마스를 축하하고 있었다. "우리는 크리스마스 트리에 장식을 했고, 자그마한 선물과 고향에서 온 편지를 나누어 주고 있었다"라고 기관사 헤르베르트 라이만Herbert Reimann은 그 당시를 기억하고 있다. "그러나 선원들 사이에 무언가 일이 벌어졌다는 분위기가 퍼졌다. 엄청난 불안감이 엄습했다." 그리고 나서 크리스마스 휴일날에 전적으로 되니츠의 책임인 사건이 벌어졌다. 연합군 어뢰가 샤른호르스트함의 선체에 명중했다. 2천 명의 선원이 죽었고, 단 36명만이 살아남았다. 그들 중 한 명이 헤르베르트 라이만인데, 그는 드라마틱한 샤른호르스트함에서의 마지막 순간을 절대 잊을 수가 없었다. "모든 것이 조용하게 흘러갔다. 하지만 세 번의 만세 소리가 들렸다. 그 소리는 수많은 선원들이 물 속에서 배를 향해 외치는 소리였다. 그리고 잇따라 노래 소리가 들렸다. '선원의 무덤에는 장미가 피지 않는다.'"

그의 부관 얀-하인리히 한젠-노트바르Jan-Heinrich Hansen-Nootbar가 본 바와 같이, 샤른호르스트함의 침몰 소식을 듣고 되니츠는 "엄청나게 당혹스러워" 했다. 그러나 그는 자신의 잘못이라고 인정하지 않았다. 그 대신 그는 함대 사령관 에리이 바이Erich Bey 제독의 책임이지 자신의 책임은 아니라고 히틀러가 믿게끔 만들려 했다. 바이 사령관이 적의 전력을 잘못 판단했고, 호송 선단과 근접해 있는 "좋은 상황"을 제대로 활용하지 못했다는 것이다. 되니츠는 자신이 저지른 죄의 속죄양을 찾은 것이다. 그는 히틀러의 신임을 그대로 유지했다. 그는 1944년 해군 장병들에게 보내는 신년사에서 "우리는 혹독한 한해를 보냈다"라고 적었다. "독일 민족 중에서 우리만큼 혹독한 시련을 겪은 세대는 없었다. 다가오는 한해의 운명도 우리에게 이를 견뎌낼 것을 요구하고 있다. 의지를 모아, 충성심에 추호의 흔들림도 없이, 우리가 승리할 것임을 굳게 믿음으로써 이를 이겨 나가자. […] 총통께서는 우리에게 가야 할 길과 목표를 제시하신다. 우리는 위대한 독일의 장래를 위해 목숨을 다바쳐 그를 따를 것이다." "비정치적인 군인"이 이런 말을 한단 말인가?

전황이 더욱 절망적이 될수록, 되니츠와 그의 부하들의 히틀러에 대한 결속감은 더욱 단단해졌다. 1944년 해군 장성 회의에서 나온 것과 같은 "불평불만"을 그는 장밋빛 약속으로 무마시켰다. 그는 새로운 U보트 함대를 투입하게 되면, 전쟁을 이길 수 있는데, 그러려면 그때까지는 믿음과 충성 그리고 헌신이 필요하다고 했다. 그는 비음이 섞인 목소리로 "이를 거부하고 국민과 맞서는 자는 내가 갈기갈기 찢어 죽일 것이다"라고 말했다. 또한 초임 장교들은 국가사회주의적인 정신을 교육받아야 한다고 했다. 왜냐하면 장교는 "국가를 대표하는 사람들이기 때문이다. 따라서 장교는 비정치적이라고 하는 말은 완전히 넌센스다." 이래도 되니츠가 "비정치적인 군인"인가?

이 히틀러의 추종자는 새로운 선전 선동자로서의 자신의 역할에 금방 적응했다. 그의 연설은 이데올로기로 가득 차 있었다. 그는 "총통"의 믿음직한 가신으로 봉사할 기회를 항상 찾아 다녔다. 히틀러는 이런 점을 높이 샀다. 되니츠가 대중들 앞에 모습을 드러내고 연설하는 것을 꺼려했기 때문에 이번에는 히틀러가 직접 되니츠에게 자신을 대신해 1944년 영웅 기념일 연설을 하라는 지시

이처럼 우리 해군의 단결된 전투력은 그대로 유지되어야 한다. 이런 기여를 통해 우리는 현재의 위기 국면을 전환시킬 수 있을 것이다. 영웅적인 행동으로 호전시킬 수 없는 상황이란 없다. 이와 반대되는 모든 행동이 분열과 혼란 그리고 씻을 수 없는 치욕을 의미함은 당연한 것이다.

되니츠, 1945년

되니츠는 얼마나 훌륭하고 인상적인 면을 보여 주었는가. 총통이 내게 말했듯이, 그는 해군에서 가장 뛰어난 사람이다. 해군이 이룬, 예외없이 만족스런 성과는 주목할 만하다.

괴벨스(일기), 1945년

되니츠는 우리 젊은 사람들에게 많은 것을 요구했다. 그러나 그는 우리가 잘못을 저지르면 이해할 줄도 아는 사람이었다. 어쨌든 그는 서로가 매우 닮았고, 매우 사심 없고 순수한 사람들을 자신의 주위로 모으는 데 성공했다. 제대로 적응하지 못하는 사람은 금방 퇴출되었다. 그는 특히 U보트 선원들과 독특한 관계를 유지했다. 그는 언제가 "나는 그대들과 함께할 것이고, 언제나 그대들과 대화를 나누며, 그대들을 지켜볼 것이다"라고 말한 적이 있다. 다른 부대 장병들에게 이토록 따뜻하게 대한 적은 없었다.

한스-루돌프 뢰징, U보트 서부 함대 사령관

를 내렸다. 이 연사는 선전 구호로 가득 찬 연설을 준비했다. 해군 수장은 적에 의해 궁지에 몰린 이 상황에서 중요한 것은 "우리 민족이 살아남을 수 있느냐 아니면 멸망하느냐"라고 외쳤다. "총통께서 십 년 전에, 지금 유럽으로 쳐들어오는 적을 홀로 막고 있는 이 군을 새로 조직하지 않았다면 독일 민족은 어떻게 되었겠습니까"라는 질문을 던지고는 자신이 곧 답을 냈다. "공산주의자들에 의해 우리 민족이 말살되고 유럽의 문화가 사라졌을 겁니다." 히틀러보다 더한 사람처럼 되니츠는 "유태인에 대한 끓어오르는 분노"를 폭발시켰다. 거짓과 조작, 모함과 빈정거림. 되니츠는 히틀러의 실행 보조자로서의 능력을 십분 발휘했다. 그는 이를 위한 만반의 준비가 되어 있어 보였다. 히틀러와 되니츠의 결합은 이성에 반하는 동맹이었다.

"총통"의 천재성에 대한 자신의 믿음이 흔들릴 수도 있다는 사실은 철저히 배제되었다. 그는 패전이라는 임박한 현실에 눈을 감아 버렸다. 그는 서부 전선에서 연합군이 공격해 올 경우, 이는 "자신"의 U보트 함대의 건재를 과시할 수 있는 기회라고 생각하고 있었다. 1944년 4월 11일 지휘관들에게 하달한 명령에서 그는 "상륙에 사용되는 모든 적의 운송 수단이 목표다. 이를 위해서는 전 함대를 투입하는 것이 필요하다. 손실을 감수하고서라도 공격은 이루어져야 한다"라고 했다. 이 명령에는 "무차별 공격"이라는 작전명이 붙여졌다. 하지만 이 작전은 히틀러의 마음을 사기 위해 말로만 내려진 작전이었다. 현실적으로 작전이 이루어진 것은 아니었던 것이다. 적의 침공이 진행되는 동안 손상된 되니츠의 잠수함은 한 척도 없었다.

되니츠는 겉으로 냉철한 남자로 보이려고 애썼다. 그래서 그의 심경에 어떤 변화가 일어났는지 제대로 알 수가 없었다. 1944년 5

월 14일 저녁, 그의 둘째 아들 클라우스가 죽었다는 소식을 들었을 때, 그는 딸 우르줄라의 침대 옆에 앉아 있었다. "우리는 손을 맞잡고 앉아서 아무 말도 하지 않았어요. 아들들의 죽음은 아버지의 가슴을 무척 아프게 했어요." 한마디 한탄 소리도 그의 입에서 나오지 않았다. 전후에 그는 손자 클라우스 헤쓸러에게 자신의 아들들은 "임무를 수행하다 영웅적으로 죽은 것"이라고 말했다. 갖은 불행한 일에도 불구하고 되니츠는 아무 일도 없었다는 듯이 자신의 직무를 계속 수행해 갔다. 마치 자신과 다른 사람들에게 냉정하게 대함으로써 마음의 안정을 찾는 듯했다.

마침내 1944년 6월 6일 "자신"의 U보트도 구축함도 그리고 고속정도 연합군의 공격을 저지할 수 없게 되었다. 자신의 저지선이 붕괴되었음에도 불구하고 되니츠는 이제는 분명해진 "제2전선의 존재"로 인해 실패의 부담에서 벗어날 수 있었다. 다른 장교들이 전선에서 벌어지는 가망 없는 살인 행위를 종식시키려 애쓰고 있던 반면, 1944년 7월 20일 히틀러에 대한 암살 기도가 무위로 돌아간 뒤에 되니츠는 "총통"에 대한 자신의 조건 없는 충성심을 보여주기 위한 또 다른 기회를 노리고 있었다. 그날 저녁 그는 "총통을 상대로 한 비열한 살인 음모에 대해 해군 장병들 모두 분노에 떨고 있습니다. 또한 이 무자비한 적과 내통한 공범들에 대해서도 우리 모두 격분하고 있습니다"라고 발표했다. 히틀러가 살아남은 것을 그는 "신의 섭리"이며 "우리들의 싸움이 정당함을 한번 더 입증하는 것"이라고 표현했다. 그가 내린 결론은 그의 광적인 성향을 그대로 드러내 준다. "우리는 총통을 중심으로 더욱 똘똘 뭉칠 것입니다. 우리는 더욱 격렬하게 싸워 나갈 것입니다. 승리가 우리의 것이 될 때까지." 아무도 그의 충성심을 의심할 수 없었다. 암살이 시도된 날에 그는 해군에서 "나치식 경례"를 의무화시켰다.

십수 년이 지난 뒤에서야 되니츠는 자신의 생각을 어렴풋이 드러냈다. 그는 슈판다우 감옥에 수감된 뒤에 "저항 세력들이 어떤 사실을 알고 있었고, 무엇이 그들을 행동에 나서도록 만들었는지 전혀 알 수가 없었다"라고 기술하였다. 그러면서 그는 모든 강제 수용소를 해방시키려는 "범죄자들"의 계획을 비웃었다. "그들은 아마도 거기에 수감되어 있는 사람들이 모두 나라의 미움을 산 착한 시민들이라고 생각하는 것 같다. 하지만 그들은 수감자들의 99퍼센트가 평균 5년에 한번씩 감옥에 들어가는 상습범이며, 이전 바이마르 공화국이 이 범죄자들을 다음 살인을 저지를 때까지 방치했다는 사실을 모른다. 지금 성범죄 또는 중범죄를 저지른 범죄자들을 체포한 일에 대해 수많은 감사의 말을 전한다 해도 충분치 않다. 왜냐하면 이로 인해 가족의 안전과 우리 모두의 공공의 삶이 안전하게 되었기 때문이다." 여기서 되니츠는 군수 물자 생산에는 죄수들의 희생이 수반된다는 사실을 굳이 숨기려 하지 않았다. 강제 수용소 죄수들은 희생자들이며 수많은 살인을 저지른 범법자가 아니라는 사실을 그는 알고 있었다. 하지만 그는 그들이 U보트 조선소에서, 얼마나 비인간적인 작업 환경 하에서 강제 노역에 나서야 했는지에 대해서는 전혀 신경 쓰지 않았다. 1944년 2월 15일 해군 장성들 앞에서 그는 "만약 나의 손자들이 쓰레기 같은 유태인 정신을 교육받게 되고 그로 인해 정서를 해치게 된다면, 그리고 오늘날의 순수한 공공 예술과 문화, 교육이 […] 다시 유태인의 수중에 들어가게 된다면 나는 혀를 깨물고 죽고 말겠다"라고 말했다. 오랫동안 이 연설은 문서에서 누락되어 있었다. 1950년대에 비로소 몇몇 사본이 발견되었다. 1938년 11월 9일에 있었던 "유리의 밤" 학살 사건 때 그는 자신의 상관에게 구두로나마 이에 대해 항의를 하기도 했다. 하지만 육 년 뒤에 그는 유태인에 대한 자신의

베를린의 총통을 구출해 내는 것…
해군 장병들 앞에서 연설하는 되니츠 (1945)

되니츠는 언제나 자신이 새로운 상황에 빨리 적응할 수 있음을 증명해 보였다. 그리고 곧바로 새로운 상황에 요구되는 확실한 개념을 발전시켜 나갔다.

호르스트 폰 슈뢰터, U보트 지휘관

되니츠는 히틀러의 성격에 강한 영향을 받았다. 그는 완전히 히틀러를 신뢰했다. 그럼에도 불구하고 그는 "나는 해군을 책임지고 있다. 어느 누구도 해군에 관해서는 내게 훈계할 수 없다. 히틀러라 하더라도 말이다" 라고 말했다. 그의 군사적 역량은 의심할 나위 없이 대단했다. 게다가 그는 어느 누구라도 쉽게 알 수 있는 뚜렷한 지휘 스타일을 가지고 있었다.

한스-루돌프 뢰징, U보트 서부 함대 사령관

그는 괜찮은 조직 운영자였으며, 군대 지휘관이었다. 그러나 그는 부하들을 죽음으로 내몰았다. 이것만은 절대 잊어서는 안 된다. 되니츠가 전범이라는 사실은 전혀 의심의 여지가 없다. 그에게 큰 행운이라면, 아주 유능한 변호사를 두었다는 것이다.

로타-귄터 부흐하임

공군 지도부의 지휘권을 되니츠의 해군 지도부로 넘기자는 제안이 여기저기서 나오고 있다. 되니츠가 후보로서 자격이 충분하다면, 무슨 일이 있더라도, 아주 참담한 지경에 빠져 있는 지금의 공군에 다시 새로운 정신을 불어넣을 수 있을 것이다. 나는 이것이 공군을 새로 정비하기 위한 전제 조건이라고 생각한다.

괴벨스(일기), 1945년

혐오감을 숨기지 않고 드러냈다. U보트 지휘관들에게 보낸 몇몇 이상한 "선물들"을 통해 그가 이미 비밀을 알고 있었음이 드러났다. 아돌프 클라젠Adolf Clasen 해군 소위는 수많은 시계가 들어 있는 선원용 물품 보관함을 직접 눈으로 본 적이 있었다. "물품 보관함의 뚜껑 위에는 작은 표찰이 붙어 있었는데, 거기에는 "U보트 선원들에게 보내는 U보트 함대 사령관의 선물"이라고 적혀 있었다. 우리들은 이 시계를 어떻게 처리해야 될지 몰라서 매우 난감해 했다. 우리는 본능적으로 이 엄청난 시계들이 주인을 잃은 물건이고 폭력과 연관된 것이라고 눈치를 챘다."

되니츠는 경멸 섞인 비난을 퍼부으면서 "기꺼이 죽을 각오를 할 것"을 요구했다. 원하지 않는 자는 "꺼지라"고 했다. 모든 장병들은 "자신의 맡은 바 임무를 가차없이 수행해야 하고 […] 국가사회주의 국가 편에 서서 헌신적인 노력을 경주해야 한다." 군은 "충성을 맹세한 그분에게 헌신해야 한다. 그렇지 않으면 군은 붕괴될 것이다. […] 그렇다면 우리는 누구에게 우리의 혼을 다 바쳐야 하는가? 이것이 군의 존재 이유인데, 결국 참모부의 일부가 이를 망쳐 버렸다"라고, 7월 20일 부하들에게 훈시를 하면서 "그들이 혼을 다 바쳐 총통을 모시지 않았다"고 비난했다. 몇 년이 지난 뒤에 그는 이 증오에 찬 연설을 군을 결속시키는 행위였다고 표현했다. 그는 이를 통해 "국가 지도자를 축으로 하는 국민들의 내적 단결이 필요하다는 점"을 명확하게 하는 것이 그의 의도였다고 했다.

되니츠는 철저하게 히틀러에게 충성했고, 전선 상황을 여전히 그렇게 가망 없는 것으로 보고 싶어하지 않아 했다. 1945년 2월 군수장관 알베르트 슈페어가 되니츠에게 전면전이 더 이상 가망 없다고 지적하고 그에게 결단을 내리라고 요구했을 때, 그는 다음과 같이 대꾸했다. "나는 단지 해군을 대표할 뿐이다. 다른 모든 일은 내가 관여할 일이 아니다. 총통께서는 자신이 무엇을 해야 하는지 알고 계신다."

오래 전부터 더 이상 배분할 자원이 없었음에도 되니츠는 자원을 얻기 위해 힘을 쓰고 있었다. 그는 히틀러에게 끊임없이 과장된 낙관적인 전망과 약속들을 내놓았다. 심지어 제국 수도 베를린이 붉은 군대의 집중 포화를 받고 있었을 때에도 그는 "만약 비스카야 지역(스페인 북부 바스크 지방에 있는 주 — 옮긴이)의 항구들이 여전히 우리 수중에 있다면" U보트전을 통해 전세를 역전시킬 수 있다는 망상에 빠져 있었다. 이처럼 상황을 미화해서 하는 말들은 전부 히틀러의 취향에 맞는 것들이었다. 히틀러와 되니츠 두 사람은 마치 지푸라기라도 붙잡는 심정으로 서로에게 의지했다.

1945년 3월 히틀러는 서부 전선의 요새 사령관으로 미덥지 않은 장군들 대신 앞으로는 해군 장교들을 투입하겠다고 결심했다. "왜냐하면 아직까지 배는 한 척도 잃은 것이 없는데, 최후까지 싸워보지도 않고 이미 수많은 요새들을 잃었기 때문이었다." 서부 전선에서 이미 수많은 군인들이 투항 대열에 합류하고 있을 때, 되니츠 부대는 잃어버린 진지를 되찾기 위해 싸우고 있었다. 대제독 되니츠는 부하들을 무자비하게 마구 부렸다. 수도 없이 맹세한 전우애는 어디서도 찾아볼 수 없었다. 비정한 명령과 함께 그는 U보트, 고속정 그리고 이른바 "소형 병기"들로 연합군을 추격하도록 했다. 1945년 봄에만 하더라도 이미 5천 명의 U보트 선원들이 죽었다.

예비 연료마저 바닥을 보이자 되니츠는 해군 병사들을 지상전에 투입했다. 해군 보병 사단은 전선을 안정시키기 위해 투입되었다. 하지만 이 헛된 시도는 수많은 피를 대가로 지불하고 끝났다. 1945년 4월 초에 되니츠는 훈시를 통해 "우리 해군 장병들은 어떻게 행동해야 되는지 알고 있다"라고 말했다. "왼쪽에서 벌어지든 오른쪽에서 벌어지든 아니면 우리 옆에서 벌어지든 간에 우리가 동요됨 없이 확실하게 수행해야 할 군인의 의무는 꿈쩍도 안하는 바위처럼 용감하고 냉정하게 충성스러움을 견지하는 것이다."

이 마지막 시기에 충직한 되니츠처럼 히틀러의 신임을 받았던 사람은 몇 없었다. 여기저기서 독재자는 반역을 목격했다. 히틀러는 무능력한 괴링, 평화 협상을 할 용의가 있던 히믈러, 실패한 카이텔에게 심한 비난을 퍼부었다. 그러나 해군 수장에게 만큼은 상당한 호감을 표시하며 정확하게 "대제독"이라는 칭호로 불러 주었다. 되니츠는 충성을 담은 서한을 통해 호의에 답했다. 4월 중순에 그는 "늦어도 일 년 안에, 아마도 올해 안에 유럽은 아돌프 히틀러가 이 대륙에서 출중한 능력을 가진 유일한 정치가임을 깨닫게 될 것이다"라고 호언장담을 했다. "부정적인 모든 생각들은 비생산적이고 실제로 옳지 않은 것이다. 이런 생각들은 연약함에서 나온 것이다. 비겁함과 연약함은 사람을 멍청하고 맹목적으로 만든다." "총통"에 대한 그의 절대적 충성은 부하들에게 내리는 사형 선고나 다름없었다. 1918년 11월과 같은 일이 다시는 일어나서는 안 된다고 다짐한 적이 있었다. 이런 다짐을 잊지 않고 있던 그는 다음과 같은 명령을 내렸다. "깃발의 명예는 신성한 것이다. 어느 누구도 자신의 배를 넘기려고 생각해서는 안 된다. 그보다 스스로 바다 속으로 가라앉혀 버리는 것이 차라리 명예로울 것이다." 이 몰락의 시기에는 독일인 사이에 벌어진 암살조차도 "그대로 인정"받았다. 호주군 포로 수용소에서 최고참 포로가 공산주의를 신봉하는 동료들을 사살한다는 얘기가 그의 귀에 들어가자, 그는 책임자에게 "모든 수단을 동원해서" 지원해 주겠다고 약속했다. 마치 히틀러가 되니츠를 지원해 준 것처럼.

스탈린 군대가 거침없이 베를린의 수상 청사로 접근하는 사이에 히틀러는 되니츠를 무너지고 있는 제국의 북부 지역으로 보냈다. 1945년 4월 19일 대제독 되니츠는 사령부 "산호"를 떠나 홀슈타인 주의 플뢴으로 근거지를 옮겼다. 되니츠는 여기에 자리를 잡을 수밖에 없었는데, 왜냐하면 이미 3월부터 해군 참모부가 여기서 확고한 지휘 본부를 구축하고 있었기 때문이었다. 그러나 되니츠는 새 사령부로 이동하기 전에 수상 청사 지하에 있는 총통 벙커를 잠시 방문해야 했다. 1945년 4월 20일, "총통"의 마지막 생일날에 되니츠의 부관 발터 뤼데-노이라트Walter Lüdde-Neurath가 기술하듯 "의욕을 완전히 상실한 패배자" 히틀러는 대제독과 짧은 대화를 가졌다. 그리고 나서 되니츠는 자신의 새로운 지휘부가 있는 곳으로 향하기 위해 작별 인사를 나누었다. 히틀러는 알프스 지역에 의해 양분된 독일의 남쪽은 자신이 지휘하려는 생각을 가지고 있었다. 되니츠는 북쪽을 담당해야 했다. 다음날 주군과 신하는 마지막으로 서로의 얼굴을 보았다. 되니츠는 베를린을 떠났다.

서부 전선에서 단독 강화 협상을 맺자고 유혹하는 말을 들을 때마다 히틀러의 이 북부 지역 대리인은 거부 의사를 분명하게 밝혔다. 총지휘권은 아직 히틀러의 수중에 있었고, 그는 계속 이 전쟁을 수행하려 했다. 이 당시 되니츠는 독일이 완전 항복을 하지 않으면 연합군이 받아들이지 않으리라는 점을 분명히 알고 있었다. 그의 생각은 다음과 같았다. "항복이란 독일 국민의 실체가 없어지는 것을 의미하는 것이기 때문에, 이런 관점에서 보면 계속 싸우자는 것이 맞는 말이 아닌가."

4월 27일, 군 최고 사령부의 전쟁 일지를 통해 "제국 수도에서 벌어지고 있는 전투가 끝나기" 직전이라는 사실을 접하고 나서야 비로소 되니츠는 더 이상 이길 가망성이 없음을 깨닫게 되었다. 그렇다 하더라도 그의 절대적 충성심에는 전혀 변화가 없었다. 필요한 경우에는 자살을 통해서라도 자신의 해군은 절대 "음험한 음모"를 꾸미려 하지 않는다는 사실을 증명하려고 했다. 그는 최고지휘관의 명예로운 죽음만이 "깃발의 명예를 지킬" 수 있는 유일한 방법이라는 생각에 이르기까지 했다.

실제로 그의 생각이 실행되지는 않았다. 1945년 4월 30일 19시 30분에 그의 군 경력에서 가장 중요한 전문이 날아들었다. 발신자는 베를린 수상 청사의 마틴 보어만이었고 전문 내용은 놀라운 것이었다. 히틀러의 "비서" 보어만은 "총통"의 자살을 언급하지 않고 "총통은 현 제국 원수 괴링 대신에 대제독 당신을 후임자로 임명한다"는 내용의 전문을 보냈다. 계속된 내용은 다음과 같다. "다음은 독일 국민에게 존경할 만한 사람들로 구성된 정부를 넘겨 주기 위한 조치이다. 이 정부는 모든 수단을 다 동원해서라도 전쟁을 계속 수행할 의무가 있다. 나는 민족의 지도자로서 다음 사람들을 각료로 임명한다. 제국 대통령 되니츠, […]"

되니츠는 아직 히틀러가 살아 있는 줄 알았다. 그는 베를린으로 다음과 같은 전문을 보냈다. "총통 각하, 당신에 대한 저의 충성심은 절대적입니다. 저는 당신을 베를린에서 구출해 내기 위해 온갖 시도를 다할 것입니다." 곧바로 되니츠는 자신의 약속을 이행했다. 그는 히틀러를 구출하기 위해 젊은 해군 병사들을 적에 의해 포위된 베를린으로 급파했다. 급파된 대부분의 병사들은 이 미친 작전으로 인해 목숨을 잃었다. 되니츠가 "영웅의 의무"로 간주했던 것이 당사자들에게는 "승천 명령"이나 다름없었다. "물론 우리는 투입될 전선이 어딘지 알고 있었다"라고 수병 중 한 명이었던 게르하르트 야콥Gerhard Jakob이 그 당시 수병들의 분위기를 기술하였다. "거기서는 더 이상 전투를 승리로 이끌 수 없었다. 우리들은 왜 수병들인 우리가 베를린으로 가야 되는지 생각해 보았다. 하지만 명령은 명령이었다. 우리는 되니츠가 내린 명령을 실행에 옮겼다. 그것이 우리에겐 신성한 의무였다."

5월 1일, 되니츠는 히틀러가 죽었다는 확실한 소식을 듣게 된다. 이제 히틀러의 후계자가 된 그는 후계자로서의 최종 검증 단계를 거쳐야 했다. 제독은 여전히 예전과 같은 충성심을 보였다. 그는 독재자의 죽음을 영웅적으로 찬미했다. 자살에 대한 언급은 없었다. 같은 날 국민들도 "총통이 그를 후계자로 정했다"는 소식을 접했다. 남아 있는 히틀러의 충성스런 신하들이 그를 따라야 하는 것은 그에게는 당연한 일이었다. 그는 친위대, 군장병 그리고 대관구 지도자들에게 준엄한 지시를 내렸다. "그대들이 총통에게 한 충성 맹세는 이제부터 총통의 후계자로 임명된 내게 한 맹세로 간주한다." 영국군 탱크들이 홀슈타인 주로 쳐들어왔을 때, 되니츠는 플뢴에 있는 총사령부를 플렌스부르크의 뮈르비크 해군학교로 옮겼다. 그곳은 되니츠의 모든 것이 시작된 곳이었다.

되니츠는 성실하게 "천년 제국"의 청산 절차를 진행했다. 이제 이 천년 제국은 폐허로 변했고 사람들도 제국처럼 파괴되었다. "군사적이고 정치적인 모든 조치들은 민족의 정체성을 보존하기 위한 것이다"라고 그는 일기에 적었다. 그가 밝힌 목표는 "평화가 도래하면 민족의 존재가 그대로 유지될 가능성이 큰 서부 전선 일대 지역에 국지적으로나마 가능한 빨리 교전 행위를 중지시키는 것"이었다. 되니츠는 동부 전선에서는 러시아군의 포로가 된 독일군들을 가능한 많이 구출해 내기 위해 전투를 계속하려 했다. 고기잡이 배에서 초대형 선박에 이르기까지 천 대 이상의 배들이 발트해를 통해 탈출자들을 철수시킨다는 계획이었다. "나의 첫번째 임무는 독일인들을 공산주의 적들의 학살 위협으로부터 구해 내는 것이다." 1945년 5월 1일에 내린 명령서에는 "이런 목적을 달성하기 위해 전투는 계속될 것이다"라고 적혀 있다. 그가 부관 뤼데-노이라트에게 묻기를 "백 년 뒤에도 독일 민족이 존재할 것이라는 것을 누가 보장할 수 있는가? 모든 계층을 섬멸하고 이주시키지 않는다는 것을 누가 보장할 수 있는가? 조직적인 해체와 말살을 통해서 더 이상 '독일적인' 가치가 존재하지 않는 국제적인 프롤레타리아 잡종이 생겨나지 않는다고 누가 보장할 수 있는가?"

되니츠는 연합군이 국제 협정에 따라 전쟁 포로들을 취급하고 있다는 사실을 알고 있었다. 이 때문에 그는 자신의 후계자로 해군 총사령관에 임명된 한스 게오르크 폰 프리데부르크Hans Georg von Friedeburg 제독에게 시간을 벌기 위해 네덜란드와 덴마크 그리고 북서 독일 지역에서 부분적인 항복을 용인하라는 명령을 내렸다. 몽고메리 원수는 뤼네베르크 들판에서 되니츠의 전술에 넘어가 부분 항복을 받아들였다. 되니츠의 계산은 적중했다. 결국에는 200만 명이 넘는 탈출자들이 연합군 지역으로 넘어갔다. 그런데 그는 한편으로는 사람을 구출했지만 다른 한편으로는 사람들을 처형하고 있었다. 5월 6일 밤, 항구 도시 존더부르크의 정박장에서 즉결 재판에 의해 11명의 젊은 수병들이 "군사 반란" 혐의로 사살되었다. 그들이 장교들을 구금하고 고향으로 돌아가려 했다는 이유 때문이었다. 1945년 5월 5일에도 독일 군사 법정은 도주를 도운 라트비아인에게 사형 언도를 내렸다. 이 모든 결과에 대한 책임자는 바로 카를 되니츠였다.

전후에 되니츠는 탈출자들을 구하기 위해 항복을 질질 끌었던 전략이 원래 "총통의 명령에 담긴 의도"였다고 진술했다. 히틀러는 교전 행위를 중지시키는 데에는 이르지 못했지만, "베를린에서의 영웅적인 죽음을 통해서 전투를 중지할 수 있는 길을 열어 놓았다는 것"이다. 포성이 멈추자 말자 되니츠는 이처럼 "평화 애호자" 히틀러라는 허무맹랑한 이야기를 지어내기 시작했다.

 1945년 5월 4일 15시 14분, 전 U보트 지휘관들에게 무기를 버리고 항복하라는 명령이 하달되었다. 되니츠는 명령문에서 "제군들! 우리는 6년간 U보트전을 치러냈다. 그대들은 마치 사자처럼 용맹하게 싸웠다. […] U보트 전사들이여! 그대들은 나무랄 데 없이 영웅적 전투를 치러낸 뒤에 이렇게 무기를 내려놓는 것이므로 치욕이라 느끼지 말고 실망하지 말라. 우리는 죽음으로써 총통과 조국에 충성한 전우들에게 경외심을 표한다. […] 독일이여 영원하라. 제독"이라고 썼다. 5월 5일 밤에는 많은 대원들이 스스로 자신의 잠수함을 파괴했다. 되니츠는 지시를 통해 잠수함의 파괴를 금지시켰었다. 하지만 지휘관들은 "그 지시가 제독의 실제 의지와는 상반되는 명령이라고 생각하고 있었다"고 "되니츠 내각"의 일원이었던 슈베린 폰 크로직 백작은 회상하고 있다.

 전투는 끝났다. 이제는 흔적을 없애는 것이 중요했다. 많은 친위대 장교들이 해군으로 위장했다. 전 아우슈비츠 수용소장이었던 루돌프 회쓰도 해군의 비호를 받았다. 그러나 되니츠는 탈영 혐의가 있는 동료들에게는 자비를 베풀지 않았다. 해군 대위 아스무스 예프젠Asmus Jepsen은 휴전 소식을 접하고, 독단적으로 고향으로 향했다. 되니츠는 이 행위를 부당한 것으로 간주했다. 처형 소리가 그의 사무실에서도 들렸다. 그는 "두 가지 도덕률"을 동시에 가질 수는 없다고 생각했다.

 이 유산 관리인은 예전의 사고 방식을 그대로 유지했다. 그에게서는 일말의 동정심도 찾아볼 수 없었다. 그에게는 자신의 의무를 계속 수행해야 한다는 의무감만이 있을 뿐이었다. 그는 자기 자신을 "국가사회주의가 우리에게 준 아름답고 좋은 것"들을 지키는

"파수꾼"으로 생각하고 있었다. 그는 "제3제국"을 과거지사가 아니라 찬란한 미래로의 출발을 다지는 발판으로 여기고 있었다. 그는 예전이나 지금이나 "우리 민족 공동체의 단결"을 "가장 중요한 것"으로 간주하고 있었다. 이 단결을 그는 "어떠한 상황에서도" 유지하려 했다. 뉘우친다거나 슬프다 또는 동정심을 느낀다는 말은 그의 입에서 한마디도 나오지 않았다. 강제 수용소에 대한 보고를 그는 "아주 과장된 선전술"이라고 표현했다. 후에 그가 독일 법정에 섰던 "개별 범죄자들"에 대해 말한 적은 있다. 하지만 그는 강제 수용소라는 지옥에서 살아남은 사람들에 대해서는 수년이 지난 뒤에도 여전히 증오로 가득 찬 말을 쏟아냈다. "대부분 탈영병이나 범죄자들인 강제 수용소 죄수들은 궁핍해서 필연적으로 아무것도 가지지 못한 선한 사람의 가면을 쓸 수밖에 없었을 것이다. 이 반사회적인 인자들이 이제 거리를 활보하고 다닌다." 되니츠가 그새 새로 경험한 것은 아무것도 없었던 것이다.

제국 멸망 제2막의 무대가 된 곳은 프랑스의 랭스였다. 알프레트 요들Alfred Jodl 장군은 되니츠로부터 전 전선에서 무조건 항복하려는 시도를 저지하고 연합군을 막으라는 명령을 받았다. 되니츠의 복안은 서부 전선에서는 항복을 하고 동부 전선에서는 전투를 지속하는 것이었다. 그러나 이번에는 연합군이 그의 계획대로 따라주지 않았다. 요들에게 선택의 여지는 없었다. 되니츠와 논의를 거친 뒤에 그는 전 전선에서 완전 항복을 선언했다. 되니츠는 다시 한번 라디오 방송을 통해 국민들에게 연설을 했다. "독일 국민 여러분! 독일 제국이 건설되었던 그 토대가 붕괴되었습니다. 우리 모두들 앞에는 이제 험난한 길이 놓여 있습니다. 나는 이 가시밭길 같은 험난한 길을 여러분들과 같이 가려 합니다. 내게 지금 직위에 그대로 남아 의무를 다하라고 하면, 나는 내가 할 수 있는

우리가 웃음거리가 되는 상황이 곧 다가올 것이다…
히틀러의 유산 관리인 되니츠(1945년 5월)

우리의 총통 아돌프 히틀러께서 쓰러지셨습니다. 독일 국민은 깊은 슬픔과 경외심에 머리를 조아리고 있습니다. 일찍이 그분은 공산주의에 내포된 가공할 만한 위험을 인식하시고 그 투쟁에 온몸을 던지셨습니다. 이러한 그분의 투쟁과 동요되지 않고 한길만을 달려온 그분의 삶이 독일 제국의 수도에서의 영웅적인 죽음으로 끝을 맺었습니다. 그분의 삶은 오로지 독일을 위해 바친 삶이었습니다. 밀물처럼 밀려오는 공산주의에 맞섰던 그분의 투쟁은 유럽뿐만 아니라 전 문명 세계에 걸쳐 인정받을 것입니다. 총통께서는 저를 후계자로 지명하셨습니다. 막중한 책임감을 느끼며 이 가혹한 운명의 시간에 독일 국민을 이끄는 임무를 넘겨받겠습니다.

되니츠의 라디오 연설, 1945년 5월 1일

한 성심성의껏 여러분들을 도우려 할 것입니다. 나의 본분을 다하라고 하면, 국민과 제국에 대한 봉사를 다할 겁니다." 그사이에 되니츠의 마지막 U보트 함대가 영국의 수도에서 항복을 했다.

그는 자신의 의무를 수행했다. 그는 독일의 정치 시스템을 아무것도 바꾸려 하지 않았다. 그는 "당의 광기"를 열정적으로 받아들였다. 그에게 민주주의는 낯선 것이었다. 그는 여전히 "순수 민족 국가"를 꿈꾸고 있었고, 자신의 내각 각료들이 딱딱한 국가사회주의자들로 채워져 있어도 전혀 놀라지 않았다. 이렇게 뮈르비크 해군학교 교실에서 무기력한 "정부"가 돌아가고 있었다. 그것이 국가가 보여준 황당한 마지막 모습이었다.

날마다 정각 열 시에 되니츠는 각료 회의를 열었다. 그 당시 "군수장관"이었던 알베르트 슈페어가 후에 이 코미디 같은 상황에 대해 언급했는데, "국가 원수"는 이 코미디 같은 상황을 당연히 정부가 하는 일로 알고 있었다. "우리는 전혀 쓸데없는 서류를 만들었고, 헛된 행위를 통해 우리가 중요한 일을 하는 것처럼 보이려 했다. 우리가 웃음거리가 되는 상황이 곧 다가올 것이다. 아니면 벌써 웃음거리가 되었던지." 연합군은 되니츠를 전혀 안중에 두지도 않았다. 처칠은 유산 상속자 되니츠를 "모래성"과 같은 독일을 이끄는 "지휘자"에 불과하다고 보았다. 승전국들은 이 플렌스부르크의 "정치인"에게 전쟁 배상금 지불이라는 권한 이외는 아무것도 주지 않았다.

1945년 5월 23일에 비로소 이 일련의 소동이 끝났다. 항복 2주 뒤에 히틀러의 추종자들이 마침내 무대에서 사라졌다. 영국군 병사들은 해군학교로 쳐들어가면서 "손을 높이 들고 바지를 내리라"고 소리쳤다. 이런 모욕적인 몸수색을 받은 뒤에 약 300명의 "각료"들과 참모 장교들 그리고 행정 공무원들은 보헨샤우를 찍고 있

오늘 제3제국은 사망했다…
1945년 5월 23일 체포될 당시의 되니츠

이날 밤에 우리들은 창문에서 뛰어내려 들판으로 도망쳤다. 우리들은 제독 혼자서 그의 전쟁을 끝마치기를 원했다. 우리들은 마을을 지나갈 때 나무에 매달린 탈영병들의 시체를 보았다. 농부들은 해군의 추적 부대를 조심하라고 우리들에게 경고했다. "그들은 친위대보다 더 잔인하다. 그들은 심문도 하지 않고 그대들을 사살할 것이다."

하인리히 예니케, U보트 수병, 1945년 종전에 관한 진술

되니츠는 냉정한 사람이었다. 그러나 그는 고위 장교로서 히틀러에게 자신의 의견을 직접 개진할 용기는 없는 사람이었다.

한스 라우텐바흐, 군의관

는 카메라 앞으로 끌려 왔다. 되니츠는 태연하게 체포를 받아들였다. 그를 관찰한 영국군 장교는 "제독은 품위를 지키고 있었다"라고 말했다. 『뉴욕 타임즈』는 "오늘 제3제국은 사망했다"는 논평을 실었다.

되니츠는 미군 군용기에 실려 룩셈부르크의 몬하임에 있는 수용소에 수감되었다. 미군들의 은어로 "쓰레기통"이라 불린 그곳에서 그는 50명의 다른 히틀러 조력자들을 만나게 된다. 되니츠는 앞으로 무슨 일이 벌어질지 알고 있었다. 연합군 측은 나치 정권이 저지른 범죄의 책임자들을 법정에 세우기로 결정했다.

1945년 가을은 그렇게 전범 재판으로 흘러갔다. 재판 장소는 뉘른베르크였는데, 그곳은 예전에 국가사회주의의 자기 선전의 상징적 무대였던 곳이다. 사복을 입은 되니츠는 "구멍가게 주인과 자신이 구별되기를 전혀 원하지 않았다"라고 미국 기자는 기록하고 있다. 공판 과정에서 제독이 이 재판을 "다른 수단을 이용한 전쟁의 계속"이라고 보고 있다는 사실이 곧 드러났다. 그는 서슴지 않고 자신을 "승전국의 사법 기관"에 의한 희생자라고 표현했다. 그는 판사의 서랍 속에 이미 완성된 모든 피고인들에 대한 사형 선고문이 들어 있다고 믿어 의심치 않았다.

그는 공판 둘째 날에 검사가 강제 수용소의 만행을 담은 필름을 제시하자 "그런 사실을 알고 있었다고 어떻게 나에게 죄를 뒤집어씌울 수 있습니까?"라고 항의했다. "강제 수용소에 대한 정보를 얻기 위해 왜 히믈러에게 가지 않았냐는 질문을 내게 합니다. 그런 어리석은 질문이 어디 있습니까! 그가 해군을 조사하기 위해 내게 왔다면 내가 그를 내쫓았을 것이 뻔하듯이 그도 나를 내쫓았을 것입니다! 도대체 왜 내가 이 일과 관련이 있단 말입니까? 본의 아니게 그런 일에 연루된 적은 있겠지만, 내가 조금이라도 당과 관련된 일을 한 적은 절대 없습니다."

재판 초기부터 되니츠는 자신이 희생양인 양 처신했다. 그는 "기소 내용 중 나와 관련된 것은 하나도 없다. 전형적인 미국식 유머군"이라고 기소장에 대한 코멘트를 메모장에 적었다. 이 기소장은 "1. 침략 전쟁 실행의 공모, 2. 침략 전쟁의 실행, 3. 전쟁 범죄"라는 세 부분으로 크게 나뉘어져 있었다. 되니츠의 경우에 검사들은 인류애에 반하는 범죄라는 죄목으로 그를 기소하지는 않았다. 왜냐하면 그에게 결정적으로 불리한 자료들 대다수가 그 당시에는 재판부에 전혀 제출되지 않았기 때문이었다. 그런 면에서 보면 되니츠는 행운아였다. 히틀러에 대한 암살 기도 직후에 해군 장성들 앞에서 행한 그의 증오에 가득 찬 연설문은 제출되지 않았다. 그렇기 때문에 판사들도 피고인이, 손자들이 "쓰레기 같은 유태인 정신을 교육받게 되고 그로 인해 정서를 해치게 된다면, 혀를 깨물고 자결"하겠다는 내용을 알지 못했다. 그래서 되니츠는 가장 중요한 혐의에서 벗어날 수 있었다. 게다가 이 히틀러의 후계자는 변호사 선임에 있어서도 행운이 있었다. 해군 판사였던 유능한 변호사 오토 크란츠뷜러Otto Kranzbühler가 그를 변호해 주었다. 그는 의뢰인의 무죄를 매우 설득력 있게 주장했다. 후에 크란츠뷜러가 말하기를, "전략은 아주 명확했다. 되니츠가 자신의 군사적 명령권 내에서 행해진 일에 대해서만 책임이 있고, 그 당시의 해전 교전 원칙에 허용된 한에서만 명령권을 행사했다는 점을 입증하는 것이었다."

항복한 지 일 년이 되는 날인 1946년 5월 8일에 군사 법정은 되니츠를 처음으로 증인석으로 불러냈다. 언제 정치에 발을 들여놓게 되었는가라는 질문에 그는 반항적으로 대답했다. "1945년 5월 1일이었으며, 그 전에는 전혀 아니었습니다!" 이 자칭 "비정치적

인간"은 자신의 선임자의 명령을 수행한 것뿐이라고 주장했다. 그리고 그가 U보트 대원들에게 계속 주입시켰던 "단체 정신"이 이제 그에게 유리한 효과를 나타내기 시작했다. 종전終戰까지 킬의 U보트 5함대 사령관이었으며 재판에서 영국측 검사의 핵심 증인이었던 카를 하인츠 묄레Karl Heinz Möhle를 제외하고는 피고가 범죄와 연관된 명령을 내렸다는 증언을 한 사람이 없었다. 후에 전범으로 처형된 지휘관 에크Eck조차도 총살을 당하는 마지막 순간까지 되니츠를 위해 철저하게 입을 다물었다. 군사가軍史家인 미하엘 잘레브스키Michael Salewski 교수가 말하기를, 되니츠는 "완전하고 철저하게 패한 전쟁이었음에도 불구하고 죽음의 전선으로 내몬 병사들로부터 신뢰를 받은 몇 안 되는 총사령관에 속한다."

그가 침략 전쟁을 수행했는가? 그는 자신의 병과에만 관심이 있었다고 말했다. 히틀러도 해전 교전 원칙에 어긋나는 것을 요구하지 않았다고 했다. "그 때문에 나는 해군의 말단 병사들과의 관계까지도 끝까지 깨끗하게 유지했다고 확신하고 있다." 마침내 검사들이 그가 치른 U보트전이 범죄의 성격이 있다며 이를 입증하려 하자 되니츠는 반격을 가했다. 전함 승무원에게 무선 보고를 한 중립 선박에 대한 공격은 적에 의해서도 행해졌다고 그는 주장했다. 미해군 사령관이었던 체스터 니미츠Chester Niemitz 해군 제독에 의해서도 이 점은 확인되었다. 니미츠 제독은 1941년 12월 태평양에서 전쟁이 발발한 직후에 "무제한 U보트전"을 수행하라는 명령을 서면 기록으로 남겼다. 그에 따르면, 미해군 U보트들도 적국의 조난자를 예외적인 경우가 아니면 구조하지 말라고 되어 있었다. 잠시 동안 그는 기쁨에 겨워 어쩔 줄을 몰라했다. 다음날 점심 시간에 그는 "아주 훌륭한 문서야!"라며 환호성을 질렀다.

이런 일이 아니었다면 그의 행동거지가 재판정 안팎에서 이목

당신 때문에 십일 년을 잃었어…
1945년 5월 23일 체포된 직후 슈페어 장관 그리고 요들 장군과 함께 서 있는 되니츠

당신 때문에 난 십일 년을 잃어 버렸어. 당신은 이 모든 것에 책임이 있어! 사람들이 나를 비열한 범죄자라고 판결한 것도 말이야. 내가 정치와 무슨 관련이 있단 말인가? 만약 당신이 없었다면 히틀러가 나를 국가 원수로 임명하려고는 생각도 않았을 텐데. 부하들을 지휘하는 것이 내 천직이란 말이오. 그러나 보시오! 나는 범죄자처럼 되어 버렸소. 내 경력은 이제 끝장났단 말이오.
　　　　　　　　　　슈판다우 감옥에서 되니츠가 슈페어에게 한 말, 1956년

당신과 여기 있는 다른 사람들은 끝없이 명예에 대해 얘기해 왔소. 당신과 쉬라흐는 두 마디마다 품위와 처신이 들어가는 말을 하고 있소. 수백만 명의 사람들이 이 전쟁에서 죽었소. 또 수백만의 사람들이 수용소에서의 범죄로 인해 살해되었소. 여기 우리 모두는 정권의 일부를 맡았던 사람들이오. 그러나 당신은 500만 명의 죽은 사람들보다 여기서 보낸 십 년 때문에 더 불안해하는 것 같소. 그리고 당신이 여기 슈판다우 감옥에서 고작 한다는 말이 당신의 경력이란 말이오!
　　　　　　　　　　슈판다우 감옥에서 슈페어가 되니츠에게 한 말, 1956년

허약해 빠진 양반! 가련한 희생양! 그가 당과 전혀 연관이 없었다고! 세상에. 그가 만약 국가사회주의에 동조하지 않았다면 일 분이라도 견뎌낼 수 있었을까.
　　　　　　　　　　뉘른베르크 재판 중에 괴링이 되니츠에 대해 한 말

을 끌 일은 별로 없었을 것이다. 그는 자신이 국민과 군대의 기강을 강화하기 위해 행했던 선동적인 연설들이 불가피한 것이었다고 정당화하려 했다. 그의 발언은 유감 표명과는 거리가 먼 것이었다. 그는 U보트 조선소에서의 강제 노역에 대해서 아무것도 모른다고 주장했다. 하지만 영국측 검사 맥스웰 파이브Maxwell Fyve 경은 그 스스로 만이천 명의 강제 수용소 죄수들을 보내달라고 요구하지 않았느냐며 반박했다. 되니츠는 그 요구에는 "조선소에서의 작업이 양호한 환경에서 이루어질 것이라는 설명이 덧붙여졌었다"고 답변했다.

그렇다면 1944년 3월 영웅 기념일에 행한 "유대교라는 독의 확산"이라는 말은 무엇을 의미하는 것이었냐고 파이브 경이 물었다.

"그렇게 유대교가 영향력을 발휘하도록 내버려두면 폭격이라는 심각한 상황에서 고통받고 있는 도시 주민들이 견뎌내기 힘들 것이라고 저는 생각했습니다."

"'유대교의 확산'이란 무엇을 의미하는 것이었습니까?"

"그것은 유대교가 민족을 지탱하는 자산에 치명적인 영향력을 발휘할 수 있다는 것을 의미하는 말이었습니다. 따라서 민족의 생사를 다투는 전쟁에서 저는 군인으로서 특히 이 점을 걱정하지 않을 수 없었습니다."

최고 사령관인 그가 60만 명에서 70만 명에 달하는 병사들에게 유태인은 확산되고 있는 독이라는 식의 생각을 주입시킨 이유가 무엇이냐고 파이브 경이 다그쳤다.

"이런 견해는 […] 그 당시 결집된 민족의 역량을 항구적으로 지켜 나가기 위해서는 유대적인 요소가 없는 것이 훨씬 낫다는 생각을 제가 가지고 있었다는 것을 보여 줍니다."

"당신은 여기서 유태인을 제거하고 말살하려던 생각들과 조치들에 관해서는 전혀 알지 못했었다고 주장하는 것입니까?"

"예. 물론 그렇습니다. 저는 그것에 관해 아무것도 몰랐습니다. 그리고 그 당시 그런 견해를 제가 나타냈다고 하더라도 그것이 유태인을 학살하려는 의도를 가졌다는 증거가 될 수는 없습니다. 그런 견해를 밝힌 때는 1944년이었습니다. […] 나의 부하들 중 어느 누구도 유태인에게 폭력을 행사하려는 생각을 하지 않았습니다. 따라서 이 말을 유태인의 학살과 연관지으려 해서는 안 됩니다."

전혀 납득할 수 없는 발언이었다. 함께 기소된 사람들만이 그러한 그의 꿋꿋함에 동감을 나타냈다. "아, 이제 삼 주만에 처음으로 기분이 좋아졌다"라고 괴링이 말했다. "이제야 비로소 우리는 참 군인의 목소리를 듣게 되었다. 그로 인해 내게 새로운 힘이 생긴다. 이제 다시 배신자의 말을 들을 준비가 되었다." 괴링이 지칭한 배신자는 슈페어였다.

되니츠의 최종 변론이 자기 정당화로 가득 채워질 것은 자명했다. 실제로 그는 자신이 비난받을 일은 아무것도 없다고 했다. 완전히 "비정치적인 군인"이었다는 것이다. 그의 최종 진술도 마치 건조한 군대 보고처럼 들렸다. "저는 저의 삶을 군인이라는 직업과 독일 국민에 대한 봉사에 바쳤습니다. 독일 해군의 마지막 총사령관으로서 그리고 마지막 국가 수반으로서 저는 독일 국민을 대표해 제가 행하고 또 행하지 않은 모든 일에 대한 책임을 질 것입니다."

히틀러의 유산 관리인에 대한 판결이 내려지기까지 한 달이라는 시간을 고통스럽게 기다려야 했다. 판사는 판결문을 통해, "제출된 자료들을 통해서는 그가 '침략 전쟁 실행의 공모'에 가담하고 관여했는지 판단할 수 없다"고 밝혔다. 군사 법정은 무자비하게 수행된 독일 해군의 U보트전에서 법에 저촉되는 그 어떤 위반

사항도 찾아내지 못했다. 그러나 라코니아호 사건의 경우에서와 같이 조난자에 대한 구조를 명시적으로 금지한 행위에 대해서는 유죄 판결을 내렸다. "명령은 분명 두 가지 측면으로 해석될 수 있었고, 때문에 강한 비난을 받아 마땅하다."

10년형이라는 판결에 대해 되니츠는 불쾌한 심정을 드러냈다. 그는 헤드폰을 내팽개쳤다. 그리고 주먹을 불끈 쥐고는 화를 버럭 내며 법정을 빠져 나갔다. 재판부는 그의 경우 다른 전범들과 비교해 상당히 후한 판결을 내렸다. 무죄 선고를 내린 세 명을 제외하고는 되니츠의 형량은 가장 적은 축에 속했다. 그 때문에 그에 대한 판결은 이론이 없지 않았다. 영국과 소련측 판사는 되니츠의 목을 요구했고, 미국측 판사 비들Biddle은 무죄를 주장했다. 끈질긴 실랑이 끝에 재판부는 합의를 이끌어냈다. 10년형이었다. 재판을 참관한 많은 사람들은 이 판결이 어처구니없는 타협의 산물이라고 생각했다. 그러나 크란츠빌러 변호사는 "죄가 없음이 입증되었음"에도 불구하고 유죄 판결이 내려졌다고 생각했다. 되니츠도 이 판결에 만족하지 않았다. "나는 이 판결을 국제적으로 합당하고 올바른 판결이라고 결코 인정할 수 없다."

뉘른베르크 재판의 판결이 내려진 2주 뒤에 되니츠와 다른 여섯 명의 주요 전범들은 베를린-슈판다우에 있는 군형무소 감방에 수감되었다. "그는 라일락 빛깔의 죄수복을 입고 있었는데, 죄수 번호는 2번이었다"라고 되니츠의 손자 클라우스 헤쓸러는 기억하고 있다. 수감 순서에 따라 죄수 번호가 부여되었는데, 히틀러의 후계자인 되니츠가 공교롭게도 "2번"이라는 죄수 번호를 받게 되었다.

그는 감옥 생활을 치욕으로 여겼다. 다른 죄수들처럼 전 해군 총사령관이었던 그도 매일같이 의무 노역을 치러 내야만 했다. 자유 시간에 "2번"은 엄청난 양의 책을 읽어댔다. 예를 들면 쇼펜하우어의 저작과 조류학의 비밀에 관한 책들이 그것들이었다. 그는 방문객이 별로 없었고 가족과 자주 만나는 것도 금지되어 있었다. 다 커서 처음으로 슈판다우 감옥에 있는 할아버지와 만나게 되었던 클라우스 헤쓸러는 심한 통제와 짧은 방문 시간이었음에도 불구하고 면회가 "정이 넘치는 분위기"에서 이루어졌다고 기억하고 있다. "창살이 우리를 나누었고, 서로 접촉해서도 안 되었다. 그때 할아버지께서는 제가 얼마나 큰지 보고 싶다며 저더러 의자에 올라가 보라고 하셨다."

되니츠는 감옥문이 다시 열리기를 초조하게 기다렸다. 그는 정말로 군에서 새로운 보직을 얻을 수 있을 것이라고 생각하고 있었다. 그는 이 순간을 견뎌내기만 하면 되었다. 해가 흐를수록 과거는 잊혀져 갈 것이다. 그리고 아직도 그의 추종자들과 전우들이 있었다. 그들은 되니츠가 감옥에 있는 동안 "참 군인"이란 신화에 매료되었던 사람들이었는데, 이 "참 군인"이란 별칭은 변호사였던 크란츠뷜러가 뉘른베르크 재판 때부터 그의 의뢰인에게 붙였던 것이었다. 되니츠는 언제나 주어진 자신의 의무 노역 외에는 다른 어떤 일도 하지 않았으며, 석방될 때까지 자신의 운명을 원망했다. 출옥하기 전인 1956년 9월 30일, 그는 종전 때까지 밀접한 협력 관계를 유지했고 되니츠 "내각"의 일원이기도 했던 동료 죄수 알프레트 슈페어에게 원망 섞인 얘기를 했다. "당신 때문에 난 십일 년을 잃어 버렸어. 당신은 이 모든 것에 책임이 있어! 사람들이 나를 비열한 범죄자라고 판결한 것도 말이야. 내가 정치와 무슨 관련이 있단 말인가? 만약 당신이 없었다면 히틀러가 나를 국가 원수로 임명하려고는 생각도 않았을 텐데. 부하들을 지휘하는 것이 내 천직이란 말이오. 그러나 보시오! 나는 범죄자처럼 되어 버렸소. 내 경력은 이제 끝장났단 말이오."

그의 증언에 따르면 슈페어는 다음과 같이 답했다. "당신과 여기 있는 다른 사람들은 끝없이 명예에 대해 얘기해 왔소. 당신과 쉬라흐는 두 마디마다 품위와 처신이 들어가는 말을 하고 있소. 수백만 명의 사람들이 이 전쟁에서 죽었소. 또 수백만의 사람들이 수용소에서의 범죄로 인해 살해되었소. 여기 우리 모두는 정권의 일부를 맡았던 사람들이오. 그러나 당신은 500만 명의 죽은 사람들보다 여기서 보낸 십 년 때문에 더 불안해하는 것 같소. 그리고 당신이 여기 슈판다우 감옥에서 고작 한다는 말이 당신의 경력이란 말이오!" 진실이 아니라면 그것은 교묘하게 조작된 것이다Se non e Vero, e bene Trovato(이탈리아의 철학자·천문학자·수학자·신비주의자인 지오르다노 브루노Giordano Bruno가 한 말. 그는 현대 과학을 예상하는 이론들을 제시했는데, 가장 유명한 것은 무한한 우주에 관한 이론과 다양한 세계에 관한 이론이다 — 옮긴이).

되니츠는 정확히 10년을 연합군의 감옥에서 보냈다. 1956년 10월 1일 감옥의 종소리가 정오를 알릴 때, 그는 마지막으로 슈판다우 감옥의 러시아인 소장과 자리를 마주하고 있었다. "여기에 서명하시죠, 2번." 죄수는 그 말에 따랐다. "이로써 끝입니다. 되니츠 제독."

다시 자유의 몸이 된 되니츠는 곧바로 후세들을 위한 기념비적 작업에 착수했다. 그에 동감하는 사람들은 "부당하게 유죄 판결을 받은 사람"이라는 그의 이미지를 사람들에게 심어 주려고 힘쓰고 있었는데, 이제 그 일을 그가 이어받은 것이다. 그것은 바로 회고록의 저술이었는데, 이는 "비정치적 인간"이라는 자신의 모습을 부각시키려는 기만 행위나 다름없었다. 『십 년하고도 열두 날』이라는 제목 자체가 벌써 작가가 의도하는 바를 분명하게 나타내고 있었다. 그는 다시 한번 정치와 이데올로기에는 관심도 두지 않고,

> 저는 그 일을 다시
> 하라면 또다시
> 그렇게 할 것입니
> 다…
> 뉘른베르크 재판 중
> 에 감방에 있는
> 되니츠

나는 오늘날까지도 할아버지가 히틀러와의 관계를 뛰어넘지 못했다고 생각한다. 그분이 쓴 글들은 모두 총통의 원칙에 따랐고 전제적인 인물 총통을 향해 있었다. 그러나 나는 그 글들에서 할아버지와 히틀러와의 관계가 가공되었을 수도 있다고 추론할 어떤 근거도 발견하지 못했다.

클라우스 헤쓸러, 되니츠의 손자

그의 삶은 부당하게도 너무 많은 욕을 먹었던 황실 해군 장교단이 가졌던 미덕에 기반을 두고 있었다. 그것은 명예심, 임무에 대한 헌신, 조국애와 통치 행위에 대한 변함 없는 충성이었다.

해군 소장 에두아르트 베게너의 되니츠에 대한 조사弔詞 중에서, 1981년

모든 것을 용서하자는 연설이 있었다. 넓은 묘지 위로 요란한 확성기 소리가 퍼져 나갔다. 독일의 으뜸 거짓말인 충성을 다짐하는 말과 모든 맹목과 비겁함 그리고 무책임함을 용서하자는 말이 확성기를 통해 흘러 나왔다.

하인리히 예니케, U보트 수병, 되니츠의 장례식에 관한 진술

명령에 복종했던 군인이라는 진부한 이야기를 읊어댔다. 되니츠의 손자는 할아버지의 회고록에 대해 "그의 책은 일종의 사상적 작업의 산물이었는데, 그 책은 내게는 내용도 없고 무미건조하지만 공을 들인 책으로 느껴졌다"라고 평했다. "나는 할아버지가 히틀러와의 관계를 실제로 극복하지 못했다고 생각한다." 그는 결코 과거와의 끈을 끊을 수가 없었다. 이 늙은 노인은 옛 동료들 사이에서 행복에 겨워했는데, 그들은 그를 항상 존경 어린 목소리로 "대제독"이라고 불렀다.

아내 잉게보르크Ingeborg가 죽은 뒤에 되니츠는 함부르크 근교 작센발트의 아우뮐레에 있는 집으로 돌아갔다. 그러나 그는 사람들의 뇌리에서 잊혀지지 않았다. 동료들은 자신들이 할 수 있는 한 그를 도왔다. 범죄자 히틀러의 정치적 후계자인 그는 자신의 처지를 한탄할 이유가 없었다. 그러나 노인이 된 되니츠가 전후 민주주의 국가로 바뀐 서독에서 비록 작지만 긍정적인 측면을 발견했다는 점과 죽어서 서독 국기 아래 묻히고 싶어했다는 점은 조금 놀라운 부분이다. 그러나 그가 새로운 시대가 가지고 있지 못한 점이라고 생각했던 부분은 강한 남자라는 우상, 철저하게 복종하고 싶은 권위가 없다는 부분이었다. 되니츠는 그 대신 종교를 의지처로 삼았다. 그는 교회 목사에게 "예수는 제가 마지막에 의지할 수 있는 유일한 분입니다"라고 털어놓았다.

카를 되니츠는 1980년 크리스마스 이브에 아우뮐레에 있는 자신의 집에서 노환으로 생을 마감했다. 그는 죽기 바로 직전에 다음과 같이 말했다. "만약 내가 히틀러의 정치적 후계자로 인정되지 않았더라면 내 위치는 완전히 달라졌을 것이다. 그러나 오늘날까지 어느 누구도 내게 만약 히믈러가 제국 최후의 날 내 자리에 임명되었다면 어떻게 되었을까라고 묻지 않았다. 그 당시 나는 혼란기에 인간으로서 할 수 있는 바를 다했다."

　마치 되니츠가 뉘른베르크에서 했던 발언을 다시 듣는 듯했다.
"저는 그 일을 다시 하라면 또다시 그렇게 할 것입니다."

옮긴이의 글

　이라크 전쟁이 일어나기 전 독일의 법무부 장관 헤르타 도이블러-그멜린Herta Däubler-Gmelin은 부시의 대 이라크 정책을 히틀러의 정책과 비교한 적이 있다. 히틀러의 광기로 인해 상처를 입었던 독일인의 입에서 나온 이 발언이 비록 정치적인 것이었다 할지라도 우리가 역사에서 그리고 전쟁에서 무엇을 배워야 할지 다시금 생각해 볼 기회를 제공했다고 역자는 생각한다.
　우리는 전쟁을 통해 무엇을 배우는가. 그 수많은 전쟁을 통해서 우리 인류가 얻은 교훈은 정말 아무것도 없다는 말인가. 강자의 논리가 지배하는 현실에서 자유와 평화를 운운하는 것은 사치에 불과한 것일까.
　현실에서 기득권을 포기하는 것이 너무나 힘들다는 것을 국내 정치 상황을 보면서 느낀다. 힘센 자들은 항상 더 자기 배를 불리려 하지 남을 배려하지 않는다. 그리고 힘있는 소수와 힘없는 다수가 하는 게임을 지배하는 룰은 항상 힘있는 소수에 의해 규정되었다. 하지만 힘있는 소수도 겉으로는 자유와 평화, 평등 등 이상적인 문구를 전면에 내세운다.

인류가 추구해야 되는 것이 무엇인지는 명확해 보인다. 모두가 자유롭고 평화로운 세상. 하지만 이를 얻기 위한 방법은 무엇일까. 아마 힘없는 다수는 그 답을 알고 있지 않을까.

서울에서 이 책을 번역하기 시작해 독일에서 완성하기까지 근 1년 반이라는 시간이 걸렸다. 아직도 독일어는 역자에게 어려운 언어라는 생각이 든다. 그럼에도 이런 무모한 일을 하는 것은 이런 식으로라도 누군가와 대화를 나누고 싶다는 생각이 앞서서일 것이다.

낯선 외국 땅에서 남편 외에 도와줄 사람도 없는데 일 끝나고 와서 책상머리에 먼저 앉는 역자를 잘 이해해 준 아내에게 감사한다. 아내 배 속에 둘째 아이가 자라고 있는데 당분간은 이런 외도를 그만두어야겠다. 그리고 번역하는 데 도움을 준 대사관의 Kerstin Ernst 양에게도 감사의 말을 전하고 싶다.

베를린에서

참고 문헌

총론

Broszat, Martin: Der Staat Hitlers, München 1989.
Broszat, Martin/Frei, Norbert (Hreg.): Das Dritte Reich im Überblick. Chronik, Ereignisse, Zusammenhänge, München 1989.
dtv-dokumente: Das Urteil von Nürnberg 1946, München 1961.
Fest, Joachim C.: Das Gesicht des Dritten Reiches. Profile einer totalitären Herrschaft, München 1963.
Hagen, Walter: Die geheime Front. Organisation, Personen und Aktionen des deutschen Geheimdienstes, Stuttgart 1952.
Herbert, Ulrich: Best. Biografische Studien über Radikalismus, Weltanschauung und Vernunft 1903-1989, Bonn 1996.
Müller, Rolf-Dieter/Ueberschär, Gerd: Kriegsende 1945. Die Zerstörung des Dritten Reichs, Frankfurt a. M. 1994.
Peuschel, Harald: Die Männer um Hitler. Braune Biografien: Martin Bormann, Joseph Giebbels, Hermann Göring, Rernhard Heydrich, Henrich Himmler u. a., Düsseldorf 1982.
Poliakov, Léon/Wulf, Josef: Das Dritte Reich und seine Diener, Wiesbaden 1989.
Sereny, Gitta: Das Ringen mit der Wahrheit: Albert Speer und das deutsche Trauma, München 1995.
Smelser, Ronald/Zitelmann, Rainer (Hrsg.): Die braune Elite, Darmstadt 1989.
Wendt, Bernd-Jürgen: Großdeutschland. Außenpolitik und Kriegsvorbereitungen des Hitler-Regimes, München 1987.

괴벨스

Bärsch, Claus-Ekkehard: Erlösung und Vernichtung. Dr. phil. Joseph Goebbels. Zur Psyche und Ideologie eines jungen Nationalsozialisten 1923-1927, [...]
Boelcke, Willi A. (Hrsg.): Kriegspropaganda 1939-1941. Geheime Ministerkonferenzen im Reichspropagandaministerium, Stuttgart 1966.
Boelcke, Willi A. (Hrsg.): Wollt ihr den totalen Krieg? Die geheimen Goebbels-Konferenzen 1939-1943, Stuttgart 1967.
Bramstedt, Ernest K.: Goebbels und die nationalsozialistische Propaganda 1925-1945, Frankfurt 1971.
Goebbels Reden 1932-1939, hrsg. von Helmut Heiber, München 1971.
Goebbels Reden 1939-1945, hrsg. von Helmut Heiber, München 1972.
Heiber, Helmut: Joseph Goebbels, Berlin 1962.
Irving, David: Goebbels, Mastermind of the Third Reich, London 1996.
Reuth, Ralf Georg: Goebbels, München, Zürich 1990.
Die Tagebücher von Joseph Goebbels. Sämtliche Fragmente, hrsg. von Elke Fröhlich im Auftrag des Instituts für Zeitgeschichte und in Verbindung mit dem Bundesarchiv, Teil I, Aufzeichnungen 1924-1941, München, New York 1987.
Die Tagebücher von Joseph Goebbels. Sämtliche Fragmente, hrsg. von Elke Fröhlich im Auftrag des Instituts für Zeitgeschichte und mit Unterstützung des Staatlichen Archivdienstes Rußlands, Teil II, Diktate 1941-1945, München, New Providence, London, Paris 1995.

괴링

Bewlay, Charles: Hermann Göring, Göttingen 1956.
Bross, Werner: Gespräche mit Hermann Göring während des Nürnberger Prozesses, Flensburg, Hamburg 1950.
Dahlerus, Birger: Der letzte Versuck, München 1973.
Fontander, Björn: Göring och Sverige, Stockholm 1984.
Gellermann, Günther W.: ...und lauschten für Hitler. Geheime Reichssache: Die Abhörzentrale des Dritten Reiches, Born 1991.

Glbert, Gustve M.: Nuremberg Diary, New York 1947.
Gritzbach, Erich: Hermann Göring. Werk und Mensch, München 1940.
Hoyt, Edwin P.: Göring's War, London 1990.
Kube, Alfred: Pour le mérite und Hakenkreuz. Hermann Göring im Dritten Reich, München 1987².
Irving, David: Göring, München, Hamburg 1987.
Manvell, Roger: Der Reichsmarschall. Aufstieg und Fall des Hermann Göring, Rastatt 1987.
Martens, Stefan: Hermann Göring. Erster Paladin des Führers und Zweiter Mann im Reich, Paderborn 1985.
Mosley, Leonard: Göring. Eine Biographie, München 1975.
Overy, Richard J.: Hermann Göring. Machtgier und Eitelkeit, München 1990².
Swearingen, Ben E.: The Mystery of Hermann Göring's Suicide, London 1990.

히믈러

Ackermann, Josef: Heinrich Himmler als Idiologe, Göttingen/Zürich 1970.
Artzt, Heinz: Mörder in Uniform. Organisationen, die zu Vollstrekkern nationalsozialistischer Verbrechen wurden, München 1979.
Bernadotte af Wisborg, Folke Greve: Das Ende-meine Verhandlungen in Deutschland im Frühjahr 45 und ihre politischen Folgen, Zürich/New York 1945.
Besgen, Achim: Der Stille Befehl. Medizinalrat Kersten, Hummler und das Dritte Reich, München 1960.
Black, Peter: Ernst Kaltenbrunner-Vasall Himmlers: Eine SS-Karriere, Paderborn 1991.
Breitmann, Richard: Der Architekt der "Endlösung." Himmler und die Vernichtung der europäischen Juden, Paderborn 1996.
Buchheim, Hans/Broszat, Martin/Jacobsen, Hans-Adolf/Krausnick, Helmut: Anatomie des SS-Staates, München 1979.
Delarue, Jacques: Geschichte der Gestapo, Düsseldorf 1964.
Doescher, Hans-Jürgen: Das Auswärtige Amt im Dritten Reich. Diplomatie im Schatten der "Endlösung," Berlin 1987.

Fraenkel, Heinrich/Mannroll, Roger: Heinrich Himmler - Kleinbürger und Massenmörder, Berlin, Frankfurt/Main 1965.

Georg, Enno: Die wirtschaftlichen Unternehmungen der SS, Stuttgart 1963.

Heiber, Helmut (Hrsg.):Reichsführer!...Briefe an und von Himmler, Stuttgart 1968.

Höhne, Heinz: Der Orden unter dem Totenkopf. Die Geschichte der SS, München 1979.

Koch, Peter-Ferdinand (Hrsg.): Himmlers Graue Eminenz - Oswald Pohl und das Wirtschaftsverwaltungshauptamt der SS, Hamburg 1988.

Petersen, Gita (Hrsg.): Walter Schellenberg. Die Memoiren des letzten Geheimdienstchefs unter Hitler, Wiesbaden, München 1979.

Ritter, Franz: Heinrich Himmler und die Liebe zum Swing. Erinnerungen und Dokumente, Leipzig 1994.

Schenck, Ernst-Günther: Sterben ohne Würde. Das Ende von Benito Mussolini, Heinrich Himmler und Adolf Hitler, Müchen 1995.

Smith, Bradley F./Peterson, Agnes (Hrsg.): Heinrich Himmler. Geheimreden 1933-1945 und andere Ansprachen, Frankfurt/Main, Berlin, Wien 1974.

Smith, Bradley F.: Heinrich Himmler 1900-1926. Sein Weg in den deutschen Faschismus, München 1979.

Tuchel, Johannes: Konzentrationslager, Organisationsgeschichte und Funktion der "Inspektion der Konzentrationslager" 1934-1938, Boppard a. Rhein 1991.

Tuchel, Johannes: Zentrale des Terrors. Prinz-Albrecht-Straße 8. Das Hauptquartier der Gestapo, Berlin 1987.

Walendy, Udo: Lügen um Heinrich Himmler, Vlotho 1992.

Wasser, Bruno: Himmlers Raumplanung im Osten. Der Generalplan Ost im Polen 1940-1944, Basel 1994.

Wegener, Bernd: Hitlers Politische Soldaten: Die Waffen-SS 1933-1945, Paderborn 1982.

Wulf, Joseph: Das Dritte Reich und seine Mörder. Heinrich Himmler - Eine biografische Studie, Berlin-Grunewald 1960.

Wyks, Alan: Reichsführer SS Himmler, Rastatt 1982.

헤쓰

Bird, Eugene: The loneliest man in the world, London 1974.
Douglas-Hamilton, James: Motive for a mission, London 1971.
Douglas-Hamilton, James: The Truth about Rudolf Heß, Edinburgh 1993.
Gilbhard, Hermann: Die Thule Gesellschaft. Vom okkulten Mummenschanz zum Hakenkreuz, München 1994.
Heß, Ilse: Antwort aus Zelle Sieben. Briefwechsel mit den Spandauer Gefangenen, Leoni 1967.
Heß, Ilse: Heß, ein Schicksal in Brienfen, Leoni 1984.
Heß, Wolf-Rüdiger: Mein Vater Rudolf Heß. Englandflug und Gefangenschaft, München, Wien 1984.
Heß, Wolf-Rüdiger: Mord an Rudolf Heß? Der geheimnisvolle Tod meines Vaters in Spandau, Leoni 1989.
Irving, David: Rudolf Heß - ein gescheiterter Friedensbote? Die Wahrheit über die unbekannten Jahre 1941-1945, Graz 1987.
Kempner, Robert: Das Dritte Reich im Kreuzverhör. Aus den unveröffentlichten Vernehmungsprotokollen des Anklägers Robert M. W. Kempner, München 1969.
Lang, Jochen von: Der Sekretär. Martin Bormann: Der Mann, der Hitler beherrschte, Stuttgart 1977.
Leasor, James: Der utopische Friede. Der Englandflug von Rudolf Heß, Bergisch Gladbach 1979.
Longerich, Peter: Hitlers Stellvertreter, München u. a. 1992.
Mommsen, Hans: Beamtentum im Dritten Reich, Stuttgart 1966.
Padfield, Peter: Heß. The Führers Disciple, London 1991.
Schlie, Ulrich: Kein Friede mit Deutschland. Die geheimen Gespräche im Zweiten Weltkrieg 1939-1941, Berlin 1994.
Schwärzwäller, Wulf: Rudolf Heß. Der Mann in Spandau, Wien u. a. 1974.
Seidl, Alfred: Der Fall Rudolf Heß. Dokumentation des Verteidigers, München 1984.
Seidl, Alfred: Der verweigerte Friede. Deutschlands Parlamentär Rudolf Heß muß schweigen, München 1985.
Tissier, Tony Le: Farewell to Spandau, Leatherhead 1994.

슈페어

Arndt, Karl/Koch, Georg F./Larsson, Lars O.: Allbert Speer - Architektur. Arbeiten 1933-1942, Frankfurt a. M., Berlin 1995.

Herding, Klaus/Mittig, Hans E.: Ns-Kunstgewerbe. Albert Speers Berliner Straßenlaternen, Gießen 1975.

Reichardt, Hans J./Schäche, Wolfgang: Von Berlin nach Germania. Über die Zerstörung der Reichshauptstadt durch Albert Speers Neugestaltungen, Berlin 1984.

Reichelt, Peter A.: Albert Speer - Die Wiederaufbauplanung deutscher Städte, Eine Dokumentation, Mannheim 1988.

Reichelt, Peter A.: Albert Speer. Der Generalbauinspektor von Berlin. Die Durchführungsstelle - Entmietung, Wohnraumbeschaffung und Judenbehandlung in Berlin - Eine Chronik, Mannheim 1986.

Speer, Albert: Erinnerungen, Frankfurt a. M., Berlin 1993.

Speer, Albet: Spandauer Tagebücher, Frankfurt a. M., Berlin 1994.

Hoffmann, Hilmer/Juckel, Lothar/Krüger, Horst u. a.: Stadtgestalt Frankfurt. Speers Beiträge 1964-1994, Stuttgart 1995.

Sereny, Gitta: Das Ringen mit der Wahrheit: Albert Speer und das deutsche Trauma, München 1995.

Schmidt, Matthias: Albert Speer: Das Ende eines Mythos. Speers wahre Rolle im Dritten Reich, Bern, München 1982.

Stark, Ulrike: Architekten - Albert Speer und Speerplan, Stuttgart 1993.

되니츠

Bird, Keith W.: Karl Dönitz. Der "unbesiegte"Admiral. - In: Die Militärelite des Dritten Reichs, hrsg. von Ronald Smelser und Enrico Syring, Berlin 1995.

Dönitz, Karl: Zehn Jahre und zwanzig Tage. Erinnerungen 1935-1945, Koblenz 1985[9].

Dönitz, Karl: Mein wechselvolles Leben, Göttingen 1968.

Dönitz, Karl: 40 Fragen an Karl Dönitz, München1980[4].

Dülfer, Jost: Die Reichs- und Kriegsmarine 1918-1939. - In: Handbuch zur deutschen Militärgeschichte. Bd. 4, hrsg. vom Militärgeschichtlichen Forschungsamt, Koblenz 1977.

Hartwig, Dieter: Karl Dönitz - Versuch einer kritischen Würdigung (= Deutsches Schiffahrts-Archiv, Heft 12), Hamburg 1989.

Jäckel, Eberhard: Der Machtantritt Hitlers. Versuch einer geschichtlichen Klärung. - In: 1933. Wie die Republik der Diktatur erlag, hrsg. von Volker Rittberger, Stuttgart, Berlin, Köln, Mainz 1983.

Lüdde-Neurath, Walter: Regierung Dönitz. Die letzten Tage des Dritten Reiches, Göttingen 1964[5].

Padfield, Peter: Des Teufels Admiral, Berlin, Frankfurt a. M., Wien 1984.

Salewski, Michael: Die deutsche Seekriegsleitung 1935-1945. 3 Bde.: Bd. I: 1935-1941, Frankfurt a. M. 1970, Bd. II: 1942-1945, München 1975, Bd. III: Denkschriften und Lagebetrachtungen 1938-1944, Frankfurt a. M. 1973.

Sandhofer, Gert (Hrsg.): Dokumente zum militärischen Werdegang des Großadmirals Dönitz (= Militärgeschichtliche Mitteilungen 1/1967).

Smith, Bradley F.: Der Jahrhundertprozeß. Die Motive der Richter von Nürnberg. Anatomie einer Urteilsfindung, Frankfurt a. M. 1977.

Steinert, Marlies: Die 23 Tage der Regierung Dönitz, Düsseldorf, Wien 1967.

사진 자료

Ullstein Bilderdienst 63, 121, 129, 141, 147, 157, 173, 193, 205, 222, 285, 293
Süddeutscher Verlag 45, 62, 87, 101(왼쪽), 104, 105, 183(위쪽), 187, 197, 211,
    234, 235, 255(왼쪽), 261, 269, 279, 292, 299, 335, 341, 357, 361, 381, 283,
    391, 398, 399, 405, 411, 417, 421, 433
Archiv für Kunst und Geschichte 183(아래쪽), 243, 245
Stadtarchiv Mönchengladbach 41
Keystone 51, 153, 431, 443
Bundesarchiv 55, 125, 255(오른쪽), 437
National Archives 73, 79, 223, 231
Library of Congress 101(오른쪽), 113, 120
Bildarchiv Preussischer Kulturbesitz 204, 209, 369
Deutsche Presse-Agentur 307
NEXT EDIT 319, 331, 348, 349, 351
Document Center/Bundesarchiv 162, 163